应用技术型高校汽车类专业规划教材

Qiche Gouzao　　　Xiace
汽车构造·下册
（第二版）

王林超　陈德阳　**主编**
冯晋祥　**主审**

人民交通出版社股份有限公司
China Communications Press Co.,Ltd.

内容提要

全书共分上、下两册,从汽车使用和维修的角度出发,分发动机、传动系、行驶系、转向系、制动系五个部分介绍了汽车主要总成的作用、组成与工作原理。

本书可作为高等学校汽车工程类(车辆工程、交通运输、汽车服务工程等)专业教材,也可供汽车制造、汽车维修等行业工程技术人员参考。

图书在版编目(CIP)数据

汽车构造·下册/王林超,陈德阳主编.—2版
.—北京:人民交通出版社股份有限公司,2016.12
应用技术型高校汽车类专业规划教材
ISBN 978-7-114-13314-5

Ⅰ.①汽… Ⅱ.①王… ②陈… Ⅲ.①汽车—构造—高等学校—教材 Ⅳ.①U463

中国版本图书馆 CIP 数据核字(2016)第 218181 号

应用技术型高校汽车类专业规划教材

书　　名:	汽车构造·下册(第二版)
著 作 者:	王林超　陈德阳
责任编辑:	夏　犨
出版发行:	人民交通出版社股份有限公司
地　　址:	(100011)北京市朝阳区安定门外外馆斜街3号
网　　址:	http://www.ccpress.com.cn
销售电话:	(010)59757973
总 经 销:	人民交通出版社股份有限公司发行部
经　　销:	各地新华书店
印　　刷:	北京市密东印刷有限公司
开　　本:	787×1092　1/16
印　　张:	21.5
字　　数:	500千
版　　次:	2007年9月　第1版 2016年12月　第2版
印　　次:	2018年5月　第2次印刷　累计第8次印刷
书　　号:	ISBN 978-7-114-13314-5
定　　价:	45.00元

(有印刷、装订质量问题的图书由本公司负责调换)

应用技术型高校汽车类专业规划教材编委会

主 任
    于明进(山东交通学院)

副主任(按姓名拼音顺序)
    陈黎卿(安徽农业大学)   陈庆樟(常熟理工学院)
    关志伟(天津职业技术师范大学)   何 仁(江苏大学)
    唐 岚(西华大学)   于春鹏(黑龙江工程学院)

委 员(按姓名拼音顺序)
    曹金梅(河南科技大学)   慈勤蓬(山东交通学院)
    邓宝清(吉林大学珠海学院)   邓 涛(重庆交通大学)
    付百学(黑龙江工程学院)   姜顺明(江苏大学)
    李 斌(人民交通出版社股份有限公司)   李学智(常熟理工学院)
    李耀平(昆明理工大学)   廖抒华(广西科技大学)
    柳 波(中南大学)   石传龙(天津职业技术师范大学)
    石美玉(黑龙江工程学院)   宋长森(北京理工大学珠海学院)
    宋年秀(青岛理工大学)   谭金会(西华大学)
    尤明福(天津职业技术师范大学)   王慧君(山东交通学院)
    王良模(南京理工大学)   王林超(山东交通学院)
    吴 刚(江西科技学院)   吴小平(南京理工大学紫金学院)
    谢金法(河南科技大学)   徐 斌(河南科技大学)
    徐立友(河南科技大学)   徐胜云(北京化工大学北方学院)
    杨 敏(南京理工大学紫金学院)   衣 红(中南大学)
    赵长利(山东交通学院)   赵 伟(河南科技大学)
    周 靖(北京理工大学珠海学院)   訾 琨(宁波工程学院)

秘 书
    夏 韡(人民交通出版社股份有限公司)

前言 FOREWORD

当前随着汽车行业的快速发展,汽车人才需求激增,无论是汽车制造企业对于汽车研发、汽车制造人才的大量需求还是汽车后市场对于汽车服务型人才的大量需求,这些都需要高校不断地输送相关人才。而目前,我国高等教育所培养的大部分人才还是以理论知识学习为主,缺乏实践动手能力,在进入企业一线工作时,往往高不成低不就,一方面企业会抱怨招不到合适的人才,另一方面毕业生们又抱怨没有合适的工作可找,主要问题就在于人才培养模式没有跟上社会发展实际需求。

《国家中长期教育改革和发展规划纲要(2010—2020年)》中明确指出,要提高人才培养质量,重点扩大应用型、复合型、技能型人才培养规模。培养理论和实操兼具的人才,使之去企业到岗直接上手或稍加培养即可适应岗位。2014年2月26日,李克强总理在谈到教育问题时指出要建立学分积累和转换制度,打通从中职、专科、本科到研究生的上升通道,引导一批普通本科高校向应用技术型高校转型。可见国家对于应用型技术人才的培养力度将持续加大。

教材建设是高校教学和人才培养的重要组成部分,作为知识载体的教材则体现了教学内容和教学要求,不仅是教学的基本工具,更是提高教学质量的重要保证。但目前国内多家高校在应用型人才培养过程中普遍缺乏适用的教材,现有的本科教材远不能满足要求。因此,如何编写应用型本科教材是培养紧缺人才急需解决的问题。正是基于上述原因,人民交通出版社经过充分调研,结合自身汽车类专业教材、图书的出版优势,于2012年12月在北京组织召开了"高等教育汽车类专业应用型本科规划教材编写会",并成立教材编写委员会。会议审议并通过了教材编写方案。

本系列教材定位如下:

(1)使用对象确定为拥有车辆工程、汽车服务工程或交通运输等专业的二三本院校;

(2) 设计合理的理论与实践内容的比例，主要解决"怎么做"的问题，涉及最基本的、较简单的"为什么"的问题，既满足本科教学设计的需要，又满足应用型教育的需要；

(3) 与现行汽车类普通本科规划教材是互为补充的关系，与高职高专教材有明显区别，深度上介于两者之间，满足教学大纲的需求，有比较详细的理论体系，具备系统性和理论性。

汽车品种繁多，构造复杂，更新频繁，发展迅速，随着经济社会特别是汽车电子技术的发展，加速了汽车工业的发展，以环保、节能、安全为主旨的新文化、新理论、新技术、新材料、新工艺、新结构不断涌现，使汽车成为人们生活的重要组成部分。本书以叙述基本结构和基本原理为主，通过典型车型和结构的分析，以期使读者在掌握基本原理和规律的基础上，对汽车各类车型结构具有举一反三、触类旁通的能力，为从事汽车技术与管理工作打下坚实的基础。

本书是应用技术型高校汽车类专业规划教材，全书力求系统性、针对性、实用性、前瞻性，注意了内容的取舍及主次的选择。

本书上册由陈德阳、王林超主编，冯晋祥主审，下册由王林超、陈德阳主编，冯晋祥主审。编写组成员（分工）是：冯晋祥（第一、二、七章及第十九章第六节）、陈德阳（第三、四、五、六、十二章）、王林超（第八、九、十一、十八、十九、二十章）、王志萍（第十章）、张桂荣（第十三、十四章）、贾倩（第十五章）、姜华平（第十六、十七章）。

本书由冯晋祥教授主审。他对本书进行了认真的审阅，并提出了许多宝贵的意见。本书在编写过程中，得到了许多相关企业单位专家和工程人员的大力支持与帮助，在此表示衷心的感谢。本书疏漏与不妥之处，恳请专家和读者指正。

编 者
2016 年 8 月

目 录 CONTENTS

第十章　离合器 ··· 1
第一节　离合器的功用与工作原理 ·· 1
第二节　摩擦式离合器 ·· 4
第三节　离合器的操纵机构 ·· 11
第四节　磁粉式电磁离合器 ·· 16

第十一章　变速器与分动器 ·· 18
第一节　概述 ·· 18
第二节　变速器的变速传动机构 ··· 21
第三节　同步器 ··· 30
第四节　变速器的操纵机构 ·· 36
第五节　分动器 ··· 41

第十二章　自动变速器 ·· 46
第一节　概述 ·· 46
第二节　液力变矩器 ··· 48
第三节　自动变速器的齿轮变速机构 ··· 56
第四节　自动变速器的控制系统 ··· 74
第五节　手动/自动一体化自动变速器 ·· 77
第六节　无级变速器 ··· 79
第七节　双离合自动变速器 ·· 88
第八节　EMT 自动变速器 ·· 91

第十三章　万向传动装置 ··· 96
第一节　万向节 ··· 97
第二节　传动轴和中间支承 ·· 104

第十四章　驱动桥 ··· 109
第一节　概述 ·· 109
第二节　主减速器 ·· 110

	第三节	差速器	122
	第四节	半轴与桥壳	136
	第五节	变速驱动桥	140
	第六节	轮边减速器	142
	第七节	四轮驱动系统	145
第十五章	车架		151
	第一节	边梁式车架	151
	第二节	中梁式车架	154
	第三节	平台式车架	155
	第四节	综合式车架	156
第十六章	车桥和车轮		158
	第一节	车桥	158
	第二节	车轮定位	166
	第三节	车轮与轮胎	171
第十七章	悬架		182
	第一节	概述	182
	第二节	弹性元件	183
	第三节	减振器	190
	第四节	横向稳定装置	194
	第五节	非独立悬架	195
	第六节	独立悬架	198
	第七节	多轴汽车的平衡悬架	202
	第八节	主动悬架	203
第十八章	转向系		209
	第一节	概述	209
	第二节	转向器	210
	第三节	转向操纵机构	213
	第四节	转向传动机构	220
	第五节	动力转向	223
	第六节	四轮转向	237
第十九章	制动系		241
	第一节	概述	241
	第二节	行车制动器	244
	第三节	驻车制动	258

第四节　液压制动系统 …………………………………………………… 260
　　第五节　气压制动系统 …………………………………………………… 272
　　第六节　辅助制动装置 …………………………………………………… 294
第二十章　汽车防滑控制系统 ………………………………………………… 301
　　第一节　概述 ……………………………………………………………… 301
　　第二节　制动防抱死系统 ………………………………………………… 302
　　第三节　电控制动力分配系统（EBD） ………………………………… 320
　　第四节　驱动防滑转控制系统（ARS） ………………………………… 321
　　第五节　电控汽车稳定行驶系统 ………………………………………… 328
参考文献 ………………………………………………………………………… 332

第十章 离 合 器

第一节 离合器的功用与工作原理

一、离合器的功用

离合器是传动系中直接与发动机相连接的总成,其主动部分与发动机飞轮相连,从动部分与变速器相连。其功用如下:

1. 逐渐接合动力,保证汽车平稳起步

起步时汽车是从静止开始,驾驶员挂挡后,通过离合器逐渐将发动机的转矩由小到大传给变速器,使汽车克服行驶阻力而平稳起步。若发动机和变速器之间没有离合器,变速器则无法实现挂挡。即便是挂上挡,汽车的阻力矩突然加到发动机上,也足以使其转速瞬间急剧下降导致熄火,汽车难以起步;就是起了步,汽车也会因突然接收发动机的驱动力而猛然向前冲。

2. 暂时切断动力,保证起动和换挡

发动机起动时,利用离合器切断发动机与传动系间的动力传递,以卸除发动机负荷,有利于发动机的起动,降低起动系统的负荷。

在行驶过程中,为了适应汽车行驶条件的变化,变速器经常要换用不同挡位来工作,实现齿轮式变速器的换挡,即将原用挡位的某一齿轮副退出传动,再使另一挡位的齿轮副进入啮合。在换挡前也必须踩下离合器踏板,中断动力传递,便于脱开原啮合副,同时有可能使新挡位啮合副啮合部位的线速度逐渐趋同,以减轻啮合时的冲击。

3. 有效传递动力,保证汽车正常行驶

汽车正常行驶时,离合器将发动机的动力有效可靠地传给传动系,使汽车克服各种行驶阻力而持续行驶,不发生滑转。

4. 限制最大转矩,防止传动系过载

当汽车进行紧急制动时,汽车传动系将产生很大的惯性力矩(其数值可能大大超过发动机正常工作时所发出的最大转矩),当惯性力矩超过离合器所能传递的最大转矩时,离合器便自动滑转,限制了最大转矩的传递,起到过载保护作用。

二、对离合器的要求

根据离合器的功用,它应满足下列主要要求。

(1)接合平顺柔和,以保证汽车平稳起步。
(2)分离迅速彻底,便于换挡和发动机起动。

(3)具有合适的储备能力。既能保证传递发动机最大转矩又能防止传动系过载。

(4)从动部分的转动惯量应尽量小,以减小换挡时冲击。

(5)具有良好的散热能力。汽车在行驶过程中,当需要频繁操纵离合器时,会使离合器的主、从动部分相对滑转,产生摩擦热,热量如不及时散出,会严重影响其工作的可靠性和使用寿命。

(6)操纵轻便,以减轻驾驶员的疲劳。

三、离合器的工作原理

汽车离合器可分为摩擦式离合器、液力式离合器、电磁式离合器等。下面以最常用的摩擦式离合器为例,介绍离合器的工作原理。

1. 摩擦式离合器的组成

如图 10-1 所示,离合器由主动部分、从动部分、压紧装置、分离机构和操纵机构五部分组成。

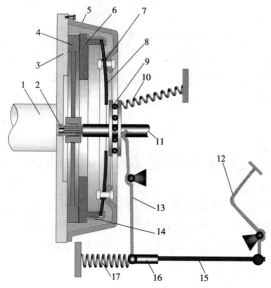

图 10-1 离合器的基本组成示意图

1-曲轴;2-轴承;3-飞轮;4-从动盘;5-离合器盖;6-压盘;7-钢丝支承圈;8-膜片弹簧;9-分离轴承和分离套筒;10、17-复位弹簧;11-从动轴;12-踏板;13-分离叉;14-分离钩;15-拉杆;16-调节叉

离合器盖 5 用螺钉固定于飞轮 3 上,压盘 6 与离合器盖用传动片连接。这样,飞轮、离合器盖、压盘一起构成了离合器的主动部分。从动盘 4 通过滑动花键套在从动轴 11(变速器输入轴)上,构成了从动部分。膜片弹簧 7 既是压紧装置,又是分离机构,它的中部用铆钉固定在离合器盖上,外沿与压盘用分离钩 14 连接。分离轴承和分离套筒 9 压装成一体,松套在从动轴 11 上。分离叉 13 是中部有支点的杠杆。从分离轴承到踏板 12 是操纵机构。

2. 摩擦式离合器的工作原理

1)接合状态

如图 10-2a)所示,离合器盖 4 未固定到飞轮 1 上时,离合器与飞轮两者间有一距离 L,此时膜片弹簧处于自由状态。当用螺钉将离合器盖与飞轮固定时(图 10-2b),消除距离 L,后钢丝支承圈 9 压迫膜片弹簧,使其发生弹性变形,锥顶角变大,甚至近乎压平。同时,膜片弹簧外沿对压盘产生压紧力,使飞轮、从动盘、压盘处于压紧状态。发动机的转矩经飞轮及压盘通过从动盘摩擦面的摩擦传至从动盘,再经从动轴向变速器输出。

离合器除了在结构与尺寸上保证传递最大转矩外,设计时还考虑到离合器在使用过程中因摩擦系数的下降、弹簧本身的疲劳致使弹力下降等因素的影响,造成离合器所能传递的最大转矩下降,因此离合器所能传递的最大转矩 M_C 应适当的高于发动机的最大转矩 M_{emax},其间的关系为:

$$M_C = Zp_\Sigma \mu R_C = \beta M_{emax}$$

式中：Z——摩擦面数；

p_Σ——压盘对摩擦片的总压紧力；

μ——摩擦系数；

R_C——摩擦片的平均摩擦半径；

β——后备系数：

轿车及轻型货车　　$\beta = 1.25 \sim 1.75$

中型及重型货车　　$\beta = 1.60 \sim 2.25$

带拖挂的重型货车及牵引车　$\beta = 2.0 \sim 4.0$

但后备系数也不宜过高，以便在紧急制动时，能通过滑转来防止传动系过载。

2）分离过程

如图10-1所示，踏下踏板，拉杆拉动分离叉下端向右（后）移动，分离叉上端则通过分离轴承推动膜片弹簧内端左移（图10-2c），使膜片弹簧压紧前钢丝支承圈并以其为支点发生反锥形的变形，膜片弹簧外端后移，通过分离钩拉动压盘，解除对从动盘的压力。于是，离合器的主从动部分处于分离状态而中断动力的传递。

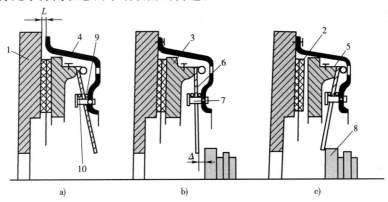

图10-2　离合器工作原理

a）安装前位置；b）接合位置；c）分离位置

1-飞轮；2-从动盘；3-压盘；4-离合器盖；5-分离钩；6-膜片弹簧；7-铆钉；8-分离轴承和分离套筒；9、10-后、前钢丝支承圈

3）接合过程

当需要恢复动力传递时，缓慢地抬起离合器踏板，分离轴承对膜片弹簧的内端的推力逐渐减小，压盘逐渐压紧从动盘，并使所传递的转矩逐渐增大。当所传递的转矩小于汽车起步阻力时，汽车不动，从动盘不转，主、从动摩擦面间完全打滑；当所传递的转矩达到足以克服汽车开始起步的阻力矩时，从动盘开始旋转，汽车开始移动，但从动盘的转速仍低于飞轮的转速，即摩擦面间仍存在着部分打滑的现象。再随着主从动间压力的不断增加和汽车的不断加速，主、从动部分的转速差逐渐减小，直到转速相等，打滑现象消失，离合器完全接合为止，接合过程即结束。由上可知，该阶段主、从动盘之间的摩擦状态由完全打滑到出现滑转，最后离合器完全接合。

接合后，在复位弹簧17的作用下，踏板回到最高位置，分离叉回至最右位置。分离轴承则在复位弹簧10的作用下离开膜片弹簧，向右紧靠在分离叉上。

离合器处于正常接合状态时,分离轴承与膜片弹簧内沿间要留有自由间隙 Δ,如图 10-2b)所示。如果没有自由间隙,则离合器接合过程中的滑转,使从动盘、压盘和飞轮产生磨损后压盘无法前移、膜片弹簧内沿无法向后移动,致使压盘不能压紧从动盘,造成离合器打滑,不能传递发动机的最大转矩,摩擦副和分离轴承也会很快磨损和烧坏。

自由间隙 Δ 反映到离合器踏板上,使踏板产生一个空行程,称为踏板的自由行程。

为了保证自由间隙值,踏板自由行程都是可以调整的。利用拉杆调节叉 16(图 10-1)调整拉杆 15 的长度就可调整踏板的自由行程。

离合器分离时必须使压盘向后移动充分的距离(1～3mm),这一距离通过一系列杠杆放大,反映到踏板上就是踏板的有效行程。

如果压盘后移距离小,则由于飞轮、压盘和从动盘的接触面的翘曲变形会使离合器分离不彻底。

有效行程与自由行程之和就是踏板的总行程。

第二节　摩擦式离合器

摩擦式离合器按从动盘的数目可分为单盘式、双盘式和多盘式等几种;按压紧弹簧的形式与布置分为膜片弹簧式、周布弹簧式、中央弹簧式等。

一、膜片弹簧离合器

1. 膜片弹簧离合器的结构

如图 10-3 所示,膜片弹簧离合器是采用膜片弹簧作为压紧元件和分离元件的离合器,由主动部分、从动部分、压紧装置、分离机构和操纵机构组成。

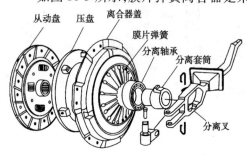

图 10-3　膜片弹簧离合器

1) 主动部分

主动部分由离合器盖、压盘、传动片和飞轮组成。

离合器盖外沿通过定位销定位,用螺栓固装在飞轮上。离合器盖用低碳钢冲压制成,侧面有缺口,便于散出摩擦面产生的热量。

压盘的平面和飞轮的平面一起组成了主动部分的摩擦面。压盘承受很大的机械负荷和热负荷,为防止使用中产生变形,常用高强度铸铁制成。

用弹簧钢制成的周向均布的三组传动片的两端分别用铆钉与离合器盖和压盘连接,将离合器盖的转矩传给压盘,见图 10-4。在离合器分离和接合过程中,依靠传动片的弯曲变形,使压盘前后移动。

压盘的驱动除采用传动片外,还可利用离合器盖和压盘上的窗孔与凸台、传动销、键等,但这几种驱动方式的连接之间存在间隙,传动时会产生冲击和噪声,且随着接触部分磨损的增加,间隙增大,带来更大的冲击和噪声,甚至可能导致零件出现裂纹而早期损坏。

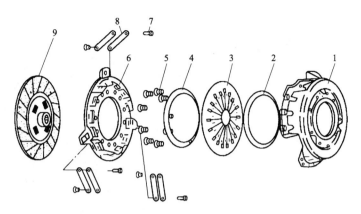

图10-4 膜片弹簧离合器总成分解图

1-离合器盖;2、4-钢丝支承圈;3-膜片弹簧;5-膜片弹簧固定铆钉;6-压盘;7-传动片固定铆钉;8-传动片;9-从动盘

2）从动部分

从动部分由从动盘和从动轴组成。从动盘有带扭转减振器的和不带扭转减振器的两种。

由于发动机传到汽车传动系中的转速和转矩是周期性变化的,汽车行驶在不平道路上也会出现传动系角速度的突然变化,这些都会使传动系产生扭转振动。扭转振动将使传动系零件受到冲击载荷,轻则缩短其使用寿命,重则直接损坏零件。由于不带扭转减振器的从动盘不能有效地降低传动系的扭转刚度和共振载荷,因此目前多用带扭转减振器的从动盘。

如图10-5所示,带扭转减振器的从动盘由前后摩擦片1、2,从动盘本体14,波浪形弹簧钢片11,从动盘毂8,减振器盘6,减振弹簧10,摩擦垫圈3,摩擦板7,碟形垫圈4等组成。

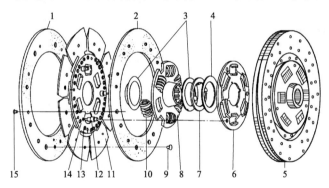

图10-5 带扭转减振器的从动盘分解图

1、2-前后摩擦片;3-摩擦垫圈;4-碟形垫圈;5-装合后的从动盘总成;6-减振器盘;7-摩擦板;8-从动盘毂;9、15-摩擦片铆钉;10-减振器弹簧;11-波浪形弹簧钢片;12-止动销;13-铆钉;14-从动盘本体

若干块波浪形弹簧钢片11与从动盘本体14用铆钉13铆接构成从动片,每块波浪形弹簧钢片上的两孔分别用铆钉与摩擦片1、2铆接,使其具有轴向弹性,见图10-6,从动片在自由状态时,摩擦片之间有一定间隙,离合器接合时,从动片被压紧,弯曲的波浪形弹簧钢片被逐渐压平,使从动盘上传递的转矩逐渐增加,接合平顺柔和。

从动片也有采用整体式结构：直接将从动片的外沿开槽并将其外沿的扇形部分冲压成向不同方向弯曲的波浪形。

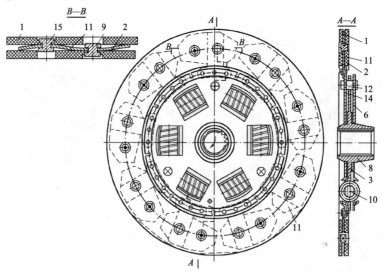

图10-6 从动盘及其弹性结构
(图注同图10-5)

摩擦片要求有较大的摩擦系数、良好的耐磨性和耐热性。目前,常用的摩擦片系用石棉(或加铜丝、铝丝等)、黏合剂及其他辅助材料经热压合成。为了增加摩擦片的强度、耐磨、耐高温、耐较大压力,也有采用铜基粉末冶金材料,如图10-7所示。

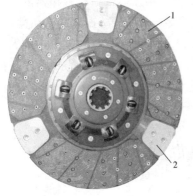

图10-7 从动盘总成
1-石棉基摩擦材料;2-铜基粉末冶金材料

止动销12穿过从动盘毂8圆周的缺口将从动盘本体14和减振器盘6铆接成一体,止动销直径比缺口尺寸小,可使从动盘毂可相对从动盘本体和减振器盘做一定量的转动。减振器弹簧10装在从动盘本体、从动盘毂、减振器盘上的六个圆周均布的窗孔中,发动机转矩通过切向布置的减振弹簧传给从动盘毂。

当从动盘不受转矩作用时,如图10-8a)所示,从动盘本体、从动盘毂、减振盘上的窗孔是相互重合的。而受转矩作用时,摩擦片传来的转矩,先通过弹簧钢片传到从动盘本体和减振器盘,再经被压缩的减振器弹簧传给从动盘毂,如图10-8b)所示。

由此可见,减振器弹簧将从动盘与从动盘毂弹性地连在一起,改变了传动系统的刚度,可消除系统的高频振动并起缓冲作用。如果这六个减振器弹簧属同一规格,并同时起作用,则扭转减振器的弹性特性为线性,这种扭转减振器只能在一种载荷工况(通常为发动机最大转矩)下有效工作。

如果6个弹簧属于两种或三种规格且刚度由小变大并按先后次序进入工作时,则该扭转减振器具有两级或三级非线性弹性特性。减振器弹簧也有采用橡胶弹性元件的。

从动盘毂与从动盘本体及减振盘间还夹有摩擦垫圈3、摩擦板7(图10-5),可起摩擦阻尼作用以吸收部分能量,衰减低频振动。碟形垫圈4(或采用螺旋压紧弹簧)可防止摩擦垫圈磨损后正压力的损失,使阻尼力矩保持稳定。如果两组摩擦阻尼元件采用不同刚度的碟形弹簧和螺旋压簧,可建立不同的正压力,实现阻尼力矩的非线性变化。

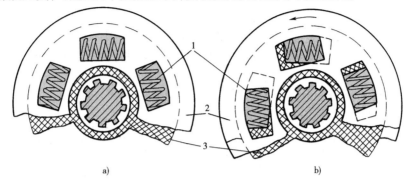

图 10-8 扭转减振器工作示意图
a)工作时;b)不工作时
1—减振器弹簧;2—从动盘本体;3—摩擦阻尼元件

3)膜片弹簧离合器的压紧和分离元件

如图 10-9 所示,用优质弹簧钢板制成、形状为碟形的膜片弹簧既是压紧元件,又是分离元件,其上开有若干个径向切槽,切槽的内端开通,外端为圆孔(防止该处产生应力集中,进而产生裂纹),每两切槽之间钢板形成一个弹性杠杆。

参见图 10-2,膜片弹簧 6 通过固定铆钉 7 连接在离合器盖上,两侧夹有钢丝支承圈 9、10 作为膜片弹簧的工作支点。压盘周边对称地固定有多个分离钩 5,将膜片弹簧的外边沿钩住并抵靠在压盘环形台上。

膜片弹簧与离合器盖间一般采用铆钉或离合器盖上的弯舌连接。操纵时的受力支点可以是支承圈、铆钉台阶或挡环、离合器盖上的内沿环形凸台等。

根据离合器工作时膜片弹簧内沿受力方向的不同,有拉式膜片弹簧离合器和推式膜片弹簧离

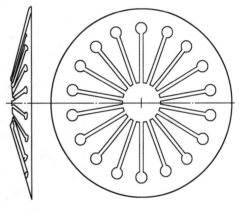

图 10-9 膜片弹簧

合器之分,因此两种离合器的膜片弹簧的安装位置、方向、支点位置有所不同。另外,拉式膜片弹簧离合器因有结构简化、零件减少、拆装方便、改善弹簧的应力分布、使用可靠等优点,而得到更广泛的应用。

2. 膜片弹簧离合器的特点

(1)膜片弹簧具备压紧弹簧和分离杠杆的双重功能,因此结构简单、轴向尺寸小,具有良好的弹性性能。

(2)膜片弹簧离合器操纵轻便,且操作运转时冲击、噪声小。

如图 10-10 所示,曲线 1 为膜片弹簧弹性特性曲线,其压紧力与压缩变形量呈非线性关系。曲线 2 为螺旋弹簧弹性特性曲线,其压紧力与压缩变形量呈线性关系。设新装配的离合器接合时,两种弹簧的压缩变形量均相同,此时的压紧力均为 F_a。操纵分离离合器时,弹

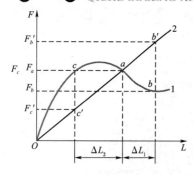

图 10-10 两种压紧弹簧的特性曲线
1-膜片弹簧;2-螺旋弹簧

簧被进一步压缩,若变形量达最大值 ΔL_1 时,膜片弹簧分离时的压力小于接合时的压力($F_b < F_a$)。

(3)自动调节压紧力。

从膜片弹簧的弹性特点可知(图 10-10),当摩擦片磨损变薄时,弹簧的变形量减小,设变形量 ΔL_2,此时膜片弹簧的压紧力几乎不变(F_a 与 F_c 基本相同),而螺旋弹簧的压紧力直线下降($F'_c < F_a$)。

(4)高速时压紧力稳定。

(5)周向压力分布均匀,摩擦片接触良好,磨损均匀,使用寿命长。

二、周布螺旋弹簧离合器

如图 10-11 所示,单盘周布螺旋弹簧离合器也由主动部分、从动部分、压紧装置、分离机构和操纵机构组成。

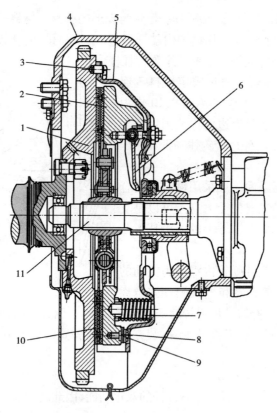

图 10-11 周布螺旋弹簧离合器

1-飞轮;2-压盘;3-定位销;4-离合器壳;5-离合器盖;6-分离杠杆;7-压紧弹簧;8-传动片螺钉;9-传动片;10-从动盘;11-变速器第一轴(离合器从动轴)

1. 主、从动部分

周布螺旋弹簧离合器的主动部分、从动部分与膜片弹簧离合器基本相同。

2. 压紧机构

压紧弹簧 7 沿压盘周向对称布置,将从动盘压紧在压盘和飞轮间,使离合器处于接合状态。

压紧弹簧还可在压盘不同半径的圆周上同时布置,当离合器与不同功率的发动机匹配时,可通过采用刚度不同、安装个数及位置也不同的压紧弹簧,来获得不同的压紧力及传递不同的转矩。

3. 分离机构

如图 10-12 所示,用薄钢板冲压制成的分离杠杆 6 中部通过浮动销 5 支承在支承柱 4 的方孔中,外端通过一凹字形摆动支承片 7 顶在压盘凸耳上,扭簧 8 使分离杠杆外端始终压紧摆动支承片。分离杠杆以浮动销为支点摆动,浮动销在方孔的平面 A 上滚动,摆动支承片摆动,消除运动干涉。

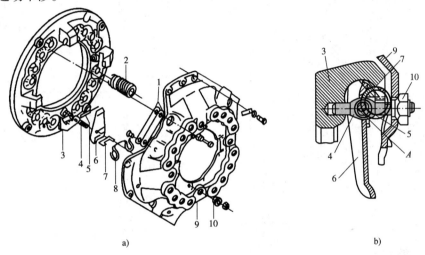

图 10-12 周布螺旋弹簧离合器的压紧机构和分离机构
1-传动片;2-压紧弹簧;3-压盘;4-支承柱;5-浮动销;6-分离杠杆;7-摆动支承片;8-扭簧;9-离合器盖;10-分离杠杆调整螺母

三、中央弹簧离合器

中央弹簧离合器一般采用 1 个矩形断面的圆锥螺旋弹簧或 1~2 个圆柱螺旋弹簧做压簧并布置在离合器中心。圆锥螺旋弹簧轴向尺寸较小,可缩短离合器轴向尺寸,因而应用较圆柱形弹簧多。中央弹簧式离合器多用于重型汽车上。

图 10-13 为矩形断面锥形中央弹簧式离合器,它的主要特点如下:

(1) 压紧力放大:中央弹簧 4 不是直接作用在压盘上,而是通过弹性压杆 2 的杠杆作用将弹簧的张力放大数倍后作用在压盘上。

(2) 压紧力可通过垫片 1 调整。

四、斜置弹簧离合器

如图 10-14 所示,斜置弹簧离合器一般将数目较多的一组圆柱弹簧作为压紧弹簧,分别

以一定倾角 α 斜向作用在传力盘 5 上,再推动压杆 4 并按杠杆比放大后作用到压盘上。斜置弹簧式离合器多用在重型汽车上。

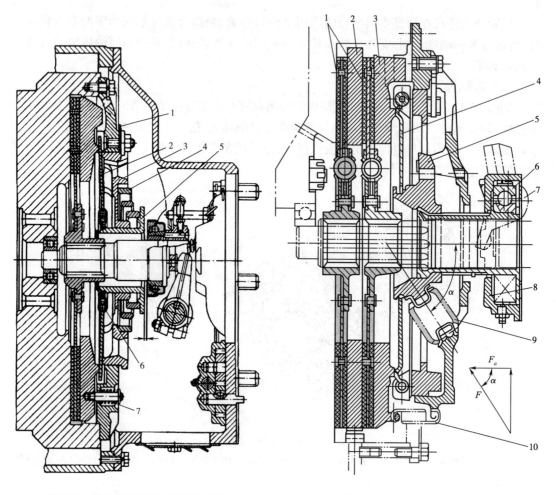

图 10-13 矩形断面锥形中央弹簧离合器
1-调整垫片;2-弹性压杆;3-弹簧座;4-中央弹簧;5-可移套筒;6-钢球;7-压盘分离弹簧

图 10-14 斜置弹簧式离合器
1-从动盘;2-中间压盘;3-压盘;4-压杆;5-传力盘;6-分离轴承;7-分离叉;8-分离套筒;9-压紧弹簧;10-分离弹簧

斜置弹簧式离合器的主要特点如下:

(1)采用双盘离合器:该结构采用两个压盘和两个从动盘,摩擦面数为 4,可将传递转矩增大一倍。

(2)压紧力放大。

(3)自动补偿压紧力:压紧弹簧作用在压杆内端的轴向推力 F_a 等于弹簧压紧力 F 的轴向分力 $F_a = F\cos\alpha$。当摩擦片磨损时,压杆内端左移,弹簧伸长,力 F 减小,但同时夹角 α 也减小,$\cos\alpha$ 增大。这样在摩擦片磨损范围内,弹簧作用力的轴向分力 $F_a = F\cos\alpha$(压盘压紧力)几乎保持不变。同样,当分离过程中向右拉传力盘时,力 F 值也大致不变。

第三节 离合器的操纵机构

离合器操纵机构分为机械式、液压式、气压式和自动操纵式。为了减小离合器操纵的踏板力,在前两者中可以增加助力装置。

一、机械式操纵机构

机械式操纵机构有杆系传动和绳索传动两种类型。

杆系传动机构如图10-15所示,其结构简单、工作可靠,但杆系传动中杆件铰链连接较多,摩擦损失大,其正常工作会受车架或车身变形、发动机位移的影响。对于需要进行远距离操纵的、后置发动机汽车的离合器,其杆系较难合理布置。

绳索操纵机构如图10-16所示,可消除杆系传动机构的一些缺点,但操纵绳索寿命较短,拉伸刚度较小,多适用于轻型和微型汽车。

二、液压式操纵机构

1. 构造

液压式操纵机构以油液作为传力介质,如图10-17所示的离合器液压操纵机构,由踏板臂2、储液室6、主缸活塞4、油管11、工作缸13、分离叉15等组成。

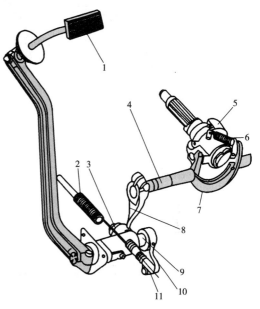

图10-15 杆系传动机构
1-踏板;2-踏板复位弹簧;3-调整螺母;4-分离叉轴;5-分离轴承;6-分离套筒;7-分离叉;8-分离叉臂;9-踏板轴;10-拉臂;11-分离拉杆

主缸与储液室间通过进油孔5、补偿孔7相通。

离合器主缸由推杆3、活塞4、复位弹簧、壳体、皮碗等组成。活塞4两端装有皮碗,中部与壳体间形成环形油室。活塞左端的轴向小孔与皮碗构成单向阀。当踏板处于初始位置时,活塞左端皮碗位于补偿孔7与进油孔5之间,两孔均开放。

工作缸由活塞12、皮碗、工作缸推杆14、壳体等组成。

2. 工作过程

踏下离合器踏板,主缸推杆3推动主缸活塞4左移,当皮碗将补偿孔7关闭后,主缸活塞4继续左移时,主缸中的油压升高,压力油经过管路11,进入工作缸,向右推动工作缸活塞12、工作缸推杆14、分离叉15,使离合器分离。当缓慢释放踏板时,各复位弹簧使分离叉、工作缸活塞、主缸活塞逐渐复位,离合器逐渐接合;当压盘接合后迅速放松踏板,复位弹簧使主缸活塞复位速度大于工作缸活塞复位速度,由于油液流动有一定的阻力,使主缸活塞左腔形成一定的真空,在压力差的作用下环形油室中的油液推开单向阀进入左腔以补偿真空,主缸活塞迅速复位,而此时工作缸活塞继续左移,多余的油液经补偿孔7回到储液室内。

液压操纵机构具有摩擦阻力小、重量轻、操纵轻便、接合柔和、布置方便、不受车身车架变形的影响等优点,应用较为广泛。

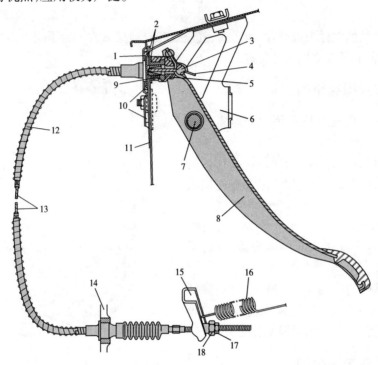

图 10-16 绳索传动机构

1-踏板杆系;2-绳索垫圈;3-绳索球端;4-固定架;5-踏板限位挡块;6-踏板支架;7-踏板轴;8-踏板;9-固定螺母;10-垫片;11-驾驶室前壁;12-绳索外套;13-内绳索;14-离合器壳;15-分离叉;16-复位弹簧;17-锁紧螺母;18-调整螺母

三、助力式操纵机构

为减轻操纵离合器所需的踏板力、改善驾驶员劳动条件,一般采用助力装置,助力装置常用的有弹簧式和气压式两种。

1. 弹簧助力式操纵机构

如图 10-18 所示,助力弹簧 2 挂装在踏板与车架之间。离合器处于接合状态时,助力弹簧的拉力对踏板产生顺时针方向的转矩,使踏板复位。当踩下踏板时,助力弹簧拉力产生的转矩成为踏板的阻力矩,但由于力臂较小,踩下踏板所需的力矩也不大,因此踏板并不沉重。当弹簧中心线转过踏板铰接点 A 时,助力弹簧拉力产生的转矩与踏板力产生的转矩方向相同,起助力作用;随踏板行程的增大,助力弹簧中心到踏板铰接点的距离也越大,助力作用增强。

弹簧助力式操纵机构结构简单、工作可靠,但一般只能降低踏板力 25%～30%,而且在踏板后段行程时,助力作用较为明显。

2. 气压助力式操纵机构

在带有压缩空气的大型和重型汽车上,由于分离离合器时踏板力很大,常采用气压式助力装置。

1) 气压助力式机械操纵机构

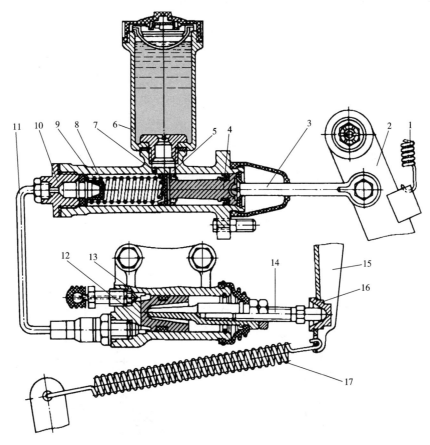

图10-17 离合器液压式操纵机构

1-踏板复位弹簧；2-踏板臂；3-主缸推杆；4-主缸活塞；5-进油孔；6-储液室；7-补偿孔；8-主缸复位弹簧；9-弹簧座；10-接头；11-油管；12-工作缸活塞；13-工作缸壳体；14-工作缸推杆；15-分离叉；16-分离叉球形支座；17-分离叉复位弹簧

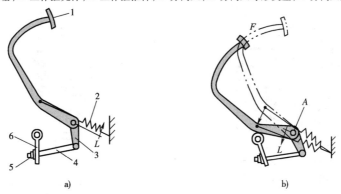

图10-18 弹簧助力式杆系操纵机构
a) 接合状态；b) 分离状态

1-踏板；2-助力弹簧；3-拉臂；4-拉杆；5-调整螺母；6-分离叉臂；A-铰接中心；L-助力弹簧中心与A点距离

如图10-19所示，该操纵机构由机械传动和气压助力系统两部分组成。

机械传动部分由踏板1、踏板臂2、传动杠杆3、钢绳4、摇臂8、拉杆9和复位弹簧等主要机件组成。气压助力装置主要由助力控制阀5和助力气缸6等机件组成。

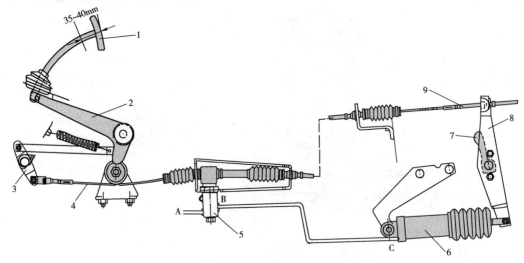

图 10-19 离合器气压助力式机械操纵机构

1-踏板;2-踏板臂;3-传动杠杆;4-钢绳;5-助力控制阀;6-助力气缸;7-分离叉;8-摇臂;9-拉杆

助力控制阀由压紧帽 3、阀杆 2、进气阀 1、复位弹簧和阀体 4 等组成,结构如图 10-20 所示。助力气缸由活塞 2、推杆 1、O 形圈及复位弹簧组成,结构如图 10-21 所示。

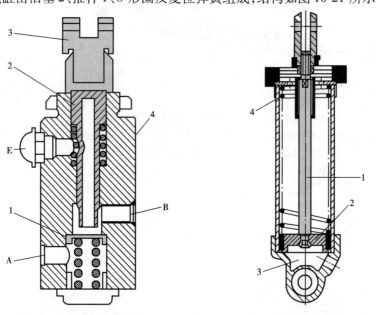

图 10-20 离合器助力控制阀
1-进气阀;2-阀杆;3-压紧帽;4-阀体

图 10-21 离合器助力气缸
1-推杆;2-活塞;3-进气腔;4-复位弹簧

踩下离合器踏板,机械传动部分将助力控制阀的压紧帽按下,带动阀杆下移压开进气阀门,压缩空气由 A 口通过 B 口由管路进入助力气缸的进气腔,推动活塞及推杆运动,使摇臂下端向右运动,进而带动分离叉上端左移,实现助力作用。

松开离合器踏板,助力控制阀阀杆在复位弹簧作用下抬起,进气阀门也在复位弹簧和气压作用下关闭,助力气缸内的压缩气体由 C 口通过管路经助力控制阀的 B 口、阀杆中心气道从排气口 E 排出,助力解除。

2)气压助力式液压操纵机构

如图10-22所示,踏下离合器踏板时,液压主缸10产生的压力油沿油管9进入助力工作缸液压腔B,见图10-23,作用在活塞杆3上,使推杆1产生向左推力。同时,油液经D道,进入E腔,推动控制阀杆4向左移动,推开阀门6,压缩空气由H口经I道进入A腔。在气压与油压力共同作用下,推杆1往左移动作用于摇臂,通过分离拨叉推动分离轴承,使离合器分离。

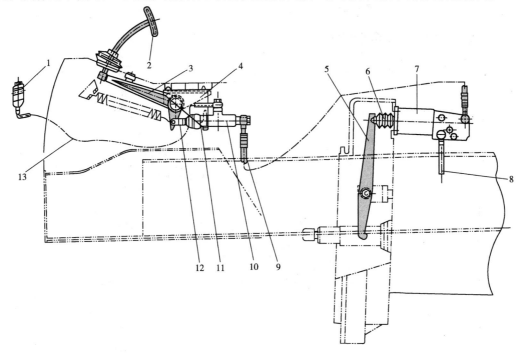

图10-22 离合器气压助力式机械操纵机构

1-储油缸;2-踏板;3-踏板臂;4-轴套托架;5-摇臂;6-推杆;7-助力工作缸;8-压缩空气管;9-油管;10-液压主缸;11-主缸支架;12-推杆;13-输油管

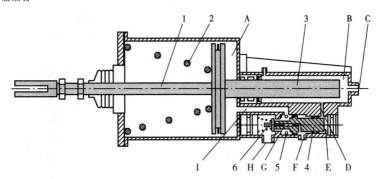

图10-23 离合器助力工作缸

1-推杆;2-大复位弹簧;3-活塞杆;4-控制阀杆;5-小复位弹簧;6-阀门;A-气压腔;B、E-液压腔;C-进油口;D-液压通道;F-排气口;G、I-气道;H-进气口

松开离合器踏板,复位弹簧将主缸活塞推回、助力工作缸进油口C处油压迅速下降。在复位弹簧和气压的作用下,控制阀杆4向右移动,关闭阀门6,A腔压缩空气经控制阀杆的通道G由排气口F排向大气,活塞杆3复位,推杆1在复位弹簧的作用下也同时回到起始位置。

第四节 磁粉式电磁离合器

磁粉式电磁离合器主、从动部分之间的转矩传递是靠磁性电介质本身来实现的,即在电磁线圈通电流后,磁性电介质将主、从动盘"凝固"在一起来传递力矩。在汽车上一般多用由铁粉为媒质的间隙式电磁离合器。

一、磁粉式电磁离合器的组成

如图 10-24 所示,由输入端 3 和输出端 8 及铁粉室 9、励磁线圈 6、离合器控制单元 ECU、离合器 C/SW 开关、离合器继电器 7 和蓄电池等组成。手动变速器的离合器控制开关 C/SW,装于换挡手柄处,可进行远程操控。

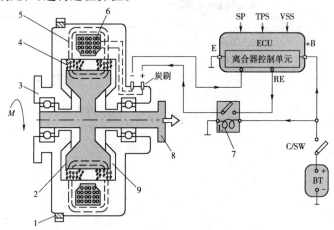

图 10-24 磁粉离合器
1-起动齿圈;2-导磁盘;3-输入端;4-铁粉末;5-磁通;6-励磁线圈;7-离合器继电器;8-输出端;9-铁粉室

(1)主动部分(输入端 3):连接发动机的曲轴,有较大的转动惯量,代替了飞轮的作用。内置式励磁线圈 6,用炭刷和固定部位的滑环接触,可与蓄电池相通。

(2)从动部分(输出端 8):连接变速器的输入轴。主、从动部分通过轴承连接,可相对转动,形成离合器空转分离状态。

(3)铁粉室 9:处于主、从动部分之间,内装物理性能稳定的、定量的、可以磁化的 30~50μm 铁微粒粉末(磁粉)4。磁粉通电磁化后产生"磁链",连接主动部分和从动部分,用来传递发动机转矩 M。

二、磁粉式电磁离合器的控制原理

(1)励磁电流的控制。该控制是利用离合器开关 C/SW 的闭合,使继电器 7 的线圈磁化而导通触点,离合器控制单元 ECU 从 RE 端子提供可变的工作电流,通过继电器直接操控励磁线圈 6 通断电流的大小。

(2)当励磁线圈不通电时,铁粉室的磁粉在离心力的作用下,松散地贴合于室的外侧,主从动部分为分离状态;当励磁线圈通电后,在主从动部分间形成虚线闭合回路(磁通 5),铁粉被磁化,流动状态的铁粉在磁场中开始"凝固"起来,铁粉粒子形成磁链,把主从动部分联系在一起。通过励磁线圈中的电流越大,则磁链的数目越多,磁链也越强,磁粉离合器传递转矩也越大。当通过的电流达到某一定值时,磁粉将使离合器的主从动部分牢固连在一起,离合器停止打滑,处于完全接合状态。当磁场消失时,铁粉重新又成为流动体,离合器主从动部分之间的联系消失,离合器重新分离。

(3)对离合器接合时间和接合力的控制。除手控 C/SW 开关通断信号外,离合器控制单元 ECU 的电流调节电路,还可利用节气门开度 TPS 信号、转速 SP 信号、车速 VSS 信号这三个逻辑控制参数和其他相关网络信号(如制动信号、轮速信号等),根据汽车行驶工况的需要(起动运转、起步加速、换挡控制、加速爬坡、减速滑行、传动系过载保护等工况),来自动调节励磁线圈中电流的大小和导通时间的长短,自动进行通断和量化控制。磁粉离合器在接合过程中,传递转矩的增长很平滑,接合平顺,不需要进行调整。

三、磁粉式电磁离合器的控制系统

图 10-25 的控制系统主要由传感器、控制单元(ECU)和执行器三大部分组成。当汽车运行时,控制单元根据各种传感器的信息,经演算处理后,控制电磁式离合器线圈的励磁电流,由此获得该工况所必需的转矩容量,实现发动机起动、汽车起步或停车、变速等不同运行状态时的离合器的自动控制过程。由于此系统只控制离合器的离合状态,所以称之为半自动控制系统。

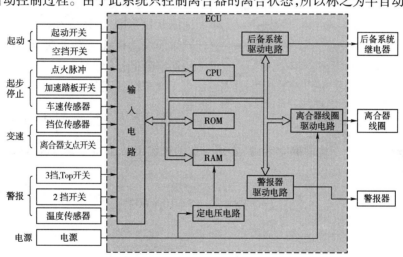

图 10-25 离合器自动控制系统

四、磁粉式电磁离合器的优点

(1)结构简单,减轻了汽车的装备质量,传动效率高,容易实现转矩的平稳增长,无起步发抖弊病,起步性能、加速性能、换挡性能、减速滑行、传动系过载保护等功能良好。

(2)主、从部件不接触,无磨损之虑,更无调整部位,只存在电路部分的故障(继电器、滑环、炭刷、控制单元等),故障内容纳入了电控自诊系统,维修成本低、故障率低、使用寿命长。

(3)无离合器踏板等控制机械,操控开关位于变速器手柄处,进行起动运转和离合换挡控制,简化了操纵动作,方便可靠。

(4)传统的摩擦式离合器常见故障不再发生,如分离不好、换挡响;接合不好、行驶打滑;操控部位调整不当,离合片损坏等。

第十一章 变速器与分动器

第一节 概 述

一、功用

1. 改变传动比,扩大驱动轮转矩和转速的变化范围

汽车上广泛采用活塞式内燃机,其转矩和转速变化范围较小,而复杂的使用条件则要求汽车的牵引力和车速能在相当大的范围内变化。为解决这一矛盾,在传动系中设置了变速器,通过改变传动比,扩大驱动轮转矩和转速的变化范围,以适应经常变化的行驶条件,同时使发动机在有利的工况下(功率较高而耗油率较低)工作。

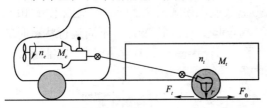

图 11-1 驱动力产生的原理图

n_e-发动机输出转速;M_e-发动机输出转矩;n_t-驱动轮转速;M_t-驱动轮转矩;F_0-驱动轮对路面施加的圆周力;F_t-路面对驱动轮的驱动力;r-驱动轮滚动半径

汽车行驶原理见图 11-1,驱动力 $F_t = F_0 = \dfrac{M_t}{r}$,且 $F_t \leq F_\phi$(F_ϕ 为驱动轮与路面的附着力),要充分利用轮胎与地面的附着力,必须对发动机输出转速和转矩再进行减速增矩。

因为传动比:

$$i = \frac{n_e}{n_t} = \frac{M_t}{M_e} \quad (i = 10 \sim 60)$$

所以:

$$n_t = \frac{n_e}{i} \quad M_t = M_e i$$

可见,n_e 下降 i 倍,M_t 就扩大 i 倍。

2. 改变驱动轮的旋转方向

在发动机旋转方向不变的前提下,使汽车能倒退行驶,为此,变速器设置 1~2 个倒挡,实现汽车倒向行驶。

3. 中断动力传递

变速器设置空挡,中断动力传递,有利于发动机的起动、热起、怠速,便于换挡或汽车滑行、暂时停车等使用工况。

4. 驱动其他机构

如自卸车的油泵、某些汽车的绞盘等,通过变速器将发动机的动力输出。

分动器装在多轴驱动的越野汽车上,其功用是将转矩分配到各个驱动桥上。

二、变速器的分类

汽车变速器的结构类型,按传动比变化情况可分为有级、无级和综合三种。

所谓传动比就是输入轴转速与输出轴转速的比值。

1. 有级变速器

有级变速器应用最广泛。它采用齿轮传动,具有若干个定值传动比。按所用轮系形式不同,有轴线固定式变速器(普通变速器)和轴线旋转式变速器(行星齿轮变速器)两种。目前,轿车和轻、中型货车变速器的传动比通常有 3~5 个前进挡和一个倒挡(每个挡位对应一个传动比),在重型货车用的组合式变速器中,则有更多挡位。所谓变速器挡数,即指其前进挡位数。

齿轮式变速器具有结构简单、易于制造、工作可靠、传动效率高等优点。

2. 无级变速器(CVT)

无级变速器的传动比在一定的数值范围内可按无限多级变化,常见的有电力式、液力式(动液式)和金属带式三种。电力式无级变速器的变速传动部件为直流串励电动机,除在无轨电车上应用外,在超重型自卸车传动系中也有广泛采用的趋势。动液式无级变速器的传动部件是液力变矩器,金属带式无级式变速器可通过改变主、从动带轮的直径从而改变传动比,具有结构紧凑、工作可靠、寿命长、效率高且噪声低等优点,广泛应用在小型车上。

3. 自动变速器(AT)

自动变速器是指由液力变矩器和行星齿轮式有级变速器组成的液力机械式变速器,其传动比可在最大值与最小值之间的几个间断的范围内做无级变化,目前应用较多。

按操纵方式分,变速器又可分为强制操纵式、自动操纵式、半自动操纵式和手自一体式四种。

(1)强制操纵式变速器靠驾驶员直接操纵变速杆换挡,为大多数汽车所采用。通常称为手动挡(MT)。

(2)自动操纵式变速器的传动比选择(换挡)是自动进行的。驾驶员只需操纵加速踏板,即可控制车速,如无级变速器、自动变速器和机械自动变速器(AMT)等。机械自动变速器是以普通变速器为基础,把离合器的自动控制和电子液压顺序换挡相结合,通过加装电控单元控制的自动操纵系统来实现离合器和变速器挡位变换的自动化。

(3)半自动操纵式变速器有两种形式。一种是常见的几个挡位自动操纵,其余挡位则由驾驶员操纵;另一种是预选式,即驾驶员预先用按钮选定挡位,在踩下离合器踏板或松开加速踏板时,接通一个电磁装置或液压装置来进行换挡,如组合变速器。

(4)手自一体变速器有两套换挡机构,既可自动操纵换挡,也可驾驶员手动换挡。

三、普通齿轮变速器的工作原理

普通齿轮变速器也叫定轴式变速器,它由一个外壳、轴线固定的几根轴和若干齿轮组成,可实现变速、变矩和改变旋转方向。

1. 变速原理

一对齿数不同的齿轮啮合传动时,若小齿轮为主动齿轮,带动大齿轮转动时,转速就降

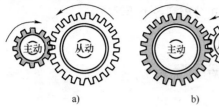

图 11-2 齿轮传动原理
a) 减速传动；b) 增速传动

低了；若大齿轮驱动小齿轮时，转速升高，如图 11-2 所示。这就是齿轮传动的变速原理。

主动齿轮转速与从动齿轮转速之比值称为传动比，用 i_{12} 表示，有：

$$i_{12} = n_1/n_2 = z_2/z_1$$

式中：n_1、z_1——主动齿轮的转速、齿数；
n_2、z_2——从动齿轮的转速、齿数。

汽车变速器就是根据这一原理，利用若干大小不同的齿轮副传动而实现变速的。

如图 11-3 所示，发动机的转矩经输入轴 Ⅰ 输入，经两对齿轮传动，由输出轴 Ⅱ 输出，其中第一对齿轮，1 为主动齿轮、2 为从动齿轮；第二对齿轮，3 为主动轮、4 为从动轮，传动比计算过程如下：

$$i_{12} = \frac{n_1}{n_2} = \frac{z_2}{z_1}$$

所以

$$n_1 = \frac{z_2}{z_1} n_2$$

式中：i——传动比；
n——齿轮转速；
z——齿轮齿数。

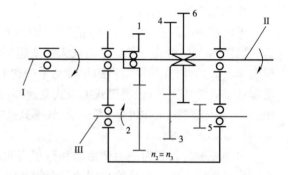

图 11-3 两级齿轮传动简图

$$i_{34} = \frac{n_3}{n_4} = \frac{z_4}{z_3}$$

所以：

$$n_4 = \frac{z_3}{z_4} n_3$$

齿轮 2、3 在同一中间轴 Ⅲ 上，转速相同，即 $n_2 = n_3$，总传动比 $i_{14} = \frac{n_1}{n_4} = \frac{z_2}{z_1} \frac{z_4}{z_3} = i_{12} \cdot i_{34}$。

同理，多级齿轮传动的传动比：

$$i = \frac{\text{所有从动齿轮齿数的连乘积}}{\text{所有主动齿轮齿数的连乘积}} = \text{各级齿轮传动比的乘积}$$

汽车变速器某一挡位的传动比就是这一挡位各级齿轮传动比的连乘积。

由于 $i = \frac{n_\text{入}}{n_\text{出}} = \frac{M_\text{出}}{M_\text{入}}$（$M$ 表示转矩），可见传动比既是变速比又是变矩比。减速则增矩，增速则减矩。汽车变速器就是利用这一关系通过改变速比来适应汽车行驶阻力变化的需要。

2. 换挡原理

若将图 11-3 中齿轮 3 与 4 脱开，再将齿轮 6 与 5 啮合，传动比变化，输出轴 Ⅱ 的转速、转矩也发生变化，即挡位改变。当齿轮 4、6 都不与中间轴上的齿轮 3、5 啮合时，动力不能传到输出轴，这就是变速器的空挡。

3. 变向原理

如图 11-4 所示，相啮合的一对齿轮旋向相反，每经一传动副，其轴改变一次转向。图 11-4a)所示的两对齿轮传动 1 和 2、3 和 4，其输出轴与输入轴的转向相同，这是普通三轴式变速器前进挡的传动情况。图 11-4b)所示的齿轮 4 装在中间轴与输出轴之间的倒挡轴上，三对传动副 1 和 2、3 和 4、4 和 5 传递动力，输出轴与输入轴的转向相反，这是三轴式变速器倒挡的传动情况。齿轮 4 称为倒挡轮或惰轮。

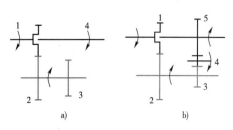

图 11-4　齿轮传动的转向关系
a)前进挡；b)倒挡

第二节　变速器的变速传动机构

变速器包括变速传动机构和操纵机构两大部分。按工作轴的数量(不包括倒挡轴)可分为三轴式变速器和二轴式变速器，变速传动机构的主要作用是改变速比、旋转方向；操纵机构的作用是实现换挡。本节主要叙述变速传动机构。

一、三轴式变速传动机构

变速传动机构主要由齿轮、轴、壳体和支承件等组成。如图 11-5 所示的变速器是典型的三轴式五挡变速器，其构造、工作情况分析如下：

1. 构造

该变速器通过壳体前端面的四个螺栓固定在离合器壳后端面上，它有三根主要轴，即第一轴、第二轴和中间轴，故称三轴式，另外还有倒挡轴。

1) 第一轴

第一轴(输入轴)前后端以轴承分别支承在曲轴后端的内孔及变速器壳的前壁，其前部花键部分装离合器的从动盘，后部有常啮齿轮 2，后端有一短齿轮为直接挡齿圈。第一轴轴承盖 29 的外圆面与离合器壳相应的孔配合，保证第一轴和曲轴的轴线重合。

2) 第二轴

第二轴(输出轴)前后端分别用轴承支承于第一轴后端内孔和壳体。1、倒挡齿轮 13 与轴以花键形式配合传力，可轴向滑动。2、3、4 挡齿轮 11、7、6 分别以滚针轴承形式与轴配合，并与中间轴齿轮 23、24、25 常啮合，其上均有传力齿圈。第二轴前端花键上套装 4、5 挡花键毂 28，用卡环轴向定位，接合套 4 在花键毂 28 上轴向滑动实现挡位转换。花键毂 27 和接合套 9 实现 2、3 挡的动力传递。在 2、4 挡齿轮后面分别装有承受轴向力的止推环。

后轴承盖内装有里程表驱动蜗杆和蜗轮，轴后端花键上装有凸缘，连接万向传动装置。

第一、二轴的轴向定位大都靠后轴承，轴承外环装有弹性挡圈，使轴承不能向壳体内移动，靠轴承盖压住轴承外环端面使轴承不能向外移动，实现轴承的轴向定位。轴承内环又被卡环、螺母或其他的结构固定在轴上，实现轴的轴向定位。为保证轴承盖压住轴承外环端面、盖与壳体之间的密封，轴承盖密封垫 4 厚度应恰当。

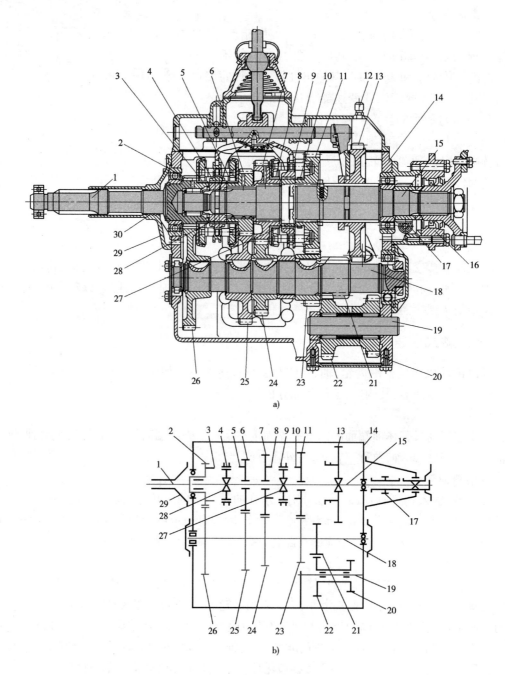

图 11-5 东风 EQ1092 型汽车变速器
a) 结构图；b) 机构简图

1-第一轴；2-第一轴常啮合传动齿轮；3-第一轴齿轮接合齿圈；4、9-接合套；5-4 挡齿轮接合齿圈；6-第二轴 4 挡齿轮；7-第二轴 3 挡齿轮；8-3 挡齿轮接合齿圈；10-2 挡齿轮接合齿圈；11-第二轴 2 挡齿轮；12-通气孔；13-第二轴 1、倒挡滑动齿轮；14-变速器壳体；15-第二轴；16-驻车制动器底座；17-车速-里程表传动齿轮；18-中间轴；19-倒挡轴；20、22-倒挡中间齿轮；21-中间轴 1、倒挡主动齿轮；23-中间轴 2 挡齿轮；24-中间轴 3 挡齿轮；25-中间轴 4 挡齿轮；26-中间轴常啮合传动齿轮；27、28-花键毂；29-第一轴轴承盖；30-轴承盖回油螺纹

3）中间轴

中间轴 18 两端用轴承支承在壳体上,与第一轴齿轮常啮合的齿轮 26,2、3、4 挡齿轮 23、24、25 用半圆键装在轴上,1、倒挡齿轮 21 与轴制成一体。

其轴向定位与第一、二轴类同。有的中间轴和几乎所有的倒挡轴为固定式轴,用过盈配合压装在壳体上以防漏油,并用锁片定位。为装配方便,固定式轴两端轴颈直径稍有差异,有定位槽的一端稍粗,装配时应将轴的另一端穿过壳体和齿轮。

4）倒挡轴

该轴固定在壳体上,倒挡齿轮 20、22 制成一体,以滚针轴承的形式套装在倒挡轴上,齿轮 22 与中间轴齿轮 21 常啮合。

有的变速器倒挡轴外端制有螺纹孔,以使其拆装方便。

2. 各挡齿轮的传动情况

1）空挡

第二轴换挡的接合套、传动齿轮均处于中间空转位置,动力不传给第二轴。

2）1 挡

前移 1、倒挡滑动齿轮 13 与中间轴 1 挡齿轮 21 啮合。动力经第一轴齿轮 2,中间轴常啮合齿轮 26,中间轴 1 挡齿轮 21,第二轴 1、倒挡齿轮 13,传到第二轴使其顺时针旋转(与第一轴同向)。1 挡传动比为:

$$i_1 = \frac{z_{26}}{z_2} \times \frac{z_{13}}{z_{21}} = 7.31$$

第二轴输出的转速和转矩分别为: $n_1 = n_e/i_1 (\text{r/min})$; $M_1 = M_e i_1 (\text{N·m})$。

3）2 挡

后移接合套 9 与第二轴 2 挡齿轮上的齿圈 10 啮合。动力经齿轮 2、26、23、11,接合套 9,花键毂 27,传到第二轴使其顺时针旋转。2 挡传动比为:

$$i_2 = \frac{z_{26}}{z_2} \times \frac{z_{11}}{z_{23}} = 4.31$$

第二轴输出的转速、转矩分别为: $n_2 = n_e/i_2 (\text{r/min})$; $M_2 = M_e i_2 (\text{N·m})$。

4）3 挡

前移接合套 9 与第二轴 3 挡齿轮 7 的齿圈 8 啮合。动力经齿轮 2、26、24、7、8,接合套 9,花键毂 27,传到第二轴使其顺时针旋转。传动比为:

$$i_3 = \frac{z_{26}}{z_2} \times \frac{z_7}{z_{24}} = 2.45$$

第二轴输出的转速、转矩分别为: $n_3 = n_e/i_3 (\text{r/min})$; $M_3 = M_e i_3 (\text{N·m})$。

5）4 挡

后移接合套 4 与第二轴 4 挡齿轮 6 的齿圈 5 接合。动力经齿轮 2、26、25、6、5,接合套 4,花键毂 28,传到第二轴使其顺时针旋转。传动比为:

$$i_4 = \frac{z_{26}}{z_2} \times \frac{z_6}{z_{25}} = 1.54$$

第二轴输出转速、转矩分别为:$n_4 = n_e/i_4 (\text{r/min})$;$M_4 = M_e i_4 (\text{N·m})$。

6)5挡

前移接合套4与第二轴常啮合传动齿轮2的齿圈3啮合。动力直接由第一轴传到第二轴。传动比为1,此挡称为直接挡。第二轴的转速与第一轴相同($n_5 = n_e$),第二轴输出转矩$M_5 = M_e$。在路况较好的情况下使用5挡,可提高运输效率。

7)倒挡

后移第二轴上的1、倒挡齿轮13与倒挡齿轮20啮合。动力经齿轮2、26、21、22、20、13,传给第二轴使其逆时针旋转,汽车倒向行驶。传动比:

$$i_R = \frac{z_{26}}{z_2} \times \frac{z_{22}}{z_{21}} \times \frac{z_{13}}{z_{20}} = 7.66$$

第二轴输出的转速、转矩分别为:$n_R = n_e/i_R (\text{r/min})$;$M_R = M_e i_R (\text{N·m})$。

小型汽车的最高前进挡传动比多数都小于1,即第二轴的转速高于第一轴转速,称为超速挡。低速挡用于坏路或爬坡,高速挡用于在好路加速行驶。

3.齿轮的换挡结构形式

车用变速器齿轮多采用常啮斜齿轮,利用同步器改组换挡。一对齿轮在进入啮合开始时的圆周速度必须相等(同步状态),否则会在齿端发生冲击,使齿轮寿命降低。同步器换挡机构能防止齿轮在同步前啮合,消除齿轮间的冲击,缩短换挡时间。所以同步器在汽车变速器上应用广泛。

4.防止自动跳挡的结构

自动跳挡是变速器的常见故障之一,特别是直接挡,第一、二轴同轴度误差稍大,就易脱挡。所以有些变速器在齿轮上采取了防止自动跳挡的结构。

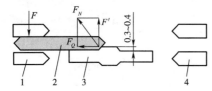

图11-6 减薄齿防止跳挡的结构示意图
1、4-接合齿圈;2-接合套;3-花键毂;F-圆周力 $F = F'$;
F_N-凸台对接合套的总阻力;F_Q-防止跳挡的轴向力

1)减薄齿式

在东风EQ1090E型汽车使用的5挡变速器中,采用了减薄齿的结构来防止自动跳挡(图11-6)。在花键毂3的两端,齿厚各减薄0.3~0.4mm,使各牙齿中部形成一凸台。当同步器的接合套左移与接合套齿圈接合时(图示位置),接合齿圈1将转矩传到接合套2的一侧,再由接合套的另一侧传给花键毂。由于接合套齿的后端被凸台挡住,在接触面上作用一个力F_N,其轴向分力F_Q即为防止跳挡的阻力。欲摘下挡时,驾驶员放松加速踏板,踩下离合器踏板,动力被切断,接合齿圈1的转速降低,接合套齿相对于花键毂向后转,不会妨碍接合套齿摘挡。

2)斜面齿式

CA1091型汽车6挡变速器采用的是齿端倒斜面的结构(图11-7)。在该变速器的所有接合齿圈及同步器接合套齿的端部两侧都制有倒斜面。当同步器的接合套2左移与接合齿圈1接合时(图示位置),接合齿圈将转矩传到接合套齿的一侧,再经接合套齿的另一侧传给花键毂3。由于接合齿圈1与接合套2齿端部为斜面接触,便产生了垂直斜面的正压力F_N,

其分力分别为 F 和 F_Q，向左的分力 F_Q 即为防止跳挡的轴向力。

5. 齿轮的轴向限位

斜齿轮在传力时产生轴向力，应采用轴向限位装置，多用止推环。在轴上空转的斜齿轮必须有适当的轴向间隙。此间隙的大小由止推环的厚度来调整；有的变速器由衬套长度来保证。

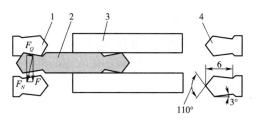

图 11-7 防止跳挡的齿端倒斜面结构示意图
1、4-接合齿圈；2-接合套；3-花键毂；F-圆周力；F_N-倒锥齿面正压力；F_Q-防止跳挡的轴向力

6. 润滑与密封

1）润滑

为减少内摩擦引起的零件磨损和功率损失，须在壳体内注入齿轮油，大多数变速器采用飞溅方式润滑各齿轮副、轴与轴承等零件的工作表面。因此，壳体一侧有加油口，壳体底部有放油塞。油面高度即由加油口位置控制。

有的汽车变速器为了提高传动效率和减少零件磨损，采用压力润滑。飞溅润滑是靠中间轴齿轮转动实现的。为了润滑第二轴前轴承和空转齿轮的衬套或轴承，第二轴上有关齿轮的齿间底部均匀分布几个径向通孔，在齿轮啮合过程中齿顶和齿底间隙逐渐减小而产生油压，将润滑油压入轴承或衬套。为保证可靠的润滑，变速器内的油面高度应适当，通常润滑油加至壳体上加油口下沿即为标准高度。

2）密封

为了防止漏油，变速器第一轴和第二轴与轴承盖之间多采用回油螺纹或自紧式油封。变速器前端多为回油螺纹，后端为自紧式油封，有的变速器前后端都为自紧油封。许多变速器轴承盖的下部有回油凹槽，壳体上有相应的回油孔，进入轴承多余的油流回壳体内。壳体与变速器盖、轴承盖间一般装有纸垫或用密封胶密封。还有的采用橡胶密封条。为防止壳体内的气压过高造成渗油现象，多在顶盖上装有通气塞。

二、两轴式变速器

在传统的发动机前置后轮驱动的传动系中，通常采用三轴式变速器，输入轴与输出轴在同一轴线上，有利于万向传动装置的设计安装。在发动机前置前轮驱动（轿车）或发动机后置后轮驱动（客车）的汽车上，由于总体结构布置的需要，采用两轴式变速器。

1. 结构和动力传递路线

图 11-8 是与发动机前置纵向布置形式相配套使用的两轴式变速器，它有五个前进挡和一个倒挡。

第一轴 1 也叫输入轴或主动轴，第一轴前端用轴承支承在曲轴中心孔内，前端与离合器从动盘通过花键连接，中段及后段三处通过轴承支承在变速器壳体上。第一轴上共有六个齿轮、两个同步器。其中，3、4、5 挡齿轮（分别见图中 4、2、8）分别用滚针轴承空套在第一轴上，3、4 挡中间有一个同步器 3，5 挡有一个同步器 9，它们通过花键毂与轴连接，并能在拨叉作用下左右移动。1、2、倒挡齿轮（分别见图中 7、5、6）与第一轴固定。第二轴 15 也叫输出轴或从动轴，第二轴前后端两处通过轴承安装在壳体上，第二轴上有七个齿轮、一个同步器。其中，六个圆柱齿轮与第一轴齿轮对应，一个锥齿轮作为主减速器的主动齿轮。3、4、5 挡齿轮(分别见图中 14、16、10)与第二轴固定,1、2 挡齿轮(分别见图中 11、13)用滚针轴承空套在第二轴上,同步器 12 位于 1、2 挡中间,第二轴上倒挡齿轮 6 与同步器接合套连成一体。在第二轴中部一侧,还装有一根较短的倒挡轴。它是固定式轴,倒挡齿轮 6 空套在倒挡轴上,它可在倒挡拨叉的作用下左右移动。

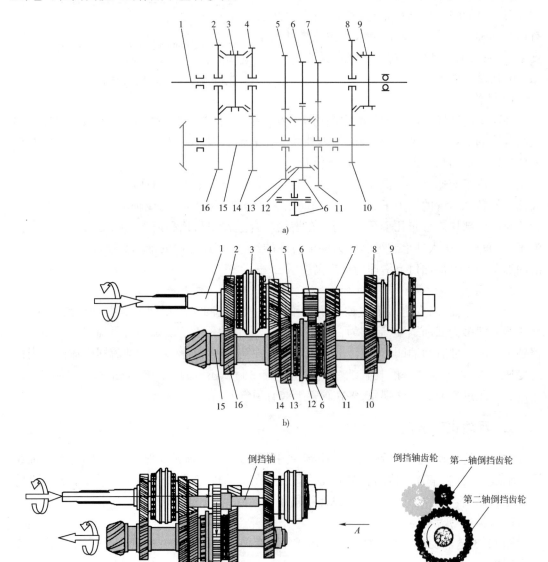

图 11-8　与发动机前置纵向布置形式相配套使用的两轴式变速器
a)机构简图;b)空挡;c)倒挡

1-第一轴;2-第一轴 4 挡齿轮;3-3、4 挡接合套同步器组件;4-第一轴 3 挡齿轮;5-第一轴 2 挡齿轮;6-倒挡齿轮组;7-第一轴 1 挡齿轮;8-第一轴 5 挡齿轮;9-5 挡接合套同步器组件;10-第二轴 5 挡齿轮;11-第二轴 1 挡齿轮;12-1、2 挡接合套同步器组件;13-第二轴 2 挡齿轮;14-第二轴 3 挡齿轮;15-第二轴(带主动锥齿轮);16-第二轴 4 挡齿轮该变速器有五个前进挡位和一个倒挡位。操纵变速杆,通过接合套的移动,即可实现不同传动比的动力传递。

以挂 3 挡为例,同步器接合套 3 右移,动力传递路线为:

第一轴 1→同步器接合套 3→齿轮 4→齿轮 14→第二轴 15。

当挂倒挡时(图 11-8c),通过拨叉拨动倒挡轴上的惰轮,使其同时与输入第二轴上的倒挡齿轮啮合,其动力传递路线为:

第一轴 1→第一轴倒挡齿轮→倒挡轴惰轮→第二轴倒挡齿轮→1、2 挡同步器接合套→花键毂→第二轴。

由于倒挡位的齿轮传递中多了一个中间惰轮,因此,第二轴的旋转方向与前进位相反。

其余各挡的传动路线请读者自己分析。

桑塔纳 2000GSi 轿车用 330 型变速器各挡位的传动比为:$i_1 = 3.455$,$i_2 = 1.944$;$i_3 = 1.286$;$i_4 = 0.969$;$i_5 = 0.800$;$i_R = 3.167$,可以看出,该变速器 1、2、3 挡为减速传动,4、5 挡为增速传动(即超速挡)。

图 11-9 是与发动机前置横向布置形式相配套使用的两轴式变速器,它有五个前进挡和一个倒挡。

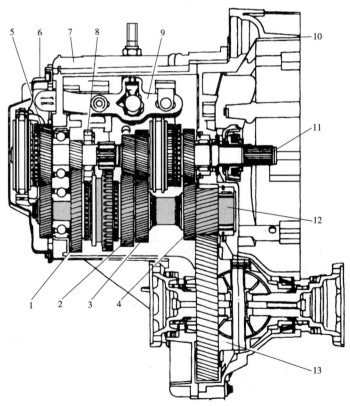

图 11-9 与发动机前置横向布置形式相配套使用的两轴式变速器

1-1 挡;2-2 挡;3-3 挡;4-4 挡;5-5 挡;6-变速器壳盖;7-变速器壳;8-倒挡齿轮;9-换挡操纵装置;10-离合器壳;11-第一轴;12-第二轴;13-差速器

2. 结构分析

(1) 其传动机构的特点是输入轴与输出轴平行,且无中间轴。

(2) 第一轴和第二轴之间在前进挡位时只有一对齿轮啮合,在倒挡位也只多一个中间齿轮,因而机械效率高,噪声小。

(3) 两轴式变速器没有直接挡,因而最高挡的机械效率比直接挡略低。

(4) 前进挡几乎都采用常啮合斜齿轮,传动平稳;由同步器换挡,既迅速又无冲击噪声。

(5) 同步器既可装在输入轴上,也可装在输出轴上,整体结构紧凑。

(6) 悬臂式输入轴与曲轴无支靠关系,变速器稍后移,即可更换离合片,可节省工序。

(7) 与发动机前置纵向布置形式相配套使用的两轴式变速器的第二轴最终输出为锥齿轮传动副;与发动机前置横向布置形式相配套使用的两轴式变速器的第二轴最终输出为圆柱齿轮传动副。

三、组合式变速器

重型汽车的装载质量大,其工作条件复杂。欲保证重型车具有良好的动力性和经济性,则必须扩大传动比范围并增多挡数。为避免变速器的结构过于复杂和便于系列化生产,多采用组合式变速器,即以 1~2 种 4 挡或 5 挡变速器为主体,通过更换齿轮副和配置不同的副变速器(一般为两挡),得到一组不同挡数不同传动比范围的变速器系列。目前,组合式变速器已成为重型车变速器的主要形式。

图 11-10 为 Fast 双中间轴系列普通齿轮组合式变速器变速传动机构示意图。它实质上是由 4 挡主变速器和两挡(高速挡和低速挡)副变速器串联组成,这样可得到 8 个前进挡。

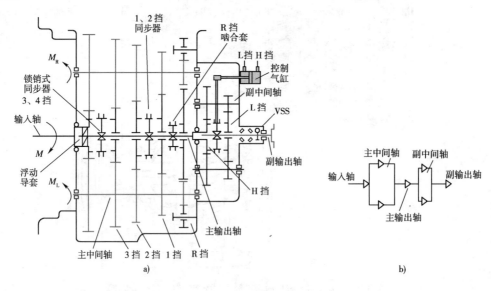

图 11-10 Fast 双中间轴系列普通齿轮组合式变速器变速传动机构示意图
a) 结构简图;b) 动力传动路线

1. 传动比计算公式

组合式变速器的传动比：

$$i_{组} = i \cdot i'$$

式中：i——主变速器某一挡位的传动比；

i'——副变速器某一挡位的传动比。

2. 主、副变速器挡位的组合

若主变速器为 4 挡变速器，传动比分别为 i_1、i_2、i_3、i_4，副变速器有两个挡位，即低速挡和高速挡，传动比分别为 i_L、i_H，则组合后的挡位如表 11-1 所示。

主、副变速器挡位的组合　　　　　　　　　　表 11-1

主变速器	副变速器	传动比组合	组合式变速器的挡位
i_1	i_L	$i_{组1} = i_1 \cdot i_L$	1 挡
i_2		$i_{组2} = i_2 \cdot i_L$	2 挡
		$i_{组3} = i_3 \cdot i_L$	3 挡
		$i_{组4} = i_4 \cdot i_L$	4 挡
i_3	i_H	$i_{组5} = i_1 \cdot i_H$	5 挡
		$i_{组6} = i_2 \cdot i_H$	6 挡
		$i_{组7} = i_3 \cdot i_H$	7 挡
i_4		$i_{组8} = i_4 \cdot i_H$	8 挡

3. 结构特点

（1）主、副变速器均采用两根结构相同的中间轴，相间 180°，动力从输入轴进入后，分流到主、副变速器的两根中间轴上，然后再汇集到输出轴上输出。

（2）每根中间轴只传递 1/2 转矩，使变速器齿轮的宽度减小，轴向尺寸缩短，又可采用大啮合量细牙斜齿轮，使质量减轻。

（3）采用了双中间轴后，输出轴的各挡齿轮，必须同时与中间轴的齿轮啮合，输出轴需采用"径向浮动"状态。为此，输入轴孔内有"含油弹性导套"，具有一定的径向间隙，此即谓"径向浮动"状态。

（4）两个中间轴的斜齿轮，对输出轴的斜齿轮所施加的径向力和切向力，大小相等、方向相反、相互抵消，使输出轴只承受转矩，不承受弯矩，改善了受力情况，提高了变速器的使用寿命。

（5）换挡机构采用了三个惯性锁销式同步器和一个 R 挡啮合套，保证了主、副变速器换挡方便、可靠。副变速器中的锁销式同步器，用气压操纵，按钮控制，可组成 $i=1$ 的高速挡（H 挡）和 $i>1$ 的低速挡（L 挡）。

在组合式变速器中，除上述副变速器在主变速器之后的布置形式外，当副变速器传动比较小时，也可布置在主变速器之前。有的重型货车为了得到更多的挡位，在主变速器的前、后都装有副变速器，如图 11-11 所示。目前，副变速器多与主变速器制成一体。

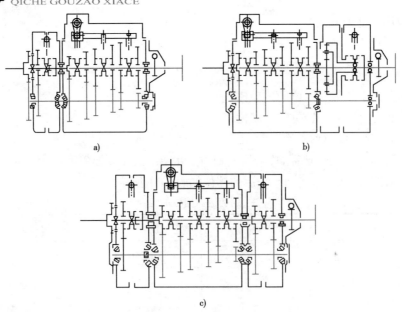

图 11-11 组合式变速器

a) 前置副变速器 + 主变速器；b) 后置副变速器 + 主变速器；c) 前置副变速器 + 主变速器 + 后置副变速器

第三节 同 步 器

一、无同步器时的换挡过程

变速器在换挡过程中，必须使所选挡位的一对待啮合齿轮轮齿的圆周速度相等（即同步），才能使之平顺地进入啮合而挂上挡。如两齿轮轮齿不同步时即强制挂挡，势必因两轮齿间存在速度差而发生冲击和噪声。这样，不但不易挂挡，而且影响轮齿寿命，使齿端部磨损加剧，甚至使轮齿折断。

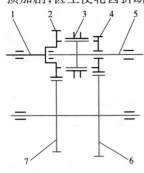

图 11-12 无同步器的 5 挡变速器 4、5 挡齿轮示意图

1-第一轴；2-第一轴齿轮；3-接合套；4-第二轴四挡齿轮；5-第二轴；6-中间轴四挡齿轮；7-中间轴常啮传动齿轮

为使换挡平顺，驾驶员应采取合理的换挡操作步骤，现以图 11-12 所示无同步器的 5 挡变速器中 4、5 两挡（5 挡为直接挡）互相转换的过程为例来说明其原理。

第一轴 1 及其齿轮 2 直接与离合器从动盘连接，4 挡齿轮 4 则通过齿轮 6、中间轴和齿轮 7 与齿轮 2 保持传动关系。接合套 3 借花键毂与第二轴 5 相连，而第二轴又依次通过万向传动装置、驱动桥和行驶系与整个汽车保持传动关系。所以齿轮 2 和 4 的转速，及其轮齿和其端部的花键齿的圆周速度都与离合器从动盘转速成正比；同理，接合套 3 的转速，及其花键齿的圆周速度都与汽车速度成正比。

1. 低挡换高挡（4 挡换 5 挡）

变速器在 4 挡工作时，接合套 3 与齿轮 4 上的接合齿圈接合，二者的花键齿圆周速度 V_3 和 V_4 显然相等，即 $V_3 = V_4$。欲从 4 挡换入5挡,驾驶员应先踩下离合器踏板,使离合器分离,随即通过变速杆等将接合套3左移,推入空挡位置。

在接合套3刚与齿轮4脱离接合的瞬间,仍然是$v_3=v_4$,因4挡齿轮4的转速低于齿轮2的转速,圆周速度$v_4<v_2$。所以在换入空挡的瞬间,$v_3<v_2$,为避免齿轮冲击,不应立即换入5挡,应先在空挡停留片刻。在空挡位置时,变速器输入端各零件已与发动机中断了动力传递且转动惯量较小,再加上中间轴齿轮有搅油阻力,所以v_2下降较快(图11-13a);整个汽车的转动惯性大,导致接合套3(与第二轴转速相同)的圆周速度v_3下降较慢,因图11-13a)中两直线v_3、v_2的倾斜度不同而相交,交点即为同步状态($v_3=v_2$)。此时,将接合套左移与齿轮2上的齿圈啮合挂入五挡,不会产生冲击。但自然减速出现同步的时刻太晚,应在摘下4挡后,立即抬起离合器踏板,

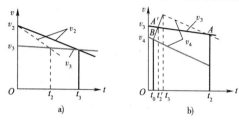

图11-13 无同步器变速器的换挡过程
a)低挡换高挡;b)高挡换低挡

利用发动机怠速工况迫使第一轴更快地减速,v_2下降较快(如图11-13a中虚线所示),同步点出现得早,缩短了换挡时间。

2. 高挡换低挡(5挡换4挡)

变速器在5挡工作时以及由5挡换入空挡的瞬间,接合套3与齿轮2接合齿圈圆周速度相同,即$v_3=v_2$,因$v_2>v_4$,故$v_3>v_4$(图11-13b)。但在空挡时v_4下降得比v_3快,即直线v_4与v_3不会出现相交点,不可能达到自然同步状态。所以驾驶员应在变速器退到空挡后,立即抬起离合器踏板,同时踩一下加速踏板,使发动机连同离合器从动盘和第一轴都从B点开始升速,让$v_4>v_3$(如图11-13b中虚线所示),再踩下离合器踏板稍等片刻,$v_3=v_4$(同步点A),即可换入4挡。

图11-13b)中还有一次同步时刻A',利用这一点来缩短换挡时间,由于此点是在踩加速踏板过程中出现的,因此要求有熟练的操作技能。

上述相邻挡位相互转换时所应采取的不同操作步骤,虽然只举接合套换挡为例,但同样适用于移动齿轮换挡的情况,因为所依据的速度分析原理是一样的。

由此可见,欲使一般变速器换挡时不产生轮齿或花键齿间的冲击,需要进行较复杂的操作,并应在短时间内迅速而正确地完成。这对于技术很熟练的驾驶员,也易造成疲劳。因此,要求在变速器结构上采取措施,既保证换挡平顺,又使操作简化、减轻驾驶员劳动强度。同步器即是在这样的要求下产生的。

二、同步器的构造和工作原理

同步器的作用是使接合套与待啮合的齿圈迅速同步,缩短换挡时间,且防止在同步前啮合而产生接合齿之间的冲击。

同步器是在接合套换挡机构基础上发展起来的,同步器都由同步装置(包括推动件、摩擦件)、锁止装置和接合装置三部分组成,目前广泛采用的是惯性式同步器。

1. 锁环式惯性同步器

轿车和轻、中型货车的变速器广泛采用锁环式惯性同步器。

1) 构造

如图 11-14 所示，花键毂 7 用内花键套装在第二轴外花键上，以垫圈、卡环轴向定位。花键毂 7 两端与齿轮 1 和 4 之间各有一个青铜制成的锁环(即同步环) 5 和 9。锁环上有短花键齿圈，其花键齿的尺寸和齿数，与花键毂、齿轮 1 和 4 的外花键齿均相同。两个齿轮和锁环上的花键齿，靠近接合套 8 的一端都有倒角(即锁止角)，与接合套齿端的倒角相同。锁环有内锥面，与齿轮 1、4 的外锥面锥角相同。在锁环内锥面上制有细密的螺纹(或直槽)，当锥面接触后，它能及时破坏油膜，增加锥面间的摩擦力。锁环内锥面摩擦副称为摩擦件，外沿带倒角的齿圈是锁止件，锁环上还有三个均布的缺口 12。三个滑块 2 分别装在花键毂 7 上三个均布的轴向槽 11 内，沿槽可以轴向移动。滑块被两个弹簧圈 6 的径向力压向接合套，滑块中部的凸起部位压嵌在接合套中部的环槽 10 内。滑块和弹簧是推动件。滑块两端伸入锁环 5 的缺口 12 中，滑块窄缺口宽，两者之差等于锁环的花键齿宽。锁环相对滑块顺转和逆转都只能转动半个齿宽，且只有当滑块位于锁环缺口的中央时，接合套与锁环才能接合。

2) 工作原理

以 2 挡换 3 挡为例(图 11-15)，说明同步器的工作原理。

(1) 空挡位置。

接合套 8 刚从 2 挡退入空挡时(图 11-15a)，3 挡齿轮 1、接合套 8、锁环 9 以及与其有关联的运动件，因惯性作用而沿原方向继续旋转(图示箭头方向)。设齿轮 1、接合套 8、锁环 9 的转速分别为 n_1、n_8、n_9。因接合套通过滑块前侧(图中下侧)推动锁环一起旋转，所以 $n_9 = n_8$，因 $n_1 > n_8$，故 $n_1 > n_9$。此时锁环是轴向自由的，其内锥面与齿轮 1 的外锥面没有摩擦(图示虚线)。

(2) 摩擦力矩形成与锁止过程。

欲换入 3 挡(直接挡)时，推动接合套 8 连同滑块 2 一起向左移动(图 11-15b)，滑块又推动锁环移向齿轮 1，使锥面接触。驾驶员作用在接合套上的轴向推力，使两锥面有正压力 N，又因两者有转速差($n_1 > n_9$)，所以产生摩擦力矩。通过摩擦作用，齿轮 1 带动锁环相对于接合套向前转动一个角度，使锁环缺口靠在滑块的另一侧(上侧)为止，此时接合套的内齿与锁环上的齿错开了约半个齿宽，接合套的齿端倒角面与锁环的齿端倒角面互相抵住，锁止作用开始，接合套暂不能前移进入啮合。

驾驶员的轴向推力使接合套的齿端倒角面与锁环的齿端倒角面之间产生正压力 N，N 可分解为轴向力 P_1 和切向力 P_2。P_2 形成一个企图拨动锁环相对于接合套反转的力矩，称为拨环力矩 M_2。P_1 使锁环和齿轮 1 的锥面进一步压紧，两锥面间的摩擦力矩 M_1 使齿轮 1 相对于锁环迅速减速而趋向与锁环同步，齿轮 1 以及与其相关联的零件产生一个与旋转方向相同的惯性力矩，又通过摩擦锥面以摩擦力矩的方式传到锁环上，阻碍锁环相对于接合套反向转动。可见，锁环上同时作用着方向相反的两个力矩，即拨环力矩 M_2 和惯性力矩。在齿轮 1 和锁环 9 未同步之前，惯性力矩在数值上等于摩擦力矩 M_1。

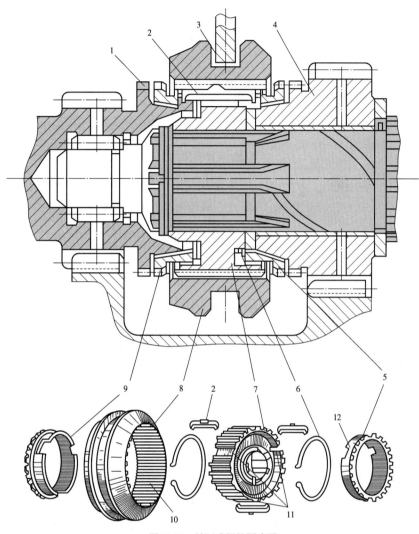

图 11-14 锁环式惯性同步器

1-第一轴齿轮;2-滑块;3-拨叉;4-第二轴齿轮;5、9-锁环;6-弹簧圈;7-花键毂;8-接合套;10-环槽;11-三个轴向槽;12-缺口

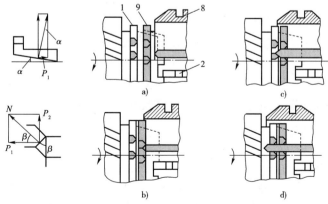

图 11-15 锁环式惯性同步器工作过程示意图

(图注同图 11-14)

两个力矩公式如下:

$$M_1 = N\mu R_1 = \frac{F_1}{\sin\alpha}\mu R_1$$

$$M_2 = F_2 R_2 = F_1 \tan\beta R_2$$

式中:R_1——摩擦锥面的平均半径;
$\quad R_2$——齿端拨环力作用半径;
$\quad \mu$——摩擦锥面的静摩擦系数;
$\quad \alpha$——摩擦锥面的锥角;
$\quad \beta$——锁环齿端倒角。

同步器要产生有效的锁止作用,即防止在同步前挂上挡,必须满足的条件是 $M_1 > M_2$,即

$$\frac{F_1}{\sin\alpha}\mu R_1 > F_1 \tan\beta R_2$$

$$\frac{\mu R_1}{\sin\alpha} > \tan\beta R_2$$

上述关系式由设计保证。从上式看出,在达到同步之前无论驾驶员施加多大的操纵力,都不会挂上挡;推力的加大只能同时增大作用在锁环上的两个力矩,缩短同步时间。由于锁止作用是靠齿轮1以及与其相关联的零件作用在锁环上的惯性力矩产生的,所以称为惯性式同步器。

(3)同步啮合。

随着驾驶员施加于接合套上的推力加大,摩擦力矩 M 不断增加,使齿轮1的转速迅速降低。当齿轮1、接合套8和锁环9达到同步时,作用在锁环上的惯性力矩消失。此时,在拨环力矩 M_2 的作用下,锁环9、齿轮1以及与之相连的各零件都相对于接合套反转一角度(因轴向力 P_1 仍存在,使两锥面以静摩擦方式贴合在一起),滑块2处于锁环缺口的中央(图11-15c),两花键齿不再抵触,锁环的锁止作用消除。接合套压下弹簧圈继续左移(滑块脱离接合套的内环槽而不能左移),与锁环的花键齿圈进入啮合。由于作用在锁环齿圈的轴向力和滑块推力都不存在,锥面间的摩擦力矩消失。若接合套花键齿与齿轮1的齿端相抵触(图11-15c),则靠齿端倒角面上的切向分力拨动齿轮1相对于锁环和接合套转过一角度,让接合套与齿轮1进入啮合(图11-15d),即换入3挡。

若由3挡换入2挡,上述过程也适用。不过,齿轮4应被加速到与锁环5、接合套8同步(图11-15),接合套再进入啮合换入2挡。

考虑结构布置的合理性、紧凑性及锥面间摩擦力矩大小等因素,锁环式惯性同步器多用在小型汽车上,有的中型汽车变速器的中、高速挡也采用这种同步器。

2. 锁销式惯性同步器

图11-16 为5挡变速器的4、5挡同步器。

1)构造

两个带有内锥面的摩擦锥盘2,以其内花键分别固装在带有接合齿圈的斜齿轮1和6上,随齿轮一起转动。两个有外锥面的摩擦锥环3,其上有圆周均布的三个锁销8、三个定位销4与接合套5装在一起。定位销与接合套的相应孔是滑动配合,定位销中部切有一小段

环槽,接合套钻有斜孔,内装弹簧11,把钢球10顶向定位销中部的环槽,使接合套处于空挡位置,定位销随接合套能轴向移动。定位销两端伸入两锥环3内侧面的弧线形浅坑中,定位销与浅坑有周向间隙,锥环相对接合套在一定范围内做周向摆动。锁销中部环槽的两端和接合套相应孔两端切有相同的倒角(锁止角);锁销与孔对中时,接合套才能沿锁销轴向移动;锁销两端铆接在锥环相应的孔中。可见,两个锥环(即摩擦件,其上有螺纹槽)、三个锁销(锁止件)、三个定位销(推动件)和接合套(接合件)构成一个部件,套在花键毂9的齿圈上。

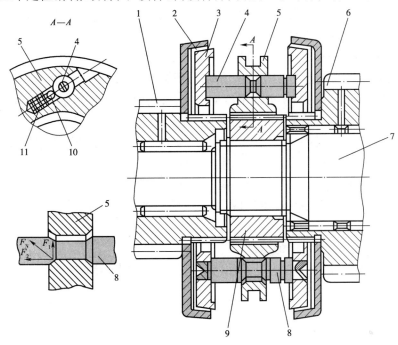

图11-16 锁销式惯性同步器

1-第一轴齿轮;2-摩擦锥盘;3-摩擦锥环;4-定位销;5-接合套;6-第二轴4挡齿轮;7-第二轴;8-锁销;9-花键毂;10-钢球;11-弹簧

2)工作原理

锁销式惯性同步器的工作原理与锁环式惯性同步器类似。如图11-17所示,当接合套5受到轴向推力 p_1 作用时,通过钢球10、定位销4推动摩擦锥环3(图11-16)向前移动,即欲换入5挡。因摩擦锥环与锥盘有转速差,故接触后的摩擦作用使锥环和锁销相对于接合套转过一个角度,锁销与接合套上相应孔的中心线不再同心,锁销中部倒角与接合套孔端的锥面相抵住(图11-17)。在同步前,作用在摩擦面的摩擦力矩总大于切向分力 p_2 形成的拨销力矩,接合套被锁止不能前移,防止在同步前接合套与齿圈进入啮合。同步后惯性力矩消失,拨销力 p_2 使锁销、摩擦锥盘和相应的齿轮相对于接合套转过一个角度,锁销与接合套的相应孔对中,接合套克服弹簧11的张力压下钢球并沿锁销继续向前移动,顺利地换入5挡。

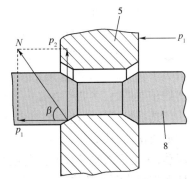

图11-17 锁销式惯性同步器锁止原理
(图注同图11-16)

总之,锥环与锥盘的摩擦力矩较大,多用在中型和重型汽车上。

第四节 变速器的操纵机构

一、功用及要求

变速器操纵机构的功用是保证驾驶员根据使用条件,将变速器换入某个挡位。要使操纵机构可靠地工作,应满足下列要求:

1. 设有自锁装置,防止变速器自动换挡和自动脱挡

挂挡过程中,若操纵变速杆推动拨叉前移或后移的距离不足时,则滑动齿轮(或接合套)与相应的齿轮(或接合齿圈)将不能在全齿宽上啮合,因而影响齿轮的寿命。即使达到全齿宽啮合,也可能由于汽车振动或其他原因,使滑动齿轮或接合套自动轴向移动,因而减少了齿的啮合长度,甚至完全脱离啮合(自动脱挡)。为防止上述情况,应设置自锁装置。

2. 设有互锁装置,保证变速器不会同时换入两个挡

若变速杆能同时推动两个拨叉,即可能同时挂入两个挡位。由于两个挡位的传动比不同,必将使啮合的各个齿轮相互产生机械干涉,变速器将无法工作,情况严重时还将使零件遭受破坏。

3. 设有倒挡锁装置,防止误换倒挡

汽车行进中,若误挂倒挡,变速器轮齿间将发生极大冲击,导致零件损坏。汽车起步时若误挂倒挡,则容易出现安全事故。

二、变速器操纵机构的构造

变速器操纵机构多为机械式。按操纵杆与变速器的相互位置不同,分为直接操纵式和远距离操纵式两类。

1. 构造

1) 直接操纵式

大多数汽车变速器布置在驾驶员座位附近,变速杆由驾驶室底板伸出,驾驶员可直接操纵。它一般由变速杆、拨块、拨叉、拨叉轴以及锁止装置等组成,多集装于上盖或侧盖内,结构简单、操纵方便。

图11-18所示为6挡变速器操纵机构的组成与布置示意图。拨叉轴7、8、9和10的两端均支承于变速器盖的相应孔中,可以轴向滑动。所有的拨叉和拨块都以弹性销固定于相应的拨叉轴上。3、4挡拨叉2的上端具有拨块。拨叉2和拨块3、4、14的顶部制有凹槽。变速器处于空挡时,各凹槽在横向平面内对齐,叉形拨杆13下端的球头即伸入这些凹槽中。

选挡时可使变速杆绕其中部球形支点横向摆动,则其下端推动叉形拨杆13绕换挡轴11的轴线摆动,从而使叉形拨杆下端球头对准与所选挡位对应的拨块凹槽,然后使变速杆纵向摆动,带动拨叉轴及拨叉向前或向后移动,即可实现挂挡。例如,横向摆动变速杆使叉形拨杆下端球头深入拨块3顶部凹槽中,拨块3连同拨叉轴9和拨叉5即沿纵向向前移动一定距离,便可挂入2挡;若向后移动一段距离,则挂入1挡。当使叉形拨杆下端球头深入拨块

14 的凹槽中,并使其向前移动一段距离时,便挂入倒挡。

对 5 挡变速器而言,具有三根拨叉轴。2、3 挡和 4、5 挡各占一根拨叉轴,而 1 挡和倒挡共用一根拨叉轴。

不同变速器的挡数和操纵机构的结构与布置都有所不同,因而各挡位在变速杆上端手柄处的位置排列,即挡位排列也不相同。因此,汽车驾驶室仪表板上(或操纵手柄上)应标有该车变速器挡位排列图(如图 11-18 左上方图)。

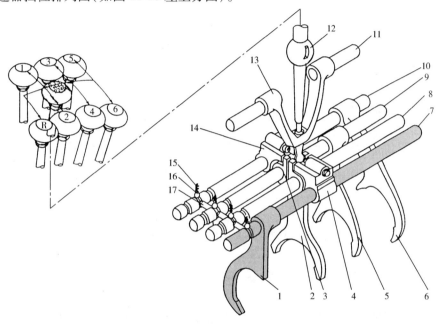

图 11-18　6 挡变速器操纵机构示意图

1-5、6 挡拨叉;2-3、4 挡拨叉;3-1、2 挡拨块;4-5、6 挡拨块;5-1、2 挡拨叉;6-倒挡拨叉;7-5、6 挡拨叉轴;8-3、4 挡拨叉轴;9-1、2 挡拨叉轴;10-倒挡拨叉轴;11-换挡轴;12-变速杆;13-叉形拨杆;14-倒挡拨块;15-自锁弹簧;16-自锁钢球;17-互锁销

2) 远距离操纵式

在有些汽车上,由于变速器离驾驶员座位较远,故需要在变速杆与拨叉之间加装一些辅助杠杆或一套传动机构,构成远距离操纵。这种操纵机构称为间接操纵式变速器操纵机构。图 11-19 所示为较简单的一种,其变速杆在驾驶员侧穿过驾驶室底板安装在车架上,中间通过传动杆 4 来操纵变速器实现换挡。

远距离操纵机构应有足够的刚度,各连接件间隙不能过大,否则换挡"手感"不明显,且不能保证换挡齿轮全齿长啮合。

2. 锁止(定位)装置

锁止装置包括自锁、互锁和倒挡锁。

1) 自锁装置

图 11-20 所示为变速器的自锁和互锁装置。自锁装置由自锁钢球 1 和自锁弹簧 2 组成。每一根拨叉轴的上表面沿轴向分布三个凹槽。当任一根拨叉轴连同拨叉轴向移动到空挡或某一工作位置时,必有一个凹槽正好对准自锁钢球 1。于是,钢球在弹簧压力下嵌入该凹槽内,拨叉轴的轴向位置即被固定,从而拨叉连同滑动齿轮(或接合套)即被固定在空挡或某一

工作挡位置,不能自行脱出。当需要换挡时,驾驶员必须通过变速杆对拨叉或拨叉轴施加一定的轴向力,克服弹簧的压力将钢球由拨叉轴的凹槽中挤出推回孔中,拨叉轴和拨叉方能再进行轴向移动。拨叉轴上表面相邻凹槽之间的距离,即等于为保证在全齿宽上啮合或完全退出啮合所必需的拨叉及其轴的移动距离。

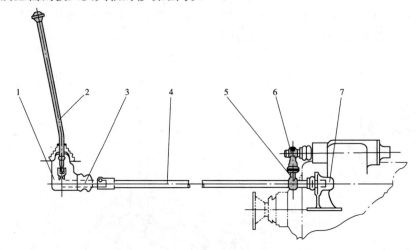

图 11-19　变速器摆动杆式远距离操纵操纵机构

1-变速杆支架;2-变速杆;3-驱动杆;4-传动杆;5-球窝拨杆;6-球头拨杆;7-传动杆支座

2) 互锁装置

此装置的类型很多,下面列举几种,说明其构造及机理。

(1) 锁球(销)式。

图 11-20 所示的互锁装置是由互锁钢球 4 和互锁销 5 组成的。每根拨叉轴的朝向互锁钢球的侧表面上均制出一个深度相等的凹槽,任一拨叉轴处于空挡位置时,其侧面凹槽都正好对准互锁钢球 4。两个互锁钢球直径之和正好等于相邻两轴之间的距离加上一个凹槽的深度。中间拨叉轴上两个侧面凹槽之间有孔相通,孔中有一根可以移动的互锁销 5,销的长度等于拨叉轴的直径减去一个凹槽的深度。

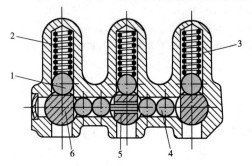

图 11-20　变速器自锁和互锁装置

1-自锁钢球;2-自锁弹簧;3-变速器盖(前端);4-互锁钢球;5-互锁销;6-拨叉轴

互锁装置的工作情况如图 11-21 所示。当变速器处于空挡位置时,所有拨叉轴的侧面凹槽同钢球、互锁销都在一条直线上。当移动中间拨叉轴 6 时(图 11-21a),其两侧的内钢球从侧凹槽中被挤出,而外钢球 2 和 4 则分别嵌入拨叉轴 1 和 5 的侧面凹槽中,因而将拨叉轴 1 和 5 刚性地锁止在其空挡位置。若欲移动拨叉轴 5,则应先将拨叉轴 6 退回到空挡位置(图 11-21b)。于是,在移动拨叉轴 5 时,钢球 4 便从轴 5 的凹槽中被挤出,同时通过互锁顶销 3 和其他钢球将拨叉轴 6 和 1 均锁止在空挡位置。同理,当移动拨叉轴 1 时,拨叉轴 6 和 5 被锁止在空挡位置(图 11-21c)。由此可知,互锁装置的作用是当驾驶员用变速杆推动某一拨叉轴时,自动锁止其他所有拨叉轴。

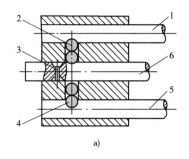 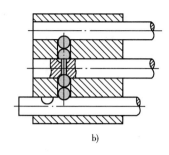 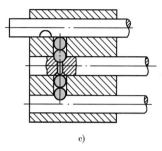

图 11-21 互锁装置工作示意图
1、5、6-拨叉轴；2、4-互锁钢球；3-互锁顶销

由上述互锁装置工作情况可知，当一根拨叉轴移动的同时，其他两根拨叉轴均被锁止。但有的变速器互锁装置没有顶销，当某一拨叉轴移动时，只要锁止与之相邻的拨叉轴，即可防止同时换入两个挡。

（2）转动钳口式。

转动钳口式互锁装置，如图 11-22 所示。变速杆下端球头置于钳口中，钳形板可绕 A 轴摆动。换挡时，变速杆先拨动钳形板处于某一拨叉轴的拨叉凹槽中，然后换入需要的挡位，其余两个换挡拨叉凹槽被钳形爪挡住，起到互锁作用。

总之，不论哪类互锁装置，其工作原理是一致的，即每一次只能移动一根拨叉轴，其余拨叉轴均在空挡位置不动。

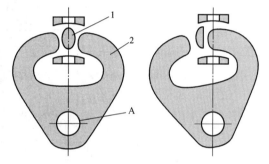

图 11-22 转动钳口式互锁装置
1-变速杆；2-钳形板

3）倒挡锁

倒挡锁的作用是使驾驶员必须对变速杆施加较大的力，才能挂入倒挡，以起到提醒作用，防止误挂倒挡，提高安全性。多数汽车变速器采用结构简单的弹簧锁销式倒挡锁。

图 11-23 所示为 5 挡变速器中常用的倒挡锁装置。它由 1、倒挡拨块中的锁销 1 和弹簧 2 组成。锁销 1 杆部装有弹簧 2，杆部右端的螺母可调整弹簧 2 的预压力和锁销的长度。欲换倒挡（或 1 挡）时，须用较大的力向一侧摆动变速杆 4，推动倒挡锁销 1 压缩弹簧后，变速杆 4 下端进入拨块 3 才能实现换挡。只要换入倒挡，其拨叉轴就接通装在变速器壳上的电开关，警告灯亮、报警器响（有的汽车仪表板上有倒挡指示灯），有效地防止误挂倒挡。

3. 副变速器的操纵机构

为改善重型货车组合式变速器的操纵轻便性，副变速器多用预选气动换挡，常见的有"机械—气动"和"电控—气动"两种方式。

1）机械—气动式操纵机构

法国的尤尼克-27-66 型货车副变速器采用预选机械—气动式操纵机构（图 11-24）。预选开关 6 位于驾驶员座位右侧，驾驶员拉出手柄（图示位置），预选了高速挡。只有踩下离合器踏板 1 时，控制阀 5 活塞左移，气路接通。压缩空气从储气筒 9 经控制阀和预选开关，沿气管 10 进入换挡气缸 11 右腔，推动活塞并带动副变速器的变速叉轴左移而换入高速挡。

同时,气缸左腔的空气沿气管8通过预选开关6排到大气中。欲换低速挡时,将预选开关6推到底,则预选了低速挡。当踩下离合器踏板时,压缩空气经控制阀、预选开关。气管8进入换挡气缸左腔,使活塞右移而换入低速挡。

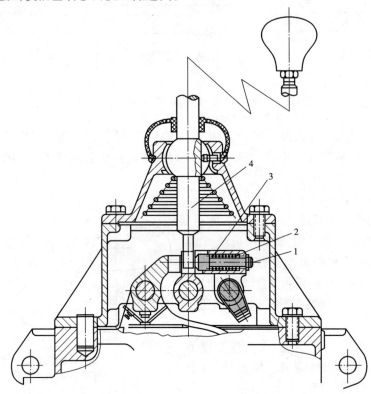

图 11-23　5 挡变速器倒挡锁装置
1-倒挡锁销；2-倒挡锁弹簧；3-倒挡拨块；4-变速杆

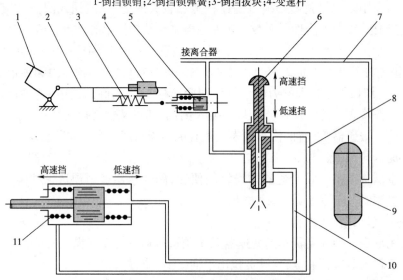

图 11-24　副变速器机械—气动式操纵机构示意图
1-离合器踏板；2-拉杆；3-弹簧；4-离合器操纵助力气缸；5-控制阀；6-预选开关；7、8、10-气管；9-储气筒；11-换挡气缸

采用这种预选机构,只有踩下离合器踏板时,才使副变速器换挡。保证换挡前分离离合器,以减小副变速器输入端零件的转动惯量,便于换挡。副变速器多采用单独换挡方式。

2)电控—气动式操纵机构

图 11-25 为副变速器的电控—气动换挡系统。该系统一般由控制开关 2、预选开关 3、高速挡电磁阀 4、低速挡电磁阀 5、换挡气缸 7 等组成。

电控—气动换挡系统与气控换挡系统的不同之处在于换挡的控制信号部分,而推动换挡气缸实现换挡的执行部分基本是一样的。

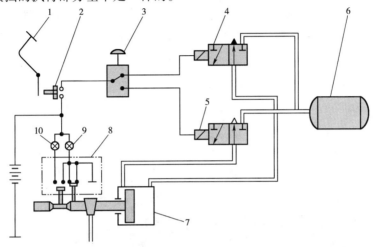

图 11-25 副变速器的电控—气动换挡系统

1-离合器踏板;2-控制开关;3-预选开关;4-高速挡电磁阀;5-低速挡电磁阀;6-储气筒;7-换挡气缸;8-微动开关;9-高速挡指示灯;10-低速挡指示灯

预选开关 3 一般装在换挡手柄处。若向上拨动预选开关,踏下离合器踏板 1,接通控制开关 2,控制电流就通过预选开关到高速挡电磁阀 4,推动阀芯向右移动。阀芯的右移便接通气动回路,来自储气筒 6 的压缩空气经高速挡电磁阀进入换挡气缸的右腔,左腔仍然经低速挡电磁阀 5 与大气相通,压缩空气推动换挡气缸的活塞左移,完成副变速器高速挡的换挡过程。此时,活塞杆推动微动开关 8,使低速挡指示灯 10 回路断开,高速挡指示灯 9 回路接通。高速挡指示灯 9 亮表示副变速器处于高速挡的位置。松开离合器踏板,控制开关切断电磁阀的控制电路,高速挡电磁阀的阀芯在复位弹簧的作用下左移而恢复到原始状态,使气缸经电磁阀与大气相通。

若向下拨动预选开关,踏下离合器踏板,控制开关接通低速挡电磁阀,使其阀芯右移,进而推动活塞右移,完成副变速器低速挡的换挡过程。同时,低速挡指示灯亮,高速挡指示灯灭。

第五节 分 动 器

一、分动器的功用

越野汽车因多轴驱动而装有分动器。它的功用是将变速器输出的动力分配到各驱动桥。其基本结构也是齿轮传动系统。输入轴直接或通过万向传动装置与变速器第二轴相连,其输出轴有若干个,分别经万向传动装置与各驱动桥连接。目前,大多数越野汽车装用两挡分动器,兼起副变速器的作用。

二、分动器的构造

分动器的齿轮传动机构是由若干齿轮、轴和壳体等零件组成,有的还装有同步器。

1. 三个输出轴式分动器

图11-26 为三个输出轴式两挡分动器,其结构简化为图11-27。分动器单独安装在车架上,其输入轴1用凸缘通过万向传动装置与变速器第二轴连接。输出轴8、12、17分别经万向传动装置通往后、中、前驱动桥。

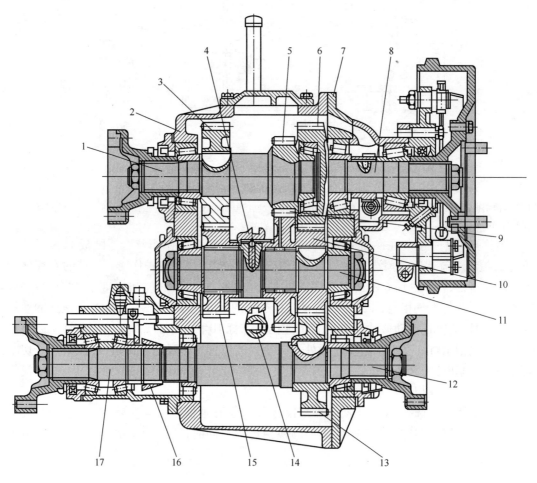

图11-26 三个输出轴式分动器

1-输入轴;2-分动器壳;3、5、6、9、10、13、15-齿轮;4-换挡接合套;7-分动器盖;8-后桥输出轴;11-中间轴;12-中桥输出轴;14-换挡拨叉轴;16-接合套;17-前桥输出轴

分动器的减速增矩作用比变速器大,它的常啮合齿轮均为斜齿轮,轴的支承多采用锥轴承(图11-26)。输入轴1前端通过锥轴承支承在壳体上,后端通过锥轴承支承在与轴8制成

一体的齿轮6的中心孔内。齿轮5与轴1制成一体。齿轮15和9之间装有接合套4,前桥输出轴17后端装有接合套16,其右移使轴承17和轴12相连接,即前桥驱动。

为了调整轴承预紧度,在轴8两锥轴承之间(除装有里程表驱动齿轮和隔圈外)装有调整垫片;轴1前端、轴11两端、轴12后端和轴17前端的轴承盖处装有垫片,其作用是用来密封,也可调整轴承预紧度,另外,轴11、12两端轴承盖处的垫片可调整轴及齿轮的轴向位置,保证常啮齿轮能全齿长啮合。

图11-27所示的是分动器空挡位置。将接合套4左移与齿轮15的齿圈接合时为高速挡,动力经输入轴1、齿轮3、15和中间轴11传到齿轮10,再分别经齿轮6、13传到输出轴8和12。因齿轮6和13齿数相同,故轴8和12转速相等。

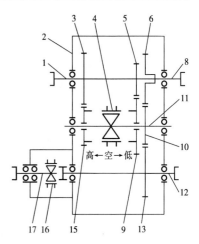

图11-27 三个输出轴式分动器的结构简图

(图注同图11-27)

将接合套16右移,轴17和12相连接,便接上了前驱动桥,再将接合套4右移与齿轮9的齿圈接合时为低速挡,动力由输入轴经齿5、9传到中间轴11和齿轮10,再分别传到输出轴8、12、17,三轴的转速相同。

2. 两个输出轴式分动器

两轴式分动器用于轻型越野汽车,即前、后桥都为驱动桥。齿轮传动机构常采用普通齿轮式和行星齿轮式两种。普通齿轮式的工作原理与前述三轴式分动器类似。只对行星齿轮式分动器做介绍。

如图11-28所示,齿圈4、行星轮3及行星架5、太阳轮6组成行星齿轮机构。花键毂7左移与太阳轮6的内齿接合为高速挡(传动比为1)。动力由输入轴1、太阳轮6、花键毂7,传到后桥输出轴10。齿圈4固定在壳体2上,行星轮3及行星架5空转(不传力)。上述过程称为两轮驱动高挡(2H),此分动器也可实现四轮驱动高挡(4H)。

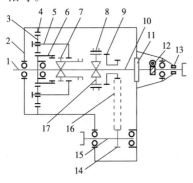

图11-28 典型两轴式分动器的结构示意图

1-输入轴;2-分动器壳;3-行星轮;4-齿圈;5-行星架;6-太阳轮;7-花键毂;8-接合套;9、14-齿轮;10-后桥输出轴;11-转子式油泵;12-里程表驱动齿轮;13-油封;15-前桥输出轴;16-锯齿式链条;17-花键毂

接合套8右移与齿轮9接合,花键毂7右移与行星架5接合,分动器处于四轮驱动低挡(4L)。动力传递情况:

输入轴1 → 太阳轮6 → 行星轮3 → 行星架5 → 花键毂7 ─┐

　　　　　　　　　花键毂17 → 齿轮9 → 链条16 → 齿轮14 → 前桥输出轴15 → 前桥

另外,分动器的行星齿轮机构及输出轴10所有零件采用压力润滑,油泵11的结构、工作原理与发动机润滑系的转子式机油泵相似。

三、操纵机构

1. 对操纵机构的要求

因分动器换入低速挡时,输出转矩较大,为避免中、后桥超载,要求操纵机构必须保证:非先接上前桥,不得换入低挡;非先退出低挡,不得摘下前桥。为此,要有互锁装置。

为防止自动换挡和脱挡,必须有自锁装置。

2. 操纵机构的构造

操纵机构由操纵杆、杠杆机构(或摆板机构)、拨叉轴、拨叉、自锁及互锁装置等组成。

自锁装置的结构、工作原理与变速器自锁装置相同。

互锁装置有钉、板式、球销式和摆板滑槽凸面式。

(1)钉、板式互锁装置。这种装置在前桥操纵杆上装有螺钉或铁板,与换挡操纵杆互相锁止。多用于两拨叉轴距离较远的操纵机构。

图11-29所示的操纵机构采用螺钉式互锁装置。两个支撑臂固定在变速器壳体上,轴与前桥操纵杆固定在一起可在支撑臂上转动。换挡操纵杆松套在轴上。前桥操纵杆下端有互锁螺钉,其头部顶靠在换挡操纵杆的下部。只有前桥操纵杆向前移动接上前桥后,换挡操纵杆才能换低挡;同理,先退出低挡,才能摘下前桥驱动。这样,可以避免中、后桥超载。

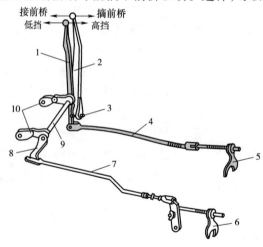

图11-29 螺钉式互锁装置

1-换挡操纵杆;2-前桥操纵杆;3-螺钉;4、7-传动杆;5-换挡拨叉;6-前桥接合套拨叉;8-摇臂;9-轴;10-支承臂

(2)球销式互锁装置。球销式互锁装置多用在两拨叉轴距离较近的情况下。如图11-30所示,两根拨叉轴之间装有互锁销,与轴上的凹槽对准时(即接上前桥驱动后),轴才能向左移动换入低挡,同理应先退出低挡后,才能摘下前桥驱动。

(3)摆板滑槽凸面式互锁装置。如图11-31所示,摆板绕转轴的中心线转动,转轴与操纵杆(只有一根)相连;滑槽驱动高低挡拨叉,凸面驱动接、摘前桥拨叉,两拨叉在同一根轴上前后移动,其中拨叉被一弹簧压靠在凸面上。各挡位两拨叉的相对位置已在图中表明,两运动关系是相互对应的,可见摆板兼起互锁作用。

总之,接上前桥驱动时,前、中、后桥的车轮同步转动,若前、后轮胎磨损不同,气压不等或路面情况不同,易产生滑转或滑移。故在好路上使用高速挡且不接前桥,以免增加功率消耗、轮胎和传动系零件的磨损;在路况较差的条件下行驶时,为使汽车具备足够的牵引力,应接上前桥驱动用低速挡(或高速挡)行驶。

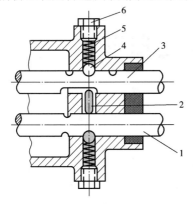

图 11-30　球销式互锁装置
1-前桥接合叉轴;2-互锁销;3-高低挡变速叉轴;4-自锁钢球;5-弹簧;6-螺塞

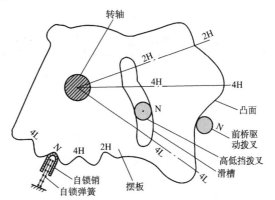

图 11-31　摆板滑槽凸面式互锁装置

第十二章 自动变速器

第一节 概　　述

自动变速器自20世纪30年代由美国开发应用以来,由于具有操作简单,使用方便,有利于行车安全等许多优点,现在使用自动变速器的汽车越来越多。

目前,电控自动变速器已实现一机多参数多规律控制,将自动变速器与发动机共用一个电子控制单元,实现综合控制,其控制参数不仅有发动机转速、节气门开度及车速等信号,而且有反映发动机和变速器工作环境、车辆行驶环境等信号,可选择最佳经济性和最佳动力性等多种换挡规律。电控自动变速器为提高传动效率、改善燃油经济性,普遍采用了带有锁止离合器的液力变矩器。为减轻质量,缩短动力路线,在前置发动机前轮驱动的车辆中自动变速器通常与驱动桥结合为一体,构成自动驱动桥。

一、自动变速器的特点

1. 操作简单,提高了安全性能

装备手动变速器的汽车在复杂路面上行驶时,驾驶员需要频繁地进行换挡操作,这不仅增加了劳动强度,且易分散驾驶员的注意力;而装备自动变速器的汽车,驾驶员只需操纵加速踏板,即自动换挡,简化了驾驶操作,减轻了劳动强度,有利于行车安全。

2. 适时换挡

装备手动变速器的汽车,汽车油耗与驾驶员的驾驶技术有很大关系,不同驾驶员油耗能相差10%。对于装备自动变速器的汽车,特别是电控自动变速器的应用,对驾驶员的驾驶技术要求较低,它能自动适时换挡,某种程度上提高了汽车的动力性与经济性。

3. 防止过载

发动机与自动变速器机械传动系统之间是靠液力变矩器传递动力的,这种液力传递能吸收振动与冲击,所以使用自动变速器可防止发动机和传动系过载,提高了零件的使用寿命。

4. 提高了汽车的通过性能

自动变速器在换挡过程中不需中断动力传递,行驶比较平稳,电控式自动变速器又有驾驶模式选择功能,所以能在如雪地、松软等坏路上较顺利地通过,使汽车具有良好的通过性。

5. 降低了汽车有害排放物

装备自动变速器的汽车,发动机运转平稳,非稳定工况较少,空燃比相对稳定,所以汽车有害排放物下降。

自动变速器结构复杂,传动效率低,制造成本高,维修难度大。液力变矩器在低速区的传递效率为82%~86%,传递效率低,导致汽车燃油经济性差。但是现代液力变矩器都加装了锁止离合器、超速挡及驾驶模式选择功能等装置,使汽车的传动效率在高速区大大提高。

二、自动变速器的分类

自动变速器按传动比的变化规律可分为有级式和无级式两种。传动比连续可变的自动变速器称为无级变速器;传动比不连续可变,而是区域连续可变,仍可分出几个挡传动的变速器称为有效变速器。

自动变速器按照其用途分类时,通常把发动机前置后桥驱动仅起变速作用的变速器称为自动变速器,如图12-1所示;把发动机前置前桥驱动既有变速器又有主降速器差速器功能的变速器称为自动传动桥,如图12-2所示。

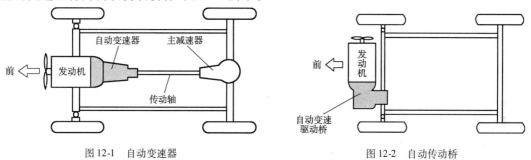

图12-1 自动变速器　　　　　　　　　图12-2 自动传动桥

自动变速器按控制方式不同可分为液控自动变速器、电液控自动变速器,目前生产的变速器几乎全为电液控自动变速器。

自动变速器按传动形式又可分为行星齿轮传动自动变速器和定轴斜齿轮传动自动变速器。

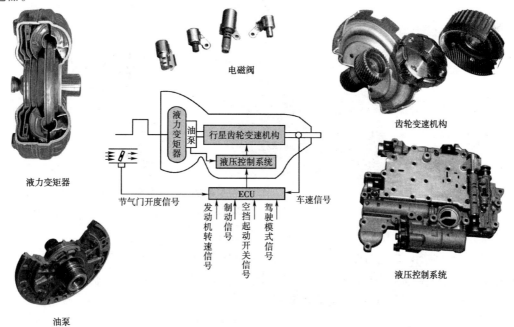

图12-3 自动变速器的组成

三、自动变速器的组成

自动变速器由四大部分组成:液力变矩器;齿轮变速机构;控制系统;冷却、润滑装置,参见图 12-3。

第二节 液力变矩器

一、变矩器的作用

(1)起到离合器的作用,传递或切断发动机与自动变速器传动机构之间的动力传递。
(2)在一定范围内无级变速、变矩,可将发动机的转矩增大 2~4 倍输出。
(3)起到飞轮的作用,使发动机运转平稳。
(4)驱动液压控制系统的油泵运转。

二、液力变矩器的组成

汽车上使用的变矩器是由泵轮、涡轮和导轮组成,称三元件变矩器。现代汽车的液力变矩器一般都加装有锁止离合器,如图 12-4 所示。

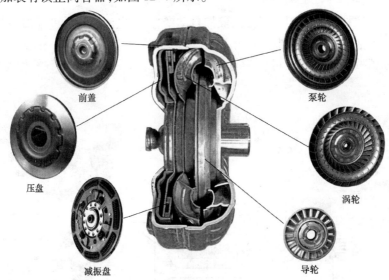

图 12-4 液力变矩器组成

1. 泵轮

如图 12-5 所示,泵轮与变矩器壳体连成一体,其内部径向装有许多扭曲的叶片,叶片内缘则装有让变速器油液平滑流过的导环。变矩器壳体与曲轴后端的驱动盘相连接。有的车发动机后端无飞轮,起动齿圈直接装在变矩器上。

2. 涡轮

如图 12-6 所示,同泵轮一样,涡轮也装有许多叶片。但涡轮叶片的扭曲方向与泵轮叶片的扭曲的方向相反。涡轮中心有花键孔与变速器输入轴相连。泵轮叶片与涡轮叶片相对安置,中间有 3～4mm 的间隙。

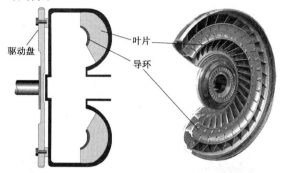

图 12-5　液力变矩器的结构

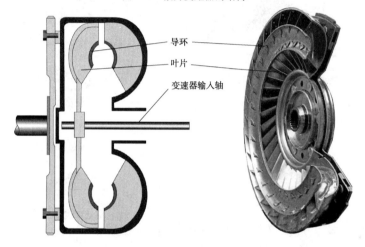

图 12-6　涡轮

3. 导轮

如图 12-7 所示,导轮位于泵轮与涡轮之间,通过单向离合器安装在与变速器壳体连接的固定轴上。它也是由许多扭曲叶片组成。

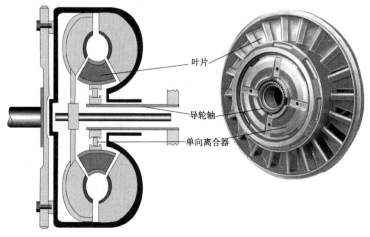

图 12-7　导轮

三、液力变矩器工作原理

1. 液力变矩器的涡流与环流

如图12-8所示,当发动机曲轴带动泵轮旋转时,泵轮带动自动变速器油一起旋转,在离心力的作用下,自动变速器油从叶片的内缘向外缘流动,自动变速器油将冲击涡轮的叶片,并沿着涡轮叶片由外向内流动,冲击到导轮叶片,然后沿着导轮叶片流动,回到泵轮进入下一个循环。从泵轮、涡轮、导轮又到泵轮的液体流动叫涡流,自动变速器油在进行涡流的同时,又绕曲轴中心线旋转,液体绕轴线旋转的流动,称为环流,事实上,变矩器中的液流是由涡流和环流合成的,如图12-9所示。

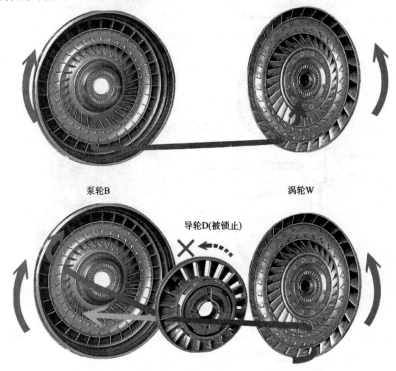

图12-8 液力变矩器的涡流

2. 液力变矩器的受力分析

如图12-10所示,将循环圆上的中间流线(此流线将液流通道断面分隔成面积相等的内外两部分)展开成一直线,各循环圆中间流向均在同一平面上展开,于是在展开图上,泵轮B、涡轮W和导轮D便成为三个环形平面,且工作轮的叶片角度也清楚地展示出来。

为了便于说明,设发动机转速及负荷不变,即液力变矩器泵轮的转速 n_B 及转矩 M_B 为常数。先讨论汽车起步工况,开始是涡轮转速 n_W 为零,如图12-11a)所示,自动变速器油在泵轮叶片带动下,以一定的绝对速度沿图中箭头1的方向冲向涡轮叶片,因涡轮静止不动,液流将沿着涡轮叶片流出并冲向导轮,液流方向如图中箭头2所示,然后液流再从固定不动的导轮叶片沿箭头3方向流入泵轮。设泵轮、涡轮和导轮对液流的作用转矩分别为 M_B、M'_W 和 M_D。根据液流受力平衡条件,则 $M'_W = M_B + M_D$。由于液流对涡轮的作用转矩 M_W(即变矩器输出转矩)与 M'_W 方向相反大小相等,因而在数值上,涡轮转矩 M_W 等于泵轮转矩 M_B 与导轮转矩 M_D 之和。显然,此时涡轮转矩 M_W 大于泵轮转矩 M_B,即液力变矩器起了增大转矩的作用。

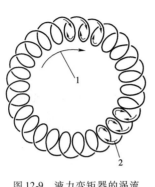

图12-9 液力变矩器的涡流
和环流合成示意图
1—环流;2—涡流

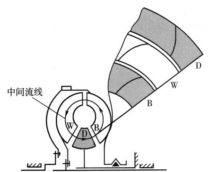

图12-10 液力变矩器工作轮展开示意图
B—泵轮;W—涡轮;D—导轮

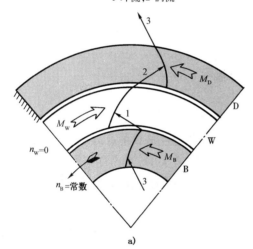

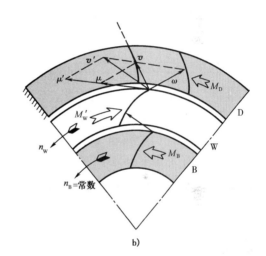

a)   b)

图12-11 液力变矩器受力分析
a)当 n_B=常数,n_W=0 时;b)当 n_B=常数,n_W 逐渐增大时

当液力变矩器输出的转矩经过传动系传到驱动轮上,驱动轮上所产生的牵引力足以克服汽车起步阻力时,汽车即起步并开始加速,与之相联系的涡轮转速 n_W 也从零逐渐增加,这时液流在涡轮出口处不仅具有沿叶片方向的相对速度 ω,而且具有沿圆周方向的牵连速度 μ,故冲向导轮叶片液流的绝对速度 v 应是二者的合成速度,如图12-11b)所示。因原设泵轮转速不变,起变化的只是涡轮转速,故涡轮出口处相对速度 ω 不变,只是牵连速度 μ 起变化。由图可见,冲向导轮叶片液流的绝对速度 v 的增加(即涡轮转速 n_W 的增加)而逐渐向左倾斜,使导轮上所受转矩逐渐减少,当涡轮转速增大到某一数值,在涡轮流出的液流(如图12-9b中的 v 所示方向)正好沿导轮出口方向冲向导轮时,由于液体流经导轮时方向不改变,故导轮转矩 M_D 为零,于是涡轮转矩与泵轮转矩相等,即 $M'_W = M_B$。

若涡轮转速 n_W 继续增大,液流绝对速度 v 方向继续向左倾斜,如图12-11b)中的 v' 所示方向,导轮转矩方向与泵轮转矩方向相反,则涡轮转矩为前二者转矩之差($M'_W = M_B - M_D$),即变矩器输出转矩反而比输入转矩小。当涡轮转速 n_W 增大到与泵轮 n_B 转速相等时,工作液在循环圆中的循环流停止,将不能传递动力。

四、液力变矩器的特性

液力变矩器在泵轮转速 n_B 和转矩 M_B 不变的条件下,转矩比 K、传动效率 η 随涡轮转速 n_W 的变化规律,称为液力变矩器的特性,参见图12-12。

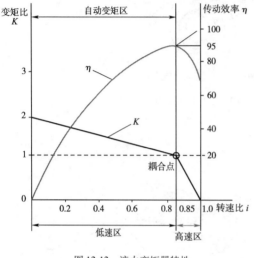

图12-12 液力变矩器特性

K 称为变矩比,它是涡轮输出转矩与泵轮输入转矩之比,其值一般为 2~4。其表达式为:

$$K = \frac{M_W}{M_B}$$

i 称为转速比,它是涡轮转速与泵轮转速之比,其值一般为 0.8~0.9,其表达式为:

$$i = \frac{n_W}{n_B} \leq 1$$

η 称为传动效率,它是涡轮输出功率 N_W 与泵轮输入功率 N_B 之比。

$$\eta = \frac{N_W}{N_B} < 1$$

从变矩器特性曲线中可以看出:

(1)变矩比 K 随着转速比 i 的增大而减小,即当行驶阻力大时,液力变矩器自动输出大转矩,而在行驶阻力小时,自动输出小转矩。这一特性对行驶阻力变化较大的汽车来说是非常适合的,此即所谓的适应性好。例如:

①急速时,由于泵轮转速低,液流流速低,涡轮上得到的转矩 M_W 小于汽车起步对应的阻力矩,涡轮不转,汽车不能行驶。

②起步时,由于泵轮转速升高,液流流速升高,涡轮上得到的转矩 M_W 大于汽车起步时需要的阻力矩,涡轮开始转动,汽车起步。从图中可以看出,在起步时,$i = 0$,即此时 $n_W = 0$,变矩系数 K 最大,此时液力变矩器能产生最大输出转矩,以利于克服汽车惯性力而起步,此时的变矩系数也称为起步变矩比或称为失速变矩比。

(2)汽车起步后涡轮的转速 n_W 逐渐增大,涡轮输出转矩 M_W 逐渐减小,达到耦合点,即 $K = 1$ 时,涡轮的转矩等于泵轮的转矩($M_W = M_B$),此时称为耦合点,再加速时,$K < 1$,涡轮的转矩小于泵轮转矩($M_W < M_B$)。通常,将转速比小于 0.85 的区域称为低速区,在低速区可自动增加转矩;将转动比大于 0.85 的区域称为高速区,高速区输出转矩将小于输入转矩。

(3)变矩器的传动效率开始随转速比的增大而增大,在低速区虽然传动效率低,但是变矩比大,液力变矩器输出大转矩,有利于汽车行驶;在转速比为 0.8 时传动效率最高,但是此时的传动效率也仅为 95% 左右。因此,使用液力变矩器的汽车较使用普通变速器的汽车油耗要高。由于导轮的存在,传动效率为抛物线形状,转折点在耦合点附近,超过耦合点,传递效率迅速下降，且此时的变矩比也急剧下降。

五、单向离合器

耦合点后，变矩比和传动效率急剧下降，这将影响汽车的动力性和经济性，引起变矩比和传动效率下降的主要原因是此时导轮的反作用力矩的方向为负值。此力矩不但不能使涡轮输出转矩增加，反而使涡轮输出转矩减少，如何消除这个不利因素呢？通常采用的方法是，在导轮上加装单向离合器。

导轮中单向离合器的作用是不允许导轮逆时针转动，即当导轮对涡轮的反作用力矩为正值时，导轮不转动，产生一个正的反作用力矩；允许导轮顺时针转动，即当导轮对涡轮的反作用力矩为负值时，导轮转动，不产生反作用力矩。

单向离合器有楔槽式和楔块式两种形式。

楔槽式单向离合器工作原理如图 12-13 所示，它由外座圈 2、内座圈 1、滚柱 5 和叠形弹簧 6 等组成，导轮 3 用铆钉 4 铆在外座圈上，可以随外座圈一起转动，内座圈用花键和与油泵壳体制成一体的固定套管连接，油泵壳体固定在变速器壳体上，即内座圈与变速器壳体连接在一起，固定不动。外座圈的内表面有若干个楔形圆弧槽，在槽内装有滚子和叠形弹簧，叠形弹簧将滚柱始终压向内外座圈之间的窄槽处。

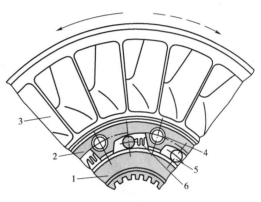

图 12-13　楔槽式单向离合器

其工作原理是：涡轮转速较低、与泵轮转速差较大时，从涡轮流出的液流冲击导轮叶片，力图使导轮顺时针方向（图中的虚线方向）旋转时，滚柱向楔形槽的窄槽处滚动，内外座圈被卡紧，外座圈固定不动，此时导轮对涡轮产生一个反作用转矩，涡轮增加转矩对外输出；当涡轮转速升高、与泵轮转速差较小时，从涡轮流出的液流冲击导轮叶片，液流对导轮的冲击力反向，在冲击力的作用下，导轮外座圈带动滚柱向楔形槽的宽槽处滚动，内外座圈不卡紧，外座圈可以按图中实线方向与涡轮一起转动，此时导轮不产生对涡轮的反作用转矩，涡轮与泵轮输出转矩相等。

楔块式单向离合器如图 12-14 所示，它由外座圈、内座圈、保持架、楔块等件组成。

其工作原理图 12-15 所示，当内座圈固定，外座圈顺时针方向转动时，外座圈推动楔块顺时针转动，由于 $L_1 < L$，楔块不能锁止外座圈，外座圈可自由转动；当外座圈逆时针转动时，外座圈推动楔块逆时针转动，由于 $L_2 > L$ 楔块起到楔子的作用，锁住了外座圈，外座圈不能转动。保持架的作用是使楔块总是朝着锁止外座圈的方向略为倾斜，以加强楔块的锁止功能。

在齿轮变速机构中，也广泛应用单向离合器。

六、锁止离合器

从变矩器的特性曲线可以看出高速区传动效率急剧下降，影响汽车的经济性，为了提高高速区传动效率,现代汽车的液力变矩器上广泛加装锁止离合器,通常称为"三相综合式液力变矩器"。

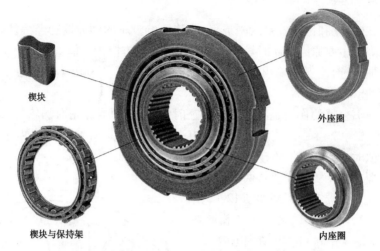

图 12-14　楔块式单向离合器组成

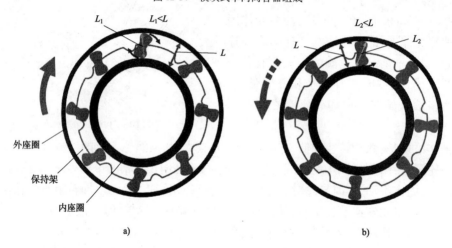

图 12-15　楔块式单向离合器工作原理
a)不锁止；b)锁止

锁止离合器的作用就是在高速时,液力变矩器的压盘将泵轮与涡轮连在一起,像普通离合器一样,使发动机产生的动力通过摩擦直接传给自动变速器的变速传动机构,以提高高速时汽车的经济性和动力性。这里所提到的高速,一般是指自动变速器在 2 挡以上,车速在 60km/h 以上。

锁止离合器由减振盘、压盘等部件组成,见图 12-16。减振盘与涡轮连接在一起,减振盘上装有减振弹簧,在离合器接合时,防止产生扭转振动,压盘通过凸起嵌入减振盘上,压盘可以带动减振盘转动,同时压盘可以轴向移动,在压盘上粘有一层摩擦材料,以增加离合器接合时的摩擦力。前盖与泵轮焊接在一起,由曲轴带动旋转。

当涡轮的转速 n_W 和泵轮的转速 n_B 之比 $i=0.85$ 时,ECT/ECU 即发令,通过锁止电磁阀 TCC 和油压调节电磁阀 PWM 控制多柱式滑阀的移动,实现多路油压的转换,并进行油压的调节,完成"不锁止、轻微锁止、半锁止、全锁止"平顺柔和的转换。如图 12-17 所示,变矩器上有三个油液通路,一为泵轮外壳和导管之间的缝隙,它为锁止离合器片的正压通道;二为导管和输入轴之间的缝隙,它为冷油器的通道;三为中空的输入轴,它为锁止离合片的背压通道。四柱式锁止滑阀两端油压受锁止电磁阀 TCC 和油压调节阀 PWM 的控制,在弹簧力 F 的作用下,不锁止时处于右端位置。它产生位移后,其隔柱使油路发生变化,实现锁止和不锁止的转换。

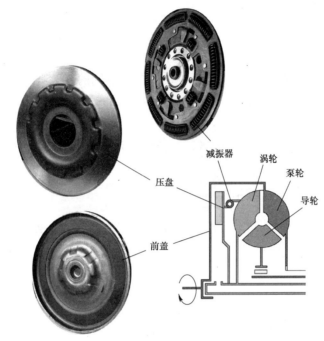

图 12-16 锁止离合器组成

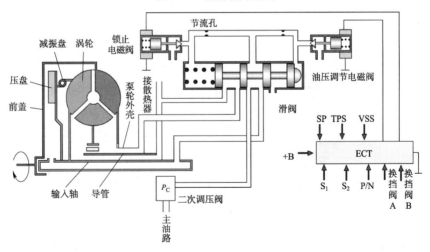

图 12-17 锁止离合器工作原理示意图

其工作原理是:

当车辆低速行驶不需要锁止离合器锁止时,来自调压阀的油压进入液力变矩器后作用在锁止离合器片的右侧,其正压力为 F_1,此时,自动变速器电控单元控制锁止电磁阀 TCC 和锁止油压控制电磁阀 PWM 处于 OFF(断电)状态,电磁阀关闭泄油回路,来自调压阀的油压作用在锁止离合器片的左侧,其背压力为 F_2,由于 $F_1 < F_2$,锁止离合器片与前盖分离,锁止离合器不锁止,变矩器起变速变矩作用。

当车辆高速行驶需要锁止离合器锁止时,自动变速器电控单元控制锁止电磁阀 TCC、锁止油压控制电磁阀 PWM 处于 ON(通电)状态,电磁阀打开泄油回路,锁止离合器片的左侧通过 TCC 阀泄压,其背压减小,由于 $F_1 > F_2$,在油压的作用下锁止离合器片左移,压紧到前盖上,锁止离合器片和液力变矩器前盖产生摩擦力,锁止离合器锁止,发动机的动力由锁止离合器前盖通过摩擦力传给自动变速器的输入轴。其中,锁止电磁阀 TCC 为开关阀,而锁止油压控制电磁阀 PWM 为频率阀,电控单元控制其具有不同的开关频率,使离合器具有轻微锁止、半锁止和完全锁止等不同的工况,从而改善离合器的锁止性能。

第三节 自动变速器的齿轮变速机构

一、自动变速器的选挡手柄

驾驶员通过选挡手柄控制自动变速器的挡位,不同的车选挡手柄的位置与用途不同,见图 12-18。

图 12-18 选挡手柄位置

1. 自动变速器选挡手柄位置及用途

P——停车挡。停车时使用,机械锁止自动变速器输出轴,可以起动发动机。

R——倒挡。倒车时用。

N——空挡。用于短暂停车,有的可以起动发动机。

D——前进挡。常用挡位,可以根据行驶条件适时自动在 1 到其他挡之间转换。

2——强制 2 挡。自动变速器锁止在 2 挡,不能升降挡。

L——低速挡。锁止在前进挡中的 1 挡,不能升挡。可利用发动机反拖制动。

2. 手自一体自动变速器选挡手柄位置及用途

S——运动模式。在这种状态下,车辆的加速响应性增强,但舒适性、经济性下降。

*——冰雪路模式。用于湿滑路面起步,按下此键时车辆将不从 1 挡起步,而从 2 挡起步,以降低转矩输出,避免车辆在湿滑路面上起步时打滑。

M——手动模式。按下此按钮时,选挡手柄向前推时完成加挡操作,推向后时则完成减挡操作,如图 12-19 所示。

其他位置与自动变速器相同。

二、行星齿轮传动基本原理

自动变速器的齿轮变速机构通常有行星齿轮式和定轴斜齿轮式两种。下面介绍行星齿轮式变速机构。

如图12-20所示,行星齿轮机构由三元件组成,即太阳轮、行星齿轮及行星架、齿圈。

根据行星齿轮传动受力分析可以得到行星齿轮传动运动特性方程:

$$n_1 + \alpha n_2 - (1+\alpha)n_3 = 0$$

式中:n_1——太阳轮转速;

　　　n_2——齿圈转速;

　　　n_3——行星架转速;

　　　α——行星齿轮传动特性参数。

图12-19　手自一体自动变速器选挡手柄位置

其中:

$$\alpha = \frac{Z_2(齿圈齿数)}{Z_1(太阳轮齿数)} > 1$$

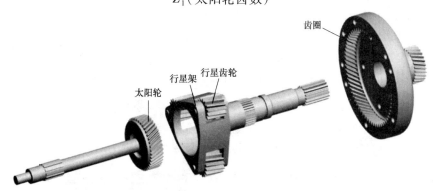

图12-20　行星齿轮机构组成

根据这个特性方程,研究以下行星齿轮传动的基本原理。

(1)太阳轮固定(即将太阳轮制动,使其固定不动),齿圈主动,行星架被动。

此时,$n_1 = 0$,根据特性方程,齿圈与行星架转速之比 i_{23}:

$$i_{23} = \frac{n_2}{n_3} = \frac{1+\alpha}{\alpha} = 1 + \frac{Z_1}{Z_2}$$

从上式可以看出,此种组合为减速传动(传动比大于1),常用的传动比为1.25～1.67,转向相同;若反之,在太阳轮固定的条件下,行星架主动,齿圈被动,则此种组合为升速传动,汽车上常用此种组合形成超速挡。

(2)齿圈固定,太阳轮主动,行星架被动。

此时,$n_2 = 0$,根据特性方程,太阳轮与行星架转速之比 i_{13} 用下式表示:

$$i_{13} = \frac{n_1}{n_3} = 1 + \alpha = 1 + \frac{z_2}{z_1}$$

从上式可以看出,此种组合为减速传动,常用的传动比为 2.5~5,转向相同;若反之,在齿圈固定的条件下,行星架主动,太阳轮被动,则此种组合为升速传动,有的汽车上用此种组合形成超速 2 挡。

(3)行星架固定,太阳轮主动,齿圈被动。

此时,$n_3 = 0$,根据特性方程,太阳轮与齿圈转速之比 i_{12} 用下式表示:

$$i_{12} = \frac{n_1}{n_2} = -\alpha = -\frac{z_2}{z_1}$$

从上可以看出,此种组合为减速传动,常用的传动比为 2.5~5,负号代表转向相反,汽车上常用此种组合形成倒挡。

(4)将行星齿轮中任意两个元件连接在一起。

如将太阳轮与齿圈连接在一起,即 $n_1 = n_2$,根据特性方程则有:

$$n_3 = \frac{n_1 + \alpha n_1}{1 + \alpha} = n_1 = n_2$$

从上式可以看出,若三元件中的任何两个元件连接成一体转动,则第三元件的转速必然与第二者转速相等,即行星齿来轮系中所有元件(包括行星架)之间没有相对运动,通常称为行星齿轮自锁,汽车上常用此种组合形成直接挡,传动比 $i = 1$。

(5)若三元件中任一元件为主动,其余的两元件自由,则此时其余两元件无确定的转速输出。

上述行星齿轮传动原理比较复杂,难于记忆,下面介绍一种简易的记忆方式。

如图 12-21 所示,将太阳轮看成最小的圆柱齿轮,齿圈看成中等大的圆柱齿轮;行星架看成最大的圆柱齿轮(它的齿数为行星齿轮齿数与齿圈齿数之和)。

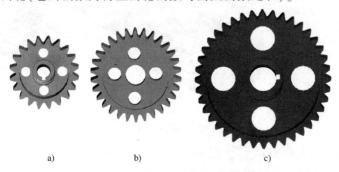

图 12-21 行星齿轮机构简易记忆方法

a)太阳轮;b)齿圈当量齿轮;c)行星架当量齿轮

当齿圈固定时,太阳轮主动,行星架被动,最小的齿轮带动最大的齿轮旋转,此种组合为减速,传动比较大;若行星架主动,太阳轮被动,最大的齿轮带动最小的齿轮旋转,此种组合为升速,传动比最小,在少数汽车上使用,作为前进超速 2 挡。

当太阳轮固定时,齿圈主动,行星架被动,较大齿轮带动最大齿轮旋转,此种组合为减速,在汽车上常用作前进 2 挡;若行星架主动,齿圈被动,最大齿轮带动较大齿轮旋转,此种组合为升速,传动比略小于 1,在汽车上用作前进超速 1 挡。

当行星架固定时,太阳轮主动,齿圈被动,最小齿轮带动较大齿轮旋转、减速、反向,在汽车上用作倒挡。

三、离合器与制动器

1. 离合器

离合器的作用是将行星齿轮两个元件连接在一起,或将两个传动轴连接在一起。自动变速器中的离合器为湿式、多片离合器,采用液压控制。其特点是径向尺寸小、接合柔和、能传递较大的转矩。

如图 12-22 所示,离合器由输入轴转鼓、活塞、密封圈、复位弹簧、钢片、摩擦片、输出转鼓及卡环等件组成。输入轴转鼓输入动力,在转鼓内装有环形活塞,活塞采用铝合金材料制成,其内外圆上有密封圈,复位弹簧一段抵靠在弹簧座上,另一端推动活塞左移复位,摩擦片分钢片和摩擦片两种,钢片外缘有矩形花键与输入轴转鼓内键槽相连,摩擦片其表面有铜基粉末冶金层或合成纤维层,以增大摩擦力,内圆有花键,与输出轴传动鼓相连接,钢片、摩擦片相间排列。输出转鼓中心有齿形花键与输出轴相连,边缘有键槽。

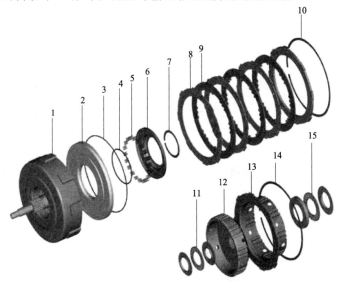

图 12-22 离合器组成

1-输入轴转鼓;2-活塞;3-外 O 形密封圈;4-内 O 形密封圈;5-弹簧;6-弹簧座;7-卡环;8-钢片;9-摩擦片;10-卡环;11-推力轴承;12-输出转鼓;13-传动鼓;14-卡环;15-推力轴承

其工作原理是:

如图 12-23 所示,当需要离合器接合时,控制油压活塞左腔,克服复位弹簧力将钢片和摩擦片压紧,钢片、摩擦片之间产生摩擦力,这时动力从输入轴经过离合器传到输出轴。

当需要离合器分离时,控制油压通过原来的管路排出,由于复位弹簧的作用,活塞回到初始的位置,摩擦片和钢片间压紧力消失,离合器分离,动力不能传递。

2. 制动器

制动器的作用是固定行星齿轮的某一元件,使其制动不动。

自动变速器中的制动器有带式制动器和片式制动器两种形式,片式制动器的结构与工作原理与片式离合器的基本相同,这里不再赘述,下面介绍带式制动器。

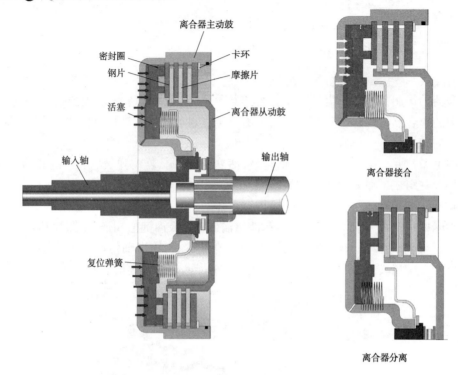

图 12-23　离合器工作原理

如图 12-24 所示,带式制动器由转鼓、制动带、活塞、推杆和复位弹簧等件组成。转鼓行星齿轮机构的某一元件相连接,制动带围在转鼓的外圆上,它的外表面是钢带,内表面有摩擦材料,制动带的一端用锁销固定在自动变速器壳体上,另一端与液压缸的推杆相接触,液压缸固定在自动变速器壳体上,其内部有活塞和复位弹簧,推杆一端抵靠在活塞上,另一端抵靠在制动带上。

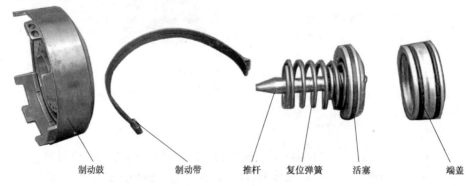

图 12-24　带式制动器组成

其工作原理是:

如图 12-25 所示,制动器不制动时,转鼓与制动带之间有间隙,转鼓可以自由转动。当制动带制动时,控制液压油进入活塞左腔,在液压油的作用下活塞压缩弹簧左移,活塞推动推杆左移,推杆使制动带与转鼓接触,制动带与转鼓之间产生摩擦力,在摩擦力的作用下转鼓不转,即行星齿轮排某一元件被固定不转。

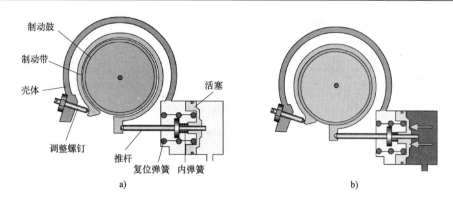

图 12-25 带式制动器工作原理
a)解除制动；b)制动

制动器不工作时,制动带与转鼓之间应有合适的间隙,这个间隙可用调整螺钉调整。

四、典型齿轮变速机构

1. 辛普森式行星齿轮变速机构

图 12-26 是日本丰田汽车公司生产的 A340E 自动变速器,它由两部分串联而成,其前排是超速行星齿轮排,为一简单行星齿轮机构,输入轴 12 与行星架连接在一起输入,齿圈 10 输出,离合器 C_0 可以将行星架与太阳轮 11 连接在一起,使超速星排自锁,超速排可以 1:1 传动向外输出,单向离合器 F_0 与离合器 C_0 并联,不允许太阳轮逆时针旋转,制动器 B_0 可以制动太阳轮,使超速排超速输出。后面一部分为一辛普森复合行星齿轮机构,它是一典型的 3 挡变速器,它由前、后两排行星齿轮机构组成,公用一个太阳轮 7。公用太阳轮通过离合器 C_2 与中间轴 9 连接,制动器 B_1 是一带式制动器,位于壳体与太阳轮之间,制动器 B_1 可以制动太阳轮。制动器 B_2 和单向离合器 F_1 串联在太阳轮与壳体之间,当制动器 B_2 制动时,单向离合器 F_1 不允许太阳轮逆时针转动,允许其顺时针转动。前排齿圈 8 通过离合器 C_1 与中间轴连接。行星架 3 和后排齿圈共同与输出轴连接。后排行星架 4 通过制动器 B_3 和单向离合器 F_2 与壳体连接,单向离合器 F_2 不允许后排行星架逆时针转动,允许其顺时针转动,制动器 B_3 可以制动后排行星架。

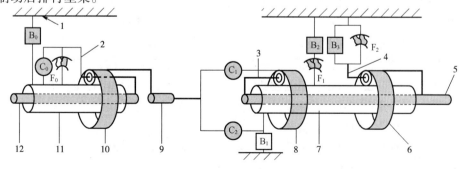

图 12-26 A340E 自动变速器行星齿轮变速机构原理图

1-自动变速器壳体;2-超速排行星架;3-前排行星架;4-后排行星架;5-中间轴;6-后齿圈;7-前后排公用太阳轮;8-前排齿圈;9-输入轴;10-超速排齿圈;11-超速排太阳轮;12-输入轴;C_0-超速排离合器;C_1-前进挡离合器;C_2-直接挡离合器;B_0-超速排制动器;B_1-2 挡滑行制动器;B_2-2 挡制动器;B_3-倒挡制动器;F_1-1 挡单向离合器;F_2-2 挡单向离合器

下面介绍选挡手柄在不同位置时,辛普森式行星齿轮变速机构各挡传动原理。

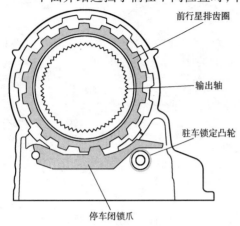

图 12-27　机械锁止输出轴

(1) 选挡手柄位于 P 位置。

选挡手柄位于 P 位置时,离合器 C_1、C_2 分离,切断了超速行星齿轮排与后边的 3 挡变速器的动力传递,即切断了输入轴与输出轴之间的动力传递。因此,变速器处于空挡位置,此时变速器的空挡起动开关接通起动电路,可以起动发动机。同时,机械锁止机构将输出轴上的外齿锁住,见图 12-27,因而自动变速器的输出轴和汽车的驱动轮都无法转动,处于驻车制动工况,所以此挡位称为停车挡。

(2) 选挡手柄位于 R 位置。

参见图 12-28a),选挡手柄位于 R 位置时,自动变速器具有倒挡,此时离合器 C_0、C_2 接合,制动器 B_3 制动。对超速行星排来说,离合器 C_0 接合,将行星架与太阳轮连接在一起,超速行星齿轮排自锁,作为一体转动,传动比为 1。C_2 接合时,动力传给太阳轮。当制动器 B_3 制动时,制动后排行星架,对后排行星齿轮机构来说,太阳轮顺时针输入,行星架制动,齿圈逆时针减速输出。

自动变速器倒挡时动力传动线路为:输入轴→超速行星排→中间轴→离合器 C_0→公用太阳轮→后排齿圈→输出轴。

整个传动过程中,经过太阳轮与齿圈反向传动,变速器处于倒挡,其传动比是 2.393。

(3) 选挡手柄位于 N 位置。

选挡手柄位于 N 位置,中断动力输出,有的汽车在此位置可以起动发动机。

(4) 选挡手柄位于 D 位置。

选挡手柄位于 D 位置时,自动变速器可以根据节气门开度及车速等信号,自动在各挡之间转换,通常把选挡手柄位于此位置的 1 挡称为 D-1 挡。依此类推,分别称为 D-2 挡、D-3 挡、D-4 挡。

在 D-1 挡时,控制系统使离合器 C_0、C_1 接合,单向离合器 F_2 参加工作。

对超速行星排来说,离合器 C_0 接合,将行星架与太阳轮连接在一起,超速行星齿轮排自锁,作为一体转动,传动比为 1。对 3 挡变速部分来说,中间轴通过离合器 C_1 带动前排齿圈转动,齿圈通过行星轮带动公用太阳轮转动,仅看前排行星齿轮排,齿圈顺时针输入,带动太阳轮逆时针转动。再单独看后排行星齿轮机构,太阳轮将动力传到后排行星齿轮机构后,由于单向离合器 F_2 不允许前排行星架逆时针转动,所以当太阳轮逆时针转动时,行星架不转,齿圈顺时针转动,带动输出轴转动,向外输出。

自动变速器 D-1 挡动力传动线路(图 12-28b)为:输入轴→超速行星齿轮排→中间轴→离合器 C_1→前排齿圈→$\left\{\begin{array}{l}\text{公用太阳轮→后排齿圈}\\\text{前排行星架}\end{array}\right\}$→输出轴。

整个传动过程中,经过两排行星齿轮减速,变速器处于 1 挡,其传动比是 2.531。由于单向离合器 F_2 不允许前排行星架逆时针转动,允许其顺时针转动。所以,当车轮对应的转速高于发动机转速时,车轮不能带动发动机转动,即发动机不反拖。可以延长汽车的滑行距离,有利于提高汽车的经济性。同理,D-2、D-3 挡只是参加工作的元件不同而已。在 D-4 挡时,超速排超速传动,而后两排直接传动,见图 12-28c)。

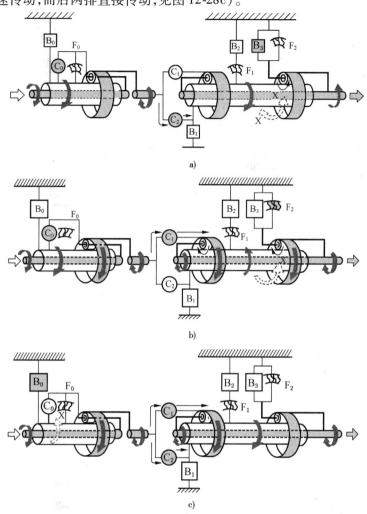

图 12-28 A340E 自动变速器各挡传动原理
a) R 挡;b) 1 挡;c) 4 挡

(5)选挡手柄位于 2 位置。

选挡手柄位于 2 位置,自动变速器可在 1~2 挡之间自动转换,有的自动变速器在 2 挡时发动机反拖。

(6)选挡手柄位于 L 位置。

选挡手柄位于 L 位置时,自动变速器只有 1 挡,也称强制低速挡,以提高汽车的通行能力。

如图 12-29 所示的自动变速器应用于丰田公司生产的新款皇冠、锐志和雷克萨斯等轿车上,该自动变速器为 7 速自动变速器,分别配备不同型号的发动机,但它们的结构和动力传递路线相同。该自动变速器共有三个行星排,前面的为双行星齿轮式行星排,中间的和后面的行星排属于单行星齿轮式齿轮排。其中,前排使用独立的太阳轮,后面的两个行星排公用一个太阳轮;前排的齿圈和后排的齿圈连接在一起;中间排的行星架和后行星排的齿圈也互相连接。组成行星齿轮机构的基本元件有前太阳轮、前行星架、前圈中圈组件、中后太阳轮组件、中行星架后齿圈组件和后行星架,其中后行星架向外输出动力。

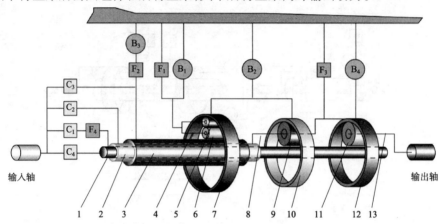

图 12-29 换挡执行元件布置图

1-中、后太阳轮组件;2-中间轴;3-前太阳轮;4-前行星架;5-前外行星轮;6-前内行星轮;7-前圈;8-中行星架;9-中行星齿轮;10-中齿圈;11-后行星齿轮;12-后齿圈;13-后行星架

自动变速器中使用的换挡执行元件包括 4 个离合器、4 个制动器和 4 个单向离合器。从图中可知各换挡执行元件所起到的作用如下:

C_1:通过单向离合器 F_4 连接输入轴与中、后太阳轮组件。

C_2:连接输入轴与中间轴。

C_3:连接输入轴与前太阳轮。

C_4:连接输入轴与中、后太阳轮组件。

B_1:制动前行星架。

B_2:制动前齿圈和中齿圈。

B_3:制动单向离合器 F_2。

B_4:制动后齿圈。

F_1:防止前行星架逆时针旋转。

F_2:当制动器 B_3 工作时,防止前太阳齿轮逆时针旋转。

F_3:防止中行星架和后齿圈逆时针旋转。

F_4:通过离合器 C_4 防止中、后太阳轮组件逆时针转动。

下面对各挡位动力传递路线进行分析。

(1)1 挡动力传递路线。

如图 12-30 所示,1 挡时,自动变速器控制系统给离合器 C_1 供油使其接合,单向离合器 F_4 也参加工作,输入轴带动中、后排太阳轮组件转动。由于单向离合器 F_3 反向锁止中行星架后齿圈组件,所以后排行星架被中、后太阳轮组件带动减速同方向旋转。

自动变速器在 1 挡时只有后行星排参与了工作。通过上面的动力传递路线可知,参加工作的两个单向离合器在动力由输入轴往输出轴传递时,进行反方向锁止,而在进行动力反向传递时,它们会进行正方向超越打滑,使车辆处于滑行状态。

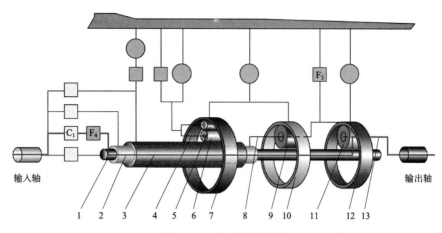

图 12-30　1 挡动力传递路线

1-中、后太阳轮组件；2-中间轴；3-前太阳轮；4-前行星架；5-前外行星轮；6-前内行星轮；7-前圈；8-中行星架；9-中行星齿轮；10-中齿圈；11-后行星齿轮；12-后齿圈；13-后行星架

若需要自动变速器具有发动机制动功能，就需要让离合器 C_4 工作，由输入轴直接对中、后排太阳轮组件进行驱动；与单向离合器 F_3 处于并联关系的制动器 B_4 也需工作，固定住中行星架、后齿圈组件，使其双向都不能旋转。

（2）2 挡动力传递路线。

如图 12-31 所示，在 2 挡时，三个行星排都参与了工作，在前行星排中，制动器 B_3 和单向离合器 F_2 工作，共同反向锁止前太阳轮；前行星架被单向离合器 F_1 反向固定。整个前行星排处于单向固定状态。在中间行星排中，输入轴通过离合器 C_1 和单向离合器 F_4 驱动中、后太阳轮被旋转，因前行星排整体被单向固定，而前齿圈和中齿圈连接在一起，所以中行星排的齿圈也处在单向固定状态，中间行星排的中行星架被太阳轮驱动减速同向旋转。在后行星齿轮排中，太阳轮也被输入轴通过离合器 C_1 和单向离合器 F_4 驱动旋转，后齿圈在中行星架的带动下旋转，后行星架被后太阳轮和后齿圈驱动同向减速旋转，动力输出。

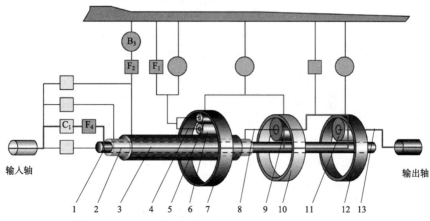

图 12-31　2 挡动力传递路线

1-中、后太阳轮组件；2-中间轴；3-前太阳轮；4-前行星架；5-前外行星轮；6-前内行星轮；7-前圈；8-中行星架；9-中行星齿轮；10-中齿圈；11-后行星齿轮；12-后齿圈；13-后行星架

由以上动力传递路线分析可知，在动力传递过程中用到了单向离合器 F_2、F_1 和 F_4，行星

齿轮机构不能反向传递动力,故没有发动机制动。当需要有发动机制动时,控制系统应控制离合器C_4和制动器B_2工作,分别起到把输入轴的动力直接传递到中、后太阳轮和对前、中齿圈进行固定的作用,使动力能实现双向传递,实现发动机制动。

2挡时,驱动部件与1挡相同,即由输入轴驱动中、后太阳轮,但后齿圈的工作状态不同,在1挡时,后排齿圈处于静止而非运转状态,进入2挡后,后排齿圈在中行星架的带动下处于顺时针旋转状态,促使后行星架的转速加快,使车速得到提高。

(3)3挡动力传递路线。

如图12-32所示,离合器C_1接合,单向离合器F_4锁止,中、后太阳轮仍然在输入轴的带动下旋转;离合器C_3工作,输入轴驱动前排太阳轮处于旋转状态,单向离合器F_1反向锁止前行星架,前太阳轮驱动前齿圈减速同向旋转。因前排齿圈与中排齿圈连接在一起,所以中齿圈随前齿圈同向减速旋转,则中行星架后齿圈组件被驱动同向减速旋转。在后排中,太阳轮由输入轴通过离合器C_1和单向离合器F_4驱动顺时针旋转,齿圈顺时针减速旋转,它们共同带动与输出轴相连的行星架旋转,向外传递动力。

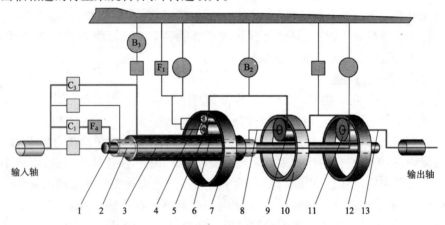

图12-32 3挡动力传递路线

1-中、后太阳轮组件;2-中间轴;3-前太阳轮;4-前行星架;5-前外行星轮;6-前内行星轮;7-前圈;8-中行星架;9-中行星齿轮;10-中齿圈;11-后行星齿轮;12-后齿圈;13-后行星架

这个挡位的动力传递过程中也是采用了单向离合器对中、后太阳轮组件和前行星架进行了单方向的固定,在动力由输出轴向输入轴传递时,它们会超越打滑,汽车不具备发动机反拖制动的功能。要这个挡位有发动机制动,离合器C_4应投入工作状态,输入轴对中、后太阳轮直接进行驱动;制动器B_1也应参与到工作中,把前排行星架进行双向固定,使输入轴和输出轴能实现动力的双向传递。

3挡相对于2挡时的速比定性分析可以这样理解,在2挡和3挡时,中、后太阳轮的工作状态相同,但在2挡时,前齿圈中齿圈组件被固定住,中、后太阳轮驱动中行星架将动力传递给后齿圈,而在3挡时,前齿圈、中齿圈处于顺时针减速旋转状态,由前齿圈、中齿圈将动力传递给中行星架,由于齿圈带行星架比太阳轮带行星架转速快,由此可得出,3挡时中行星架后齿圈组件与2挡相比转速要快,则后排行星架带动输出轴转动的速度比2挡时要快。

(4)4挡动力传递路线。

如图12-33所示,4挡时输入轴经离合C_1和单向离合器F_4驱动中、后太阳轮旋转;离合

器 C_2 接合,输入轴驱动中行星架后齿圈组件旋转。在后排中的后太阳轮和后齿圈同时被输入轴同速同向驱动,后行星排自锁,则整个后行星齿轮排以一个整体旋转,后行星架带动输出轴转动的速度与输入轴相同,传动比为 1:1,是直接挡。

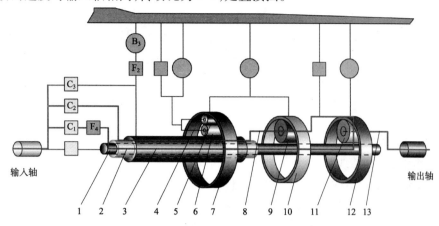

图 12-33　4 挡动力传递路线

1-中、后太阳轮组件;2-中间轴;3-前太阳轮;4-前行星架;5-前外行星轮;6-前内行星轮;7-前圈;8-中行星架;9-中行星轮;10-中齿圈;11-后行星齿轮;12-后齿圈;13-后行星架

在这个挡位动力传递过程中,只有后行星齿轮排参与了工作。由以上动力传递路线分析可知,4 挡时,输入轴的动力传递给中、后太阳轮组件时使用的换挡执行元件中有单向离合器 F_4,在从输出轴向输入轴反向传递时,F_4 会进行超越打滑,故没有发动机反拖制动。控制系统给离合器 C_4 供油,使其工作,由输入轴直接驱动中、后太阳轮组件,该挡位具有发动机反拖制动功能。

(5) 5 挡动力传递路线。

如图 12-34 所示,在 5 挡时行星齿轮机构中的三个行星排都参与了工作,为便于对动力传递路线的分析,现将三个行星齿轮排的工作状态进行分别说明。

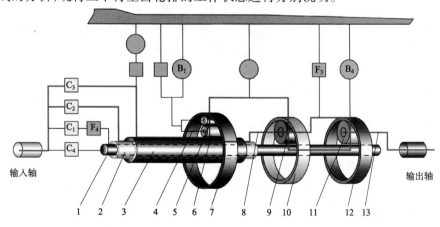

图 12-34　5 挡动力传递路线

1-中、后太阳轮组件;2-中间轴;3-前太阳轮;4-前行星架;5-前外行星轮;6-前内行星轮;7-前圈;8-中行星架;9-中行星轮;10-中齿圈;11-后行星齿轮;12-后齿圈;13-后行星架

① 在前行星排中,离合器 C_3 工作,输入轴驱动去太阳轮旋转;制动器 B_1 工作,前行星架

被固定,则前齿圈被太阳轮驱动同向减速旋转。

②在中间行星齿轮排中,中行星架被输入轴通过离合器C_2带动同速旋转;由于前行星排中前齿圈与中行星排中中齿圈连接在一起,与输入轴相比是同向减速旋转,则中、后太阳轮组件同向增速旋转,即其转速高于输入轴的转速。

③后行星齿轮排中,后齿圈由输入轴通过离合器C_2驱动旋转,中、后太阳轮以高于输入轴的转速同向旋转,则后行星架为同向高于输入轴的转速带动输出轴旋转,汽车进入超速挡。

5挡参与工作的换挡执行元件中没有单向离合器,可实现动力的双向传递,该挡位具有发动机反拖制动功能。

与4挡比较,在后排中,中、后太阳轮的转速比4挡的高,故为超速挡。

(6)6挡动力传递路线。

如图12-35所示,在6挡时只有中行星排和后行星排参入工作,为能把动力传递路线传递过程表达清楚,现将参与工作的两个行星齿轮排的工作状态进行分别说明。

①在中间行星齿轮排中,输入轴通过进入工作状态的离合器C_2驱动中行星架与输入轴同速旋转。制动器B_2工作,中齿圈被固定,中、后太阳轮组件被中行星架驱动同向增速旋转。

②在后行星齿轮排中,后齿圈在输入轴通过离合器C_2驱动同速旋转;中、后太阳轮组件以同向并高于输入轴转速的状态旋转,则后行星架也以高于输入轴的转速旋转,是超速挡。

因6挡动力传递过程中并没有使用单向离合器,故该挡位具有发动机反拖制动功能。

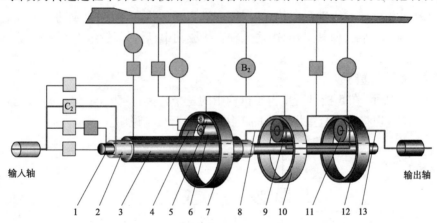

图12-35 6挡动力传递路线

1-中、后太阳轮组件;2-中间轴;3-前太阳轮;4-前行星架;5-前外行星轮;6-前内行星轮;7-前圈;8-中行星架;9-中行星轮;10-中齿圈;11-后行星轮;12-后齿圈;13-后行星架

6挡相对于5挡时的速度快慢的比较可以这样理解:在这两个挡位的动力传递过程中,中间行星排的行星架都以输入轴转速同向旋转,但齿圈的工作状态不一样。6挡时齿圈被固定住,中、后太阳轮组件以高于输入轴的转速同向旋转,5挡时齿圈与输入轴相比是同向减速旋转,中、后太阳轮也是以高于输入轴的转速旋转,但比6挡时转速慢。在后行星排中,齿圈以输入轴转速旋转,中、后太阳轮组件同向增速旋转,但前、后太阳轮组件的转速在6挡时比5挡时要快,所以,6挡时后行星架带动输出轴转动的速度高于5挡。

(7)倒挡动力传递路线。

如图 12-36 所示，倒挡时行星齿轮机构的三个行星排都参与了工作，为能把动力传递路线表达清楚，我们还是将行星齿轮机构中的每一个行星排在倒挡时的工作情况分别进行介绍。

①在前行星齿轮排中，输入轴经离合器 C_3 驱动前太阳轮顺时针旋转；制动器 B_1 固定前行星架，则太阳轮驱动前齿圈做顺时针减速旋转。

②在中间行星齿轮排中，中齿圈与前排齿圈连接在一起，也做顺时针减速旋转；制动器 B_4 工作，对中行星架后齿圈组件进行固定，则中齿圈驱动中、后太阳轮组件逆时针增速旋转。

③在后行星齿轮排中，中后太阳轮做逆时针增速旋转；中行星架后齿圈组件被制动器 B_4 固定，则行星架逆时针减速旋转，把动力传递到输出轴，输出轴也逆时针转动，车辆进入倒挡。

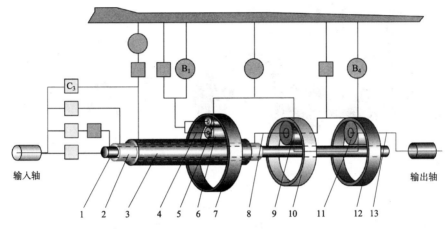

图 12-36　倒挡动力传递路线

1-中、后太阳轮组件；2-中间轴；3-前太阳轮；4-前行星架；5-前外行星轮；6-前内行星轮；7-前圈；8-中行星架；9-中行星齿轮；10-中齿圈；11-后行星轮；12-后齿圈；13-后行星架

从倒挡的动力传递路线可以看出，前排和后排行星齿轮机构在做同向减速运动；中间行星齿轮机构在做反向增速运动。

2. 拉维挪式行星齿轮变速机构

除了上述的辛普森式外，很多轿车使用拉维挪式行星齿轮变速机构。拉维挪式行星齿轮变速机构如图 12-37 所示，它只有一组行星齿轮排，在行星齿轮排中它有大小两个太阳轮、长短两个行星齿轮（共用一个行星架）和一个齿圈组成。小太阳轮可驱动短行星齿轮，短行星齿轮又与长行星齿轮啮合，长行星齿轮可驱动齿圈转动。大太阳轮也与长行星齿轮啮合。

如图 12-38 所示是利用拉维挪式行星齿轮机构设计的自动变速器，输入轴前端与液力变矩器涡轮相连，后面通过离合器 C_1 与大太阳轮接合，通过离合器 C_2 与小太阳轮接合。制动器 B_1 是带式制动器，它可以制动大太阳轮。单向离合器 F 不允许行星架逆时针转动，允许行星架顺时针转动。制动器 B_2 可制动行星架。输入轴可以通过离合器 C_3 将动力直接传给行星架。齿圈输出，通过齿轮将动力传给主减速器。

下面介绍各挡传动工作原理：

1）1 挡

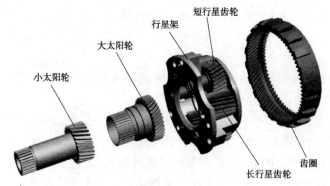

图 12-37　拉维挪式行星齿轮机构组成

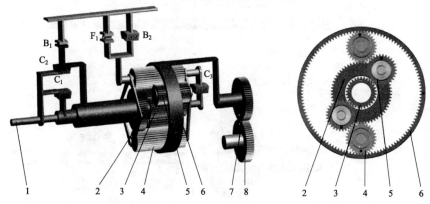

图 12-38　拉维挪式行星齿轮变速机构示意图

1-输入轴；2-大太阳轮；3-小太阳轮；4-长行星轮；5-短行星轮；6-齿圈；7-输出齿轮；8-主减速器齿圈；B_1-1 号制动器；B_2-2 号制动器；F_1-单向离合器；C_1-1 号离合器；C_2-2 号离合器；C_3-3 号离合器

换挡控制元件 C_1 和 F_1 工作。

如图 12-39 所示，1 挡时，前进离合器 C_1 接合，动力传递经输入轴、前进离合器 C_1 和小太阳轮，小太阳轮顺时针转动，通过短行星轮和长行星轮带动齿圈朝顺时针转动。长行星轮在带动齿圈顺时针转动的同时，对行星架产生逆时针转矩，1 挡单向离合器 F_1 在逆时针方向使行星架锁定。发动机的动力经输入轴、小太阳轮、短行星轮、长行星轮传给齿圈和输出轴。

图 12-39　D 位 1 挡动力传递路线

2）2 挡

换挡控制元件 C_1 和 B_1 工作。

如图 12-40 所示，在 2 挡时，前进离合器 C_1 和 2 挡制动器 B_1 同时工作，发动机动力经输

入轴和前进离合器 C_1 传至小太阳轮,小太阳轮顺时针转动,并通过短行星轮带动长行星轮朝顺时针转动。由于大太阳轮被 2 挡制动器 B_1 固定,长行星轮在顺时针自转时,还将朝顺时针方向公转,带动齿圈和输出轴以较快速度顺时针转动。发动机动力由小太阳轮经短行星轮、长行星轮传递至前行星排,再由前行星排至齿圈和输出轴,将动力传出。

图 12-40　D 位 2 挡动力传递路线

3) 3 挡

换挡工作元件 C_1、C_2 和 C_3 工作。

如图 12-41 所示,3 挡时,前进离合器 C_1 和倒挡及直接挡离合器 C_2 同时接合,使输入轴同时和前小太阳轮相连接。前小太阳轮同时转动并随输入轴转动,短行星轮和长行星轮不能做自转,只能向前随小太阳轮一起公转,同时带动行星架以相同的转速随前小太阳轮转动。这样,齿圈和前后行星排所有元件作为整体,发动机动力由前小太阳轮经前后行星排传递至齿圈和输出轴,此时传动比为 1,为直接挡传动。

图 12-41　D 位 3 挡动力传递路线

4) 4 挡

换挡控制元件 C_3 和 B_1 工作。

如图 12-42 所示,在 4 挡时,高挡离合器 C_3 和 2 挡及 4 挡制动器 B_1 同时参与工作,使输入轴与行星架连接,同时大太阳轮固定。发动机动力经高挡离合器、行星架,行星架又带动长行星轮顺时针自转和公转,并带动齿圈和输出轴顺时针转动,它的传动比小于 1,4 挡为超速挡。

5) 倒挡

换挡控制元件 C_2 和 B_2 工作。

如图 12-43 所示,倒挡时,倒挡及直接挡离合器 C_2 接合。使输入轴同大太阳轮连接,这时低挡及倒挡制动器 B_2 制动,使行星架固定。发动机动力经输入轴传给大太阳轮,使大太阳轮顺时针转动,带动长行星轮朝逆时针转动;由于行星架被固定,长行星轮只做自转,从而带动齿圈和输出轴逆时针转动，实现倒挡。

图 12-42　D 位 4 挡动力传递路线

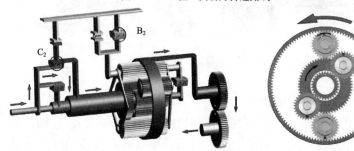

图 12-43　倒挡动力传递路线

3. 定轴斜齿轮变速机构

图 12-44 是定轴斜齿轮变速机构的传动示意图。它有输入轴 11、输出轴 13、中间轴 16 三根轴，它们均与发动机曲轴平行排列，输入轴 11 前端的花键与变矩器 1 的涡轮相连接，输入轴 3 挡齿轮 4 与 3 挡离合器 5 的传动鼓制成一体（离合器外鼓为转鼓，内鼓为传动鼓），通过滚针轴承空套在输入轴上，3 挡离合器 5 和 4 挡离合器 6 转鼓制成一体，离合器由活塞、摩擦片、钢片、复位弹簧等组成，钢片通过外花键与转鼓内花键接合，随转鼓一起转动，摩擦片通过内花键与传动鼓的外花键接合，随传动鼓一起转动，离合器转鼓通过花键与输入轴相连接，输入轴 4 挡离合器传动鼓、4 挡齿轮 7 和倒挡齿轮 8 制成一体，通过滚针轴承空套在输入轴上，输入轴常啮齿轮 10 其中心孔有花键，通过花键与输入轴相连接，随输入轴一起转动。输出轴 13 前端有与输出轴制成一体的主减速器主动齿轮 28，它与主减速器从动齿轮 27 啮合输出，输出轴 1 挡齿轮 2 内孔有花

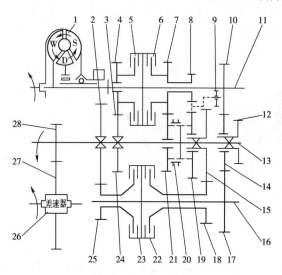

图 12-44　本田轿车定轴斜齿轮变速机构示意图

1-液力变矩器；2-输出轴 1 挡齿轮；3-输出轴 3 挡齿轮；4-输入轴 3 挡齿轮；5-3 挡离合器；6-4 挡离合器；7-输入轴 4 挡齿轮；8-输入轴倒挡齿轮；9-倒挡惰轮；10-输入轴常啮齿轮；11-输入轴；12-P 挡锁止齿轮；13-输出轴；14-输出轴常啮齿轮；15-输出轴 2 挡齿轮；16-中间轴；17-中间轴常啮齿轮；18-中间轴 2 挡齿轮；19-输出轴倒挡齿轮；20-接合套；21-输出轴 4 挡齿轮；22-2 挡离合器；23-1 挡离合器；24-输入轴 3 挡齿轮；25-中间轴 1 挡齿轮；26-差速器；27-主减速器从动齿轮；28-主减速器主动齿轮

键,通过花键与输出轴连接在一起,输出轴 3 挡斜齿轮 3 内孔有花键,通过花键与输出轴相连接,输出轴 4 挡齿轮 21 与输入轴 4 挡齿轮常啮合,其上有短齿,它通过滚针轴承空套在输出轴上,输出轴倒挡齿轮 19 通过滚针轴承空套在输出轴 2 挡齿轮上,它与倒挡惰轮 9 常啮合,输出轴倒挡齿轮上也有短齿,接合套 20 能够左右移动,左移与输出轴 4 挡齿轮短齿啮合,将输出轴 4 挡齿轮的动力传给输出轴上的花键鼓带动输出轴转动,右移与输出轴倒挡齿轮短齿啮合,将输出轴倒挡齿轮的动力传给输出轴上的花键鼓带动输出轴转动,输出轴 2 挡齿轮 15 通过花键与输出轴相连接,P 挡锁止齿轮通过花键与输出轴连接,当选挡手柄位于 P 位置时,停车爪卡入 P 挡锁止齿轮的齿槽内,锁止变速器输出轴,使汽车驻车,输出轴常啮齿轮 14 通过滚针轴承空套在 P 挡齿轮上。

中间轴 16 通过轴承支承在变速器壳体上,中间轴 1 挡齿轮 25 和 1 挡离合器 23 传动鼓制成一体,通过滚针轴承空套在中间轴上,中间轴 1、2 挡离合器 23、22 转鼓为一体,转鼓中心有花键,通过花键与中间轴相连接,中间轴 2 挡离合器传动鼓和中间轴 2 挡齿轮 18 制成一体,通过滚针轴承空套在中间轴上。中间轴惰轮 17 通过花键与中间轴相连接。

倒挡油缸里装有活塞,活塞可通过拨叉驱动接合套 20 移动,倒挡惰轮 9 分别与输入轴倒挡齿轮 8 和输出轴倒挡齿轮 19 啮合。

其工作原理是:

1)前进挡

1 挡时,1 挡离合器 23 充油接合,将中间轴 16 与中间轴 1 挡齿轮 25 连接在一起。

动力从输入轴 4、输入轴常啮齿轮 10、输出轴常啮齿轮 14、中间轴常啮齿轮 17、中间轴 16、1 挡离合器 23、中间轴 1 挡齿轮 25、输出轴 1 挡齿轮 2、输出轴 13、输出轴主减速器齿轮 28 输出。

2)倒挡传动

倒挡时,4 挡离合器 6 充油接合,将输入轴 11 与输入轴 4 挡齿轮 7 连接在一起,同时,油缸通液压油,在油压的作用下,通过拨叉使接合套向右移动,使输出轴上的倒挡齿轮与输出轴连接在一起。

动力从输入轴 11、4 挡离合器 6、输入轴倒挡齿轮 8、倒挡惰轮 9、输出轴倒挡齿轮 19、接合套 20、花键毂、输出轴 13、输出轴主减速器齿轮 28 输出。

本田雅阁自动变速器各挡执行元件工作情况,见表 12-1。

本田雅阁轿车自动变速器各挡执行元件工作情况　　　　表 12-1

挡　位		执行元件					
		1 挡离合器	2 挡离合器	3 挡离合器	4 挡		倒挡齿轮	P 挡锁止齿轮
					齿轮	离合器		
P								√
R						√	√	
N								
D_4	1 挡	√						
	2 挡		√					
	3 挡			√				
	4 挡				√	√		

续上表

挡 位		执行元件					
		1挡离合器	2挡离合器	3挡离合器	4挡	倒挡齿轮	P挡锁止齿轮
					齿轮	离合器		
D_3	1挡	√					
	2挡		√				
	3挡			√			
2			√				
1		√					

注：√表示该执行元件工作。

第四节　自动变速器的控制系统

一、控制系统的作用

辛普森式行星齿轮变速机构的离合器 C_0、C_1、C_2 接合，自动变速器具有 3 挡，制动器 B_0 制动、离合器 C_1、C_2 接合，自动变速器具有 4 挡，比较 3、4 挡制动器、离合器的工作情况可以看出，离合器 C_0 接合，变速器具有 3 挡，而使离合器 C_0 分离，使制动器 B_0 制动，则变速器具有 4 挡，控制不同的离合器制动器工作，就能实现换挡。自动变速器控制系统的作用是根据车速、节气门开度等信号，控制变速传动机构中不同的离合器、制动器工作，使变速齿轮进行不同的组合，从而实现自动变速器换挡。

二、控制系统的分类

控制系统按照控制方式不同可分为液控系统和电液控系统。液控系统是依靠液压控制油路使不同的离合器、制动器工作以实现换挡。电液控系统是一个以自动变速器电控单元为核心的控制系统，传感器将各种信号送给电控单元，电控单元控制执行器——电磁阀改变控制油路，使不同的离合器、制动器工作，以实现换挡。

三、控制系统基本原理

图 12-45 为电液控自动变速器基本原理示意图。

节气门位置传感器感受节气门开度信号，车速传感器感受车速信号，这些信号送给自动变速器电控单元，电控单元将这些信号经过处理后发出指令，控制电磁阀 A 阀和 B 阀工作，例如节气门开度大、车速低时，节气门位置传感器和车速传感器将节气门开度大的信号和车速低的信号送给自动变速器电控单元，自动变速器电控单元发出指令，电磁阀 B 通电，打开换挡阀右侧油压的通道，让换挡阀右端泄压；电磁阀 A 不通电，工作油压加到换挡阀的左端，阀在油压以及弹簧的作用力下右移，接通了低挡油路，使变速机构的低挡离合器或制动器接合，变速机构挂上低挡。

当车速高、节气门开度小时，自动变速器电控单元使电磁阀 A 通电，换挡阀左侧泄压，电磁阀 B 不通电，换挡阀右侧加控制油压，阀芯在油压差的作用下左移，接通了高挡油路，使变速机构的高挡离合器、制动器接合，变速机构挂上高挡。

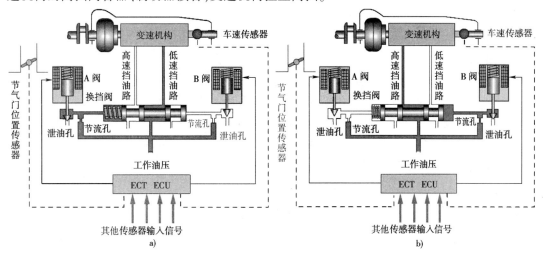

图 12-45　电液控自动变速器基本原理
a)低速工作状态；b)高速工作状态

自动变速器电控单元有如下功能：

1．换挡控制

电控单元接收各传感器传来的信号后，进行逻辑判断，然后发出指令，让两个电磁阀进行不同的通断电组合，使变速器具有不同的挡位。

2．锁止控制

一般当车速高于 60km/h、变速器在 2 挡以上、发动机冷却液温度高于 60℃时，自动变速器电控单元控制液力变矩器锁止离合器工作，以提高汽车行驶的经济性。

3．油压控制

控制离合器、制动器接合油压，减少换挡冲击，提高自动变速器合器换挡的平顺性。

4．自诊系统

当传感器、电磁阀等电气元件有故障时，自动变速器电控单元通过仪表板上的故障灯报警，并以故障码的形式存储在电控单元中。

5．发动机转矩控制

在自动变速器换挡时，通过电喷电控单元，使发动机转矩瞬时变小，保证换挡的平顺性。当这一功能失效时，会造成换挡冲击。

6．巡航行驶控制

当有巡航工作时，实际车速低于设定车速 4km/h，巡航电控单元通过自动变速器电控单元，解除超速挡、解除锁止离合器，降挡后以便重新"复位"行驶。

7．失效保护

当自动变速器电控单元失效后，所有的电磁阀都不通电工作。此时，可操作选挡手柄，使自动变速器处于几个固定的前进挡和倒挡。

四、控制系统的主要件

1. 油泵

应用于自动变速器的油泵有齿轮泵、叶片泵等类型。

1）齿轮泵

图 12-46 所示为内啮合齿轮泵,它由主动齿轮 5、从动齿轮 4、泵体 2 和泵盖 7 等组成。主动齿轮是一个具有外齿的圆柱齿轮,内圆有凸耳,液力变矩器的泵轮通过凸耳带动主动齿轮转动。从动齿轮是一个具有内齿的齿圈。泵体内有一月牙形凸台,将主、从动齿轮不啮合部分隔开。当主动齿轮带动从动齿轮旋转时,月牙形凸台形成小齿轮部分导圆,可防止两齿轮在一侧啮合。壳体上有进油口和出油口,进油口通过油道与滤油网相通,出油口通过油道与有关的液压控制阀相通。月牙形凸台有助于泵的进油口和出油口分开,高压条件下,工作液不会从出油口流回进油口。泵盖上的导轮固定套管花键用以支承导轮单向离合器内圈,当单向离合器锁住时,可以抵抗作用在导轮叶片上的反向转矩。

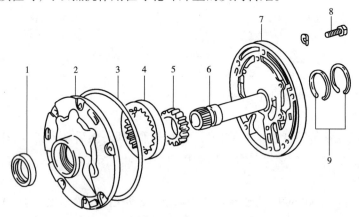

图 12-46 内啮合齿轮泵

1-密封圈;2-泵体;3-O 形密封圈;4-从动齿轮;5-主动齿轮;6-导轮固定导管;7-泵盖;8-固定螺栓;9-密封环

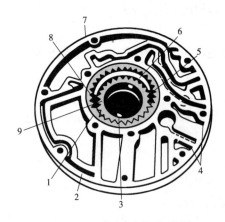

图 12-47 内啮合齿轮泵工作图

1-从动齿轮;2、4-油道;3-凸起;5-进油腔;6-月牙形凸台;7-泵体;8-出油腔;9-主动齿轮

当油泵主动齿轮在液力变矩器泵轮的驱动下逆时针方向旋转时（图 12-47）,主动齿轮带动从动齿轮转动,在齿轮脱离啮合的一腔,容积由小变大,产生吸力,将自动变速器油从自动变速器油底壳经滤网滤清后吸入油泵进油腔,转动的齿轮齿间携带着自动变速器油液至月牙形凸台,月牙形凸台将泵室分为主、从动齿轮至月牙形凸台两部分,因为齿轮至月牙形凸台间的间隙非常小,因此泵室里的自动变速器油由进油腔被带到出油腔,在齿轮进入啮合的一腔,容积由大变小,油压升高,把油以一定压力泵出。只要发动机运转,连续油流就不断被泵出,且油泵转速随发动机转速改变而改变,其排油量也随之变化,在油泵的输出油路中通常装有安全阀,其作用是限制油泵最高输出压力,以保证液压系统

的安全。

2)叶片泵

叶片泵由定子、转子、叶片、壳体及泵盖等组成,如图12-48所示。它具有运转平稳、噪声小、泵油流量均匀、容积效率高等优点;但它结构复杂,对液压油的污染比较敏感。转子由变矩器壳体后端的轴套带动,绕其中心旋转,定子是固定不动的,二者不同心有一定的偏心距。当转子旋转时,叶片在离心力及叶片底部的油压作用下向外张开,紧靠在定子内表面上,并随着转子旋转,在转子叶片槽内做往复运动。这样,相邻叶片之间便形成密封的工作腔。如果转子朝顺时针方向旋转,在转子与定子中心连线的右半部的工作腔容积逐渐增大,产生真空吸油,中心线左半部的工作腔容积逐渐减小,将油压出。

2. 手控阀

手控阀由驾驶员通过选挡手柄直接操纵,其作用是控制液压系统接通不同的油路,从而改变自动变速器的工作范围。

图12-49是丰田A340自动变速器上应用的一个手控阀,它有P、R、N、D、2、L六个位置,在不同的位置接通不同的油路,如在N位置时,关闭主油路通向离合器C_0、C_1的油路,使自动变速器具有空挡,在D位置时,手控阀接通了主油路通向离合器C_1及1~2挡换挡阀的油路。

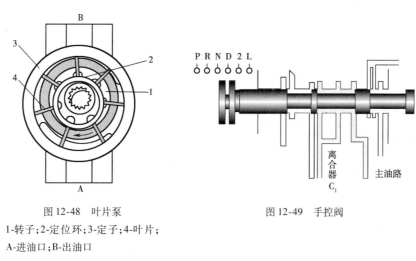

图12-48 叶片泵
1-转子;2-定位环;3-定子;4-叶片;
A-进油口;B-出油口

图12-49 手控阀

第五节 手动/自动一体化自动变速器

当前,不少自动变速器采用了手动/自动(MT/AT)全速式5挡自动变速器。如:本田时韵、奥迪A6等车型。自动变速器手动/自动M模式的出现,代表了自动变速器发展的新潮流。

一、手动/自动M模式控制的优点

1. 扩大了动力挡的控制范围

取消了手控2挡和1挡的位置,变为全速手控模式,因其锁止控制迟后一个挡位,变矩传动时间长,故称"动力挡位"(S)。可在1~5挡间自由的转换,就像手动变速器一样,随心所欲地换挡行驶,无其他操作。例如：

D挡位时,2、3、4、5挡时锁止(省油)。

M挡位时,3、4、5挡时才锁止(费油)。

2. 不仅是为了应急使用(PCM自动换挡控制单元失效)

驾驶员可根据行驶条件的需要和自己的意图驾驶车辆。固定在某一挡位,维持动力性能稳定行驶,防止频繁的跳挡,减小离合器和制动器无谓的磨损,如图12-50所示。

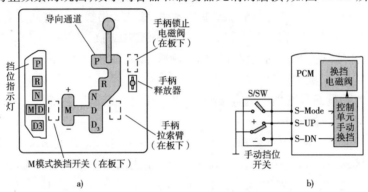

图12-50 手自一体化自动变速器选挡手柄位置

二、手动控制原理与使用方法

它是由手柄、台阶式双通道导向槽、定位弹簧、手柄的挡位开关拉索臂、手动模式开关、挡位指示灯等组成。本田车系还有手柄锁止电磁阀、手柄锁止释放器。

(1)换挡手柄处制有两个运动通道,一侧为传统的挡位通道,一侧为手动模式通道,都利用板面上挡位指示灯显示,仪表板上也有指示灯同步显示。

(2)换挡手柄向下运动自由,向上运动锁止。

因手柄下端有定位弹簧,使手柄紧靠在导向槽的左侧台阶通道上,起定位作用。如需要向上运动,需施加向右的推力,因而产生手感,防止误挂R挡和P挡。

(3)手柄在P挡和R挡时,手柄锁止电磁阀将手柄下端锁死,必须踩下制动踏板,制动开关信号使锁止电磁阀导通,而释放手柄,目的是安全控制。如果该电磁阀不工作,可利用释放孔,利用点火钥匙,压下释放器即解除锁止。

(4)手柄的下端连接拉索臂,控制变速器外壳上的挡位开关动作。当手柄从D挡左移到M挡时,手柄的下端与拉索臂脱钩,挡位即保持在D挡。从此,即进入手动模式通道,并和手动模式开关S/SW连接,其M指示灯显示。

(5)手动模式换挡开关为三线式触发开关,和PCM联通,PCM中配有递增、递减电路,其触点信号为：

S-Mode——动力模式；

S-UP——升挡(+)；

S-DN——降挡(-)。

因此,当手柄在M通道向上拨动时,即升挡:点动依次触发递增为1、2、3、4、5挡;当向下拨动时,即降挡:点动依次触发递减为5、4、3、2、1挡。

（6）点动换挡信号送至 PCM，其手动换挡控制单元中，编制有 1～5 挡的控制程序，发令使各换挡电磁阀动作，换入所需要的挡位（电磁阀的通断组合同 D 挡）。同时，仪表板上的数码管指示灯，即显示所换的挡位。

第六节　无级变速器

对于需要不断变化行驶速度的汽车来说，设置变速器是非常必要的，不依靠齿轮切换变速而能够无级连续变速是人们一直追求的理想形式，为此人们进行不断的探索，先后出现了双锥体球、盘、环柱体及皮带等多种形式，但由于摩擦面的摩擦系数和零件承受单位压力的限制，加之工艺和控制上的问题，不能传递较大的功率，所以使其在汽车上的应用受到影响。1982 年荷兰的范道尔纳（Van Doorne's Transmission b. v.）公司，首先研制成功金属带式无级变速器，并于 1987 年开发为商品投放市场，命名为 CVT（Continuously Variable Transmission）变速器。目前，许多大型汽车公司都在开发研究无级变速器，相信不久的将来，无级变速器将在中小型轿车上得到广泛的应用。

一、带式无级变速器基本结构与工作原理

带式无级传动装置的基本结构和工作原理，如图 12-51 所示。与三角带传动相似，它由主动、从动两个带轮及传动带组成，每个带轮由两个锥形盘组成，一个锥形盘固定不动，另一个锥形盘可以轴向移动，当两锥形盘间距变小，其传动半径变大；反之，当两锥形盘间距变大，其传动半径变小，传动装置中的主、从动带轮中心距是固定不变的。

传动装置的传动比为从动带轮半径与主动带轮之比，或主、从动带轮旋转角速度之比，即：

$$i = r_2/r_1 = \omega_1/\omega_2$$

当主动带轮的半径小，而从动轮半径大时，传动比大，传动装置减速传动；如果使主动带轮半径增大、从动带轮半径减小，则传动比也将随之减小，传动装置增速传动。

改变带轮传动半径的方法是通过改变带轮两锥盘的轴向宽度来实现的。根据需要在主、从动带轮的可移动锥盘上分别作用着轴向力 F_z 和 F_c，由于力的大小是可控制的，则带轮两锥盘的宽度也是可改变的。如果轴向力 F_z 使主动带轮两锥盘间距变小，则带轮的传动半径增大；轴向力 F_c 使从动带轮两锥盘间距尺寸变大，则从动带轮的传动半径减小，传动比也随之变小。连续变化的力使锥盘间的轴向距离可连续变化，所以传动装置的传动比也可实现连续变化。一般无级变速器可提供的变速比是 4.69～0.44，这样的变速

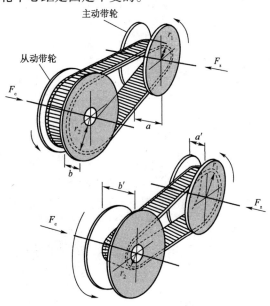

图 12-51　带式无级变速器变速原理

范围仍不能满足汽车对传动系传动比变化范围的要求。另外,作为一个功能齐全的变速器还需要具有倒挡,所以仍需在无级传动装置后加装主减速器和变向传动装置。

二、传动带

1. 范道尔纳(VanDoorne)式传动带

以往的传动带使用橡胶材料,存在着可靠性与耐久性差缺陷。荷兰的范道尔纳公司开发的金属传动带有效地克服了上述缺陷,将无级变速传动推向实用化。范道尔纳型金属传动带如图12-52所示,它由钢带环和钢片组成,若干个厚约2mm的钢片无间隙紧密排列,在钢片的左右侧凹槽中穿有富有柔性的钢带环。钢带环由若干条0.2mm的钢带叠合而成,外层钢带环长度长,内层钢带环长度短。钢片侧面与带轮锥形盘的锥面接触,接触表面具有一定粗糙度,带轮的固定锥形盘与可移动锥形盘加紧钢片。当带轮转动时,通过摩擦将带轮的输入转矩传给钢片,钢片推挤前面的钢片,将作用力一片一片向前传递,将主动带轮的转矩传递到从动带轮。这种力的传递方式改变了传统传动带内部受拉力作用,它既能传递较大的动力,又能保持动力传递的平顺性。由于采用钢片叠制结构,其传动带轮的最小接触半径可为30mm,与链传动相比具有重量轻、噪声小和可高速运行的优点。其不足之处是当高速运转时,钢片上产生的离心力过大,钢带环要具有足够大的强度。

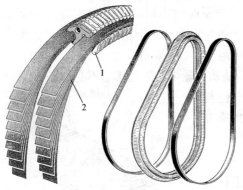
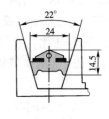

图12-52 范道尔纳式金属传动带
1-钢片;2-钢带环

2. 鲍格瓦纳(BorgWarner)链式传动带

鲍格瓦纳链式传动带结构如图12-53所示,它由钢片、销子、铰接片等件组成,其整体结构与链条传动相似;但动力传递不是使用链轮,而是使用带轮。钢片的作用与范道尔纳钢片的作用相同,钢片的侧面与带轮的锥形盘接触,利用摩擦传递动力。钢片的形状如图12-53中的1所示,两侧接触面为摩擦接触面。铰接钢片相互接触插入承载钢片的矩形孔内,由销钉将铰接钢片连接。带轮与钢片摩擦间的作用力经销钉传递给铰接钢片,对后面的链带形成拉力。当铰接链运动到弯曲处,由于销钉随之出现转动,可

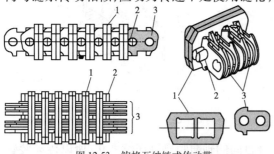

图12-53 鲍格瓦纳链式传动带
1-钢片;2-销子;3-铰接片

平滑吸收铰接链的角度变化。铰接片上的突起部分用于加持承载钢片,以防止当承载钢片与带轮接触时出现倾倒。其不足之处是铰接片与销钉易出现磨损而产生噪声较大。

三、无级变速器

1. 组成

图12-54所示为无级变速器工作原理示意图,它主要由变速传动机构、控制系统(液控单元、电控单元)等组成。

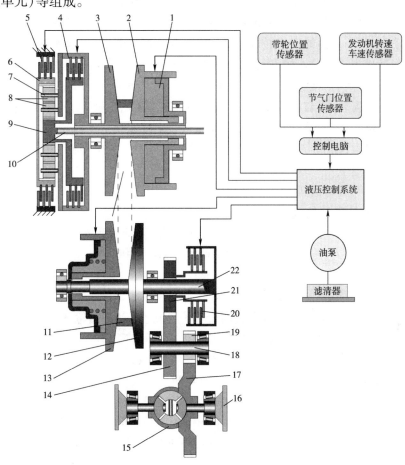

图12-54 无级变速器工作原理示意图(选挡手柄在P、N位置)

1-主动带轮伺服油缸;2-主动带轮滑动盘;3-主动带轮固定盘;4-前进挡离合器;5-倒挡制动器;6-齿圈;7-行星齿轮轴及架;8-行星齿轮;9-太阳轮;10-输入轴;11-钢带;12-从动带轮固定盘;13-从动带轮滑动盘;14-中间减速从齿轮;15-差速器;16-驱动轴凸缘盘;17-主减速器从动齿轮;18-输出轴;19-主减速器主动齿轮;20-起步离合器;21-中间减速主动齿轮;22-中间轴

发动机的动力通过飞轮及减振盘传给输入轴10,太阳轮9与输入轴固接在一起,随输入轴一起转动,前进挡离合器4内装有钢片与摩擦片,摩擦片通过花键与太阳轮接合,钢片通过花键与前进挡离合器鼓接合,行星齿轮及架7通过花键固定在前进挡离合器鼓上,齿圈6套在行星齿轮上,齿圈上有外花键,倒挡制动器5的摩擦片套在齿圈的外花键上,倒挡制动器的钢片通过花键套在倒挡制动器鼓上,即变速器壳体上,当前进挡离合器接合时,行星齿轮的太阳轮与行星架连接在一起,行星齿轮机构自锁,输入轴带动前进挡离合器鼓转动,前进挡离合器鼓的转向与输入轴相同;当制动器制动时,齿圈被固定,太阳轮带动行星架转动,由于行星架上有两排行星齿轮,所以行星架的转向与太阳轮转向相反,即前进挡离合器鼓的转向与太阳轮转向相反,变速器输出倒挡。主动带轮固定盘 3 通过花键与前进挡离合器鼓连接在一起,随前进挡离合器鼓转动,主动带轮滑动盘 2 可在伺服油缸 1 的作用下轴向移动,改变主动带轮有效直径,从动带轮固定盘与中间轴连接在一起,固定带轮可带动中间轴转动,从动带轮滑动盘可在伺服油缸的作用下轴向移动,改变从动带轮有效直径,范道尔纳型金属钢带 11 连接主动带轮与从动带轮,起步离合器 20 鼓通过花键连接在中间轴上,随中间轴一起转动,起步离合器的钢片通过花键连接在起步离合器鼓上,起步离合器的摩擦片通过花键与中间减速主动齿轮连接,当起步离合器接合时,中间轴可带动中间减速主动齿轮转动,而起步离合器分离时,就切断变速器的动力输出,起步离合器具有普通车上离合器的功能。中间减速从动齿轮 14 与主减速器主动齿轮 19 连接在输出轴 18 上,主减速器主动齿轮与主减速器从动齿轮啮合,差速器壳通过螺栓连接在主减速器从动齿轮上,在差速器壳内安装有行星齿轮与半轴齿轮等差速机构。在阀体内装有压力控制电磁阀、滑阀等电液控元件,控制无级变速器变速。

2. 变速传动机构工作原理

1)当选挡手柄在 P、N 位置时

当选挡手柄在 P、N 位置时,离合器、制动器不接合,发动机飞轮仅带动输入轴及太阳轮旋转,无动力输出。另外,选手柄在 P 位置时,停车爪将中间轴主动齿轮锁止,即将车轮制动,防止溜车。

2)当选挡手柄在前进挡位置时

如图 12-55 所示,控制系统使前进挡离合器充油接合,动力由输入轴传递给主动带轮,同时,控制系统控制起步离合器随着节气门开度增大而逐渐接合,将动力传给主减速器,使汽车起步平稳。选挡手柄在 D 位置时,控制系统根据节气门开度、车速等信号,控制伺服油缸的油压,改变主动带轮和从动带轮的有效直径,即无级改变传动比,发动机的动力通过输入轴、太阳轮与行星架、主动带轮、从动带轮、起步离合器、减速齿轮、主减速器、差速器和半轴等传给驱动轮,使汽车向前行驶;当选挡手柄位于 S 位置时,变速器使汽车具有良好的加速性能;当选挡手柄位于 L 位置时,发动机反拖,变速器具有较大传动比,使汽车具有良好的爬坡能力。

3)当选挡手柄在 R 位置时

如图 12-56 所示,控制系统使倒挡离合器充油接合,在行星齿轮排中,由于齿圈制动,太阳轮主动、行星架(具有两排行星齿轮)从动,所以输入转向与输出转向相反,使主动带轮反向转动,变速器具有倒挡。

3. 液控系统工作原理

液控系统由油泵、控制阀体、主阀体和手动阀体等组成。

1)油泵

油泵由螺栓固定在主阀体上,如图 12-57 所示,油泵为转子泵,内转子由变速器输入轴驱动旋转,内转子带动外转子转动向外泵油,为变速器提供工作油压。

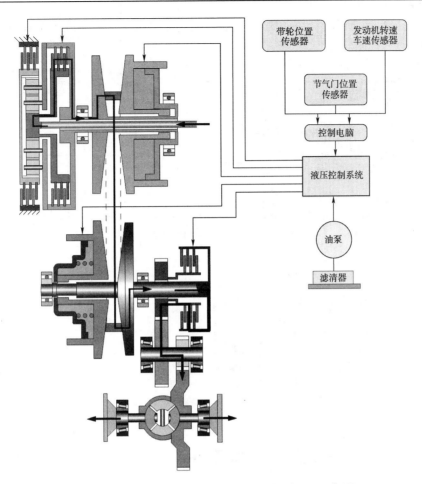

图 12-55　无级变速器工作原理示意图（选挡手柄在 D、S、L 位置）

2）控制阀体

控制阀体由主动带轮压力控制阀、从动带轮压力控制阀、主动带轮电磁阀、从动带轮电磁阀和起步离合器电磁阀等组成，如图 12-58 所示。主动带轮电磁阀调节主动带轮压力控制阀的控制油压，使主动带轮压力控制阀输出不同的油压，改变主动带轮的有效直径，从动带轮电磁阀调节从动带轮压力控制阀的控制油压，使从动带轮压力控制阀输出不同的油压，改变从动带轮的有效直径，从而无级改变自动变速器的传动比。起步离合器电磁阀直接调节起步离合器的油压，使起步离合器完成起步及传力等工作。

3）主阀体

主阀体由主油路调压阀、主油路控制油压阀、离合器减压阀、换挡锁定阀、起步离合器蓄压器、起步离合器换挡阀、起步离合器后备阀和润滑阀等组成，如图 16-59 所示。

主油路控制油压阀根据带轮电磁阀提供的油压，调节主油路调压阀的控制油压，使主油路调压阀输出主油路油压，主油路油压通过带轮压力调节器调节后进入带轮，同时也分别进入润滑阀、离合器减压阀、起步离合器后备阀等。离合器减压阀降低输入油压，为离合器、制动器及带轮电磁阀提供工作油压。润滑阀降低输入油压，为行星架、离合器、钢带等提供润滑油压。起步离合器蓄压阀缓冲起步离合器油压，使起步离合器接合柔和。换挡限止阀、起步离合器换挡阀、起步离合器后备阀等,其作用是为了当电子控制系统出现故障时,对起步离合器进行液压控制。

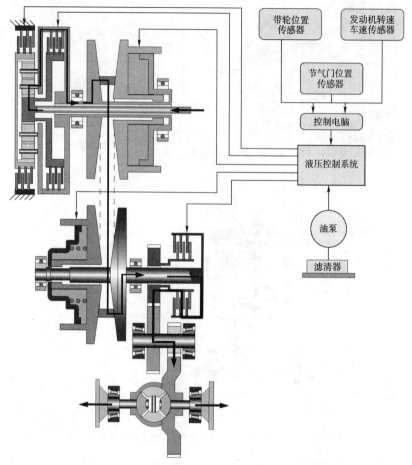

图 12-56 无级变速器工作原理示意图(选挡手柄在 R 位置)

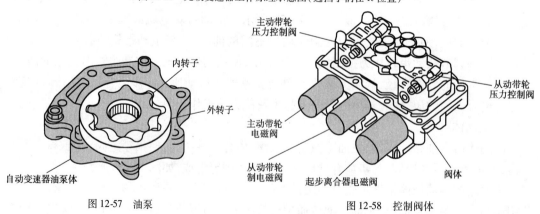

图 12-57 油泵　　　　　　　图 12-58 控制阀体

4) 手动阀体

手动阀体由手动阀、倒挡限止阀等组成,如图 12-60 所示。手动阀有 P、R、N、D、S、L 位置,它主要切换进入前进离合器和倒挡离合器的油路,使前进挡离合器或倒挡制动器工作。

倒挡限止阀由倒挡限止电磁阀提供的倒挡锁止压力进行控制,当车辆以 10km/h 的时速速度行驶时,倒挡限止阀截止通向倒挡制动器的液压回路,防止误挂倒挡。其液控框图见图 12-61,选当手柄位于 D、R 位置的油路图见图 12-62、图 12-63。

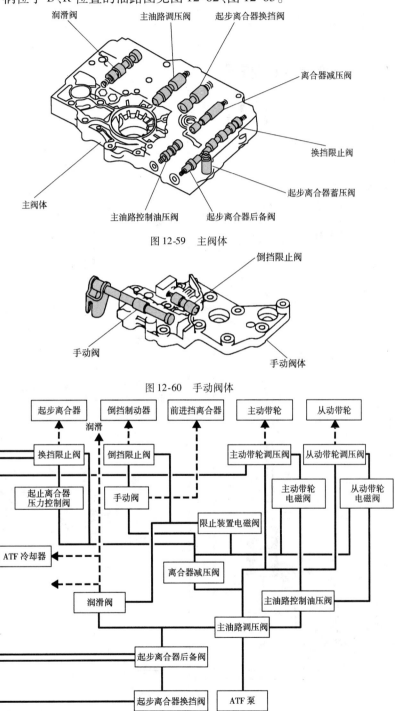

图 12-59　主阀体

图 12-60　手动阀体

图 12-61　液控框图

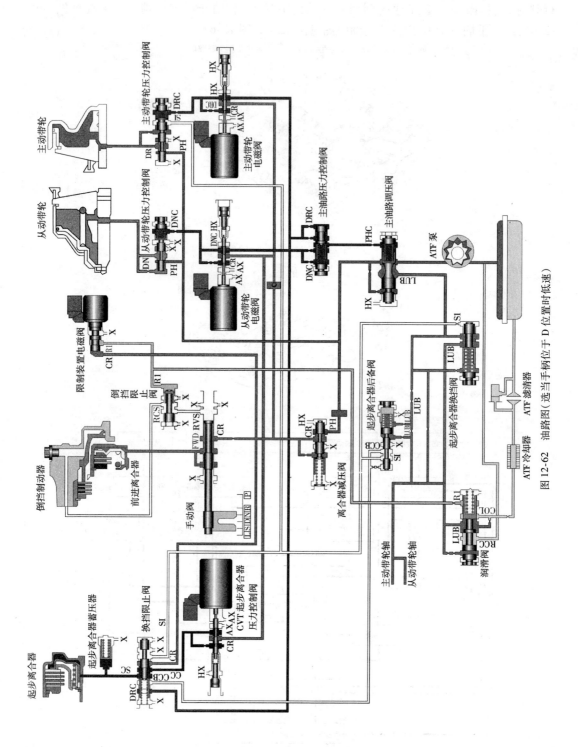

图12-62 油路图(选当手柄位于D位置时低速)

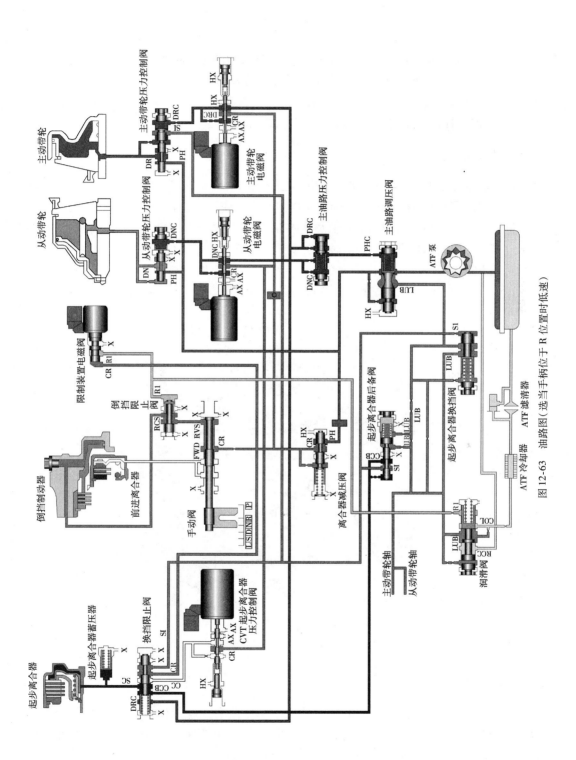

图 12-63 油路图(选当手柄位于 R 位置时低速)

第七节 双离合自动变速器

双离合自动变速器(DualClutchTransmission,DCT),如图12-64所示,基于双轴式常啮齿轮手动变速器MT演变而成,它保留了结构简单、传动效率高的优点,并升华为电控液动换挡控制,改善了换挡品质,提高了加速性能,降低了油耗及故障率。双离合自动变速器的制造成本较低,继承性好,设备投资少,具有广阔的推广前景。

一、DCT 组成

根据齿轮轴布置方式的不同,DCT结构有三轴式和两轴式等多种形式,图12-64为三轴式DCT变速器,看上去类似传统的三轴式变速器。然而使用了创新的双离合器结构之后就完全不同了,它主要由双离合器、空心轴及其内部的心轴、两个平行的分变速器、控制器和油泵组成。其中,双离合器、空心轴及心轴和分变速器为核心机械部件。发动机力矩通过双离合器后进入DCT的输入端。外圈的离合器1与心轴连接,内圈的离合器2与空心轴连接。1挡、3挡、5挡和倒挡与心轴构成分变速器1,2挡、4挡和6挡构成分变速器2,两个分变速器的输出端同时与主减速齿轮啮合。

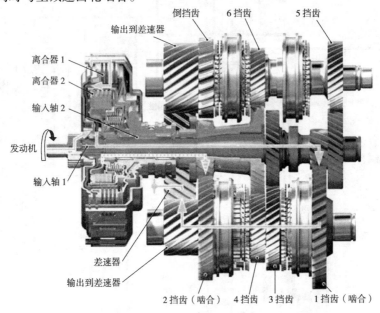

图 12-64　DCT 变速器的结构

二、工作原理

双离合自动变速系统的基本工作原理相当于采用两个变速器和两个离合器,一个变速器处于工作状态时,另一个变速器空转。通过两个离合器的切换来实现两变速器交替投入工作状态,可以在不中断动力传递的条件下完成换挡过程。

两个多片油浴湿式摩擦式离合器 C_1 和 C_2,通过扭转减振盘连接飞轮,其输出端分别驱动齿轮组的奇数挡和偶数挡。C_1和C_2的分离与接合,由TCU控制作用在活塞上的油压来实现,如图12-65所示。

图12-66所示为一个典型的双离合自动变速器的传动简图。变速器有6个前进挡和一个倒挡,有两个并排布置的湿式离合器C_1、C_2,变速器的挡位按奇数挡(1、3、5、R挡)与偶数挡(2、4、6挡)分开配置,并分别与两个湿式离合器相连。其1、3、5、R挡与C_1连接在一起,而2、4、6挡连接在C_2上。C_2的输出轴为一个实心轴,C_1的输出轴是套在C_2输出轴外面的一个空心轴,两个输出轴是同心的,这样的结构使变速器变得更加紧凑。另外,还有4个同步器,由液压(或步进电机)换挡机构(图中未画出)控制进行挡位的切换,以及离合器操纵机构等。

当不需传递动力时,C_1、C_2都分离,不传递动力。当车辆起步时,自动换挡机构将挡位切换为1挡,然后C_1接合,车辆开始起步运行。

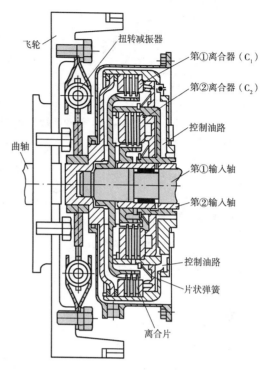

图12-65 双离合器

车辆换入1挡运行后,此时C_2处于分离状态,不传递动力。当车辆加速,达到接近2挡的换挡点时,由ECU控制自动换挡机构将挡位提前换入2挡。当达到2挡换挡点时,C_1开始分离,同时C_2开始接合,2个离合器交替切换,直到C_1完全分离,C_2完全接合,整个换挡过程结束。车辆进入2挡运行后,车辆自动变速器电控单元可以根据相关传感器信号掌握车辆当前运行状态,进而判断车辆即将进入运行的挡位是升到3挡还是降到1挡,而1挡和3挡均连接在C_1上,因为该离合器处于分离状态,不传递动力,故可以指令自动换挡机构十分方便地预先换入即将进入工作的挡位,当车辆运行达到换挡点时,只需要将正在工作的C_2分离,同时将另一个C_1接合,配合好两个离合器的切换时序,整个换挡动作全部完成。车辆继续运行时,其他挡位的切换过程也都类似。

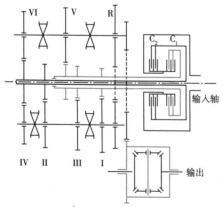

图12-66 三轴式DCT结构简图

三、DCT系统的控制

变速手柄的挡位排列方式是P、R、N、D、S的传统方式,如图12-67所示。有的车系还加装了手动换挡开关,在D挡位时,手柄也可利用手动通道上下微动,手动依次升挡或降挡行驶。

DCT系统的控制框图如图16-68所示,电控单元TCU(Transmission Control Unit)采集各传感器的信号,实时在线地对车辆的运行状态进行综合处理和判断,然后控制换挡机构、离合器操纵机构、换挡。两个离合器以及换挡机构的工作动力由液压动力源供给。它是在传

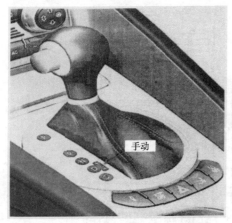

图 12-67 变速手柄的挡位

统固定轴式变速器和双离合器的基础上,应用电子技术和自动变速理论,以电子控制单元为核心,通过液压、电动或气动执行系统控制两个离合器的分离与接合、选换挡操作以及发动机转速的自动调节,来实现汽车起步、换挡的自动操纵。DCT 系统控制的基本思想是:根据驾驶员的意图(加速踏板、制动踏板、选择器开关等)和车辆的状态(发动机转速、输入轴转速、车速、挡位),依据设定的换挡规律,借助于相应的执行机构(发动机转速控制执行机构、变速器选换挡执行机构、第一离合器和第二离合器分离和接合执行机构),对车辆的动力传动系统(发动机、第一离合器、第二离合器、变速器)进行联合操纵,控制框图见图 12-68。

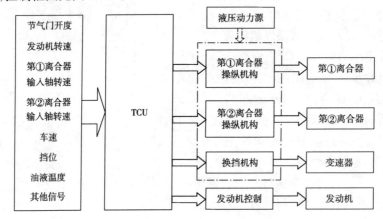

图 12-68 双离合器自动变速系统控制原理图

四、DCT 电控液动换挡系统的原理

1. 发动机不运转时

液压换挡系统无油压,电磁阀断电关闭,液压滑阀在 F 力的作用下,处在中间位置,两个离合器都是泄油状态,如图 12-69 所示。

2. 发动机运转时

液压油作用在液压滑阀的两端,油压平衡,滑阀不动,仍为泄油状态。

3. 汽车起步时

变速手柄在 D 挡,电脑接到节气门传感器 TPS 起步信号,使电磁阀 B 通电开启泄油,液压滑阀右移,离合器 C_1 充油接合,同步器也向前接合,换入 1 挡行驶。

4. 汽车升挡时

当需要升挡时,电磁阀 A 通电开启泄油,B 阀断电关闭充油,液压滑阀左移,离合器 C_2 充油接合,同步器也向前接合,换入 2 挡行驶。

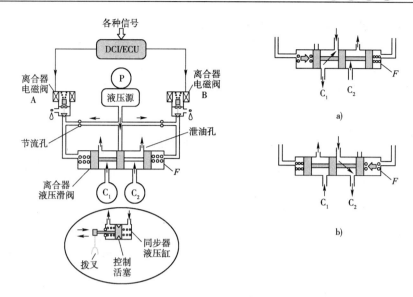

图 12-69 DCT 电控液动换挡原理框图

5. 其他挡位时

其他挡位的升挡和降挡过程和同步器的控制原理类同。

第八节 EMT 自动变速器

一、EMT 的含义

EMT 就是在手动变速器的基础上,将其操作机构中选挡与挂挡变成电控液动自动化装置,即自动变速器。同时,其离合器也配合自动变速器自动化控制。

二、EMT 自动变速器结构特点

(1) 无离合器踏板,采用电控液动装置,依靠加速踏板信号和操纵杆位置信号,实现自动换挡。其电脑 TCM 通过 CAN 数据总线与发动机的 ECM 电脑联网控制,进行共享共控,控制原理框图见图 12-70。

(2) 有两种控制模式,并在仪表板上显示 A、M、S、N、D、R 等(图 12-71)。

① 手动模式 Manual(M):人工操纵,按需要视情升挡、降挡。在坏路上使用,或应急使用。

② 自动模式 Auto(A):普通模式和动力模式 Sport(S),后者换挡点迟后,动力性好,在坏路上使用。

③ 没有驻车 P 挡,起步、停车时,需用驻车制动配合工作。

④ 打开左前门,开关信号使离合器分离、变速器进入空挡状态,保证起动或怠速运转。

⑤ 在 D 挡或 R 挡位置,松开驻车制动,即进入"爬行状态",并在 5min 后即转入"空挡状态"。如果此时打开左前门,未踩制动踏板,马上退出"爬行"。也就是,EMT 模拟 AT 功能特性,保证上坡起步不溜车、能缓慢倒入车库。

⑥换挡切换时间为1~2s,有"顿挫感"。

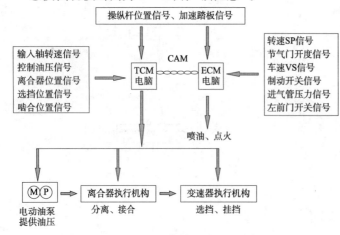

图12-70 控制原理框图

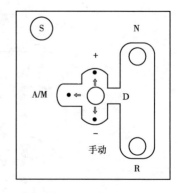

图12-71 选挡手柄位置

三、EMT控制系统的组成与工作原理

1.液压控制部分

液压控制部分产生独立的液压动力,自动地使离合器分离、接合;变速器选挡、挂挡。它由储液罐、电机油泵、蓄压器(内有压缩氮气)、压力传感器、分离和换挡机构、五个二位三通电磁阀组成,见图12-72。

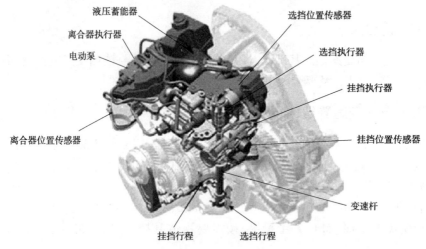

图12-72 EMT控制系统的组成

2.离合器控制部分

离合器控制部分由液压缸、一个离合器电磁阀组成。工作模式为:分离、保持分离,接合、保持接合四种状态,见图12-73。

3.变速器控制部分

变速器控制部分完成五个前进D挡、N挡、R挡控制。先分离、后换挡、再接合。其工作原理为:一个电磁阀泄油,另一个电磁阀充油,垂直相交移动的$X-Y$轴来进行选挡、挂挡,见图12-74。

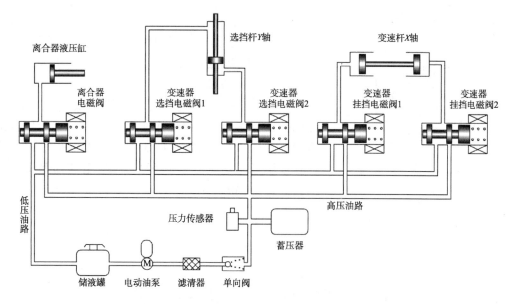

图 12-73　液压系统工作原理示意

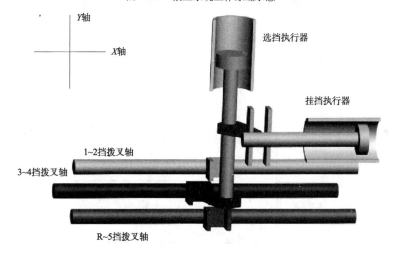

图 12-74　选挡与挂挡

4. 喷油控制部分

与 ECM 电脑配合，改善换挡品质。升挡时，减小喷油量和点火提前角，减速、减矩，离合器两次分离，同步换挡。同样，降挡时，模拟手动换挡操作，离合器两次离合，加空油，减小转速差，同步换挡。

四、EMT 系统各部件的工作原理

1. 电动油泵（图 12-75）

电动油泵由直流电机驱动内啮合式齿轮泵，工作电压为 12V，0~2.5A 电流，电机线圈的电阻值为 2.5Ω，油泵流量为 7L/min。

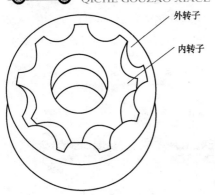

图12-75　电动油泵

2. 电磁阀

电磁阀为五个二位三通阀(图12-76),其中一个为离合器电磁阀,是单向控制阀;两个变速选挡电磁阀、两个变速挂挡电磁阀,是双向控制阀,工作电压为12V。

3. 油压传感器(图12-77)

油压传感器为半导体应变电阻形成的桥式电路。感受油压的高低,输出0.5~4.5V的随动电压信号给TCM电脑。TCM电脑根据压力传感器的信号进行输出,蓄压器的油压低于3.65MPa时,电动油泵工作升压,达到4.6MPa时停止工作。

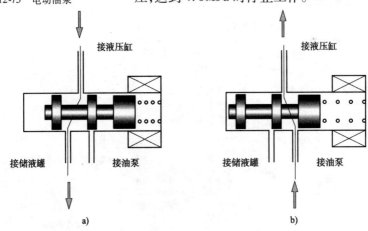

图12-76　电磁阀
a)液压缸泄油；b)液压缸充油

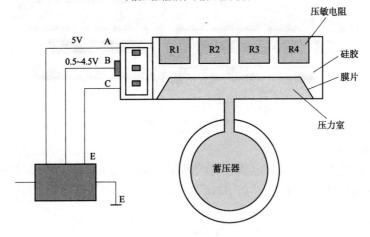

图12-77　油压传感器

4. 输入轴转速传感器(图12-78)

输入轴转速传感器测定输入轴转速与发动机转速SP的差异,便于升挡、降挡同步控制,改善换挡品质。多为磁电式,靠第一轴齿轮激励,输出交变电压信号给TCM电脑。

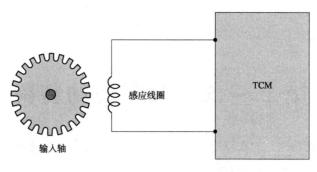

图 12-78 输入轴转速传感器

5. 离合器位置传感器（图 12-79）

离合器位置传感器为非接触式行程位置传感器，液压推杆上有永久磁铁，它通过对感应线圈的激励，使电感量发生变化，产生不同的电压信号给 TCM 电脑，测知离合器是分离状态或接合状态，便于及时换挡。

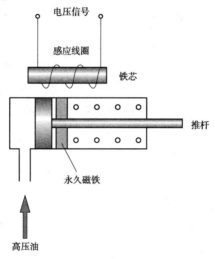

图 12-79 离合器位置传感器

6. 换挡手柄位置传感器、选挡位置传感器、啮合位置传感器

换挡手柄位置传感器、选挡位置传感器、啮合位置传感器获得操纵手柄和拨叉的位置信号，便于按需换挡，并监测控制系统的工作状态。

7. 仪表显示

仪表显示当前工作模式：N、D、R 挡。换挡模式：A（自动）、M（手动）、S（动力）。当系统出现故障时，挡位指示灯闪烁，蜂鸣器鸣叫。

第十三章 万向传动装置

万向传动装置的功用是能在轴间夹角及相互位置经常发生变化的转轴之间传递动力。万向传动装置主要由万向节、传动轴组成，有的装有中间支承。

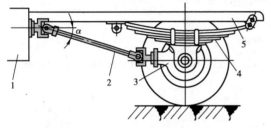

万向传动装置在汽车上的布置特点：

（1）变速器（或分动器）与驱动桥之间。

一般汽车的发动机、离合器与变速器三者合为一体装在车架上，而驱动桥则通过弹性悬架与车架连接（图13-1）。变速器输出轴轴线与驱动桥的输入轴轴线难以布置得重合，并且在负荷变化及汽车在不平路面行驶时引起的跳动，会使驱动桥输入轴与变速器

图13-1　变速器与驱动桥之间的万向传动装置

1-变速器；2-万向传动装置；3-驱动桥；4-后悬架；5-车架

输出轴之间的夹角和距离发生变化。故变速器的输出轴与驱动桥输入轴不可能刚性连接，而必须采用一般由两个万向节和一根传动轴组成的万向传动装置（图13-2a）。

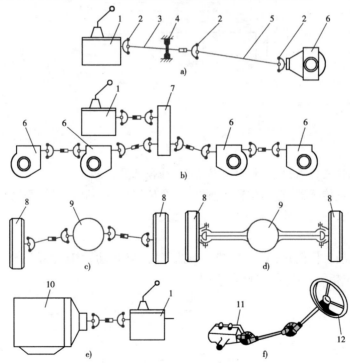

图13-2　万向传动装置在汽车上的应用

1-变速器；2-万向节；3-中间传动轴；4-中间支承；5-主传动轴；6-驱动桥；7-分动器；8-驱动轮；9-主减速器；10-发动机；11-转向器；12-转向盘

(2)离合器与变速器之间(图13-2e),越野汽车变速器与分动器之间(图13-2b)。

为消除车架变形及制造、装配误差等引起的其轴线同轴度误差对动力传递的影响,须装有万向传动装置。

(3)在多桥驱动的越野汽车分动器与各驱动桥之间(图13-2b)。

贯通式驱动桥的分动器与驱动桥之间、驱动桥与驱动桥之间都需要采用万向传动装置。

(4)汽车的转向驱动桥的半轴(图13-2c)。

转向驱动桥的半轴是分段的,转向时两段半轴轴线相交且交角变化,因此要用万向节。

(5)断开式驱动桥的半轴(图13-2d)。

若采用独立悬架,则驱动桥为断开式驱动桥。驱动桥的主减速器壳在车架上是固定的,桥壳是上下摆动的,半轴是分段的,须用万向节。

(6)某些汽车的转向轴(图13-2f)。

某些汽车的转向杆也装有万向传动装置,有利于转向机构的总体布置。

第一节 万 向 节

万向节按其刚度大小,可分为刚性万向节和柔性万向节。刚性万向节按其速度特性分为普通万向节、准等速万向节和等速万向节。

一、普通万向节

普通万向节叉又称十字轴式刚性万向节,应用广泛,允许相邻两轴的最大交角为15°~20°。

1. 构造

图13-3所示为汽车上常用的十字轴式刚性万向节,它由两个万向节叉、十字轴、滚针轴承等组成。

万向节叉2、6上的孔分别套在十字轴4的四个轴颈上。在十字轴轴颈与万向节叉孔之间装有滚针8和套筒9,用带有锁片的螺钉和盖1来使之轴向定位。为了润滑轴承,十字轴内钻有油道(图13-4),且与注油嘴、安全阀相通。为避免润滑油流出及尘垢进入轴承,十字轴轴颈的内端套装带金属壳的毛毡油封(或橡胶油封)。安全阀5的作用是

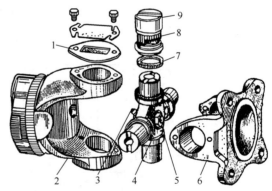

图13-3 十字轴式刚性万向节
1-轴承盖;2、6-万向节叉;3-油嘴;4-十字轴;5-安全阀;7-油封;8-滚针;9-套筒

当十字轴内腔润滑脂压力超过允许值时,阀打开润滑脂外溢,使油封不会因油压过高而损坏。现代汽车多采用橡胶油封,多余的润滑油从油封内圆表面与十字轴轴颈接触处溢出,故无需安装安全阀。

万向节轴承的常见定位方式,除上述盖板式外,还有内外弹性卡环固定式。

万向节中滚针轴承的轴向定位方式,除上述盖板式外,还有弹性盖板式(图13-5a)、瓦盖

固定式(图 13-5b)、塑料环定位式(图 13-5c)、外挡圈固定式(图 17-5d)、内外挡圈固定式(图 13-5e)。

2. 普通万向节的速度特性

当十字轴式刚性万向节的主动叉等角速转动时,从动叉是不等角速的。下面通过万向节传动过程中两个特殊位置的运动分析,来说明单个万向节传动的不等角速性,如图 13-6 所示。

假设叉轴 1 以等角速 ω_1 旋转,当万向节处于图 13-6a)所示位置时,A 点的瞬时线速度可从叉轴 1 和叉轴 2 两个方面求出:

$$V_A = \omega_1 r = \omega_2 r \cos\alpha$$

所以 $\omega_2 = \omega_1/\cos\alpha$,此时 $\omega_2 > \omega_1$。

由此可知,当主、从动叉转到所述位置时,从动轴转动的角速度转速大于主动轴的角速度。

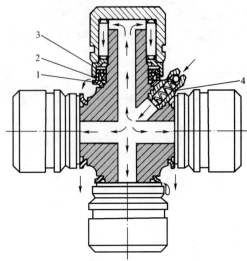

图 13-4 十字轴润滑油道及密封装置
1-油封挡盘;2-油封;3-油封座;4-注油嘴

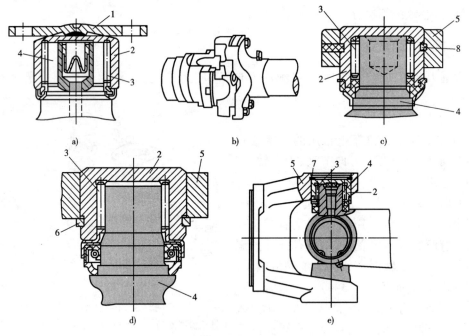

图 13-5 轴承的定位方式
a)弹性盖板式;b)瓦盖固定式;c)塑料环定位式;d)外挡圈固定式;e)内挡圈固定式
1-弹性盖板;2-轴承座;3-滚针轴承;4-十字轴;5-万向节叉;6-外挡圈;7-内挡圈;8-填充塑料

当叉轴 1 转过 90°至图 13-6b)所示位置时,十字轴上 B 点的瞬时线速度可从叉轴 1 和叉轴 2 两个方面求出:

$$V_B = \omega_1 r \cos\alpha = \omega_2 r$$

所以 $\omega_2 = \omega_1 \cos\alpha$，此时 $\omega_2 < \omega_1$。

即当主、从动叉转到图示位置时，从动轴的角速度小于主动轴的角速度。

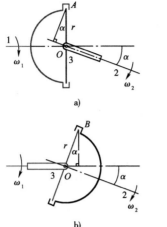
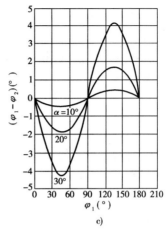

图 13-6　十字轴式刚性万向节传动的不等速性

1-主动叉轴；2-从动叉轴；3-十字轴；r-十字轴旋转半径 ($r = OA = OB$)；α-两叉轴夹角；φ_1-主动轴转角；φ_2-从动轴转角

综上所述，当主动叉轴1以等角速旋转时，从动叉轴2是不等角速的，图 13-6c) 表示两轴转角差 $\varphi_1 - \varphi_2$ 随主动轴转角 φ_1 的变化关系。从图 13-6a) 转到图 13-6b) 位置，叉轴2的角速度由最大值 $\omega_1/\cos\alpha$ 变至最小值 $\omega_1 \cos\alpha$。主动轴转角 φ_1 在 0°~90° 的范围内，从动轴转角相对主动轴是超前的，即 $\varphi_2 > \varphi_1$，并且两角差在 $\varphi_1 = 45°$ 时达最大值，随后差值减小，即在此区间从动轴旋转速度大于主动轴旋转速度，且先加速后减速。当主动轴再转 90° 时，从动轴也同样转到 90°，即从动轴从 90° 到 180°，从动轴转角相对主动轴是滞后的，即 $\varphi_2 < \varphi_1$，并且两角差值在 135° 时达最大值，随后差值减小，即在此区间从动轴旋转角速度小于主动轴旋转角速度，且先减速后加速。当主动轴转到 180° 时，从动轴也同时转到 180°。因此，如果主动轴以等角速转动，而从动轴则是时快时慢，此即单个十字轴万向节在有夹角时传动的不等角速性。轴2不等角速程度随轴间夹角 α 的加大而加大，而主、从动轴的平均转速是相等的，即主动轴转一圈从动轴也转一圈。

单个普通万向节的不等角速性会使从动轴及与其相连的传动部件产生扭转振动，产生附加的交变载荷，影响部件使用寿命。

3. 等角速传动的条件和排列方式

为实现等角速传动，可将两个十字轴式万向节按图 13-7 所示的排列方式安装，且必须满足以下两个条件，即可实现两轴间的等角速传动。

（1）第一万向节两轴间夹角 α_1 与第二万向节两轴间夹角 α_2 相等，即 $\alpha_1 = \alpha_2$。

（2）第一万向节的从动叉与第二万向节的主动叉处于同一平面内。

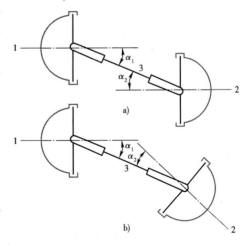

图 13-7　双万向节的等速排列方式
a) 平行排列；b) 等腰式排列

上述结论可用运动学做如下证明。

从第一个万向节求出传动轴3的角速度：

$$\omega_3 = \frac{\omega_1}{\cos\alpha_1}$$

从第二个万向节求出传动轴3的角速度：

$$\omega_3 = \frac{\omega_2}{\cos\alpha_2}$$

因 $\alpha_1 = \alpha_2$，故 $\omega_1 = \omega_2$，即为等角速传动。

由以上分析可知，所谓等角速传动是指传动轴两端的输入轴和输出轴而言。对于传动轴来说，只要夹角不为零，它就是不等角速转动，与传动轴的排列方式无关。

通过正确的装配工艺可以保证与传动轴两端相连接的万向节叉在同一平面内。但条件 $\alpha_1 = \alpha_2$，只有采用独立悬架时，才有可能通过整车的总体布置来实现。因为变速器与主减速器的相对位置是固定的。若采用非独立悬架时，由于弹性悬架的振动，主减速器输入轴与变速器输出轴的相对位置不断变化，不可能在任何情况下都保证 $\alpha_1 = \alpha_2$，此时万向传动装置只能做到使传动的不等角速尽可能小。

二、准等速万向节

准等速万向节是根据上述双十字轴式万向节实现等速传动的原理而设计成的销轴式万向节。准等速万向节有双联式、三销式和凸块式万向节。

双联式万向节实际上是一套传动轴长度缩减至最小的双万向节传动装置。图13-8所示的双联叉3相当于两个在同一平面内的万向节叉。要使轴1和轴2的角速度相同，应保证 $\alpha_1 = \alpha_2$。为此，有的双联式万向节装有分度机构（多为球销之类零件组成），使双联叉的对称线平分所连两轴的夹角。

图13-9为双联式万向节的结构实例。在万向节叉6的内端有球头，与球碗9的内圆面配合，球碗座2则镶嵌在万向节叉1内端。球头与球碗的中心与十字轴中心的连线中点重合。当万向节叉6相对万向节叉1在一定角度范围内摆动时，双联叉5也被带动偏转相应角度，使两十字轴中心连线与两万向节叉1和6的轴线的夹角（即图13-8中的 α_1 和 α_2）差值

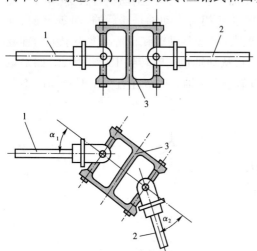

图13-8 双联式万向节的原理图
1、2-万向节叉轴；3-双联叉

很小，内、外半轴的角速度接近相等，其差值在容许范围内，故双联式万向节具有准等速性。轮胎的弹性变形可以吸收这微小的不等速，不会导致轮胎滑磨。

双联式万向节允许有较大的轴间夹角，且具有结构简单、制造方便。

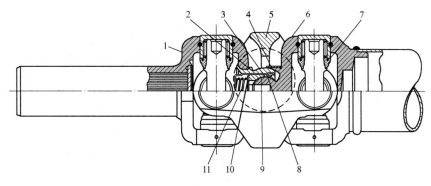

图 13-9 双联式万向节
1、6-万向节叉;2-球碗座;3-衬套;4-防护圈;5-双联叉;7-油封;8、10-垫圈;9-球碗;11-弹簧

三、等速万向节

等速万向节的基本原理是,从结构上保证万向节在工作过程中的传力点永远位于两轴夹角的平分面上。图 13-10 为等速万向节的工作原理图,两个大小相同的锥齿轮的接触点 P 位于两齿轮轴线交角 α 的平分面上,由 P 点到两轴的垂直距离都等于 r。P 点处两齿轮的圆周速度相等,两齿轮的角速度也相等。可见,若万向节的传力点在其交角变化时,始终位于两轴夹角的平分面上,就能保证等速传动。

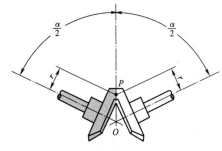

图 13-10 等速万向节的工作原理

等速万向节的常见结构形式有球笼式、三枢轴—球面滚轮式万向节。

1. 球笼式等速万向节

球笼式等速万向节也有两种形式:固定型球笼式万向节和伸缩型球笼式万向节。

1) 固定型球笼式万向节(RF 节)

如图 13-11a)所示,它由星形套、球形壳、保持架(球笼)、钢球等组成。星形套 7 与主动轴 1 用花键固接在一起,星形套外表面有六条弧形凹槽滚道,球形壳 8 的内表面有相应的六条凹槽,六个钢球分别装在各条凹槽中,由球笼 4 使其保持在同一平面内。动力由主动轴 1、钢球 6、球形壳 8 输出。

其等角速传动原理见图 13-11b),$OA = OB$,$CA = CB$,CO 是共边,则两个三角形 $\triangle COA$ 与 $\triangle COB$ 全等。故 $\angle COA = \angle COB$,即两轴相交任意夹角 α 时,传力的钢球中心 C 都位于夹角平分面上。从而保证了从动轴与主动轴以相等的角速度旋转。

2) 伸缩型球笼式万向节(VL 节)

伸缩型球笼式万向节的结构,如图 13-12 所示。其内外滚道是圆筒形的,星形套 2 与筒形壳 4 可以沿轴向相对移动,省去了其他万向传动装置中必须有的滑动花键,且滚动阻力小,最适合于断开式驱动桥。

球笼式等速万向节可在两轴最大夹角为 42°情况下传递转矩,且在工作时,无论传动方向如何,六个钢球全部传力,其承载能力强,结构紧凑,拆装方便,因此应用越来越广泛。例

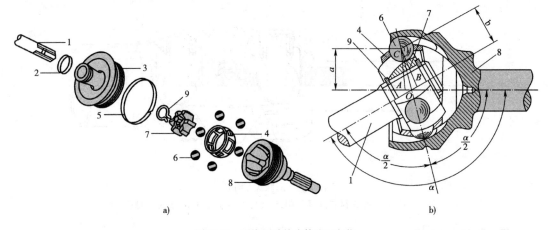

图 13-11 固定型球笼式等速万向节
a)固定型球笼式万向节的构造 b)球笼式万向节等角速传动原理
1-主动轴；2、5-钢带毂；3-外罩；4-保持架(球笼)；6-钢球；7-星形套(内滚道)；8-球形壳(外滚道)；9-卡环；O-万向节中心；A-外滚道中心；B-内滚道中心；C-钢球中心；α-两轴夹角

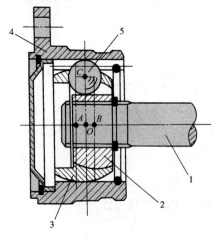

图 13-12 伸缩型球笼式万向节
1-主动轴；2-星形套(内滚道)；3-保持架(球笼)；4-筒形壳(外滚道)；5-钢球

如，国产红旗牌 CA7220 型、捷达、桑塔纳、夏利等轿车，其前转向驱动桥的转向节处均采用这种球笼式等角速万向节。

上述几种国产轿车所采用的伸缩型球笼式万向节（VL 节），在转向驱动桥中均布置在靠传动器一侧（内侧），而轴向不能伸缩的球笼式万向节（RF 节）则布置在转向节处（外侧），如图 13-13 所示。

2. 三枢轴—球面滚轮式等速万向节

它的结构如图 13-14 所示。与输入轴 9 制成一体的三个枢轴 10 上松套着外表面为球面的滚轮 7。三个枢轴位于同一平面内，且互呈 120°角，它们的轴线相交于输入轴上的一点，并且垂直于输入轴。与输出轴制成一体的外表面为圆柱形的叉形元件 5 上加工出 3 条等距离的轴向槽形轨道 11。槽形轨道平行于输出轴，3 个球面滚子轴承分别装入 3 个槽形轨道中。3 个球面滚子轴承可沿槽形轨道滑动。

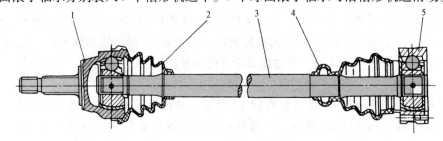

图 13-13 RF 节与 VL 节在转向驱动桥中的布置
1-球笼式万向节(RF 节)；2、4-防尘罩；3-传动轴(半轴)；5-伸缩型球笼式万向节(VL 节)

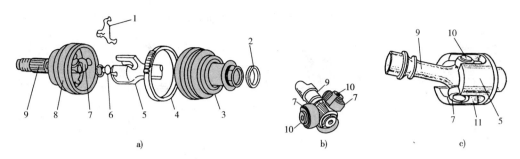

图 13-14　三枢轴—球面滚轮式等速万向节
a) 零件的分解图；b) 主、从动轴的装配图；c) 三枢轴组件

1-锁定三脚架；2-橡胶紧固件；3-保护罩；4-保护罩卡箍；5-叉形元件；6-止推块；7-球面滚轮；8-外座圈；9-输入轴；10-枢轴；11-轴向槽形轨道

其等速传动原理为：当输出轴与输入轴交角为0°时，因三枢轴的自动定心作用，能使两轴轴线重合；当输出轴与输入轴有交角时，由于球面滚子轴承既可沿枢轴轴线移动，又可沿槽形轨道滑动。这样就可以保证球面滚子的传力点始终位于两轴交角的平分面上。

三枢轴—球面滚轮式万向节也有固定型和伸缩型两种结构形式。我国生产的富康轿车和部分夏利轿车的前转向驱动桥都采用了具有一定轴向伸缩量的三枢轴—球面滚轮式等速万向节。

伸缩型三枢轴—球面滚轮式等速万向节的夹角一般为25°，伸缩量为40～60mm。

四、挠性万向节

挠性万向节（图13-15）依靠其中弹性件的弹性变形来保证在相交两轴间传动时不发生干涉。弹性件采用橡胶盘、橡胶金属套筒、六角形橡胶圈等结构。因弹性件的弹性变形有限，故挠性万向节适用于两轴间夹角不大（3°～5°）和微量轴向位移的万向传动装置。如有的汽车发动机与变速器之间、变速器与分动器之间装有挠性万向节，以消除制造安装误差和车架变形对传动的影响。此外，它还具有能吸收传动系中的冲击载荷和衰减转矩振动，结构简单，无需润滑等优点。

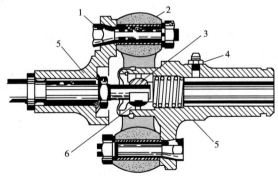

图 13-15　挠性万向节
1-连接螺栓；2-橡胶件；3-中心钢球；4-注油嘴；5-传动凸缘；6-球座

如图13-16所示为汽车挠性万向节及其依靠其橡胶弹性元件的典型结构图，其中图13-16a)和13-16b)分别为具有球面对中机构的环形和六角形挠性万向节；图13-16c)为橡

胶—金属套筒的挠性万向节;图13-16d)和13-16e)分别为组合型和盘形橡胶元件。

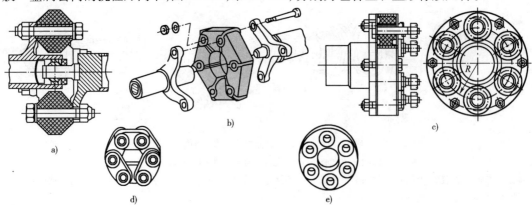

图13-16 挠性万向节及其橡胶弹性元件的典型结构

第二节 传动轴和中间支承

一、传动轴

汽车传动轴有带中间支承并有两根轴管的分段式传动轴和具有一根轴管的传动轴,如图13-17所示。

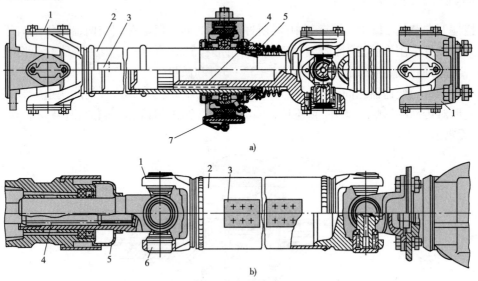

图13-17 汽车传动轴的类型
a)具有两根轴管的分段式传动轴 b)具有一根轴管的传动轴
1—十字轴万向节;2—传动轴管;3—平衡片;4—伸缩花键;5—防尘罩;6—十字轴;7—中间支承

传动轴多用厚度为1.5~3.0mm的薄钢板卷焊成壁厚均匀的轴管,超重型汽车的传动轴则直接采用无缝钢管,在转向驱动桥、断开式驱动桥或微型汽车的万向传动装置中,常把传动轴制成实心轴。

传动轴中设有由滑动叉和花键轴组成的滑动花键连接,以实现传动轴长度的变化。为减少磨损,还装有用以加注滑脂的油嘴、油封、堵盖和防尘套。

传动轴在高速旋转时,由于离心力作用将产生剧烈振动。因此,当传动轴与万向节装配后,必须满足动平衡要求。图13-18中的零件3即为平衡用的平衡片。平衡后,在万向节滑动叉13与主传动轴16上刻上装配位置标记21,以便拆卸后重装时保持二者的相对角位置不变。为保持平衡,油封15上两个带箍的开口销应装在间隔180°位置上,万向节的螺钉、垫片等零件,不应随意改换规格。为加注润滑脂方便,万向传动装置的注油嘴应在一直线上,且万向节上的注油嘴应朝向传动轴。

传动轴过长时,自振频率降低,易产生共振,故常将其分为两段并加中间支承。前段称中间传动轴(如图13-18上部所示),后段称主传动轴(如图13-18下部所示)。

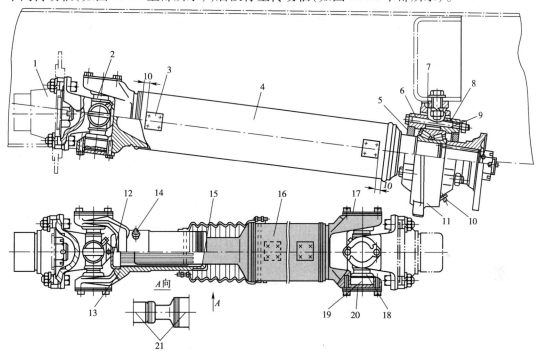

图13-18 解放CA1091型汽车的传动轴和中间支承

1-凸缘叉;2-万向节十字轴;3-平衡片;4-中间传动轴 5、15-油封;6-中间支承前盖;7-橡胶垫环;8-中间支承后盖;9-双列圆锥滚子轴承;10、14-注油嘴;11-支架;12-堵盖;13-万向节滑动叉;16-主传动轴;17-锁片;18-滚针轴承油封;19-万向节滚针轴承;20-滚针轴承盖;21-装配位置标记

也有的轿车把传动轴做成两层钢管,并在其两层钢管中间硫化或压入橡胶,如图13-19所示结构,借助橡胶的弹性和内摩擦,使转矩从一钢管传至另一钢管,并缓和冲击,衰减振动。

为减小花键连接的轴向滑动阻力和磨损,有的采用如图13-20所示的圆柱滚子式滚动花键连接。在传动轴内套管3上制有4个均布的夹角为90°的凹槽(滚道),在传动轴外套管2上也相应地制有4个均布的夹角为90°的贯通凹槽(滚道)。内、外套管的凹槽放入滚柱1。工作中,内、外套管的相对滑动,由滚柱在凹槽内滚动实现。当传动轴逆时针方向旋转时(图13-20中A—A剖视),各凹槽中向右倾斜安装的滚柱传力;反之,向左倾斜的滚柱传力。

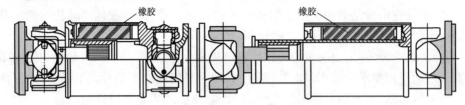

图 13-19　具有橡胶弹性元件的传动轴

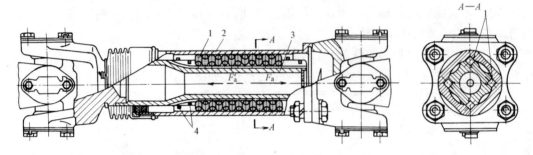

图 13-20　传动轴滚动花键
1-滚柱；2-传动轴外套管；3-传动轴内套管；4-挡圈

如图 13-21 所示，在独立悬架连接的转向驱动桥上，设在差速器与转向驱动轮之间的传动轴又称为驱动轴。在工作时，差速器与转向驱动轮之间的距离会发生变化，在传动装置中，一般靠内侧伸缩型等速万向节来适应这一变化。

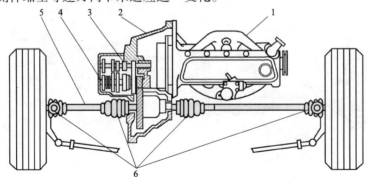

图 13-21　转向驱动桥的驱动轴形式
1-发动机；2-变速驱动桥；3-输入轴；4-输出轴；5-驱动轴（半轴）；6-等速万向节

二、中间支承

传动轴分段时须加中间支承。中间支承安装在车架横梁上，能补偿传动轴轴向和角度方向的安装误差，以及车辆时因发动机窜动或车架等变形所引起的位移。

中间支承常用弹性元件来满足上述要求，它主要由轴承、带油封的盖、支架、弹性元件所组成（图 13-22）。

东风系列汽车的中间传动轴采用蜂窝软垫式中间支承（图 13-23）与车架相连接。轴承 3 可在轴承座 2 内滑动。由于蜂窝形橡胶垫 5 的弹性作用，能适应上述安装误差和行驶中出现的位移。此外，还可吸收振动并减少噪声传导。蜂窝软垫式结构简单，效果良好，应用较广泛。

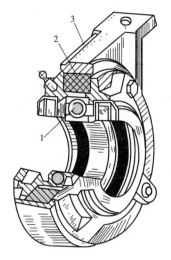 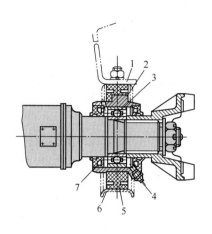

图 13-22 中间支承轴承
1-滚珠轴承；2-橡胶缓冲垫；3-支承座

图 13-23 东风 EQ1090E 型汽车传动轴中间支承
1-车架横梁；2-轴承座；3-轴承；4-注油嘴；5-蜂窝形橡胶垫；6-U 形支架；7-油封

有的汽车采用摆动式中间支承(图 13-24)，它可绕支承轴 3 摆动，改善了发动机轴向窜动时轴承的受力状况。橡胶衬套 2 和 5 能适应传动轴轴线在横向平面内少量的位置变化。

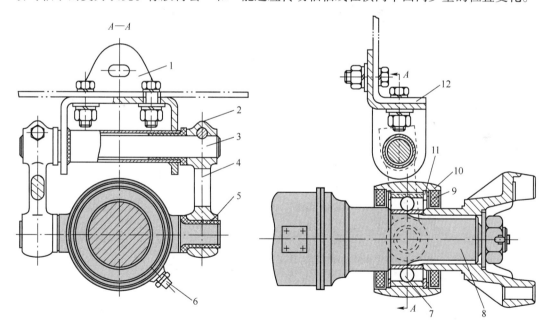

图 13-24 摆动式中间支承
1-支架；2、5-橡胶衬套；3-支承轴；4-摆臂；6-注油嘴；7-轴承；8-中间传动轴；9-油封；10-支承座；11-卡环；12-车架横梁

三轴越野汽车后桥传动装置的中间支承通常支承在中驱动桥上(图 13-25)，中间支承用两个 U 形螺栓紧固在中桥上，支承轴 13 两端各用一个锥形轴承支承于壳体 14 内，两油封座 15 与壳体间的垫片 9 可调整两锥形轴承的松紧度。两端万向节叉通过花键套在中间支承轴上，用螺母 5 紧固。

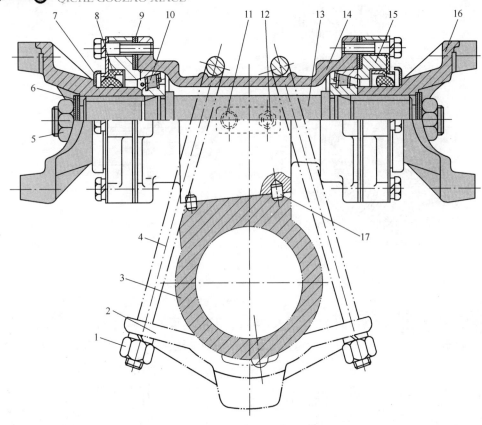

图 13-25　东风 EQ2080 型汽车传动轴中间支承

1-U 形螺栓紧固螺母；2-中间支承托板；3-中桥壳；4-U 形螺栓；5-万向节叉紧固螺母；6-垫片；7-防尘罩；8-油封；9-调整垫片；10-圆锥滚子轴承；11-通气塞；12-注油嘴；13-中间支承轴；14-中间支承壳体；15-油封座；16-万向节叉；17-定位销

第十四章 驱 动 桥

第一节 概 述

一、功用与组成

驱动桥的功用是:将万向传动装置传来的发动机转矩通过主减速器、差速器、半轴等传到驱动车轮,实现减速、增大转矩;通过主减速器圆锥齿轮副改变转矩的传递方向;通过差速器实现两侧车轮差速作用,保证内、外侧车轮以不同转速转向。

驱动桥由主减速器、差速器、半轴和驱动桥壳等组成(图14-1)。从变速器或分动器经万向传动装置输入驱动桥的转矩首先传到主减速器2,经差速器3分配给左右两半轴4,最后通过半轴外端的凸缘盘传至驱动车轮的轮毂5。驱动桥壳1由主减速器壳和半轴套管组成。轮毂5借助轴承支承在半轴套管上。

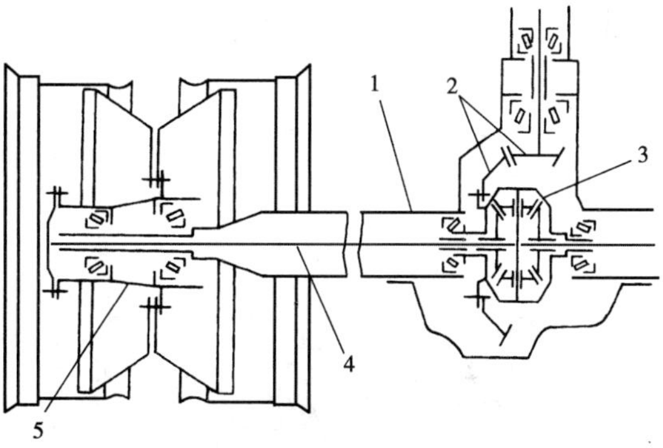

二、结构类型

图14-1 一般汽车驱动桥的结构示意图
1-驱动桥壳;2-主减速器;3-差速器;4-半轴;5-轮毂

驱动桥的类型有断开式驱动桥和非断开式驱动桥两种。断开式驱动桥又分为单铰接摆动和双铰接摆动式。

1. 非断开式

整个驱动桥通过弹性悬架与车架相连,桥壳是整体刚性结构(图14-1),两侧半轴和驱动轮在汽车横向平面内无相对运动,故称这种驱动桥为非断开式驱动桥,亦称为整体式驱动桥。

2. 断开式

为提高汽车行驶平顺性和通过性,有些轿车、越野车的全部或部分驱动轮采用独立悬架,两侧驱动轮分别用弹性悬架与车架相连,两轮可彼此独立地相对于车架或车身上下跳动。主减速器壳固定在车架或车身上,驱动桥壳制成分段以铰链方式连接(有的省去半轴处的桥壳),两侧半轴也分段,再用万向节连接传动(图14-2)。

断开式驱动桥又分为单铰接摆动和双铰接摆动式,见图14-3a)、b)。

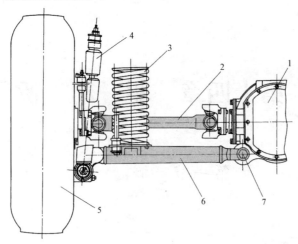

图 14-2 断开式驱动桥的构造
1-主减速器；2-半轴；3-弹性元件；4-减振器；5-车轮；6-摆臂；7-摆臂轴

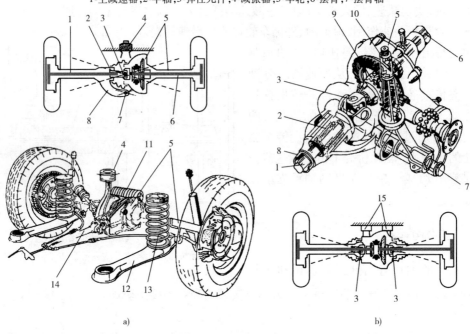

a) b)

图 14-3 摆动式驱动桥
a) 单铰接摆动桥；b) 双铰接摆动桥

1-摆动半轴；2-伸缩节；3-万向节；4-主减速器壳弹性固定架；5-半轴套管；6-刚性半轴；7-铰链；8-铰链臂；9-差速器；10-摆动半轴垂直支承；11-横向补偿弹簧；12-后延臂；13-悬架弹簧；14-传动轴；15-弹性支架

第二节 主减速器

主减速器的功用是减速增矩、改变传动方向。为满足不同的使用要求，主减速器的结构形式也是不同的。

按齿轮副数目分，有单级式主减速器和双级式主减速器。双级式主减速器中，若第二级减速齿轮有两副,一般制成独立的减速机构,布置在两侧车轮附近,称为轮边减速器。

按主减速器传动比挡数分,有单速式和双速式。前者的传动比是固定的,后者有两个传动比供驾驶员选择,以适应不同行驶条件的需要。

按齿轮副结构形式分,有圆柱齿轮式(又可分为轴线固定式和轴线旋转式即行星齿轮式)、圆锥齿轮式和准双曲面齿轮式。

一、单级主减速器

目前,轿车和一般轻、中型货车采用单级主减速器,即可满足汽车动力性要求。它具有结构简单、体积小、重量轻和传动效率高等优点。

1. 主减速器的基本构造

如图 14-4 所示的单级主减速器,是由一对双曲面齿轮 18、7 及支承装置组成。主动准双曲面锥齿轮 18 有 6 个齿,从动锥齿轮 7 有 38 个齿,故主传动比 $i_0 = 38/6 = 6.33$。

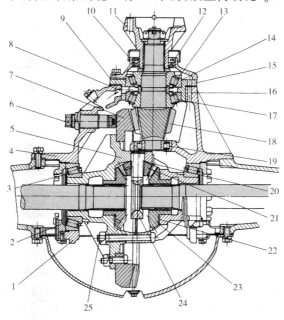

图 14-4 东风 EQ1090E 型汽车单级主减速器及差速器

1-差速器轴承盖;2-轴承调整螺母;3、13、17-圆锥滚子轴承;4-主减速器壳;5-差速器壳;6-支承螺柱;7-从动锥齿轮;8-进油道;9、14-调整垫片;10-防尘罩;11-叉形凸缘;12-油封;15-轴承座;16-回油道;18-主动锥齿轮;19-圆柱滚子轴承;20-行星齿轮垫片;21-行星齿轮;22-半轴齿轮推力垫片;23-半轴齿轮;24-行星齿轮轴(十字轴);25-螺栓

主动锥齿轮 18 和输入轴制成一体,通过三个轴承 19、17 和 13 支承在主减速器壳 4 上。轴承 19 紧套在主动锥齿轮的轴颈上,外圈松套在主减速器壳相应的孔内,且靠孔的右方弦形凸起轴向定位。轴承 17 紧套在轴上,轴承 13 松套在轴上,二者之间装有隔套和一组厚度不同的调整垫片 14,它们与叉形凸缘 11 及其前后垫片用螺母固装在主动齿轮上,支承在轴承座 15 内,轴承座用止口定位,通过螺栓固定在主减速器壳的前端面。接触面处装有调整垫片 9。轴承盖上装有油封 12,叉形凸缘上焊有防尘罩 10。

从动锥齿轮 7 通过螺栓固定在差速器壳 5 上,差速器壳两侧通过两个锥轴承 3 支承在主减速器壳上。两个轴承盖 1 不能互换,有装配记号。轴承 3 外侧装有调整螺母 2。从动锥齿轮啮合处的背面装有支承螺柱6。为使轴承13和17得到充分的润滑,壳体4侧面铸有进油道8,差速器壳转动时,将齿轮油飞溅到进油道中。润滑轴承的油又从轴承13的前方经壳体4下方的回油道16流回主减速器壳底部。在桥壳上方有通气孔,防止温度升高时壳体内的气压过高冲开油封而漏油。

万向传动装置传来的动力由叉形凸缘11经花键传给主动锥齿轮18、从动锥齿轮7,减速变向后,通过螺栓传给差速器壳5,由差速器传给两侧半轴驱动车轮旋转。

图14-5为东风EQ1090E型汽车驱动桥主减速器及差速器零件分解图。

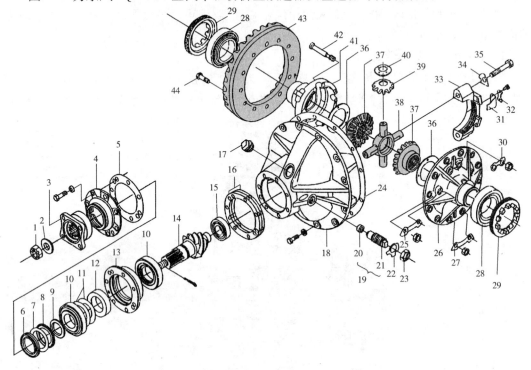

图14-5　东风EQ1090E型汽车驱动桥主减速器及差速器零件分解图

1—槽形扁螺母;2—垫圈;3—主动锥齿轮叉形凸缘;4—油封座;5—油封座衬垫;6—主动锥齿轮外油封;7—油封导向环;8—主动锥齿轮内油封;9—止推垫圈;10—主动锥齿轮前轴承;11—轴承调整垫片;12—隔套;13—前轴承座;14—主动锥齿轮;15—主动锥齿轮后轴承;16—主动锥齿轮调整垫片;17—螺塞;18—主减速器壳;19—从动锥齿轮支承套总成;20—支承套;21—支承螺柱;22—锁片;23—螺母;24—主减速器壳垫片;25—垫圈;26—差速器左壳;27、30—锁止垫片;28—差速器轴承;29—轴承调整螺母;31—轴承盖锁片;32—垫片;33—主减速器轴承盖;34—垫圈;35—螺栓;36—半轴齿轮垫片;37—半轴齿轮;38—行星齿轮轴(十字轴);39—行星齿轮;40—行星齿轮垫片;41—差速器右壳;42—差速器壳连接螺栓;43—从动锥齿轮;44—从动锥齿轮连接螺栓

2. 结构分析

1) 主动锥齿轮的支承形式

主动锥齿轮常见的支承形式有跨置式和悬臂式。

跨置式——主动锥齿轮前后方均有轴承支承(图14-6a),其支承刚度大。负荷较大的单级主减速器,多数采用这种形式。当前方两锥轴承出现间隙时,齿轮将会轴向窜动而导致齿面啮合印痕发生变化,但变化较小。

悬臂式——主动锥齿轮只在前方有支承,后方没有支承,其支承刚度较差。多用于负荷较小的汽车单级主减速器(图14-6b)。有些中、重型汽车的双级主减速器主动锥齿轮也采用这种支承形式。有的重型车主减速器主动锥齿轮采用三个轴承支承(图14-6c),以提高支承刚度。

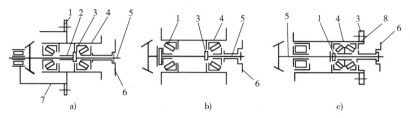

图14-6 主动锥齿轮的支承形式及调整装置
a)跨置式;b、c)悬臂式

1-主动锥齿轮啮合状况调整垫片;2-隔套;3-轴承预紧度调整垫片;4-主动锥齿轮轴承座;5-主动锥齿轮;6-凸缘叉;7-主减速器壳;8-油封盖

2)从动锥齿轮的止推装置

有的单级主减速器从动锥齿轮因负荷较大产生变形而破坏正常啮合,为此,常在从动锥齿轮啮合处的背面装有止推装置(参见图14-4的支承螺柱6),在小负荷时与齿轮背面留有一定间隙,当负荷超过一定值时,因从动锥齿轮及支承轴承的变形,抵在支承螺柱端面上,既限制了齿轮的变形量,又承受部分负荷,保护差速器侧轴承。止推装置与从动锥齿轮的间隙可以调整,一般为0.3~0.5mm。

3)锥齿轮的齿形

为减小驱动桥的外廓尺寸,目前主减速器中基本不用直齿圆锥齿轮。当选定车轮规格后,驱动桥中间部分在高度方向的尺寸H(图14-7),对上影响车身底板高度,对下决定了汽车最小离地间隙h。h太小,将使驱动桥易与路面凸起的障碍物碰撞,降低了汽车在坏路面上的通过能力。而驱动桥的尺寸H主要取决于主减速器从动锥齿轮直径的大小。在同样的主传动比i_0情况下,若主动锥齿轮齿数越多,相应的从动锥齿轮齿数也越多,直径也越大。因此,在保证所要求的传动比及足够的轮齿强度条件下,应尽可能减少主动齿轮的齿数,从而减小从动齿轮的直径,以保证足够的汽车最小

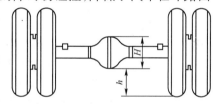

图14-7 驱动桥离地间隙

离地间隙。但每一种形式齿轮的最少齿数都有一定限制,齿数过少时在加工中要产生轮齿根部被切薄的现象(即"根切"),而大大降低了齿轮强度。实践和理论分析证明,螺旋锥齿轮不发生根切的最小齿数比直齿齿轮的最小齿数少,显然采用螺旋锥齿轮在同样传动比下主减速器结构就比较紧凑。此外,它还具有运转平稳、噪声较小等优点。

主、从动锥齿轮的齿形常用的有格里森圆弧齿螺旋锥齿轮、奥利康等高齿锥齿轮和双曲面齿轮。三种齿形横断面的齿廓在齿高方向上都是渐开线齿型,其宏观特征的主要区别是:圆弧齿螺旋锥齿轮与等高齿锥齿轮,其主、从动锥齿轮轴线都是相交的(图14-8a),二者不同的是沿齿长方向,前者由大端到小端齿高是逐渐缩小的,而后者在全齿长上齿高是相等的。双曲面齿轮的主要特征是主、从动锥齿轮轴线不相交,主动锥齿轮轴线低于(也有的高于)从动锥齿轮一个距离(图14-8b)。当主动锥齿轮轴线向下偏移时(图14-6),在保证一定离地间隙的情况下,可降低主动锥齿轮和传动轴的位置,因而使车身和整个重心降低,这有利于

提高汽车行驶稳定性。

近年来,准双曲面齿轮在广泛应用于轿车、轻型货车的基础上,并且越来越多地在中型、重型货车上得到采用。这是因为它与曲线齿锥齿轮相比,不仅齿轮的工作平稳性更好、轮齿的弯曲强度和接触强度更高,而且还具有主动齿轮的轴线可相对从动齿轮轴线偏移的特点。

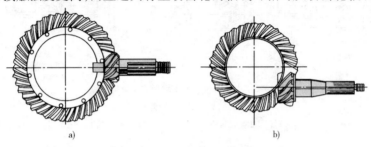

图 14-8 主减速器锥齿轮的比较
a) 曲线齿锥齿轮传动,轴线相交;b) 准双曲面齿轮传动,轴线偏移

准双曲面齿轮副布置上,分为上偏移和下偏移,如图 14-9 所示。上、下偏移是这样判定的:从大齿轮锥顶看,并把小齿轮置于右侧,如果小齿轮轴线位于大齿轮中心线之下为下偏移(图 14-9a、b),如果小齿轮轴线位于大齿轮中心线之上为上偏移(图 14-9c、d)。

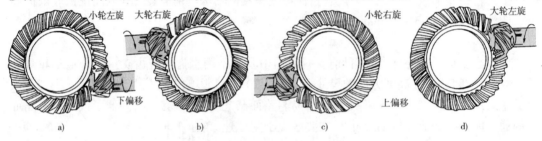

图 14-9 准双曲面齿轮的偏移与螺旋方向

但准双曲面齿轮工作时,齿面间有较大的相对滑动,且齿面间压力很大,齿面油膜易被破坏。为减少摩擦,提高效率,必须用含防刮伤添加剂的准双曲面齿轮油,绝不允许用普通齿轮油代替,否则将使齿面迅速擦伤和磨损,大大降低使用寿命。

二、双级主减速器

减速比比较大的主减速器,若用一对锥齿轮传动,从动锥齿轮直径就会太大,使汽车的最小离地间隙过小,通过性差,故常采用双级主减速器。

解放 CA1091 型汽车驱动桥即为双级主减速器,其构造如图 14-10 所示。

双级主减速器的第一级为锥齿轮传动,第二级为圆柱斜齿轮传动。第一级从动锥齿轮 16 加热后套在中间轴 14 的凸缘上并用铆钉铆紧。第二级主动圆柱齿轮与中间轴制成一体。中间轴两端通过锥形轴承支承在主减速器壳上,由于其右端靠近从动锥齿轮受力大,故该端的轴承大于左端的轴承。圆柱从动齿轮夹在两半差速器壳之间,用螺栓与差速器壳紧固在一起。

第一级主动锥齿轮轴承预紧度用轴肩前面调整垫片 8 调整;轴向位置用调整垫片 7 移动轴承座 10 来调整;中间轴轴承预紧度及从动锥齿轮的轴向位置利用轴两端轴承盖处的垫

片 6 和 13 调整;垫片厚度增减——调整预紧度;垫片等量地从一边调到另一边——调整从动锥齿轮的轴向位置。

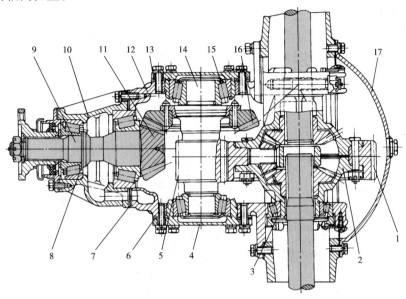

图 14-10 解放 CA1091 汽车双级主减速器及差速器剖面图
1-第二级从动齿轮;2-差速器壳;3-调整螺母;4、15-轴承盖;5-第二级主动齿轮;6、7、8、13-调整垫片;9-第一级主动锥齿轮轴;10-轴承座;11-第一级主动锥齿轮;12-主减速器壳;14-中间轴;16-第一级从动锥齿轮;17-后盖

双级主减速器主要有如下结构特点:

(1) 第一级为圆锥齿轮传动,第二级为圆柱斜齿轮传动,圆柱齿轮多采用斜齿或人字齿,传力平稳。人字齿轮传动消除了斜齿轮产生轴向力的缺点。

(2) 由于双级减速,减小了从动锥齿轮的尺寸,其背面一般不需要止推装置。

(3) 主动锥齿轮后方的空间小,常为悬臂式支承。

(4) 第一级的调整装置与单级主减速器类同。因有中间轴,故多了一套调整装置。但第二级圆柱齿轮的轴向移动只能调整齿的啮合长度,使啮合副互相对正,不能调整啮合印痕和间隙。

(5) 双级主减速器的减速比为两对齿轮副减速比的乘积。设第一级的减速比为 i_1、第二级的减速比为 i_2,则双级主减速器的总传动比 $i_0 = i_1 i_2$。例如:解放 CA1091 型汽车主减速器,$i_1 = \dfrac{25}{13} \times \dfrac{45}{15} = 5.77$,$i_2 = \dfrac{25}{12} \times \dfrac{45}{15} = 5.25$,$i_0 = \dfrac{25}{11} \times \dfrac{47}{14} = 7.63$。

三、双速主减速器

为充分提高汽车的动力性和经济性,有些重型汽车上,采用具有两种主减速比并可根据行驶条件来选择其挡位的双速主减速器。双速主减速器的大、小两种主减速比,是根据汽车的使用条件、发动机功率及变速器各挡传动比的大小选定的。

双速主减速器由两级齿轮减速构成,第一级减速都采用一对螺旋锥齿轮或双曲面齿轮,而根据第二级减速形式的不同,双速主减速器分为锥齿轮—行星齿轮式和锥齿轮—圆柱齿轮式两种。

图 14-11 为锥齿轮—行星齿轮式常见的结构形式,其结构示意图如图 14-12 所示。它由一对圆锥齿轮和一个行星齿轮机构组成。齿圈 8 和从动锥齿轮 7 连成一体,行星架 9 则与差速器 6 的壳体刚性地连接。动力由锥齿轮副经行星齿轮机构传给差速器,最后由半轴传输给驱动轮。在左半轴 2 上滑套着一个接合套 1。接合套上有短齿接合齿圈 A 和长齿接合齿圈 D(即太阳轮)。

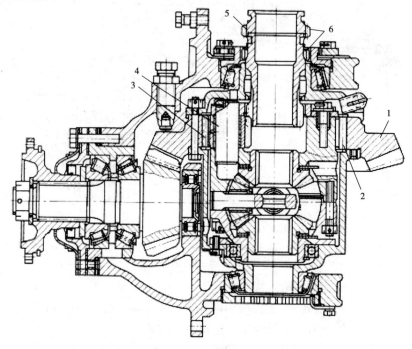

图 14-11　锥齿轮—行星齿轮式双速式主减速器
1-从动锥齿轮;2-齿圈;3-行星齿轮;4-行星齿轮轴;5-换挡用接合齿轮;6-挂低挡用接合齿

一般行驶条件下,用高速挡传动。此时,拨叉 3 将接合套 1 保持在左方位置(图 14-12a)。接合套短齿接合齿圈 A 与固定在主减速器壳上的接合齿圈 B 分离,而长齿接合齿圈 D 与行星齿轮 4 和行星架 9 的齿圈 C 同时啮合,从而使行星齿轮不能自转,行星齿轮机构不起减速作用。于是,差速器壳体与从动锥齿轮 7 以相同转速运转。显然,高速挡主传动比即为从动锥齿轮齿数与主动锥齿轮齿数之比 i_{01}。

当行驶条件要求有较大的牵引力时,驾驶员可通过气压或电动操纵系统转动拨叉 3,将接合套 1 推向右方(图 14-12b),使接合套的短齿接合齿圈 A 与齿圈 B 接合,接合套即与主减速器壳连成一体;其长齿接合齿圈 D 与行星架的内齿圈 C 分离,而仅与行星齿轮 4 啮合,于是,行星机构的太阳轮 D 被固定。与从动锥齿轮 7 连在一起的齿圈 8 是主动件,与差速器壳连在一起的行星架 9 则是从动件,行星齿轮机构起减速作用。整个主减速器的主传动比为圆锥齿轮副的传动比与行星齿轮机构传动比之乘积,即 $i_0 = i_{01} i_{02}$。

图 14-13 给出的是双速主减速器的另一种典型结构形式——锥齿轮—圆柱齿轮式双速主减速器。它由一对螺旋锥齿轮或双曲面齿轮与两对具有不同减速比的圆柱齿轮(通常为斜齿圆柱齿轮)及一个接合器所组成。主减速比的变换是通过操纵接合器选择不同的圆柱

齿轮副进行啮合来实现。

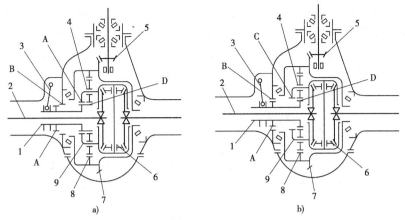

图 14-12 行星齿轮式双速式主减速器
a) 高速挡单级传动；b) 低速挡双级传动
1-接合套；2-半轴；3-拨叉；4-行星齿轮；5-主动锥齿轮；6-差速器；7-从动锥齿轮；8-齿圈；9-行星架

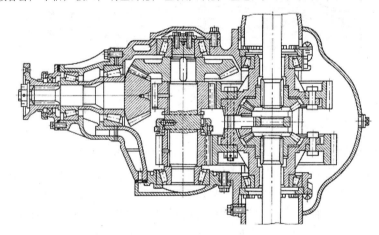

图 14-13 锥齿轮—圆柱齿轮式双速主减速器

这种锥齿轮—圆柱齿轮式双速主减速器变形为普通的双级主减速器也极为方便，只要更换主动圆柱齿轮轴，去掉一副圆柱齿轮即可。

四、贯通式驱动桥

有些多轴越野汽车，为使结构简化、部件通用性好以及便于形成系列产品，常采用贯通式驱动桥，如图 14-14 所示。后面（或前面）两驱动桥的传动轴是串联的，传动轴从距分动器较近的驱动桥中穿过，通往另一驱动桥。这种布置方案中的驱动桥，称为贯通式驱动桥。

1. 单级贯通式主减速器

单级贯通式主减速器一般多用于轻吨位多桥驱动的汽车上。根据减速齿轮形式的不同，单级贯

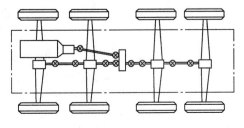

图 14-14 贯通式驱动桥示意图

通式主减速器有双曲面齿轮式和蜗轮式两种结构形式。

双曲面齿轮式单级贯通式主减速器,是利用了双曲面齿轮传动主动齿轮轴线相对于从动齿轮轴线的偏移,将一根贯通轴穿过中桥并通向后桥。但这种结构受主动齿轮最小齿数和偏移距大小的限制,多用于轻型汽车的贯通式驱动桥上。当用于大型汽车时,则需采取其他措施加大减速比,如增设轮边减速器、加大分动器的传动比等。

图 14-15 所示是配有轮边减速器的多桥驱动汽车的双曲面齿轮式单级贯通式主减速器的结构图。在该贯通式中桥主减速器的前面装有圆锥行星齿轮式轴间差速器。来自传动轴的动力经凸缘传给轴间差速器壳。轴间差速器壳与固定于其上的十字轴的旋转使行星齿轮产生围绕中心轮的公转,并带动两个中心轮旋转。其中,一个中心轮将其动力传给该中桥主减速器的主动齿轮;另一中心轮将其动力传给穿过主动齿轮中间通孔的贯通轴并再传给后桥。

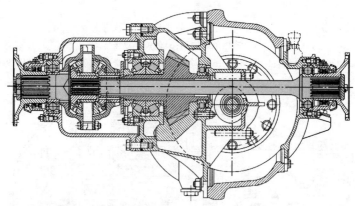

图 14-15 双曲面齿轮式单级贯通式主减速器(配有轮边减速器的贯通式中桥用)

蜗轮式单级贯通式主减速器,如图 14-16 所示。它是三轴、双层大型无轨电车的贯通式中桥主减速器,采用蜗杆下置式的布置方案,以降低车厢地板高度。在该结构中,蜗杆与蜗轮均支承在径向止推球轴承上。其后部为中、后桥的行星齿轮式轴间差速器。其主减速比为 9.7。蜗轮式适用于各种吨位多桥驱动汽车的贯通式驱动桥的布置。

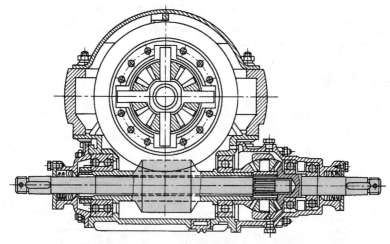

图 14-16 蜗轮传动的贯通式中桥主减速器(蜗杆下置式)

2. 双级贯通式主减速器

对于中、重型多桥驱动的汽车来说,由于主减速比较大,多采用双级贯通式主减速器。它是由一对圆柱齿轮和一对螺旋锥齿轮或双曲面齿轮组成。根据这两对齿轮组合时前后次序的不同,它又分为锥齿轮—圆柱齿轮式和圆柱齿轮—锥齿轮式两种结构形式。

图 14-17 所示为汽车的贯通式中桥,采用了锥齿轮—圆柱齿轮式双级贯通式主减速器,其中、后桥的轴间差速器为滑块凸轮式的高摩擦差速器。转矩由凸缘 1 传给轴间差速器的主动套 6,然后通过位于其上 8 个槽孔内的短滑块 7 和长滑块 8 分别给凸轮套 9 和凸轮 25,从而再分别输给中、后桥。上述锥齿轮—圆柱齿轮式双级贯通式主减速器的特点是:第一级减速齿轮为螺旋锥齿轮或双曲面齿轮,第二级为斜齿圆柱齿轮,由于这两级减速的减速比都大于 1,由它们的乘积可得到较大的总主减速比。

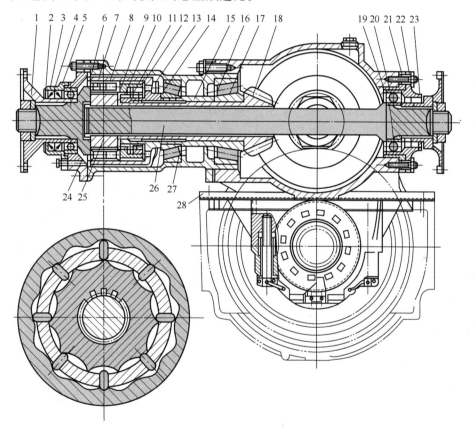

图 14-17　贯通式中桥的锥齿轮—圆柱齿轮式双级贯通式主减速器

1-凸缘;2-防尘罩;3-密封垫;4-油封;5-油封壳;6-主动套;7-短滑块;8-长滑块;9-凸轮套;10-螺母;11-垫圈;12、14、17、20-轴承;13-护罩;15-挡圈;16-调整垫圈;18-主动螺旋锥齿轮;19-轴承座;21-轴承盖;22-油封;23-防尘毡;24-盖;25-凸轮;26-贯通轴;27-轴间差速器壳;28-主减速器壳

图 14-18 为 6×6 越野汽车的贯通式中驱动桥的圆柱齿轮—锥齿轮式双级主减速器。第一级为斜齿圆柱齿轮传动(齿轮 8 和 1),传动比较小。主动齿轮 8 通过花键套在贯通轴 12 上,贯通轴穿过主减速器壳 11 通向后驱动桥。第二级为双曲面锥齿轮传动(齿轮 15 和 13),减速比较大。

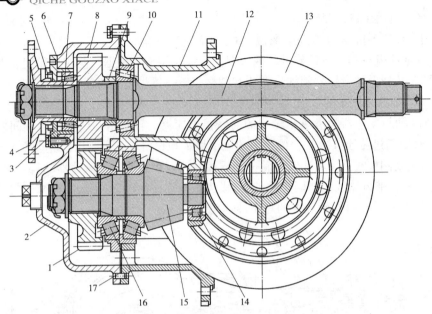

图 14-18 贯通式中驱动桥的圆柱齿轮—锥齿轮式双级主减速器
1-从动圆柱齿轮;2-主减速器盖;3-轴承座;4-传动凸缘盘;5-油封;6-调整垫片 7、10、16-锥轴承;8-主动圆柱齿轮;9-隔套;11-主减速器壳;12-贯通轴;13-从动准双曲面锥齿轮;14-圆锥滚子轴承;15-主动准双曲面锥齿轮;17-定位销

图 14-19 所示为斯太尔汽车贯通式驱动桥。它由主减速器 10、过渡箱齿轮 4、轴间差速器 3、轮间差速器 9、输入轴凸缘 1、输出轴 7、半轴 6 和 8 及桥壳等组成。动力从输入轴凸缘 1 输入,并通过轴间差速器 3 将动力分配给过渡箱齿轮 4 和输出轴 7。传给过渡箱齿轮 4 的动力再经主减速器 10、轮间差速器 9 传给两根半轴 6 和 8。其中,输出轴 7 又称为贯通轴,它将动力传给后面的驱动桥。此外,还装有轴间差速器锁 2 和轮间差速器锁 5。

3. 断开式驱动桥的贯通式驱动桥

图 14-20、图 14-21、图 14-22 分别为太脱拉重型汽车全轮驱动(6×6)断开式驱动桥的贯通式中桥和后桥的结构示意图、贯通式中桥的结构图、断开式驱动桥结构图。由图 14-20~图 14-22 可见,左、右半轴是由两对主减速齿轮分别驱动的,并且可绕着各自的主动锥齿轮做上下摆动。圆柱行星齿轮式轮间差速器不在主减速器壳体

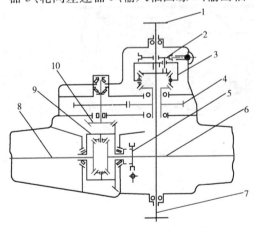

图 14-19 斯太尔汽车贯通式驱动桥结构示意图
1-输入轴凸缘;2-轴间差速器锁;3-轴间差速器;4-过渡箱齿轮;5-轮间差速器锁 6、8-半轴;7-输出轴;9-轮间差速器;10-主减速器

内。中桥的轮间差速器在其主减速器之前;而后桥的差速器在其主减速器之后。这两个差速器的差速锁可通过统一的操纵系统在驾驶室内进行操纵。该车无轴间差速器。由图 14-21 可见,中桥经管梁 2 与前面的副变速器壳相连;经壳体 1 与后面的后桥主减速器壳相接。主传动轴 3 与差速器壳 5 经齿套 4 连接。中、后桥间的中间传动轴 9 用花键与中、后桥差速器壳连接。空心轴 8 的后端经键与右半轴的主动锥齿轮连到一起,而空心轴的前端则装着差速

太阳轮6。差速器的另一个太阳轮则通过接合齿7与左半轴的主动锥齿轮相连。太脱拉型摆动式半轴是全浮式的,它是用花键将轮毂连到一起,半轴外面有可随其摆动的套管。

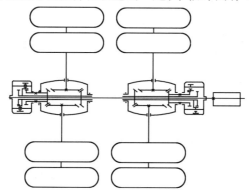

图 14-20　太脱拉重型汽车贯通式中、后驱动桥的结构示意图

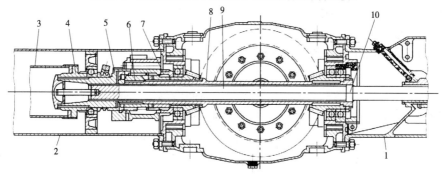

图 14-21　太脱拉重型汽车贯通式中桥的结构图

1-中、后桥连接壳体;2-中央管梁;3-主传动轴;4-齿套;5-差速器壳;6-太阳轮;7-接合齿;8-主动锥齿轮空心轴;9-中、后桥中间传动轴;10-中间传动轴凸肩

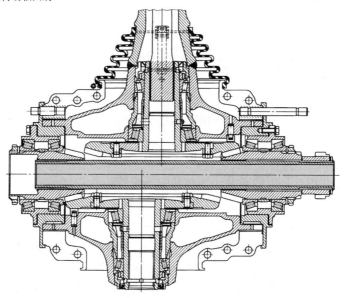

图 14-22　太脱拉重型汽车断开式驱动桥结构图

第三节 差 速 器

一、差速器的功用及分类

1. 差速器的功用

差速器的功用是当汽车转弯行驶或在不平路面上行驶时,使左右驱动车轮以不同的转速滚动,即保证两侧驱动车轮做纯滚动运动。

汽车行驶过程中,车轮对路面的相对运动有两个状态——滚动和滑动。其中,滑动又有滑转和滑移两种。

设车轮中心在车轮平面内相对路面的移动速度为 v,车轮旋转角速度为 ω,车轮滚动半径为 r。

若 $v=\omega r$,则车轮对路面的运动为滚动。

若 $\omega \neq 0$,但 $v=0$,则车轮的运动为滑转。

若 $v \neq 0$,但 $\omega=0$,则车轮的运动为滑移。

当汽车转弯行驶时(图14-23),内外两侧车轮中心在同一时间内移过的曲线距离显然不同,即外侧车轮移过的距离大于内侧车轮。若两侧车轮都固定在同一刚性转轴上,两轮角速度相等,则此时外轮必然是边滚动边滑移,内轮必然是边滚动边滑转。

汽车在不平路面上直线行驶时,两侧车轮移过的曲线距离也不相等,一侧车轮是边滚动边滑移,另一侧车轮则是边滚动边滑转。即使路面非常平直,但由于轮胎制造尺寸误差,磨损程度不同,承受的载荷不同或充气压力不等,各个轮胎的滚动半径实际上不可

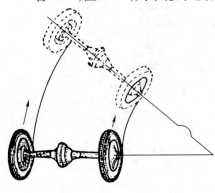

图14-23 驱动轮的运动轨迹示意图

能相等,因此,只要各轮角速度相等,车轮对路面的滑动就必然存在。

车轮在路面上的滑转和滑移不仅会加速轮胎磨损,增加动力消耗,而且会使转向和制动性能恶化。因此,为了使两侧驱动轮可用不同角速度旋转,以保证其纯滚动状态,就必须将两侧车轮的驱动轴断开(称为半轴),而由主减速器从动齿轮通过一个差速器来分别驱动两侧半轴和驱动轮。

2. 差速器的分类

(1)差速器按其用途分为轮间差速器和轴间差速器。

轮间差速器装在同一驱动桥两驱动轮之间,而轴间差速器装在各驱动桥之间(用于越野车)。

多轴驱动的汽车,各驱动桥间由传动轴相连。若各桥的驱动轮均以相同的角速度旋转,同样也会发生上述轮间无差速器时的类似现象。为此,可在两驱动桥之间装设轴间差速器。

(2)差速器按其工作特性,分为普通圆锥齿轮差速器和防滑差速器两大类。

普通圆锥齿轮差速器多用行星齿轮式。其工作性能特点之一是机构内部摩擦很小,因

而差速器通过两半轴输出的转矩之比基本上是定值。

当遇到左、右或前、后驱动轮与路面之间的附着条件相差较大的情况时,普通圆锥齿轮差速器将不能保证汽车得到足够的牵引力。此时,只是附着较差的驱动轮高速滑转而汽车却不能前进。防滑差速器可以在这种情况下将输入转矩更多地甚至全部分配到附着条件较好、滑转程度较小(角速度较低)的驱动轮,保证汽车继续行驶。

(3)齿轮式差速器有圆锥齿轮式差速器(图14-24a、b)和圆柱齿轮式差速器(图14-24c)两种。

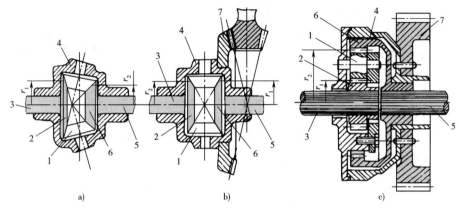

图14-24 齿轮式差速器
a)不对称式圆锥齿轮式差速器;b)对称式圆锥齿轮式差速器;c)圆柱齿轮式差速器
1-行星齿轮;2、6-半轴齿轮;3、5-半轴;4-差速器壳(行星架);7-动力输入齿轮

(4)按两侧的输出转矩是否相等,齿轮差速器有对称式(等转矩式)和不对称式(不等转矩式)两类。对称式(图14-24b)用作轮间差速器或由平衡悬架联系的两驱动桥(6×6或6×4汽车的中、后驱动桥)之间的轴间差速器。不对称式(图14-24a和图14-24c)用作前、后驱动桥之间(4×4汽车)或前驱动桥与中、后驱动桥之间(6×6汽车)的轴间差速器。

二、普通圆锥齿轮差速器的构造

目前,汽车上广泛应用的是对称式锥齿轮差速器,称为普通圆锥齿轮差速器或普通差速器。

普通差速器的结构,如图14-25所示。它主要由四个行星齿轮4、行星齿轮轴8、两个半轴齿轮3和差速器壳等组成。差速器壳由1、5两半组成,用螺栓紧固在一起。主减速器从动齿轮用铆钉或螺栓固定在差速器壳左半部1的凸缘上。装合时,行星齿轮轴8的四个轴颈装在两半差速器壳组成的十字形孔中,每个轴颈上松套着一个行星直锥齿轮4。两个半轴齿轮3与四个行星齿轮啮合。半轴齿轮用其轴颈支承在差速器壳相应的孔中,其内花键与半轴相连。行星齿轮的背面大都做成球面与差速器壳的凹球面配合,保证良好的对中性、与半轴齿轮啮合正确。行星齿轮、半轴齿轮背面与壳体相应的摩擦面间装有软钢、青铜或尼龙制的减磨垫片7和2。磨损后,可通过更换垫片来调整齿轮的啮合间隙。

差速器壳的十字形孔是在左、右壳装合后加工的。为防止装错,两半壳间有装配记号。

差速器是用主减速器壳内的齿轮油来润滑的,差速器壳上开有供润滑油进出的窗孔。行星齿轮的齿间钻有小孔,行星齿轮轴上铣有平面作为油道,保证其与行星齿轮间的润滑。

在行星齿轮垫片和半轴齿轮垫片上制有许多小凹坑(或铣有螺旋槽),以储存润滑油润滑齿轮背面。

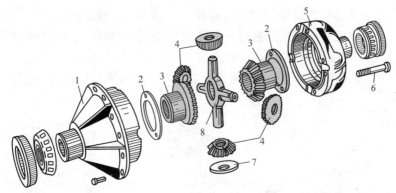

图14-25 普通差速器零件分解图

1、5-差速器壳;2-半轴齿轮垫片;3-半轴齿轮;4-行星齿轮;6-螺栓;7-行星齿轮垫片;8-行星齿轮轴(十字轴)

微型、轻型载货汽车和大部分轿车的车桥,因主减速器输出的转矩不大,可用两个行星齿轮,因而行星齿轮轴相应为一根直销轴,差速器壳也不必分成左、右两半,而是制成整体式的,其前、后两侧都开有大窗孔,以便拆装行星齿轮和半轴齿轮,如图14-26所示。两个行星锥齿轮13,通过弹性圆柱销12固定齿轮轴于差速器壳体中。两半轴齿轮和两个行星齿轮背面的垫片制成一整体球形耐磨垫片11。

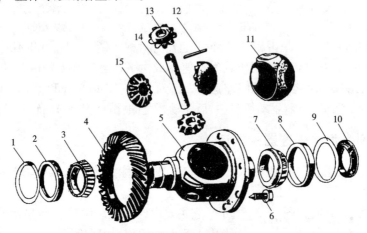

图14-26 轿车轮间差速器

1、9-左、右调整垫片;2、8-左、右轴承外座圈;3、7-左、右轴承架及内圈;4-从动锥齿轮;5-差速器壳;6-从动锥齿轮螺栓;10-车速里程表主动齿轮;11-球形耐磨垫片;12-弹性圆柱销;13-行星锥齿轮;14-行星齿轮轴;15-半轴锥齿轮

主减速器传来的动力经从动齿轮传至差速器壳、行星齿轮轴、行星齿轮、半轴齿轮,再经左、右两半轴传至驱动轮。根据左、右两驱动轮遇到阻力的情况不同,差速器使其等速传动,或不等速传动。

三、普通圆锥齿轮差速器的工作原理

1.差速器的运动特性

如图14-27所示,差速器壳3与行星齿轮轴5连成一体,形成行星架,因为它又与主减速

器从动齿轮 6 固连,故为主动件,设其角速度为 ω_0;半轴齿轮 1 和 2 为从动件,其角速度为 ω_1 和 ω_2。A、B 两点分别为行星齿轮 4 与半轴齿轮 1 和 2 的啮合点。行星齿轮的中心点为 C,A、B、C 三点到差速器旋转轴线的距离均为 r。

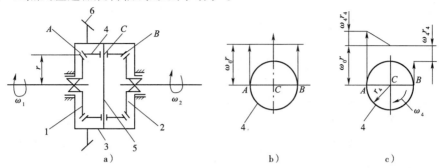

图 14-27　差速器差速原理

1、2-半轴齿轮;3-差速器壳;4-行星齿轮;5-行星齿轮轴;6-主减速器从动齿轮

差速器中的行星齿轮可能有三种运动情况:绕半轴中心公转、绕自身中心自转和既公转又自转。

1)汽车直线行驶(两侧驱动轮受到的路面阻力相同)时

当行星齿轮只是随同行星架绕半轴轴线公转时,显然,处在同一半径 r 上的 A、B、C 三点的圆周速度都相等(图 14-28b),其值为 $\omega_0 r$。于是有:

$$\omega_1 = \omega_2 = \omega_0$$

即差速器不起差速作用,而半轴角速度等于差速器壳 3 的角速度。

若角速度以每分钟转数 n 表示,则:

$$n_1 = n_2 = n_0,$$

可得:

$$n_1 + n_2 = 2n_0。$$

2)汽车转弯(两侧驱动轮受到的阻力不相等)时

当汽车转弯行驶时,假如在左、右驱动轮之间无差速器,或者差速器被完全锁住,则根据运动学的要求可知,行程长的外侧车轮将伴随有滑移,而行程短的内侧车轮将伴随有滑转。由此,导致在左、右驱动车轮的切线方向上各产生一附加阻力,且它们的作用方向相反,如图 14-28 所示。这时,当左、右驱动车轮之间装有差速器时,则附加阻力所形成的力矩使差速器起差速作用,以免内、外侧驱动车轮在地面上产生滑移和滑转,保证它们以符合运动学要求的不同转速 ω_1、ω_2 正常转动。显然,当差速器工作时,若其中各零件相对运动的摩擦力大时,则将其扭动的力矩就大。在普通的对称式圆锥行星齿轮差速器中这种摩擦力很小,故左、右车轮所走的路程稍有差异,差速器便开始工作。

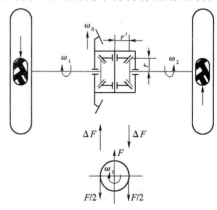

图 14-28　普通圆锥行星齿轮差速器的工作原理简图

以汽车右转弯为例,分析其运动特点。

当行星齿轮4除公转外(图14-27),还绕本身的轴5以角速度ω_4自转时(图14-27c),啮合点A的圆周速度为$\omega_1 r = \omega_0 r + \omega_4 r_4$,啮合点B的圆周速度为$\omega_2 r = \omega_0 r - \omega_4 r_4$。

于是

$$\omega_1 r + \omega_2 r = (\omega_0 r + \omega_4 r_4) + (\omega_0 r - \omega_4 r_4)$$

可得:

$$\omega_1 + \omega_2 = 2\omega_0$$
$$n_1 + n_2 = 2n_0$$

上式为两半轴齿轮直径相等的对称式锥齿轮差速器的运动特性方程式。它表明左、右两侧半轴齿轮的转速之和等于差速器壳转速的两倍,而与行星齿轮转速无关,此即为差速器的运动特性。因此,在汽车转弯行驶或其他行驶情况下,都可以借行星齿轮以相应转速自转,使两侧驱动车轮以不同转速在地面上滚动而无滑动。

可见,只要两侧驱动轮受到的行驶阻力不相等或两轮的滚动半径不等,差速器就存在差速作用。

2. 差速器的转矩特性

由主减速器传来的转矩M_0,经差速器壳、行星齿轮轴和行星齿轮传给半轴齿轮。行星齿轮相当于一个等臂杠杆,而两个半轴齿轮的半径也是相等的。因此,当行星齿轮没有自转时,总是将转矩M_0平均分配给左、右两半轴齿轮,即:

$$M_1 = M_2 = M_0/2$$

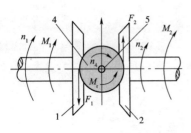

图14-29 差速器转矩的分配
1、2-半轴齿轮;3-差速器壳(图中未画出);4-行星齿轮;5-行星齿轮轴

当两半轴齿轮以不同转速朝相同方向转动时,设左半轴转速n_1大于右半轴转速n_2,则行星齿轮将按图14-29上实线箭头n_4的方向绕行星齿轮轴5自转,此时行星齿轮孔与行星齿轮轴轴颈间以及齿轮背部与差速器壳之间都产生摩擦。行星齿轮所受的摩擦力矩M_r方向与其转速n_4方向相反。此摩擦力矩使行星齿轮分别对左、右半轴齿轮附加了大小相等而方向相反的两个圆周力F_1和F_2。F_1使传到转得快的左半轴上的转矩M_1减小,而F_2却使传到转得慢的右半轴上的转矩M_2增加。因此,当左、右驱动车轮存在转速差时,两半轴的转矩为:

$$M_1 = \frac{1}{2}(M_0 - M_r)$$
$$M_2 = \frac{1}{2}(M_0 + M_r)$$

通常M_r很小,可略去不计,故可得:

$$M_1 = M_2 = \frac{M_0}{2}$$

上述表明,普通锥齿轮差速器无论何种工况,都具有转矩等量分配的特性(M特性)。

为了衡量差速器内摩擦力矩的大小及转矩分配特性,常以锁紧系数K表示。

$$K = \frac{M_2 - M_1}{M_0} = \frac{M_r}{M_0}$$

即将差速器内摩擦力矩 M_r 和其输入转矩 M_0(差速器壳体上的力矩)之比,定义为差速器锁紧系数 K。而 M_2/M_1 为两半轴的转矩比,以 K_b 表示,即 $K_b = M_2/M_1 = (1+K)/(1-K)$。目前广泛使用的对称式锥齿轮差速器内摩擦力矩小,锁紧系数 $K = 0.05 \sim 0.15$,转矩比 K_b 为 $1.1 \sim 1.4$。可以认为,无论左、右驱动轮转速是否相等,其转矩基本上总是平均分配的。这样的分配比例可以保证汽车在好路面上直线或转弯行驶。但当汽车在坏路面上行驶时,却严重影响了通过能力。

3. 普通差速器的特殊工作情况举例

(1)当把驱动桥架空,传动轴固定,转动一驱动轮,另一驱动轮必然反向等速转动。

(2)当一侧驱动轮打滑(或悬空)时,即使另一侧驱动轮在好路面上,汽车也不能行驶。

从差速器的 n 特性可知,若 $n_1 = 0$,则 $n_2 = 2n_0$;从差速器的 M 特性可知,$M_1 = M_2 = 0$。这是因为,在泥泞路面上车轮与路面之间附着力很小,路面只能对半轴作用很小的反作用转矩,虽然另一车轮与好路面间的附着力较大,但因对称式锥齿轮差速器平均分配转矩的特点,使这一个车轮分配到的转矩只能与传到滑转的驱动轮上的很小的转矩相等,以致总的牵引力不足以克服行驶阻力,汽车便不能前进。此时若加大节气门开度,在好路面上的驱动轮也原地不动,打滑(或悬空)的驱动轮将高速空转。差速器的行星齿轮等零件因高速旋转而产生摩擦热,易烧坏零件,所以在此情况下发动机高速运转时间不宜过长。

(3)当中央驻车制动器工作时,$n_0 = 0$,汽车会出现两种情况。

①若两轮附着力相同时,$n_1 = n_2 = 0$,因惯性作用,两轮的轮胎滑拖,直至停车。

②若两轮附着力不同时,$n_1 = -n_2$,差速器的行星齿轮自转,两侧驱动轮会出现横向侧滑现象。

四、限滑差速器

普通差速器不仅使汽车通过坏路面的能力受到限制,且高速转弯时,因内侧车轮附着力减小而产生滑转,这使得汽车动力不足,操纵性和稳定性也受到影响。为了提高汽车在坏路上的通过能力,可采用各种形式的限滑差速器(Limited slip differential,LSD)。其共同出发点都是在一个驱动轮滑转时,设法使大部分转矩甚至全部转矩传给不滑转的驱动轮,以充分利用这一驱动轮的附着力而产生足够的牵引力,使汽车能继续行驶。

限滑差速器常见的形式有强制锁止式齿轮差速器、高摩擦自锁差速器(包括摩擦片式、滑块凸轮式等)、牙嵌式自由轮差速器、托森差速器及黏性联轴(差速)器等。

1. 强制锁住式差速器

它是在普通差速器上加一差速锁。当一侧驱动轮滑转时,由驾驶员操纵差速锁,利用差速锁使差速器不起差速作用,相当于把两根半轴连成一体。

图14-30 为瑞典斯堪尼亚 LT110 型汽车上所用的强制锁住式差速器。差速锁由接合器及其操纵装置组成。端面上有接合齿的外、内接合器 9 和 10,分别用花键与半轴和差速器壳左端相连。前者可沿半轴轴向滑动,后者则以锁圈 8 固定其轴向位置。

该车采用电控气动方式操纵差速锁。当一侧车轮滑转时,可按下仪表板上的电钮,使电磁阀接通压缩空气管路,压缩空气便从管接头 3 进入工作缸 4,推动活塞 1 克服弹簧 7 带动外接合器 9 右移,使之与内接合器 10 接合。结果,左半轴 6 与差速器壳 11 成为刚性连接,差速器不起差速作用,即左、右两半轴被联锁成一体一起旋转。

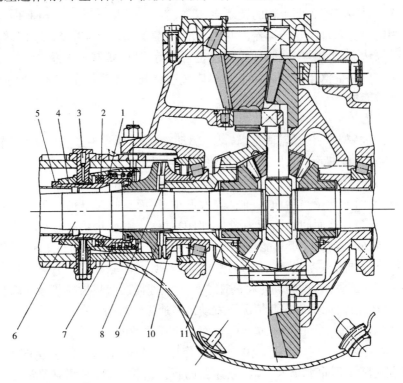

图 14-30　斯堪尼亚 LT110 汽车的强制锁住式差速器

1-活塞;2-活塞皮碗;3-气路管接头;4-工作缸;5-套管;6-半轴;7-压力弹簧;8-锁圈;9-外接合器;10-内接合器;11-差速器壳

2. 高摩擦自锁式差速器

1) 摩擦片式自锁差速器

在对称式锥齿轮差速器的基础上,半轴齿轮与差速器壳 1 之间装有摩擦片组 2,以增加差速器的内摩擦力矩,如图 14-31 所示。十字轴由两根互相垂直的行星齿轮轴组成,其端部均切出凸 V 形面 6,相应的差速器壳孔上也有凹 V 形面,两根行星齿轮轴的 V 形面反向安装。每个半轴齿轮的背面有推力压盘 3 和摩擦片组 2。摩擦片组 2 由薄钢片 7 和若干间隔排列的主动摩擦片(摩擦板)8 及从动摩擦片(摩擦盘)9 组成。推力压盘以内花键与半轴相连,而轴颈处用外花键与从动摩擦片连接,主动摩擦片(伸出两耳的摩擦板)则用两耳花键与差速器壳 1 的内键槽相配。

当汽车直线行驶时,转矩平均分配给两半轴。由于差速器壳通过斜面对行星齿轮轴两端压紧,斜面上产生的轴向力迫使两行星齿轮轴分别向左、右方向(向外)略微移动,通过行星齿轮使推力压盘压紧摩擦片。此时,转矩经两条路线传给半轴,一路经行星齿轮轴、行星齿轮和半轴齿轮,将大部分转矩传给半轴;另一路则由差速器壳经主、从动摩擦片,推力压盘传给半轴。

当汽车转弯或一侧车轮在路面上滑转时,行星齿轮自转,起差速作用,左、右半轴齿轮的转速不等。由于转速差的存在和轴向力的作用,主、从动摩擦片间在滑转同时产生摩擦力矩,其数值大小与差速器传递的转矩和摩擦片数量成正比,而其方向与快转半轴的旋向相反,与慢转半轴的旋向相同。较大数值的内摩擦力矩作用的结果,使慢转半轴传递的转矩明显增加。

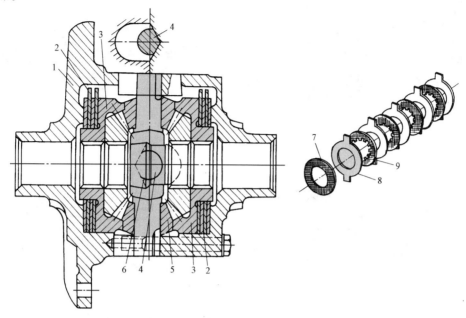

图 14-31　摩擦片式自锁差速器

1-差速器壳;2-主、从动摩擦片组;3-推力压盘;4-十字轴;5-行星齿轮;6-V 形面;7-薄钢片;8-主动摩擦片;9-从动摩擦片

摩擦片式差速器结构简单、工作平稳,常用于轿车和轻型汽车上。大众高尔夫(Golf)轿车即采用摩擦片式自锁差速器。

2)滑块凸轮式差速器

滑块凸轮式高摩擦差速器是一种应用比较广泛的防滑差速器。根据滑块安置方向的不同和安置排数的多少,滑块凸轮式差速器在结构上又可分为滑块沿径向安置的(即径向滑块式的)、沿轴向安置的(即轴向滑块式的)以及单排滑块式和双排滑块式的几种结构形式,如图 14-32 所示。其中,径向滑块式结构比轴向滑块式结构应用更为广泛,且多采用双排滑块式结构。

单排径向滑块凸轮式高摩擦差速器如图 14-32a)所示,其主动套(套环)与差速器左壳制成一体,其上沿圆周均匀分布着 8 个径向孔即滑块的座孔。滑块与座孔之间采用精度较高的滑动配合。滑块内端和以花键孔与左半轴的花键连接的凸轮的表面相接触,而其外端则和以花键孔与右半轴的花键连接的凸轮套的具有凸轮槽的内表面相接触。转矩由差速器壳经滑块传给凸轮和凸轮套,进而传给左、右半轴。

双排径向滑块凸轮式高摩擦差速器如图 14-32b)所示,其主动套与差速器左壳也是一体的,主动套上有两排沿圆周均匀分布且交错布置的 12 个径向孔即滑块座孔。滑块与座孔间也要采用精度较高的滑动配合。每排滑块的内、外端分别与凸轮、凸轮套的工作表面接触,而凸轮、凸轮套则以花键分别与左、右半轴相连。转矩由差速器左壳上的主动套经滑块传给凸轮及凸轮套,进而传给左、右半轴。在这种双排滑块的结构中,凸轮外表面上的凸轮块数和凸轮套内表面上的凸轮槽数是相等的。

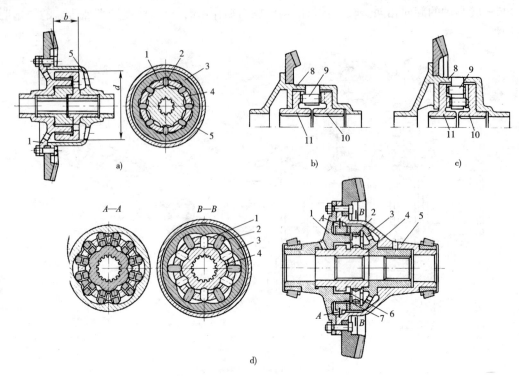

图14-32 滑块凸轮式高摩擦差速器

a)单排径向滑块式结构;b)双排径向滑块式结构;c)单排轴向滑块式结构;d)双排轴向滑块式结构

1-差速器左壳;2、9-滑块;3-凸轮套;4-凸轮;5-差速器右壳;6、7-卡环;8-差速器壳;10-右凸轮;11-左凸轮

当左、右半轴的角速度相等时,滑块相对于主动套及凸轮、凸轮套的工作表面不动并带动凸轮与凸轮套一起旋转。当汽车转弯或一侧车轮滑转时,左、右驱动车轮有转速差,滑块凸轮式差速器起差速作用。例如,当左、右驱动车轮的转速 ω_1、ω_2 不等且 $\omega_1 > \omega_0 > \omega_2$ 时,由于快转轮一侧凸轮表面的角速度 ω_1 比主动套的角速度 ω_0 转得快,而慢转轮一侧凸轮表面的角速度 $\omega_2 < \omega_0$,因此滑块将由慢转凸轮表面移向快转凸轮表面,并且滑块对快转凸轮表面的摩擦力所形成的摩擦力矩与 ω_1 的方向相反,而滑块对慢转凸轮表面的摩擦力所形成的摩擦力矩与 ω_2 的方向相同。因此,快转驱动车轮的转矩将减小,而慢转驱动车轮的转矩将增大。

3. 牙嵌式自由轮差速器

中、重型汽车常采用牙嵌式自由轮差速器,其结构如图14-33所示。差速器壳的左、右两半1和2与主减速器从动齿轮用螺栓连接。主动环3固定在两半壳体之间,随差速器壳体一起转动。主动环3的两个侧面制有沿圆周分布的许多倒梯形(角度很小)断面的径向传力齿。相应的左、右从动环4的内侧面也有相同的传力齿。制成倒梯形齿的目的,在于防止传递转矩过程中从动环与主动环自动脱开。弹簧5力图使主、从动环处于接合状态。花键毂7内、外均有花键,外花键与从动环4相连,内花键连接半轴。

当汽车的两侧车轮受到的阻力矩相等时,主动环3通过两侧传力齿带动左、右从动环4、花键毂7及半轴一起旋转,如图14-33d)所示。此时,由主减速器传给主动环的转矩,平均分配给左、右半轴。

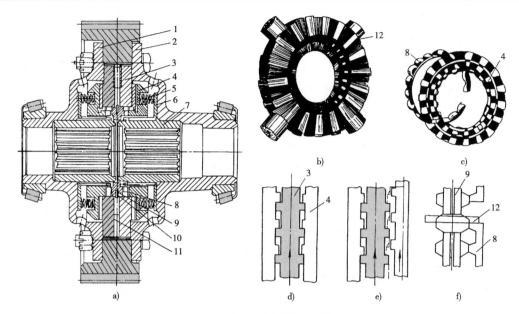

图 14-33 牙嵌式自由轮差速器

1、2—差速器壳;3—主动环;4—从动环;5—弹簧;6—垫圈;7—花键毂;8—消声环;9—中心环;10—卡环;11—中心环装配孔;12—伸长齿

汽车转弯行驶时,要求差速器能起差速作用。为此,在主动环 3 的孔内装有中心环 9,它可相对主动环自由转动,但受卡环 10 限制而不能轴向移动。中心环 9 的两侧有沿圆周分布的许多梯形断面的径向齿,分别与两从动环 4 内侧面内圈相应的梯形齿接合。设此时左转弯(图 14-33e),左驱动轮有慢转趋势,则左从动环和主动环的传力齿之间压得更紧,于是主动环带动左从动环、左半轴一起旋转,左轮被驱动;而右轮有快转的趋势,即右从动环有相对于主动环快转的趋势,于是在中心环和从动环内圈梯形齿斜面接触力的轴向分力作用下,从动环 4 压缩弹簧 5 而右移,使从动环上的传力齿同主动环上的传力齿不再接合,从而中断对右轮的转矩传递。同样,当一侧车轮悬空或进入泥泞、冰雪等路面时,主动环的转矩可全部分配给另一侧车轮。

但是,从动环梯形齿每经轴向力作用,沿齿斜面滑动与主动环分离后,在弹簧力作用下,又会与主动环重新接合。这种分离与接合不断重复出现,将引起传递动力的脉动、噪声和加重零件的磨损。为避免这种情况,在从动环的传力齿与梯形齿之间的凹槽中,还装有带梯形齿的消声环 8(图 14-33c)。消声环形似卡环,具有一定弹性,其缺口对着主动环上的伸长齿 12(图 14-33b)。在右驱动轮的转速高于主动环的情况下,消声环 8 与从动环 4 上的梯形齿一起在中心环梯形齿滑过,到齿顶彼此相对,且消声环缺口一边被主动环上的伸长齿挡住(图 14-34f)时,从动环便被消声环挤紧而保持在离主动环最远的位置,轴向往复运动不再发生。

当从动环转速下降到等于并开始低于主动环的转速时,从动环即在弹簧 5 的作用下又重新与主动环接合。

牙嵌式自由轮差速器能在必要时使汽车变成由单侧车轮驱动,明显提高了汽车的通过能力。此外,还具有工作可靠、使用寿命长等优点。其缺点是左、右车轮传递转矩时,时断时续,引起车轮传动装置中载荷的不均匀性和加剧轮胎磨损。

4. 托森差速器

托森（Torsen）差速器是利用蜗杆传动的不可逆性原理和齿面高摩擦条件，使差速器根据其内部差动转矩（差速器的内摩擦力矩）大小而自动锁死或松开，即在差速器内差动转矩较小时起差速作用，而过大时自动将差速器锁死，有效地提高了汽车的通过性。它作为一种新型差速机构，在四轮驱动轿车上得到日益广泛的使用。

奥迪 80 和奥迪 90（Audi Quattro）常接合式四轮驱动轿车前、后轴间的差速器采用了这种新型的托森差速器（图 14-34）。发动机输出的转矩经输入轴 1 输入变速器，经相应挡位变速后，由输出轴（空心轴 6）输入到托森差速器 3 的外壳。经托森差速器的差速作用，一部分转矩通过差速器齿轮轴 8 传至前桥；另一部分转矩通过驱动轴凸缘盘 4 传至后桥，实现前、后轴同时驱动和前、后轴转矩的自动调节。

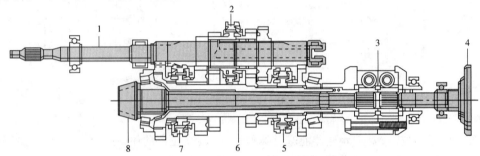

图 14-34　奥迪常接合式四轮驱动轿车变速器和托森差速器传动装置

1-输入轴；2-3、4 挡传动齿轮副；3-托森差速器；4-驱动轴凸缘盘传动齿轮副；5-5 挡和倒挡；6-空心轴；7-1、2 挡传动齿轮副；8-差速器齿轮轴

托森差速器的结构如图 14-35 所示。它由空心轴 2、差速器外壳 3、后轴蜗杆 5、前轴蜗杆 9、蜗轮轴 7（6 个）和直齿圆柱齿轮 6（12 个）、蜗轮 8（6 个）等组成。空心轴 2 和差速器外壳 3 通过花键相连而一同转动。每个蜗轮轴 7 上的中间有 1 个蜗轮 8 和两个尺寸相同的直齿圆柱齿轮 6。蜗轮 8 和直齿圆柱齿轮 6 通过蜗轮轴 7 安装在差速器外壳 3 上。其中，三个蜗轮与前轴蜗杆 9 啮合，另外三个蜗轮与后轴蜗杆 5 相啮合。与前、后蜗杆相啮合的蜗轮 8 彼此通过直齿圆柱齿轮相啮合，前轴蜗杆 9 和驱动前桥的差速器前齿轮轴 1 为一体，后轴蜗杆 5 和驱动后桥的差速器后齿轮轴 4 为一体。当汽车行驶时，来自发动机的动力通过空心轴 2 传至差速器外壳 3，差速器外壳 3 通过蜗轮轴 7 传到蜗轮 8，再传到蜗杆。前轴蜗杆 9 通过差速器前齿轮轴 1 将动力传至前桥，后轴蜗杆 5 通过差速器后齿轮轴 4 传至后桥，从而实现前、后驱动桥的驱动牵引作用。当汽车转向时，前、后驱动轴出现转速差，通过啮合的直齿圆柱齿轮相对转动，使一轴转速加快，另一轴转速下降，实现差速作用。托森差速器的工作过程如下：

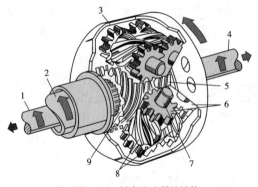

图 14-35　托森差速器的结构

1-差速器前齿轮轴；2-空心轴；3-差速器外壳；4-差速器后齿轮轴；5-后轴蜗杆；6-直齿圆柱齿轮；7-蜗轮轴；8-蜗轮；9-前轴蜗杆

（1）当 $n_1 = n_2$ 时，为汽车直线行驶状况（图

14-36a)。设差速器壳转速为 n_0,前、后轴蜗杆转速分别为 n_1、n_2。由于两蜗杆轴转速相等,故蜗轮与蜗杆之间无相对运动,两相啮合的直齿圆柱齿轮之间亦无相对传动,差速器壳与两蜗杆轴均绕蜗杆轴线同步转动,即 $n_1 = n_2 = n_0$。其转矩平均分配。设差速器壳接受转矩为 M_0,前、后蜗杆轴上相应的驱动转矩分别为 M_1、M_2,则有 $M_1 + M_2 = M_0$。

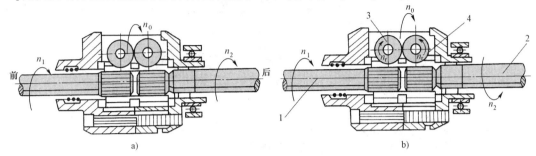

图 14-36 托森轴间差速器工作原理图
a)$n_1 = n_2$;b)$n_1 \neq n_2$
1-前轴蜗杆;2-后轴蜗杆;3-前蜗轮轴上的圆柱齿轮;4-后蜗轮轴上的圆柱齿轮

(2)当 $n_1 \neq n_2$ 时,汽车转向或某侧车轮陷于泥泞路面时,如图 14-36b)所示。假设差速器壳不动,即 $n_0 = 0$,又 $n_1 > n_2$,在 n_1 作用下,前轴蜗杆带动与其啮合的蜗轮转动,蜗轮两端的直齿圆柱齿轮 3 亦随之以转速 n_r 转动,同时带动与其啮合的直齿圆柱齿轮 4 以转速 n_r 反方向转动,齿轮 4 和后轴蜗轮一体,则后轴蜗轮应带动后轴蜗杆朝相反方向转动。显然,这是不可能的,因蜗杆传动副的传动逆效率极低。实际上,差速器壳一直在旋转,$n_0 \neq 0$,前、后轴蜗杆亦随之同向旋转。此时,两轴之间的转速差是通过一对相啮合的圆柱齿轮的相对转动来实现的。由上述分析可知,前轴蜗杆 1 使齿轮 3 转动,齿轮 4 随之被迫转动,并迫使后轴蜗轮带动后轴蜗杆转动,因其齿面之间存在很大的摩擦力,限制了齿轮 4 转速的增加,阻止了齿轮 3 及前轴蜗杆转速的增加。显然,只有当两轴转速差不大时才能差速。

(3)转矩分配原理。托森差速器是利用蜗杆传动副的高内摩擦力矩 M_r 进行转矩分配的。其原理如下:设前轴蜗杆 1 的转速大于后轴蜗杆 2(图 14-36b)的转速,即 $n_1 > n_2$,前轴蜗杆 1 将使前端蜗轮转动,蜗轮轴上的直齿圆柱齿轮 3 也将转动,带动与之啮合的后端直齿圆柱齿轮 4 同步转动,而与后端直齿圆柱齿轮同轴的蜗轮也将转动,则后端蜗轮带动后轴蜗杆 2 转动。蜗轮带动蜗杆的逆传动效率取决于蜗杆的螺旋角及传动副的摩擦条件。对于一定的差速器结构,其螺旋角是一定的,故此时传动主要由摩擦状况来决定。即取决于差速器的内摩擦力矩 M_r,而 M_r 又取决于两端输出轴的相对转速。当 n_1、n_2 转速差比较小时,后端蜗轮带动蜗杆的摩擦力亦较小,通过差速器直齿圆柱齿轮吸收两侧输出轴的转速差。当前轴蜗杆 n_1 较高时,蜗轮驱动蜗杆的摩擦力矩也较大,差速器将抑制该车轮的空转,将输入转矩 M_0 多分配到后端输出轴上,转矩分配为 $M_1 = M_0 - M_r$,$M_2 = M_0 + M_r$。当 $n_2 = 0$,前轴蜗杆空转时,由于后端蜗轮与蜗杆之间的内摩擦力矩 M_r 过高,使 M_0 全部分配到后轴蜗杆上。此时,相当于差速器锁死不起差速作用。

托森差速器广泛用于常接合式四轮驱动轿车的中央轴间差速器及后驱动桥的轮间差速器,如图 14-37 所示。但由于在转速转矩差较大时有自动锁止作用,通常不用作转向驱动桥的轮间差速器。

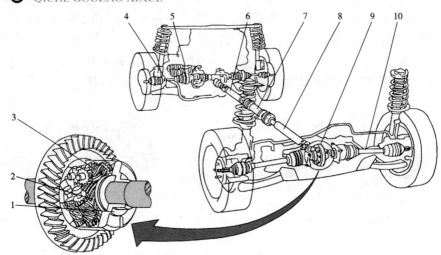

图 14-37 丰田 CelicaGt-Four 轿车托森轮间差速器

1-差速器壳;2-蜗轮蜗杆机构;3-蜗轮;4-前桥传动轴;5-变速器、差速器总成;6-前传动轴;7-中传动轴;8-后传动轴;9-后桥;10-后桥传动轴

5. 黏性联轴差速器

目前,有些四轮驱动的轿车上还采用了黏性联轴器(简称 VC)作为轴间差速器。如高尔夫·辛克罗(Golf Syncro)型轿车的前后驱动轴间,即采用了这种黏性联轴器。

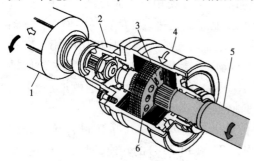

图 14-38 黏性联轴器结构

1-前传动轴;2-传力毂;3-内叶片;4-壳体;5-后传动轴;6-外叶片

1)黏性联轴器的结构和工作原理

黏性联轴器结构如图 14-38 所示,它由壳体 4、传动轴 1 和 5 及交替排列的内叶片 3(花键轴传力片)、外叶片 6(壳体传力片)及隔环构成。内叶片通过内花键与后传动轴 5 上的外花键连接,外叶片通过外花键与壳体 4 上的内花键连接,外叶片之间置有隔环,以限制外叶片的轴向移动。隔环厚度决定内、外叶片间的间隙。内、外叶片上还加工有孔和槽,以利硅油的流动。黏性联轴器的密封空间内,注满高黏度的硅油。前传动轴 1 通过螺栓与壳体 4 连接,并与外叶片一起组成主动部分,内叶片 3 与后传动轴 5 组成从动部分,主、从动部分靠硅油的黏性来传递转矩,从而实现前、后轴间的差速和转矩重新分配。

端盖压配合在外壳上,并用 O 形密封圈密封。内叶片的两端由滚子轴承支承,轴端用两个橡胶密封件密封。

当内外叶片有转速差并传递转矩时,黏性联轴器中的硅油温度上升,产生热膨胀,黏性联轴器内部压力升高。其最高温度可达 200℃,内压力可达 100kPa。为了解决由于热膨胀引起的内压力增高,在壳体内封入了 10%~20% 的空气。

黏性联轴(差速)器是利用油膜剪切传递动力的传动装置。也有一种不具备隔环的黏性联轴器,依靠壳体内温度升高、内压增大而迫使叶片轴向移动,以减小内、外叶片之间的间隙,也就是用改变油膜厚度来调节转矩。黏性联轴器传递的转矩与硅油密度、黏度、主从动轴转速差、内叶片数和半径等成正比,与内、外叶片间的间隙成反比。输入轴与输出轴的转速差越大,由输入轴传递到转速低的输出轴的转矩就越大。

2) 黏性联轴器的驼峰现象

黏性联轴器在正常工作时,因黏性联轴器外叶片固定在壳体上,内叶片可沿内轴上的花键滑动,由于两叶片间置有隔环,使内叶片和两侧外叶片之间都保留一定间隙。当一侧车轮空转打滑时,黏性联轴器在限制车轮空转过程中,吸收了发动机一部分能量使温度升高。如果限制空转时间过长,会使温度上升很高。黏性联轴器里占总体积80%~90%的硅油会随着温度快速上升,其体积不断膨胀,迫使黏性联轴器内的空气所占体积趋于零,壳体内压力急剧上升,推动内叶片沿花键滑动,使内叶片紧紧地压在外叶片上,利用内外叶片之间的金属摩擦,把黏性联轴器两端驱动轮直接连接成一体,即黏性联轴器锁死。此即为驼峰现象。驼峰现象发生后,因黏性联轴器传递的转矩骤增,可使车辆很容易脱离抛锚地。即驼峰现象在车轮打滑时刻,可使差速器自动锁死。

此外,驼峰现象也是黏性联轴器的自我保护现象。在温度急剧上升的过程中,黏性联轴器继续工作下去是很危险的,而就在此刻,自动地把黏性联轴器两端驱动轮连接到一起,同黏性联轴器成一体转动,停止了搅动硅油输出转矩的工作过程。因而它不再吸收能量,温度逐渐下降,直到充分冷却之后,驼峰现象才会消失,重新恢复依靠黏性阻力传递转矩的工作状态。

黏性联轴器的实质就是黏性联轴差速器,主要应用于前、后桥之间,做轴间差速器。由于其转矩传递柔和平稳,差速响应特性好,目前日本一些轿车厂家还把它推广应用到驱动桥的轮间差速机构中。前、后驱动桥内差速器的黏性联轴器也称限滑式差速器LSD,如图14-39所示。

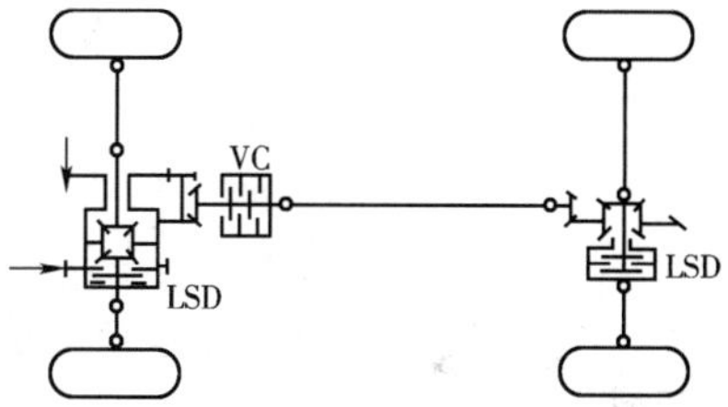

图14-39 黏性联轴器VC三联4WD传动简图

6. 主动控制式限滑差速器

在轿车和常接合式四轮驱动轿车和越野车上,采用了主动控制式限滑差速器,驾驶员可以进行主动控制。它主要有两种结构形式,一是电磁主动控制式、二是电液主动控制式,分别见图14-40和图14-41。

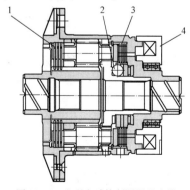

图14-40 电磁主动控制限滑差速器
1-主离合器;2-凸轮;3-副离合器;4-电磁铁

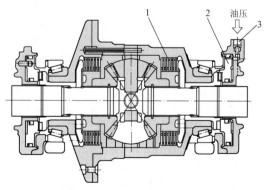

图14-41 电液主动控制限滑差速器
1-多片式主、从动摩擦片组;2-活塞;3-液压油路

电磁式 LSD 的限滑装置为常规多片摩擦式离合器,但压紧力是由电磁铁实现控制的。它可以依据工况需要,由驾驶员实现电路闭合,控制电磁力大小,改变限滑差速器内摩擦阻力矩,实现实时主动控制。

电液式 LSD 结构也为常规的多片摩擦式离合器结构。当主、从动片分开时,限滑差速器不起作用。当行驶工况需要限滑时,驾驶员控制电磁阀,使其电控液压阀打开,油压力通过活塞,使主、从动摩擦片相互接合,实现产生内摩擦力矩,且摩擦力矩随油压增大而增加。其限滑力矩的变化是由驾驶员主动控制油路实现的,从而实现实时主动控制。

第四节 半轴与桥壳

一、半轴

半轴在差速器与驱动轮之间传递较大的转矩,一般都是实心轴。半轴的内端一般用花键与半轴齿轮连接,外端与驱动轮的轮毂连接,如图 14-42 所示。现代汽车常用的半轴支承形式主要有全浮式和半浮式两种。

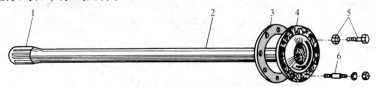

图 14-42 半轴
1-花键;2-扦部;3-垫圈;4-凸缘半轴;5-半轴起拔螺栓;6-半轴紧固螺栓

1. 全浮式半轴支承

全浮式半轴是指半轴除受转矩外,两端均不承受任何弯矩。所谓"浮"是指半轴不承受弯矩载荷。如图 14-43 所示,半轴内端花键与半轴齿轮的键孔配合,不承受弯矩。外端有凸缘盘,通过螺栓与轮毂 4 固定在一起,轮毂通过两锥轴承 5 支承于桥壳 1 上。这样,路面对轮胎的各种作用力反映到车桥上的情况是:除切向反力 X 作为该轮的牵引力传到半轴使半轴受转矩外,切向反力 X、垂直反力 Z、侧向反力 Y 以及由它们所产生的弯矩,都经两轴承 5 直接传到桥壳上,由桥壳承受。

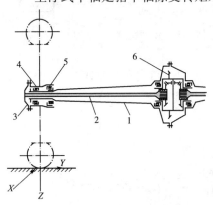

图 14-43 全浮式半轴支承示意图
1-桥壳;2-半轴;3-半轴凸缘;4-轮毂;5-轴承;6-主减速器从动锥齿轮

全浮式半轴支承广泛应用于各种类型的载货汽车上。图 14-44 所示为一中型货车的全浮式半轴支承外端与轮毂及桥壳的连接装配图。半轴 6 外端锻出凸缘,借助轮毂螺栓 7 和轮毂 9 连接。轮毂 9 通过两个相距较远的圆锥滚子轴承 8 和 10 支承在半轴套管 1 上。半轴套管与驱动桥壳 12 压配成一体。

全浮式支承的半轴易于拆装,只需拧下半轴凸缘上的螺钉,即可抽出半轴,而车轮与桥壳照常支持汽车。这种支承形式在汽车上的应用最为广泛。

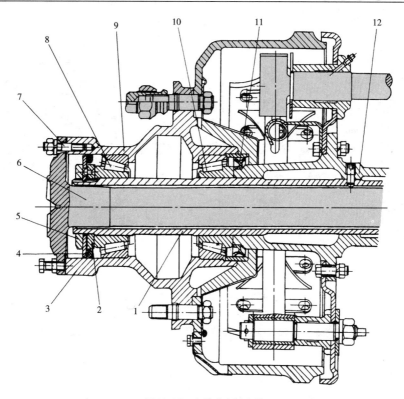

图 14-44 全浮式半轴支承

1-半轴套管;2-调整螺母;3-油封;4-锁紧垫圈;5-锁紧螺母;6-半轴;7-轮毂螺栓;8、10-锥轴承;9-轮毂;11-油封;12-桥壳

2. 半浮式半轴支承

半浮式半轴是指半轴内端不受弯矩,外端承受全部弯矩。如图 14-45 所示的半轴内端通过花键与半轴齿轮连接,不受弯矩。靠外端处与桥壳之间只用一盘轴承支承。车轮与桥壳无直接联系而支承于半轴外端,距支承轴承有一悬臂 b。可见,车轮的各种反力都经过半轴传给桥壳,使半轴不仅要传递转矩,而且外端要承受各种反力及其引起的各种弯矩。

图 14-46b)所示为轿车驱动桥的半浮式半轴支承。其半轴 2 内端的支承方法与上述相同,即半轴内端不受力及弯矩。半轴外端安装车轮的轮毂 8,用锁紧螺母 4 紧固。半轴 2 用圆锥滚子轴承 4 直接支承在桥壳 1 内。显然,此时作用在车轮上的各反力都必须经过半轴传给驱动桥壳。当半轴外端支承在一个圆锥滚子轴承上时(图14-46b),向外的轴向力由轴承承受,而向内作用的轴向

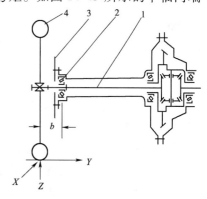

图 14-45 半浮式半轴支承示意图
1-半轴;2-锥轴承;3-轴承盖;4-车轮

力由两半轴之间的滑块(传力块)6 传给另一半轴的外端轴承。也有装用可以承受双向作用轴向力的向心推力球轴承(图 14-46a),但这种轴承的使用寿命较短。

半浮式支承结构紧凑,质量小,但半轴受力情况复杂且拆装不方便。多用于轿车以及微、轻型汽车上,因其负载较小且轮胎直径小,限制了全浮式支承的采用。

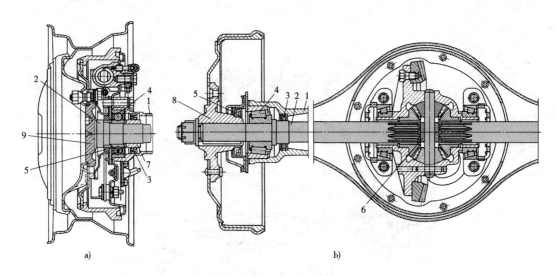

图 14-46 半浮式半轴的结构与安装
a）外端以凸缘与轮盘及制动鼓相固定；b）外端以圆锥面及键与轮毂相固定支承在一个圆锥滚子轴承上
1—桥壳；2—半轴；3、5—油封；4—轴承；6—滑块（传力块）；7—油封座环；8—轮毂；9—凸缘

二、桥壳

驱动桥壳的功用是支承并保护主减速器、差速器和半轴等，使左、右驱动车轮的轴向相对位置固定；与从动桥一起，支承车架及其上各总成的重量；汽车行驶时，承受由车轮传来的路面反作用力和力矩，并经悬架传给车架。

驱动桥壳应有足够的强度和刚度，并便于主减速器的拆装和调整。由于桥壳的尺寸和质量比较大，制造较困难，故其结构形式在满足使用要求的前提下，要尽可能便于制造。

驱动桥壳从结构上可分为整体式桥壳和分段式桥壳两类。

1. 整体式桥壳

图 14-47 为解放 CA1091 型汽车的整体式驱动桥壳。其中部为一环形空心的壳体 7，两端压入半轴套管 8，并用螺钉 2 止动。半轴套管露出部分安装轮毂轴承，端部制有螺纹，用于安装轮毂轴承调整螺母和锁紧螺母。凸缘盘 1 用来固定制动底板，桥壳 7 的端部加工有油封颈，用于和轮毂油封配合，以密封轮毂空腔，防止润滑脂外溢。主减速器、差速器先装入主减速器壳 3 内，再将主减速器壳以止口定位并用螺钉固定在前端面上。因主减速器壳前后端面、中间轴支承孔轴线、桥壳前端面与桥壳轴线都是互相平行的，且间距也都是一定的，故能保证主减速器、差速器和半轴之间的正确位置关系。桥壳后端面的大孔可用来检查主减速器的技术状况，平时用后盖 6 封住。后盖 6 上有螺塞 5，用以检查油面高度。

整体式桥壳因制造方法不同又有多种形式，常见的有整体铸造、钢板冲压焊接、中段铸造压入钢管（管式）等形式。整体铸造桥壳，如图 14-47 和图 14-48 所示。为增加强度和刚度，两端压入无缝钢管制成的半轴套管。

图 14-48 所示为东风 EQ1090 汽车的桥壳，也是整体铸造桥壳。半轴套管 1 压入后桥壳 2 中。桥壳上有通气塞，保证高温下的通气，保持润滑油质量和使用周期。这种整体铸造桥

壳刚度大、强度高、易铸成等强度梁形状,但质量大,铸造质量不易保证,适用于中、重型汽车,更多的用于重型汽车上。

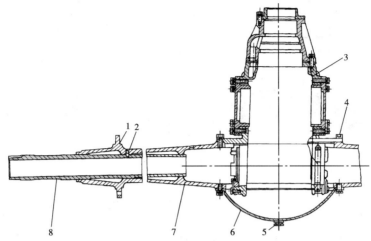

图 14-47 整体式驱动桥壳
1-凸缘盘;2-止动螺钉;3-主减速器壳;4-固定螺钉;5-螺塞;6-后盖;7-桥壳;8-半轴套管

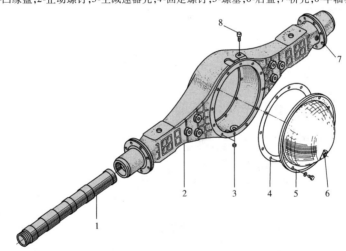

图 14-48 整体式驱动桥壳
1-半轴套管;2-后桥壳;3-放油孔;4-后桥壳垫片;5-后盖;6-油面孔;7-凸缘盘;8-通气塞

钢板冲压焊接式桥壳具有质量小、工艺简单、材料利用率高、抗冲击性好以及成本低等优点,并适于大量生产。目前,它在轻型货车和轿车上得到广泛采用。

图 14-49 所示为钢板冲压焊接驱动桥壳。它主要由冲压成形的上下两件桥壳主件 1 和 8、4 块三角镶块 2、前后两个加强环 5 和 6、一个后盖 7 以及两端两个半轴套管 4 组焊而成。为了防止桥壳内润滑油外溢,有的汽车在桥壳轴管处焊有挡油环或加装油封。

整体式桥壳的优点是强度、刚度较大,且检查、拆装和调整主减速器、差速器方便,不必把整个桥从汽车上

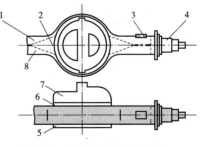

图 14-49 钢板冲压焊接驱动桥壳
1、8-壳体主体;2-三角形镶块;3-钢板弹簧托板;4-半轴套管;5、6-加强环;7-后盖

拆下来,因此适用于各类汽车。

2. 分段式桥壳

分段式桥壳一般分为两段,由螺栓1将两段连成一体(图14-50)。它由主减速器壳10、盖13,两个半轴套管4及凸缘盘8等组成。

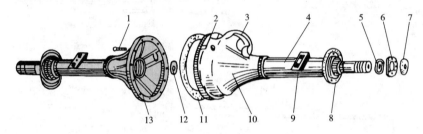

图14-50 分段式桥壳

1-螺栓;2-注油孔;3-主减速器壳颈部;4-半轴套管;5-调整螺母;6-止动垫片;7-锁紧螺母;8-凸缘盘;9-钢板弹簧座;10-主减速器壳;11-放油孔;12-垫片;13-油封

分段式桥壳比整体式桥壳易于铸造,加工简便,但维修维护不便。当拆检主减速器时,必须把整个驱动桥从汽车上拆卸下来,故目前已很少采用。

有的分段式桥壳各段之间可相对运动,采用独立悬架。

第五节 变速驱动桥

一、变速驱动桥的布置形式

驱动桥根据结构特点可分为整体式(非断开)驱动桥和断开式驱动桥两种。根据功能特点又可分为独立式驱动桥和变速驱动桥。

驱动桥的主减速器、差速器和桥壳、半轴等都安装在一个独立的驱动桥壳中,与其他动力总成相互独立存在,称为独立式驱动桥。如载货汽车驱动桥基本都为独立式驱动桥。而轿车上,绝大部分车型为发动机前置前桥驱动形式,此时,把变速器和驱动桥两个动力总成合为一体,布置在一个壳体内,变速器输出轴也就是主减速器的输入轴,此种桥称为变速驱动桥。变速驱动桥在轿车上得到了十分广泛的应用。

图14-51为带变速驱动桥的典型汽车动力传动系统,其动力从发动机1经变速器连体齿轮输入轴7、变速器第二轴6、主减速器主动齿轮3、从动齿轮5、差速器4传至左右驱动轴2。

变速驱动桥在汽车前后轴上有多种安装布置形式,如图14-52所示。

二、典型结构

目前,发动机前置前桥驱动的变速驱动桥得到了广泛应用。此时,发动机、变速器和差速器成为一体式传动,省去了传动轴,缩短了传动路线,提高了传动系效率。在这一体式传动中,驱动桥壳和变速器壳体合二为一,制成统一的整体,变速器、主减速器、差速器等均安置在同一壳体中,同时完成了变速、差速和驱动车轮的功能。变速驱动桥不仅使结构紧凑,也大大减小了传动系质量,有利于汽车底盘的轻量化。

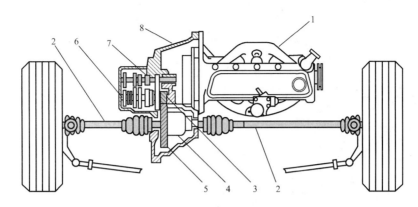

图 14-51 带变速驱动桥的典型动力传动系统
1-发动机;2-驱动轴;3-主减速器主动齿轮;4-差速器;5-齿圈;6-变速器第二轴;7-输入轴;8-变速驱动桥壳

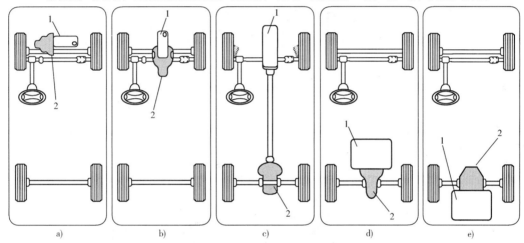

图 14-52 变速驱动桥的布置形式
a)发动机前横置前桥驱动的变速驱动桥;b)发动机前纵置前桥驱动的变速驱动桥;c)发动机前置后桥驱动的变速驱动桥;d)发动机中置后桥驱动的变速驱动桥;e)发动机后置后桥驱动的变速驱动桥
1-发动机;2-驱动桥

图 14-53 所示为发动机横置式轿车的变速驱动桥结构图。变速器壳体和驱动桥壳制成一体,变速驱动桥中的变速器一般为两轴式。变速器的第二轴(输出轴)上安装有主减速器的主动齿轮。其动力传动路线是:动力从发动机曲轴 4、飞轮 2 输入给第一轴,通过一定挡位的齿轮变速后,把动力传给第二轴,再经第二轴上的主减速器的主动齿轮传给主减速器的从动齿轮和差速器 7,差速器中的行星齿轮轴、行星齿轮、半轴齿轮及等角速万向节 6,最后经左、右输出轴 8 和 5 传给左、右驱动车轮。

为了结构紧凑,有些变速驱动桥在传递大动力时,还有第三根轴,用来分流第二轴的动力,通过斜齿轮将动力从第二轴传至第三轴。

对于发动机纵置的轿车变速驱动桥,飞轮旋转方向和车轮旋转方向呈 90°,主减速器需采用一对锥齿轮传动副,在减速、增大转矩的同时,改变动力传动方向,如图 14-54 所示为桑塔纳 2000 轿车的变速驱动桥结构图。

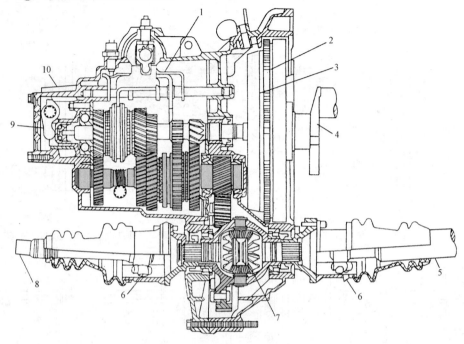

图 14-53 轿车变速驱动桥总成(发动机横置式)

1-齿轮变速杆;2-飞轮;3-离合器;4-发动机曲轴;5-右输出轴;6-等角速万向节;7-差速器;8-左输出轴;9-离合器分离联动装置;10-变速器

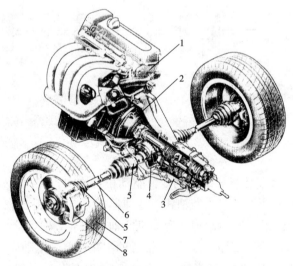

图 14-54 桑塔纳 2000GSi 轿车的变速驱动桥

1-发动机;2-离合器;3-变速器;4-主传动器与差速器;5-等速万向节;6-半轴;7-前驱动轮;8-盘式制动器(前轮)

第六节 轮边减速器

在重型载货车、越野汽车或大型客车上,要求有高的动力性,而车速可相对较低,因此其传动系的低挡总传动比都很大。当要求有较大的主传动比和较大的离地间隙时,往往将双级主减速器中的第二级减速齿轮机构制成同样的两套,分别安装在两侧驱动车轮的近旁,称为轮边减速器,而第一级即称为主减速器。

按齿轮及其布置形式,轮边减速器有行星齿轮式和普通圆柱齿轮式两种类型,它们各有不同的布置方案。

轮边减速器有外啮合圆柱齿轮式、内啮合齿轮齿圈式和行星齿轮式等多种形式。

一、行星齿轮式轮边减速器

行星齿轮式轮边减速器又有圆柱行星齿轮式轮边减速器和圆锥行星齿轮式轮边减速器两种。圆柱行星齿轮式轮边减速器的结构方案有三种,如图 14-55 所示。

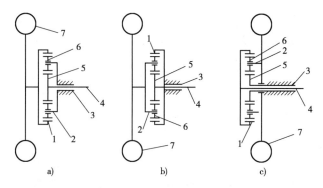

图 14-55 单排圆柱行星齿轮式轮边减速器的结构方案简图
a)太阳轮为主动件,齿圈为从动件,行星齿轮架为固定件;b)太阳轮为主动件,行星齿轮架为从动件,齿圈为固定件;c)齿圈为主动件,行星齿轮架为从动件,太阳轮为固定件
1-齿圈;2-行星齿轮架;3-桥壳;4-半轴;5-太阳轮;6-行星齿轮;7-驱动车轮

行星齿轮式轮边减速器由齿圈、行星齿轮、行星架和中心齿轮等组成(图 14-56b)。齿圈 1 与桥壳 3 连成整体。半轴 4 与半轴齿轮(中心轮)5 连成整体。半轴 4 传来的动力经太阳轮 5、行星齿轮 6、行星架 2 传给车轮。其传动比 $i_{02} = 1 + z_2/z_1$。其中,z_2 为齿圈齿数、z_1 为太阳轮齿数。

斯太尔汽车的前后驱动桥均为带轮边减速器的单级主减速器,其结构和示意图如图 14-56所示。它由齿圈 1、行星齿轮 2、太阳轮 3 和行星架 4 等组成。齿圈 1 固定在空心的半轴套管 7 上不能旋转,为固定元件。太阳轮 3 与半轴连接,随半轴一起旋转,为主动件。行星架 4 为从动件,轮毂 6 固定在行星架上。由半轴传来的动力经太阳轮 3、行星齿轮 2 和行星架 4 传给轮毂 6。其传动比为:

$$i_0 = 1 + \frac{齿圈齿数}{太阳轮齿数}$$

斯太尔汽车的轮边减速器传动比有多种,对应的主减速器传动比也有多种,故驱动桥可供选用的总传动比也相应的有多种,如 5.73、6.72、7.49、8.46、9.49 等。

由上述可知,采用轮边减速器使驱动桥中的主减速器尺寸减小,保证了足够的离地间隙;可得到比较大的主传动比;由于半轴在轮边减速器之前,所承受的转矩大为减小,因而半轴和差速器等零件尺寸可以减小。

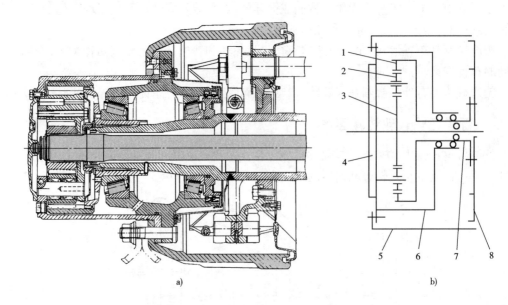

图 14-56 斯太尔汽车转向驱动桥的轮边减速器
a)结构图;b)结构示意图
1-齿圈;2-行星齿轮;3-太阳轮;4-行星架;5-制动鼓;6-轮毂;7-半轴套管;8-制动底板

除上述常见的单排圆柱行星齿轮式轮边减速器外。一些自卸汽车上采用了如图 14-57 所示的圆锥行星齿轮式轮边减速器与双级主减速器相配合。轮边减速器装于轮毂的外侧，它有两种轮边减速传动比。当换挡用的接合轮 1 位于图示位置时则轮边减速器位于低挡，当接合轮 1 被专门的操纵机构 2 移向外侧并与侧盖 4 的花键孔内齿相接合，使半轴直接驱动轮边减速器壳及轮毂时,则轮边减速器位于高挡。操纵机构 2 装在轮边减速器的侧盖上,它由手动螺杆、螺母及接合轮 1 相连的拨杆组成。轮边减速器壳沿着十字轴中心线分为 2 个半壳,组装后用定位销和螺柱与轮毂相连。十字轴上的 4 个行星齿轮与 2 个圆锥齿轮同时啮合,里边的 1 个圆柱齿轮以键及螺母紧固在半轴套管上不动,外边的 1 个圆锥齿轮 3 一端支承在球轴承上,另一端通过滑动轴承支承在全浮式的半轴上。轮毂的内端经 1 个圆柱滚子轴承支承在半轴套管上,外端由并排支承在圆锥齿轮轴颈上并经一对螺母做轴向定位的较大尺寸的球轴承和圆柱滚子轴承所支承。由半轴传给接合轮 1 的动力经花键传给圆锥齿轮 3 或侧盖 4,驱动车轮前进。

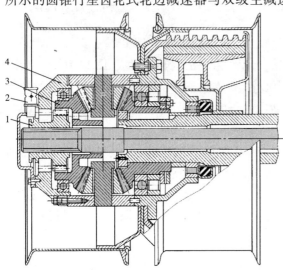

图 14-57 法国索玛 MTP 型和 MTPV 型自卸汽车的圆锥行星齿轮式轮边减速器
1-接合轮;2-操纵机构;3-外圆锥齿轮;4-侧盖

二、圆柱齿轮式轮边减速器

在大型客车上,还常采用由一对外啮合圆柱齿轮组成的轮边减速器(图14-58)。主动小齿轮与半轴相连,从动大齿轮与轮毂相连。当主动齿轮位于上方(图14-58a)时,可增大驱动桥离地间隙,以适应提高越野汽车通过性的需要;当主动齿轮位于下方(图14-58b)时,能降低驱动桥壳的离地高度,以利于降低客车地板的高度。但采用这种布置时,由于轴向和径向空间的限制,轮边减速器的传动比是有限的。

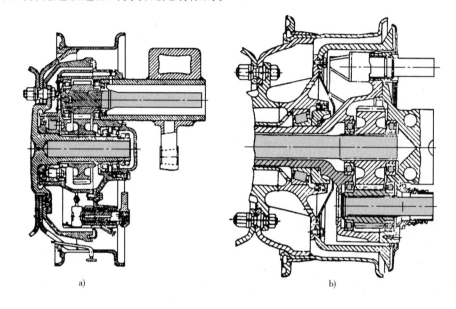

图14-58　圆柱齿轮式轮边减速器

第七节　四轮驱动系统

为了改善汽车在越野时或在泥泞、雪地中行驶时的驱动条件,同时改善在汽车转弯时的操纵性能,越野汽车可将四个车轮全部作为驱动轮。一些高性能的轿车也装备了四轮驱动来改进汽车的操纵性能。

四轮驱动系统又可分为非常接合式四轮驱动(4WD)和常接合式四轮驱动(AMD)。

非常接合式四轮驱动系统又称为传统的四轮驱动,为4×4轻型越野汽车所采用。其结构特点是利用分动器将由变速器传来的转矩分配给前、后驱动桥,根据路面情况也可以由驾驶员控制,手动地将分动器由低挡换入高挡而选择两轮驱动,如图14-59所示。而常接合式四轮驱动系统不使用分动器。驾驶员不能选择两轮或四轮驱动。发动机的动力通过轴间差速器、黏性离合器把动力同时送给前桥和后桥,永远以四轮驱动行驶。常接合式四轮驱动车型不适用于越野行驶,而是设计成在不良附着力情况下(如在有冰或雪的道路上)来改善汽车的性能。常接合式四轮驱动系统通过把大部分发动机动力传递到有最大附着力的驱动桥上,从而产生使汽车具有最大的驱动力。

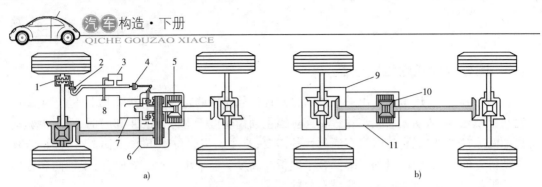

图 14-59 非常接合式四轮驱动和常接合式四轮驱动的比较
a) 非常接合式四轮驱动系统;b) 常接合式四轮驱动系统

1-前桥断开;2、4-真空马达;3-开关;5-带离合器组件的差速器;6-分动器;7、11-变速器;8-2WD 和 4WD 选择器;9-发动机;10-轴间差速器

一、非常接合式四轮驱动系统

典型非常接合式四轮驱动系统由前置发动机、变速器、前后传动轴、前后驱动桥及分动器等组成。分动器有一电子开关或操纵杆,用来由驾驶员选择控制分动器将动力传至四个车轮、两个车轮或不传递至任何一个车轮。为了改善汽车的驱动条件,许多分动器均设有高低挡。

大多数的非常接合式四轮驱动的越野汽车使用了前轮锁定毂。当两轮驱动时,它可以使前轮脱离接合,此时前轮作为自由轮转动,但整个前轴、前差速器、前减速器、前传动轴及分动器中的某些零件停止转动,减少了这些部件的磨损,降低了行驶阻力。当四轮驱动时,前轮必须锁定。

锁定毂是一种使轮毂脱离半轴外端啮合的离合器。当转动锁定毂至锁定位置时如图 14-60 所示,轮毂与半轴被锁定,从而一起转动。当锁定毂脱离锁定,半轴并不转动,车轮在毂的轴承上自由运转,而不带动差速器、前传动轴等发生转动。

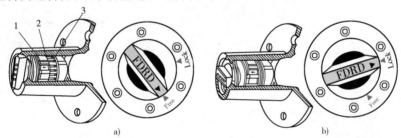

图 14-60 锁定毂的动作
1-内离合器环;2-压力弹簧;3-半轴套环;Lock-锁定;Free-自由

转动一个位于锁定毂中心的锁柄可锁定毂或使毂脱离锁定。这个控制手柄施加或释放在毂离合器上的弹簧张力。当毂处于锁定位置时,弹簧压力使离合器接合到与半轴相连的内毂。由于离合器连接到外毂,则离合器的接合将半轴与毂连接起来。在脱离锁定的位置,离合器不与内毂接合,车轮可以在轴承上自由旋转。

二、常接合式四轮驱动系统

现代汽车的四轮驱动是指 20 世纪 70 年代末出现的以在硬路面上行驶为主的常接合式四轮驱动。由于后者在各种路况下,尤其是潮湿路面和冬季路面均有较好的驱动能力,低挡加速性好,驱动力不受汽车轴荷分配改变的影响,在泥泞和雪地上的行驶稳定性较好,对侧风的敏感性小,各轮胎的磨损较均匀,尤其适于牵引等等,已成为发展方向。轿车采用四轮驱动,其布置方案如图14-65所示,虽使其结构复杂,质量增大(6%~10%),造价提高,油耗增加(5%~10%),通常最高车速也有所降低,但可大大地提高对各种路面及地面的适应性,提高行驶安全性及通过性。

典型的常接合式四轮驱动系统如图14-61所示,由发动机、变速器、轴间差速器、传动轴及前后驱动桥组成。

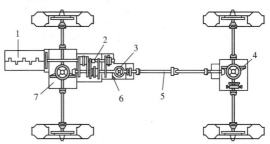

在常接合式四轮驱动系统中,驾驶员不能在两轮驱动或四轮驱动之间选择。这种系统始终是四个驱动车轮。常接合式四轮驱动车型不适用于越野行驶,而是设计成在不良附着力情况下(如在有冰或雪的道路上)来增加汽车的性能。常接合式四轮驱动系统通过把大部分发动机动力传递到有最大附着力的驱动桥上,从而产生最大的控制。

图14-61 典型的常接合式四轮驱动系统
1-发动机;2-五速手动变速器;3-轴间差速器;4-后桥总成;
5-传动轴;6-变速器第二轴;7-前桥总成

大多数常接合式四轮驱动设计采用一个轴间差速器来分流前、后桥之间的动力。在某些设计上,轴间差速器可自动锁定,或者由驾驶员用开关手动锁定。常接合式四轮驱动系统也可使用黏性离合器来使驱动桥的速度产生变化。

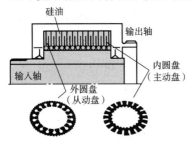

轴间差速器可以使前、后驱动桥之间产生速度差,防止因前、后轮速度不同而使轮胎产生跳跃或拖曳。对于四轮驱动的汽车,装有轴间差速器还可以防止分动器的损坏。

黏性离合器是由一个内装若干紧配合的薄圆钢盘、充满黏稠液体的圆筒而组成(图14-62)。典型的黏性离合器如图14-63所示,一组圆盘连于前车轮,另一组与后车轮连接。当一个桥明显要求更大转矩时,液体变热并立刻改变黏度。这种黏性变化在圆盘上发生反应,转矩根据驱动桥

图14-62 黏性离合器示意图

的实际需要被分流。

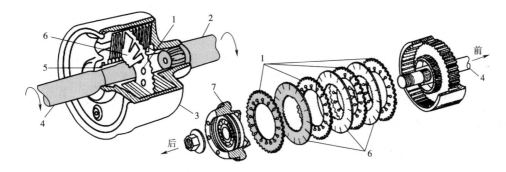

图14-63 典型的黏性离合器
1-外盘;2-输出轴;3-连接器壳;4-输入轴;5-毂;6-内盘;7-输出盘

黏性离合器也可以在前桥和(或)后桥差速器中用作防滑装置。当两轴在力的作用下旋转时,它们在两轴之间提供一个持久的力。与防滑差速器一样,当另一个车轮有较小驱动力时,黏性离合器把转矩传递到具有更大驱动力的主动车轮。常用黏性离合器来代替轴间差速器。一旦需要改进车轮驱动力时,黏性离合器便自动运行。

高性能的常接合式四轮驱动汽车在轴间和后差速器中使用一黏性离合器来改进处于高速的转弯和操纵性能。轴间差速器黏性离合器与开式前、后差速器的组合可改进汽车制动力的分配,并与反锁定制动系统相一致。

在典型的黏性离合器中,两轴中具有外花键的一根轴与黏性离合器壳的内花键接合,同时也与黏性离合器接合,另一轴在壳上旋转。内装的紧配合的薄圆盘为钢制,上面开有专门的槽。内盘有从外径边缘开的槽,外盘有从其内径边缘开的槽。盘的数目和尺寸依据设计取决于黏性离合器的转矩传送能力。

三、常接合式四轮驱动系统的电子控制

许多自动常接合式四轮驱动系统是由电子控制的,并以前轮驱动传动系为基础。后传动轴从变速驱动桥延伸至后驱动桥。为把动力传递到后部,使用了多盘离合器。这种离合器用作轴间差速器,并使得前、后驱动桥之间产生速度差。传感器监视前后驱动桥的速度、发动机速度以及发动机和动力传动系统上的负载。电子控制装置接收来自传感器的信号,并控制在负载循环(也称跳动循环)上运行的螺线管,从而控制接合分动器离合器的液流(图14-64)。负载螺线管的脉动非常迅速地循环开、关,这种循环产生一种受控制的分离状况。结果是,分动器离合器的运行有如一个轴间差速器,使得动力从95%前轮驱动和5%后轮驱动分流至50%前轮驱动和50%后轮驱动。这种动力分流发生得相当迅速,以致驾驶员意识不到驱动力的问题。

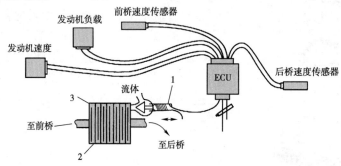

图14-64 由电子控制的常接合式四轮驱动系统的结构简图
1-负载螺线管;2-多盘离合器组件;3-轴间差速器;ECU-电子控制装置

按需求起动的四轮驱动系统仅在第一驱动桥开始分离之后才向第二驱动桥供给动力。常接合式四轮驱动系统电子控制装置亦称为变速器控制装置或TCU。

四、典型的四轮驱动系统

1. 组成

本田CRV汽车采用了液压自动控制的四轮驱动(4WD)机构。装有自动控制的4WD系

统汽车,其后差速器总成中,装备有液压离合器和液压控制机构。正常条件下,车辆由前轮驱动,当两前轮驱动力和路面条件不适应时(滑转),无须驾驶员操作,车辆从2WD自动变成为4WD。简化了操作,提高了汽车对道路状况的适应能力,改善了加速性和越野能力。

以本田CRV汽车为例进行说明,如图14-65所示。

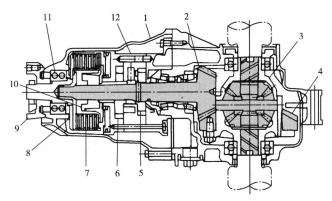

图14-65 后桥主减速器和差速器总成图

1-外壳;2-准双曲线主动锥齿轮;3-差速器;4-准双曲线被动齿轮;5-后油泵;6-前油泵;7-离合器片;8-离合器转鼓;9-凸缘盘;10-膜片式复位弹簧;11-轴承;12-油泵体

(1)在后桥主减速器和差速器总成中,增设了液压控制机构和离合器,不接合时为2WD驱动模式;接合后为4WD驱动模式。

(2)油泵体中有两个齿轮式油泵,前油泵由传动轴和转鼓驱动泵油(即前轮驱动);后油泵用后桥主减速器齿轮驱动(即后轮驱动),如图14-66所示。

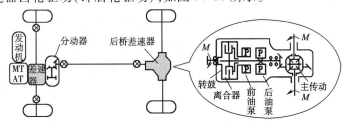

图14-66 本田CRV车的传动系统和油泵的驱动简图

(3)油泵体中有五个单向阀A、B、C、E、F,供前进和倒车(正转或反转)时,因控制油液流动方向相反,进油和排油阀门转换之用,如图14-67所示。

(4)油泵体中的油道分:控制油道和润滑油道两种类型,各设有节流孔、溢流阀、减压阀和温控开关,分别控制液压油的油压和流量,进行控制、润滑、冷却之用。

2. 工作原理

当前轮和后轮产生转速差时,前、后油泵之间也产生了转速差,泵油量也不同,来自前后油泵间的液压量差,使差速器离合器自动接合,驱动力即加在后轮上,变2WD为4WD或相反,这是驱动模式转换的基本原理。后油泵的容积比前油泵大2.5倍,用来平衡前、后车轮直径的差异引起的转速差造成的后果。又因为离合器控制活塞的复位弹簧的弹力,来保证不会出现"半联动状态"所造成的无谓磨损。

(1)起步加速时为四轮驱动模式,包括倒车起步加速。

此时,前轮转速快于后轮,前油泵转速快于后油泵转速,前油泵从单向阀 B 处吸油(倒车时则从 A 阀处吸油),排出的压力油液一部分被后油泵吸收,而多余的压力油液,经单向阀 E 进入离合器的控制腔,使离合器接合,成为四轮驱动模式。因油泵不停地泵油,离合器控制油压应保持在定值内,控制腔上设有节流量口,使油液及时回流到腔外,形成系统内部循环,并对离合器、轴承进行润滑和冷却,如图 14-67 所示。

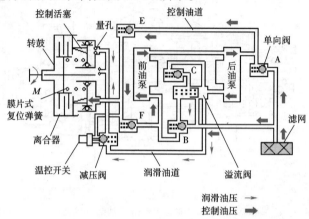

图 14-67　后桥差速器的液压控制系统

(2)匀速行驶时为两轮驱动模式,包括倒车匀速行驶。

此时,前后轮转速相同,故前后油泵的转速也相同,前油泵排出的压力油液,都被后油泵吸收,无多余液压输出,故离合器处于分离状态,为两轮驱动模式。

(3)温控开关和减压阀的作用:当汽车处于四轮驱动状态,长时间工作,液压油温升高到一定值时,温控开关将打开减压阀,使离合器的控制液压下降,由四轮驱动状态转换到两轮驱动状态,使油温下降。当油温下降后,减压阀又关闭,又自动恢复4WD模式。

第十五章　车　　架

车架是汽车装配的基体。汽车的绝大多数部件和总成都是以车架为基础件,固定在其相应位置,如发动机、传动系、悬架、转向系、驾驶室、货箱和有关操纵机构。车架的功用是支承和连接汽车的各总成或零部件,并承受汽车自身和外界的各种载荷。

现代乘用车、罐式挂车、厢式挂车和大型客车多数采用承载式车身或半承载式车身,车身同车架整体优化,完全取代或部分取代汽车车架,以提高车身的整体强度和材料的有效性,实现汽车的轻量化。

目前,汽车车架的结构形式有:边梁式、中梁式、平台式、综合式和承载式车身。其中,平台式车架适用于小型乘用车或载货汽车;中梁式车架适用于独立悬架的载货汽车或乘用车;边梁式车架广泛应用于载货汽车和客车。

第一节　边梁式车架

边梁式车架由两根纵梁和若干根横梁组成,参见图15-1。用铆接法或焊接法将纵梁与横梁连接成坚固的刚性构架。

纵梁通常用低合金钢板冲压而成,断面形状一般为槽形,也有的做成工字形或箱形断面。根据汽车形式不同和结构布置的要求,纵梁可以在水平面内(或纵向平面内)做成弯曲的、等断面或非等断面的。

横梁可以保证车架的扭转刚度和承受纵向载荷,还用来支承汽车的主要部件和总成。通常,载货汽车有5～6根横梁或者更多。边梁式车架的结构特点是便于安装驾驶室、车厢及一些特种装备和布置其他总成,有利于改装变型车和发展多品种汽车,因此被广泛用在载货汽车和大多数的特种汽车上。

图15-1a)为边梁式车架,它主要由两根纵梁和8根横梁铆接而成。纵梁6为槽形不等高断面梁,由于中部受到的弯曲力矩最大,故中部断面高度最大,由此向两端断面高度则逐渐减小。这样,可使应力分布较均匀,同时又减小了质量。

在左、右纵梁上各有多个装置用孔,用以安装转向器、钢板弹簧、燃油箱、储气筒、蓄电池等总成的支架。

横梁一般也用钢板冲压成槽形,为增强车架的抗扭强度,有时采用管形或箱形断面的横梁。前横梁常装配冷却水散热器、发动机的前悬置支座。横梁4制成下凹形,以便降低发动机位置,改善驾驶员的视野。在横梁7的上面装置驾驶室的后悬置横梁,在其下面装置传动轴中间轴承支架。由于传动轴安装位置的需要,横梁7做成拱形,其余横梁都做成简单的直槽形。后横梁12上装有拖带挂车用的拖钩部件13,因后横梁要承受拖钩传来的很大的作用力,故用角撑加强。

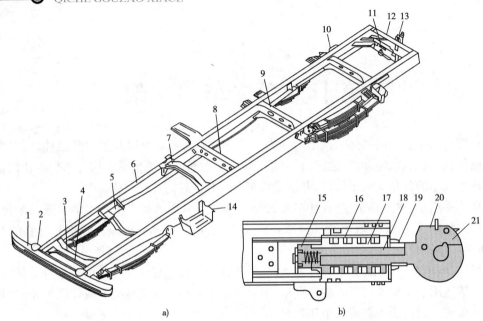

图 15-1 边梁式车架
a) 车架总成；b) 拖钩部件

1-保险杠；2-挂钩；3-前横梁；4-发动机前悬置横梁；5-发动机后悬置右（左）支架和横梁；6-纵梁；7-驾驶室后悬置横梁；8-第四横梁；9-后钢板弹簧前支架横梁；10-后钢板弹簧、后支架横梁；11-角撑横梁组件；12-后横梁；13-拖钩部件；14-蓄电池托架；15-螺母；16、18-衬套；17-弹簧；19-拖钩；20-锁块；21-锁扣

某些越野汽车在车架纵梁前端两侧装有加长梁，以便在加长梁前端安装绞盘装置和专用的保险杠。在未装有加长梁的纵梁上，其前端两侧备有一组冲孔，当需要加装绞盘等装置时，可以紧固左、右加长梁。

有些汽车车架为加强纵梁和横梁的连接，并使车架具有较大的刚度，而使用钢板制成的盖板焊在或铆在连接处。

在载货汽车车架的前端、乘用车车架的前后两端，有横梁式的缓冲件（称为保险杠），主要目的是为了防撞。当汽车在纵向突然受到障碍物的冲撞时，它可以保护车身、翼子板和散热器，使之不受损坏。对于乘用车来说，保险杠同时还起着装饰的作用。载货汽车车架前端还装有简单的挂钩2（图15-1a），以便在汽车发生故障或陷入道路表面以下时，可以用其他车辆拖出。

拖钩部件13安装在车架后横梁中部用来拖带挂车。拖钩部件构造，如图15-1b)所示。拖钩19的尾部支承在两个衬套16与18上。在两个衬套的凸缘间装有弹簧17，而在拖钩尾部的端部旋有螺母15，并用开口销锁住。弹簧17用来缓和所受到的冲击力，此冲击力可能是主车传到挂车，也可能是挂车传到主车。为保持挂车拖架的挂环与拖钩的可靠连接，拖钩具有可掀转的锁扣21，其上设有带弹簧的锁块20，用平头销及开口销把锁扣固定在闭合位置，此时平头销可穿过锁扣和锁块上相重合的小孔，防止两者脱开。

有的汽车车架采用了Z形断面纵梁，如图15-2所示。其优点是使车架前后等宽，保证安装在车架前部的发动机飞轮壳及装在壳上的起动机有足够空间。若采用一般的槽形断面纵梁，由于钢板弹簧布置的需要，那么它的车架需要做成前宽后窄，以保证安装体积偏大的发动机。采用前后车架等宽的结构形式,可以提高车架的使用寿命。前后不等宽的车架,在过渡区的冲压过程中会产生皱纹,易形成应力集中。采用 Z 形断面纵梁的缺点是纵梁和横梁连接时,须在纵梁上翼面上增加一块垫板,使在纵梁腹板上布置一些总成显得不够方便。

现代乘用车车架的设计应保证汽车有良好的整车性能。图 15-3 所示为丰田皇冠(Crown)乘用车车架和车身,图中黑体部分为车架。不难看出,该车架的中部较低,有利于降低汽车的重心,满足了高速乘用车行驶稳定性和乘坐舒适的要求;中部较宽,对提高被动安全有利。由于车架位置的降低,车架前端做得较窄,主要保证转向轮有较大的偏转角度。车架后端向上弯曲,保证了悬架变形时车轮的跳动空间。因此,乘用车的车架形状比较复杂,但有很好的使用性能。

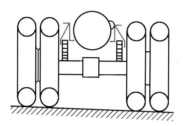

图 15-2 具有 Z 形断面纵梁车架的汽车(后视图)

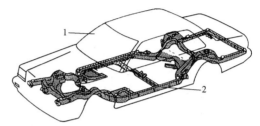

图 15-3 乘用车的车架(丰田皇冠)
1-车身;2-车架(黑体部分)

采用 X 形高断面的横梁,如图 15-4a)所示,可以提高车架的扭转刚度,特别是对于短而宽的车架,这个效果更为显著,故具有 X 形横梁的车架一般用于乘用车车架。如图 15-4b)所示,有的轿车车架纵梁呈 X 形分布,这种结构有利于底盘各总成的整体布置。

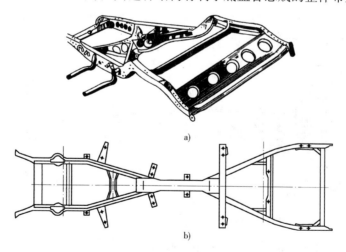

图 15-4 乘用车车架

如图 15-5 所示,某轻型客车的边梁式车架是由 2 根纵梁和 6 根横梁构成。纵梁是钢板冲压成槽形的不等高断面梁。横梁中第 1、3、4、5 横梁为管形断面横梁,第 2 横梁为槽形断面并焊有上下加强板和加强筋,减振器支架横梁为拱形,纵梁前端方有加强板,构成闭口(箱形)断面,横梁与纵梁采用铆接固定。

车架纵梁剖面形状,如图 15-6 所示。在工作应力较大的地方,常采用图 15-6b)、c)所示剖面形状来加强。在有些汽车车架局部加强时，可装上加强板，或在某处槽形断面内加嵌板件。

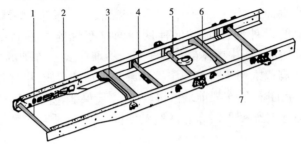

图 15-5 轻型客车边梁式车架
1、4、5、7-管形断面横梁；2-纵梁；3、6-槽形断面横梁

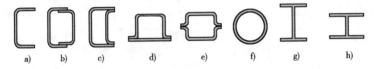

图 15-6 常用的车架纵梁剖面形状
a)槽形；b)叠槽形Ⅰ；c)叠槽形Ⅱ；d)礼帽箱形；e)对接箱形；f)管形；g)工字形；h)H形

第二节 中梁式车架

中梁式车架只有一根位于中央贯穿前后的纵梁，又称为脊骨式车架，如图 15-7 所示。中梁的断面可以制成管形或箱形。这种结构的车架有较大的扭转刚度，使车轮有较大的运动空间，因此被采用在某些乘用车和载货汽车上。

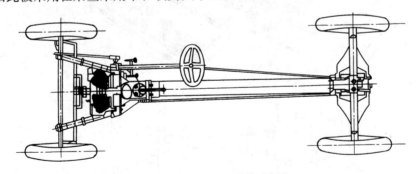

图 15-7 中梁式车架的结构示意图

图 15-7 所示为具有中梁式车架的乘用车底盘。中梁是管式的，传动轴安装在管内。主减速器壳通常固定在中梁的尾端，而形成断开式驱动桥。中梁前端做成伸出的支架，以固定发动机。

有些汽车采用中梁式车架，如图 15-8 所示。整体结构是由一根纵梁和若干根横梁组成的，其纵梁由前桥壳 2、前脊梁 4、分动器壳 7、中央脊梁 8、中桥壳 13、后桥壳 11 及中后桥之间的连接梁 9 所组成。上述各部分的连接均通过其凸缘用螺栓紧固而成一体。在前桥壳 2 的前端有横梁 1，用以支承发动机前部、驾驶室前部及转向器，同时用来安装前悬架的扭杆弹簧。横梁6用于支承驾驶室后部及货箱前部。在横梁6、14、10上安装连接货箱的副梁,在副梁上安装货箱(图上未示出),因此,横梁6、14、10承受货箱的重力。在连接梁9的两侧,装有横梁用来安装后悬架的钢板弹簧12。

中梁式车架的优点是:能使车轮有较大的运动空间,便于采用独立悬架,可提高汽车的越野性;与同吨位载货汽车相比,其车架较轻,减小了整车质量,重心较低,行驶稳定性好;车架的强度和刚度较大;脊梁还能起封闭传动轴的防尘套作用。但这种车架的制造工艺复杂,精度要求高,维护和修理不方便。

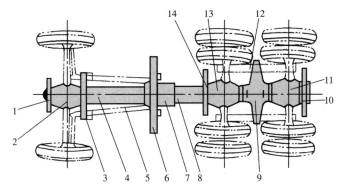

图15-8 汽车中梁式车架示意图

1-横梁(发动机前部托架);2-前桥壳;3-横梁(发动机后部及驾驶室前部托架);4-前脊梁;5-前悬架的扭杆弹簧;6-横梁(驾驶室后部及货箱副梁前部托架);7-分动器壳;8-中央脊梁;9-连接梁;10-横梁(连接货箱副梁的托架);11-后桥壳;12-后悬架的钢板弹簧;13-中桥壳;14-横梁(连接货箱副梁的托架)

第三节 平台式车架

有些汽车车身中的地板与车架组成一体形成一个平台,这样的车架叫平台式车架。如图15-9所示,车身通过螺栓连接在车架上,具有较高的刚度,由于平台的下部平坦,空气阻力小,汽车行驶平顺性较好,路况差时汽车颠簸也相对较小。

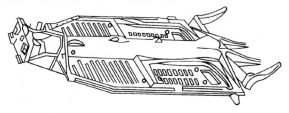

图15-9 平台式车架

图15-10所示的结构是挂车常用的平台式车架,又称直通式车架。由纵梁、横梁和边梁组成的平台式结构,纵梁常用钢板焊接而成的工字形结构,车架的横梁采用工字型钢或轻型槽钢,也可用钢板压制成槽钢。横梁通过纵梁腹板上的孔贯穿于两根主纵梁8之间,纵、横梁相交处不宜全焊,应使车架既有一定的强度,又有一定的弹性。车架上设有牵引销总成、悬架装置座板等。底板一般采用铁木结构。平台的两边有可拆卸的插柱2,平台后端装有安全警示标志杆4。

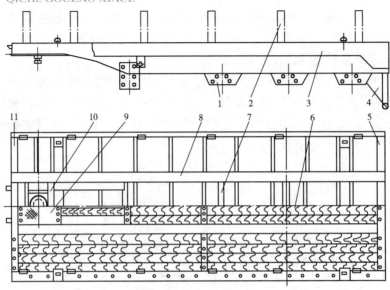

图15-10 直通式车架

1-悬架座板；2-插柱；3-边梁；4-后标志杆（安全警示标志杆）；5-后端梁；6-木底板；7-主横梁；8-纵梁；9-盖板；10-牵引横梁；11-前端梁

第四节 综合式车架

综合式车架也称为复合式车架，它有多种结构形式。图15-11所示的车架是边梁—中梁结合的结构。它同时具有中梁式车架和边梁式车架的特点。该车架的边梁用于安装发动机，两侧悬伸出来的支架可以固定车身。这种车架可以认为是中梁式车架的变形。

图15-12所示的车架被称为综合连杆型车架，该车架的特点是中部与前部、后部用连杆连接。由于四端用连杆连接，所以也称为四连杆车架。应用连杆连接，适应地面地形的条件较好，减小了冲击颠簸，所以乘坐的舒适性也较好，连杆型车架为乘用车所采用。

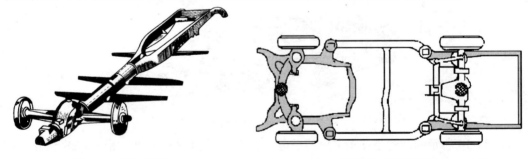

图15-11 综合式车架　　　　　图15-12 连杆形车架

近年来，车架结构形式也出现了多样化和复杂化。图15-13所示为桁架式车架。这种立体结构式车架主要用于竞赛汽车及特种汽车，由钢管组合焊接而成，兼有车架和车身的作用。

图15-14所示的车架是阶梯式结构，也是一种综合结构，这种车架主要用于客车。从整

体结构上看,该车架共分为前、中、后三部分:前部可满足操纵、备胎、前桥和空气悬架、储气筒的安装,空气悬架所需的纵向、横向稳定杆的安装及冷暖风道的安装。后部可满足后桥、空气悬架、传动系的安装,空气悬架所需的纵、横向稳定杆的安装及发动机所需附件的安装。前、后车架可自成体系。中部车架

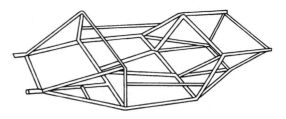

图15-13 桁架式车架结构

自己不成体系,由暖风风道将三根横梁连接起来,与地板骨架组成一个整体,用于安装空调机组、油箱、暖风、蓄电池及行李舱等。

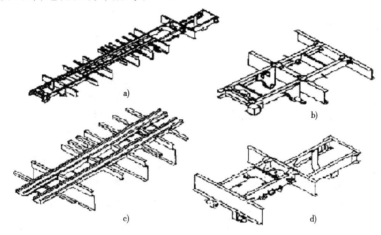

图15-14 阶梯式车架
a)车架整体结构;b)车架的前部结构;c)车架的中部结构;d)车架的后部结构

图15-15所示的结构是挂车常用的凹梁式车架,两根纵梁与若干根横梁、翼梁及两侧边梁组成车辆的框架。纵梁呈凹状,即"高—低—高"组合形式。该类车架采用凹梁式结构,可以降低承载平面高度,装卸大型货物方便,也有利于行驶安全。但由于货台平面只在车架的凹处,故车架一般比较长。

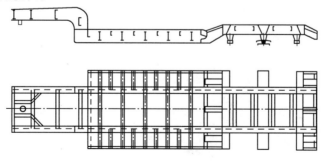

图15-15 凹梁式车架

157

第十六章 车桥和车轮

第一节 车 桥

一、车桥的作用与分类

汽车车桥通过悬架与车架(或承载式车身)相连接,其两端安装车轮,车桥传递车架与车轮之间的各种作用力及其所产生的弯矩和转矩。

按照悬架的结构形式,车桥可分为断开式车桥和非断开式车桥。断开式车桥为活动关节式结构,它与独立悬架配合使用;非断开式车桥的中部是刚性实心或空心梁,多配用非独立悬架。

根据车桥的功能,车桥可分为转向桥、驱动桥、转向驱动桥、支持桥、随动转向桥。其中,转向桥、支持桥和随动转向桥属于从动桥,一般汽车的前桥多为转向桥,后桥或中、后桥多为驱动桥,越野汽车或某些乘用车的前桥既是转向桥又是驱动桥,故称为转向驱动桥;有些单桥驱动的三轴汽车(6×2汽车)的中桥或后桥是支持桥。挂车上的车桥都是支持桥。随动转向桥的应用越来越多,有利于提高整车的转向性能。

二、转向桥构造

转向桥的功用是利用转向节使车轮偏转一定的角度以实现汽车转向,转向桥一般在汽车的前部,所以也把前桥称为转向桥。整体结构参见图16-1。

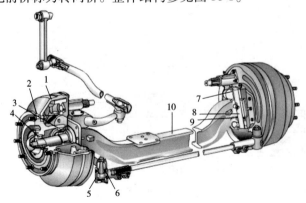

图16-1 常见的转向桥整体结构

1-制动鼓;2-前轮毂;3-前轮毂内轴承;4-前轮毂外轴承;5-转向横拉杆接头防尘套;6-转向横拉杆球头弹簧;7-转向节衬套;8-转向节主销;9-转向节主销推力轴承;10-前轴

如图16-2所示的载货汽车转向桥,它主要由前轴、转向节、主销和轮毂四部分组成。

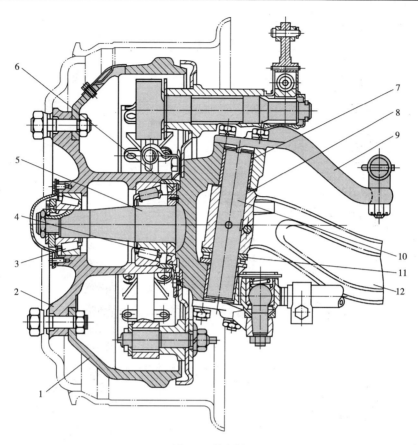

图 16-2 转向桥

1-制动鼓;2-轮毂;3、4-轮毂轴承;5-转向节;6-油封;7-衬套;8-调整垫片;9-转向节臂;10-主销;11-滚子推力轴承;12-前轴

载货汽车前轴常采用工字形断面,它的中部向下弯曲,可降低发动机的安装高度。在前轴两端各有一个安装钢板弹簧的底座,钢板弹簧安装在上面。前轴的材料一般为中碳钢,经模锻和热处理而成。转向节 5 是一个叉形件,上下两叉有安装主销的同轴孔,通过上下两叉孔将转向节安装在主销 10 上,转向节可以绕主销转动。在转向节轴上安装车轮,在轴的根部制有安装制动底板的凸缘。转向节的材料多为性能较好的中碳合金钢,并经过模锻和热处理而成。主销的作用是铰接前轴与转向节,主销的中部切有凹槽,楔形锁销与它上面的凹槽配合,限制主销相对于前轴转动,主销与转向节上的销孔是动配合,以便实现转向。轮毂 2 通过内外两个轮毂轴承安装在转向节轴上。轴承的预紧度通过调整螺母进行调整,调好后用锁紧垫圈锁紧。在锁紧垫圈外端装有止推垫圈和锁紧螺母,拧紧锁紧螺母后应当弯曲止推垫圈包住螺母,防止松动。

断开式转向桥在乘用车和微型载货汽车上得到广泛采用,它与独立悬架相配置而组成转向桥。由于它有效地减小了非簧载质量、降低了发动机的质心高度,从而提高了汽车的行驶平顺性和操纵稳定性。图 16-3 所示为微型汽车的断开式转向桥结构图。

该断开式转向桥(前桥)主要由车轮 1、减振器 2、上支点总成 3、缓冲弹簧 4、转向节 5、大球头销总成 6、横向稳定杆总成 7、左右梯形臂 8 和 13、主转向臂 11、中臂 15、左右横拉杆 10 和 12、悬臂总成 14 等组成。其中,有些零件也属于转向总成和前悬架总成。中臂、主转向臂、悬臂均为薄钢板焊接结构,主转向臂与中臂是通过螺栓与橡胶衬套进行连接(图16-4),左、右转向梯形臂用大球头销总成6与悬臂总成14连接。

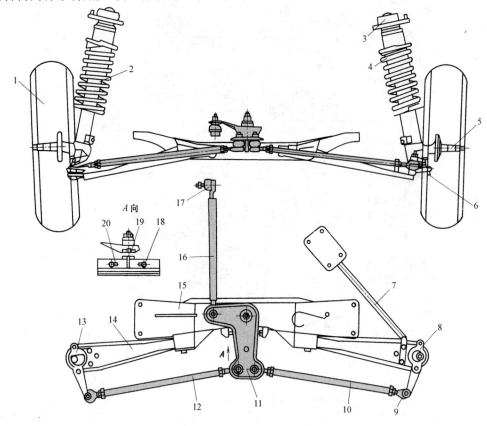

图16-3 微型车断开式转向桥

1-车轮;2-减振器;3-上支点总成;4-缓冲弹簧;5-转向节;6-大球头销总成;7-横向稳定杆总成;8-左梯形臂;9-小球头销总成;10-左横拉杆;11-主转向臂;12-右横拉杆;13-右梯形臂;14-悬臂总成;15-中臂;16-纵拉杆;17-纵拉杆球头;18-转向限位螺钉座;19-转向限位杆;20-转向限位螺钉

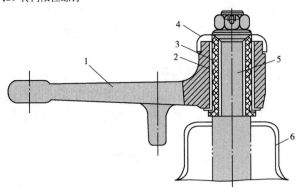

图16-4 主转向臂总成
1-主转向臂;2-衬套;3-橡胶衬套总成;4-主转向臂罩;5-螺栓;6-中臂

该断开式转向桥和前述整体转向桥一样,具有承载和传力功用,还具有实现转向的功能,它与转向器配合,通过图16-3中的纵拉杆16、主转向臂11、中臂15、左右横拉杆以及左右梯形臂,使左、右车轮偏转,实现汽车转向。

三、转向驱动桥

转向驱动桥是既有转向功能又有驱动功能的车桥,图16-5是一种典型的乘用车转向驱动桥。

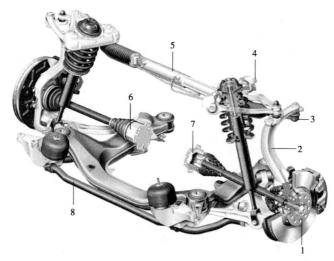

图16-5 转向驱动桥
1-与车轮连接的凸缘盘;2-转向节臂;3-左、右横拉杆;4-转向器;5-转向助力器;6、7-左、右驱动轴及万向节;8-稳定杆

动力经过主减速器、差速器(图中未画出)传给左右驱动轴及万向节6、7,再由它们传给车轮,驱动车轮转动;转动转向盘,通过转向器4带动左、右横拉杆3移动,使转向节臂2转动,带动车轮摆动,实现汽车转向。

如图16-6所示的前桥是某些载货汽车的转向驱动桥。内半轴1与外半轴9通过等角速万向节3连接在一起。前桥起驱动作用时,转矩由差速器、内半轴1、等角速万向节3、外半轴9以及凸缘盘10,传到车轮轮毂14上。

转向节通过两个滚针轴承、球碗以及钢球支承在转向节支座2上,分成两段的主销4与转向节支座2固装成一体,其上下两段的轴线必须在一直线上。主销轴承用下轴承盖6及转向节臂19(左边的上轴承盖与转向节臂是一体)压紧在转向节外壳7上。下轴承盖6内装有一个钢球及两个球碗,以承受主销的轴向载荷。上轴承盖内装有一个止推螺钉,并通过球碗16顶住主销,以防止主销轴向窜动。拧紧止推螺钉的预紧力不要太大,否则会使转向沉重。转向节支座下端面与主销下轴承座油封罩间应有一定间隙(1~2mm),间隙过小(如<0.2mm)会引起转向沉重,应在钢球下球碗的下面加装垫片(厚1mm)。转向节支座用螺钉与半轴套管20相连接。转向节做成转向节外壳7和转向节轴颈8两段,用螺钉连接成一体。轮毂14通过两个锥轴承装在转向节轴颈上,轮毂轴承用调整螺母13、锁止垫圈12、锁紧螺母11紧固。在转向节轴颈内压装一个青铜衬套15,以便支承外半轴9。

当通过转向节臂19推动转向节时,转向节便可绕主销转动而使前轮偏转。需要指出的是,主销上下两段的连线与万向节3的中心相重合,以防止产生运动干涉。

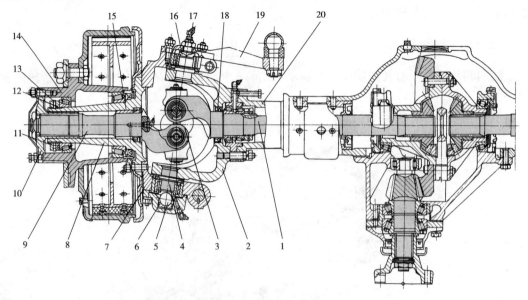

图 16-6 转向驱动桥

1-内半轴;2-转向节支座;3-等角速万向节;4-主销;5-钢球;6-下轴承盖;7-转向节外壳;8-转向节轴颈;9-外半轴;10-凸缘盘;11-锁紧螺母;12-锁止垫圈;13-调整螺母;14-轮毂;15-青铜衬套;16-球碗;17-止推螺钉;18-油封;19-转向节臂;20-半轴套管

四、随动转向桥

随动转向桥属于从动车桥,在部分大型多桥汽车上采用随动转向桥。在小型汽车上也有应用的实例。

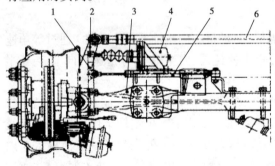

图 16-7 随动转向桥

1-转向节臂;2-转向横拉杆臂;3-车桥;4-转向锁止缸;5-转向缓冲器;6-转向横拉杆

1. 多桥汽车随动转向桥的结构特点

汽车的随动转向桥主要由主销、稳定装置、车轴、锁止装置、横拉杆等组成(图16-7、图16-8)。通过横拉杆把左、右车轮连接起来,实现两侧车轮同步转向。

有的多桥汽车随动转向桥(16-8),轮毂及制动器总成和车轴是通过转向主销连接起来。为此,车轮的轴颈部分和车轴总成两端向前伸出一个拳形结构,钻有通孔,以插入主销连接。

主销设置在车轴两端向前一个距离,一般为120~140mm;主销有较小的后倾和内倾角,保证车轮的随动转向和自动复位(其原理在第二节中介绍)。

2. 随动转向桥原理(以三桥汽车为例)

随动转向桥可以减小整车转弯半径,使得所有车桥转弯瞬间接近理想状态,从而减少第三桥轮胎磨损。

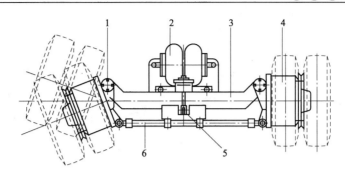

图 16-8 随动转向桥结构图
1-主销；2-稳定装置；3-车轴；4-轮毂及制动器总成；5-倒车锁止装置；6-横拉杆

1) 随动转向桥功能

(1) 随动转向功能。

随动桥采用与转向桥相似的车轮定位参数：主销后倾角、主销内倾角、车轮外倾角和车轮前束（工作原理在第二节中详述）。

在随动桥起随动作用的过程中，主要是主销后倾角形成的后倾力臂起作用。主销后倾角在前、中桥进行转向时，为保持转向轨迹，在随动桥车轮与接地处受到地面摩擦力的作用，产生随动转向力矩，使得随动转向桥车轮产生偏转。该偏转角由前桥和后桥的转向状态所决定。主销内倾角和车轮的外倾角能够使随动桥在直线行驶的时候具有自动回正作用，这样在直线行驶时能够满足直线行驶的稳定性。同时，有了车轮外倾角和车轮前束也能够减少轮胎的偏磨。

(2) 减小转弯半径。

普通三桥车辆的双后轴刚性连接时，其回转中心按照双后轴中心线位置决定。双后轴轴距越大，转向半径也越大，转向机动性差，第三轴的车轮横向滑移变大，增加了轮胎磨损，如图 16-9 所示。

由图 16-9 可以得出：

$$R_1 = \frac{L_1 + L_2 - c}{\sin\delta_1}$$

式中：L_1——前、中轴距离；
L_2——中、后轴距离；
c——回转中心 O_1 到后轴轴线距离；
R_1——外轮转弯半径。

如图 16-10 所示，第三轴采用随动转向技术后，仍然是以第一轴和第二轴之间的距离为实际轴距（L_1），比刚性连接双后轴车型的轴距要小得多。而第一轴和第二轴之间的轴距可以按照普通两轴车型设计，这样相应的转向半径同普通双轴车型的转向半径相同。由图 16-10 可以看出：

$$R_2 = \frac{L_1}{\sin\delta_1}$$

式中：L_1——前、中轴距离；
R_2——外轮转弯半径。

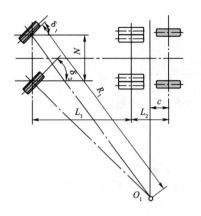

图 16-9　无随动转向桥的转向示意图　　图 16-10　有随动转向桥的转向特性

由以上可以得出，在外轮转角 δ 相同的情况下，$R_2 < R_1$，由此可以看出，使用随动技术的整车转向半径明显小于不使用随动技术的整车转向半径。

以上公式均为简化计算模型，没有考虑轮胎侧偏、轴转向、主销至车轮的距离等因素。由于实现随动转向功能，因此可以有效减少第三轴的轮胎磨损，提高整车在转弯时的安全性。

2）转向桥锁止缸

（1）随动桥随动状态的控制。

为了达到随动的效果，并且考虑高速行驶的整车操作稳定性，通常是使锁止缸在高速行驶时进行锁止。这样，使随动桥终止随动功能，使整车的行驶操作稳定性增强。而在低速行驶时，锁止缸解除锁止作用，使随动桥处于随动状态，这样能够减少低速行驶时的轮胎磨损，降低驾驶员操作强度。

有的倒车锁止装置设置在车轴中间，通过电磁阀控制气动元件，在汽车倒车时，锁住横拉杆，车轮不再随动转向，保证倒车的顺利进行（图 16-8）。

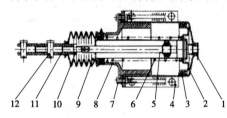

图 16-11　锁止缸结构图

1-进气口端盖；2-活塞；3-密封圈；4-锁止缸支架；5-推杆；6-复位弹簧；7-锁止缸固定螺栓；8-限位端盖；9-防尘罩；10-锁紧螺母；11-可调拨叉；12-拨叉连接销子

（2）锁止缸的工作原理。

锁止缸一端固定，另外一端安装在转向节上。锁止缸安装如图 16-7 所示，锁止缸的结构如图 16-11 所示。

锁止缸是通过向缸体充气，并控制推杆 5 和可调拨叉 11 的行程对车桥的转向进行控制。

当处于随动状态时，推杆 5 在与活塞 2 相连接的套筒里可以左右自由运动，这样不会影响随动转向的工作。

当锁止控制气路开始向左右锁止缸充气时，气体从进气口 1 进入，推动活塞 2 向左移动，活塞 2 驱动推杆 5 移动直到与限位端盖 8 相接触。此时，限位端盖 8 对活塞 2 限位，而活塞 2 只能对推杆 5 单向限位，也就是说推杆 5 还可以向外伸长，这就保证了两端锁止缸同时起作用时，不会由于两端锁止缸产生的力大小相等、方向相反而互相抵消。这样，锁止缸产生的车轮转向力矩就抵消了由主销后倾产生的回正力矩,使整车处于直线行驶状态。

3) 转向缓冲器

由于随动转向桥是根据第一轴和第二轴的行驶轨迹来确定行驶轨迹,因此,不可避免地会受到路面的侧向力,这样可能会引起整车的驾驶操作强度增大和整车的行驶稳定性降低,轮胎磨损加快。为减少这些负面因素,在随动桥上加装了转向缓冲器(图 16-7)。

4) 稳定装置

在一些大型多桥汽车上,设有稳定装置,以保证车轮行驶的稳定性。

稳定装置有三种不同结构:空气囊式(图 16-8)、气室推杆式(图 16-12a)、机械弹簧式(图 16-12b)。三种形式的稳定装置工作原理相同,将空气或弹簧作为阻尼介质,设定一个稳定力矩,当汽车直线行驶时,控制车轮的回正,衰减车轮的横向摆动,保证汽车行驶的稳定性。在汽车转弯时,车轮转向力矩克服稳定力矩来实现转向,一旦转向力矩变小,车轮便在稳定力矩的作用下迅速回正。

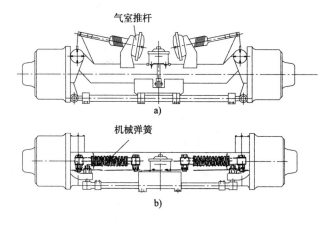

图 16-12 稳定装置的结构形式
a) 气室推杆式;b) 机械弹簧式

3. 典型乘用车后桥随动转向装置

以富康乘用车为例,后桥与车身的固定位置见图 16-13。具体结构参见图 16-14。后桥总成主要包括左、右悬架扭杆弹簧 2、6,左、右扭杆弹簧支架 8,横向稳定杆套管 4 等零件,它利用前、后自偏转弹性垫块 12、10 与车身进行弹性连接。与车轮相连的两个单纵臂通过左、右悬架扭杆弹簧 2、6 与后桥总成进行弹性连接。

当汽车转向时,由于整车的离心力向外,因而路面对车轮的侧向反力向内,在路面对车轮

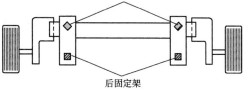

图 16-13 后桥与车身的固定位置原理图

的侧向反力的作用下,前、后自偏转弹性垫块产生侧向弹性变形。由于前、后自偏转弹性垫块的变形不同,使两个后轮产生与两个前轮转向方向相同的偏转角(角度较小),增强了乘用车的不足转向特性,有效地防止了因过度转向引起的不良后果,改善了汽车的行驶稳定性、转向操纵性和舒适性。车辆转弯时,后轴随动转动的状态参见图 16-15。

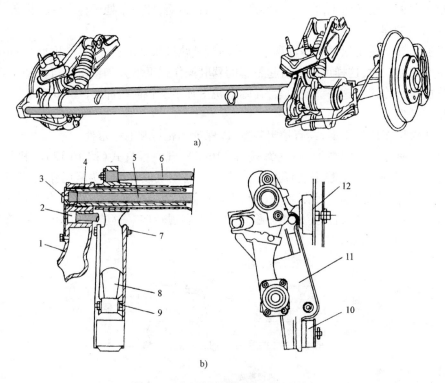

图16-14 典型乘用车随动转向桥(后桥)
a)后桥的整体结构 b)局部结构图

1-单纵臂;2-左悬架扭杆弹簧;3-横向稳定杆端头螺栓;4-横向稳定杆的套管;5-横向稳定杆;6-右悬架扭杆弹簧;7、9-减振器的固定螺栓;8-减振器;10-后自偏转弹性垫块;11-扭杆弹簧支架;12-前自偏转弹性垫块

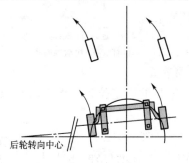

图16-15 左转弯时后轴随动状态

第二节 车轮定位

在汽车行驶时,当转向轮在偶遇外力作用发生偏转时,外力消失后,应当立即自动回到直线行驶的位置上,保证行车安全;为了保持汽车直线行驶的稳定性,减少轮胎磨损,转向轮、转向节、前轴和主销等零部件应保持合理的位置,这些位置称为转向轮定位,也叫作前轮定位。它包括主销后倾、主销内倾、前轮外倾和前轮前束。有的乘用车后轮也有定位参数,如后轮前束与后轮外倾角。

一、前轮定位的基本原理

1. 主销后倾

主销装在前轴上,其上端略向后倾斜,这种现象称为主销后倾。在汽车纵向垂直平面内,主销轴线与垂线之间的夹角 γ 叫作主销后倾角,见图 16-16。

主销后倾的主要作用是在汽车转弯后,前轮能自动回正,以保持汽车直线行驶的稳定性。

主销后倾使主销轴线的延长线与路面的交点 a 位于轮胎与地面的接触点 b 之前,这样 b 点到 a 点之间就有一段垂直的距离 l。若汽车转弯时(如图中所示向右转弯),则汽车产生的离心力将引起路面对车轮的侧向反作用力 Y,Y 通过 b 点作用于轮胎上,形成一个使车轮回转的转矩 $M(M=Yl)$,其方向与车轮偏转方向相反,它有使车轮恢复到原来中间位置的趋势,此转矩也称为稳定转矩。

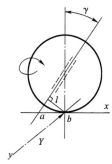

图 16-16 主销后倾示意图

后倾角越大、车速越高,前轮的稳定效应也越强。但后倾角 γ 不宜过大,一般 $\gamma<3°$。否则在转向时为克服此转矩需要在转向盘上施加较大的力。有些乘用车和客车的轮胎气压较低,弹性较大,行驶时由于轮胎与地面的接触面中心向后移动,稳定转矩的力臂 l 增加,稳定转矩将过大,故后倾角需减小,甚至减到负值,即主销前倾。

主销后倾角的获得一般是前轴、钢板弹簧和车架三者装配在一起时,使前轴向后倾斜而形成的。

2. 主销内倾

主销安装到前轴上后,其上端略向内倾斜,这种现象称为主销内倾。在汽车横向垂直平面内,主销轴线与垂线之间的夹角 β 叫作主销内倾角,如图 16-17 所示。

主销内倾角的作用是汽车转弯后,使车轮自动回正,保持汽车直线行驶的稳定性。

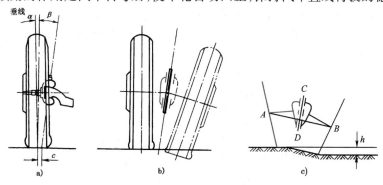

图 16-17 主销内倾示意图

当转向轮在外力的作用下绕主销转动时(图 16-17c),假设车轮旋转 180°,若前轴在空间位置不动,则前轮将由 A 位置旋转到 B 位置,因为主销是向内倾斜的,故车轮旋转到 B 位置时,它的最低点将陷入路面以下 h 距离,但事实上车轮是不可能陷入路面以下的,而只能是将汽车前部向上抬起相应的高度 h。这也就是说,在转向过程中由于主销内倾,将汽车前

部抬高了 h 高度。这样，在转向过程中，始终有一个前轴重力的分力作用在车轮上，使车轮自动回正。内倾角越大或前轮转向角越大。则汽车前部抬起就越高，前轮的自动回正作用就越加强烈，但是转向时转动转向盘费力（即外力要大），转向轮的轮胎磨损增加。反之，内倾角小或前转向角小时，前轮的自动回正作用也就小。一般主销内倾角 β 在 $5°\sim8°$ 为宜。

主销内倾角是由前轴制造时使主销孔轴线的上端向内倾斜而获得的。在非独立悬架的转向桥上，主销内倾角是不能单独调整的，在使用中如果主销内倾角发生了变化，则主要是前轴在垂直平面内弯曲变形或主销与销孔磨损过大等原因造成的。

综上所述，主销后倾和内倾都具有使汽车转向后自动回正、保持直线行驶的作用。所不同的是：主销后倾的回正作用与车速有关，而主销内倾的回正作用几乎与车速无关。因此，高速时后倾的回正作用大，而低速时内倾的回正作用大。

3. 前轮外倾

前轮安装在车桥上时，其旋转平面上方略向外倾斜，这种现象称为前轮外倾。前轮旋转平面与纵向垂直平面之间的夹角 α，叫作前轮外倾角，如图 16-17a) 所示。

前轮外倾的作用在于提高前轮工作的安全性和转向操纵轻便性。

由于主销与衬套之间存在有间隙，若空车时前轮垂直地面，则满载后，上述间隙将发生变化，可能引起车轮上部向内倾斜，另外，前轮在满载时也将产生变形，使车轮上部向内倾斜，这就会出现前轮内倾。前轮内倾后，地面垂直反力便产生一沿转向节向外的分力，此力使外轴承及其锁紧螺母等件的载荷增大、寿命缩短，严重时使前轮脱出。当前轮预留有外倾角时，就能防止前轮出现负外倾现象。

前轮外倾角一般为 $1°$ 左右。前轮外倾角大时，虽然对安全和操纵有利，但是过大的外倾角将使轮胎横向偏磨增加、油耗增多。现代乘用车的前轮外倾角较小，有的出现负值，这是因为当车速较高时，离心力较大，车身的外倾加大，使轮胎产生更大的正外倾，造成轮胎磨损加剧，前轮采用负外倾，可抵消由于车身的外倾加大，使轮胎产生更大的正外倾的倾向，提高了车轮纯滚动的程度和车身的横向稳定性能。

前轮外倾角是由转向节的结构确定的，当转向节安装到前轴上后，其转向节轴相对于水平面向下倾斜，从而使前轮安装后出现外倾。前轮外倾和主销内倾一样不能调整其大小，但使用独立悬架者，有的可以调整。

4. 前轮前束

如图 16-18 所示，汽车两个前轮的旋转平面不平行，前端略向内束，这种现象称为前轮前束。左、右两轮间其后方距离 A 与前方距离 B 之差值 $(A-B)$ 称为前束值。

前轮前束的作用就是消除由于前轮外倾带来的不良影响，使前轮具有纯滚动行驶的能力。

前轮有了外倾角后，车轮在滚动时类似于滚锥，两侧车轮有向外侧滚动的趋势，由于车桥

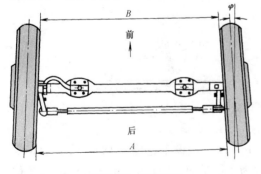

图 16-18 前轮前束

和转向横拉杆的约束，两前轮在向前外侧滚动的同时向内侧横向滑动，车轮在地面上出现边滚边滑的现象，其结果使轮胎磨损增加，俗称"吃胎"。当前轮前束后，锥体中心前移，两前轮

有向内侧滚动趋势,车轮前束与前轮外倾恰当配合后,车轮在每一个滚动的瞬时都为纯滚动,从而减少了轮胎的磨损。前轮前束可通过改变横拉杆的长度来调整,使前束值符合规定技术要求。

二、当代乘用车四轮定位的特点

随着道路交通条件的不断改善和汽车技术的不断改进,汽车已进入高速化、电控化、高档化的技术领域,先进的结构日益涌现,车轮的定位内容和相关参数发生了质的变化。其结构特点如下:

(1)不仅前轮有定位内容,后轮也有定位内容。

(2)由于轮胎宽而软,横向的、纵向的、径向的弹性变形量大,对汽车的操纵性、稳定性、安全性影响力度加大,如定位不准确,轮胎的磨损量和偏磨损量也加大(如:前轮摆振等)。

(3)前轮多采用独立悬架,它是依靠悬架系统中的杆件几何形状,来获得合理的定位角度。因定位件和连接件及球关节多,在使用过程中磨损、松旷、变形量加大,正确的几何定位角度容易失准(如:行驶跑偏问题)。

(4)由于悬架弹簧软,车轮和车身相对位置变化量大,因其间是转向系统的杆件和球关节件连接,相互间的运动干涉量大,对使用性能的影响力度大(如:点制动前轮摆振问题)。

(5)独立悬架的主销轴线不是实体,而是螺旋弹簧的上支点与下摆臂球头销的连线,它是转向轮的实际转动中心线,与减振器的中心线不重合,但与万向节的球心重合,以防运动干涉,如图16-19所示。

(6)大部分乘用车有转向助力系统,可以保证转向轻便。前轮定位参数可以打破常规,朝着更有利的功能要求方向发展(如:主销大内倾问题)。

(7)转向驱动合为一体后,可使汽车的操纵性和稳定性有较大的改善,可使其他性能得到更合理的满足(如车轮负外倾问题)。

1. 主销后倾角 γ 小,有的为负值

工作原理和结构特点体现在以下几个方面:

(1)转向时车速越高、离心力越大,地面反作用力 Y 越大(图16-20),附加力臂 ΔL 越大,回正力矩 M 也越大。

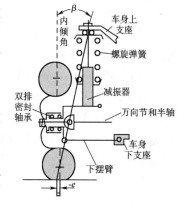

图16-19 独立悬架的车轮定位结构特点

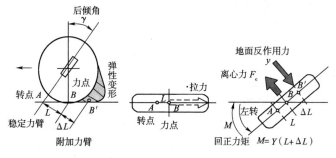

图16-20 自动回正原理

(2)回正力矩 M 不是越大越好,过大会使转向盘回正过猛而打手,加大了前轮摆振。

(3)前轮驱动化后,稳定性已经提高。又因低压胎弹性变化量大,附加力臂 ΔL 大,弹性稳定效应大,主销后倾角可以减小或为负值。

(4)主销后倾角的获得,是依靠转向节正确的安装位置来保证,一般不能调整,只能换件维修。

2. 主销内倾角 β 大,有的阻力臂 e 为负值

乘用车的主销内倾角 β 加大后,使阻力矩的力臂 e 减小(图 16-21),转向轮呈锥体转动,一般 e 为 30~40mm,转点 A 在垂线内为正值,转点在垂线外为负值。力臂 e 又叫揉搓半径,可见,加大内倾角使力臂 e 越小越好,即为锥体转动。这样使汽车转向轻便。

结构和工作原理的基本特点:

(1)内倾角加大,转向轮的回正作用好。但会使前桥垂直位移量加大,在大转角转向时沉重,对于无转向助力的汽车是不利的。揉搓半径 e 的减小,还有利于减小轮胎的磨损,它们是相互矛盾的两个方

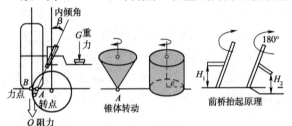

图 16-21 主销内倾角工作原理

面,有利有弊。

(2)当前乘用车多采用大内倾角(10°~15°),其力臂多为负值($-e$),即转点在垂线之外,$-e$ 多为 -10mm。这是为了提高行驶安全性和制动效能,即保持前、后桥制动力比值不变和提高附着力的利用率,多采用双管路对角排列的制动管路系统。为了防止一条制动管路损坏、产生制动跑偏和一侧驱动轮滑转或爆胎、失去牵引能力、产生行驶跑偏等危险事故。此时,完好车轮的一边产生抗偏力矩 $M = Fb \times (-e)$;或 $M = Ft \times (-e)$。起到了转向盘不必转动,自动保持直线行驶的功能。可见,$-e$ 的存在挽救了不少的生命,国外又称它为安全半径。如果发生了上述危险事故,应把握好转向盘,缓慢减速停车,保证车辆安全(图 16-22)。

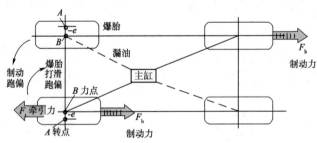

图 16-22 阻力臂为负值的制动安全原理

3. 车轮外倾角 α 小,有的为负值

如图 16-23 所示,车轮外倾角结构和工作原理的特点:

(1)车轮外倾是依靠转向节轴的倾斜来获得,外倾角应在一定范围内,过大会产生锥体滚动,横向刮磨量加大(吃胎);过小易产生负外倾,加大了锁紧螺母的受力,车轮易脱离飞出。

(2)乘用车高速转向时离心力大,车身向外倾斜量大,使外侧悬架和车轮过度变形,车轮瞬时产生更大的正外倾,又因为低压偏平轮胎起到驱动加转向的缘故,轮胎偏磨损量加大。同时,瞬时半径 $r_{内}$ > $r_{外}$,外侧连滚带拖;内侧连滚带揉,瞬时纯滚动的转向功能降低。当车轮外倾角为负值时,可使车轮在转向时瞬时半径 r

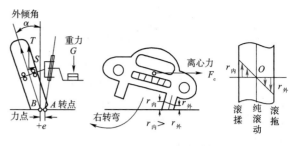

图 16-23　车轮外倾角的原理

内外相等,减小了轮胎的偏磨损量,还使车身的倾斜量减小,提高了乘用车的横向稳定性。

应该说明,目前乘用车前轮多用密封式双排轮毂轴承,内外尺寸相同,受力均匀,可靠性好;定期更换,维修方便。

4. 车轮前束小,有的为负值

如图 16-24 所示,乘用车的车轮前束具有下列特点:

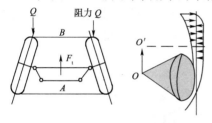

图 16-24　前束的工作原理

(1)调节横拉杆的长度,来获得正确的前束,双拉杆的应等量调节,以保证转向盘居中。

(2)当前乘用车的前束多为 0～5mm,前束过大会加大车轮外侧的刮磨;前束过小会加大车轮内侧的刮磨,并加大了锁紧螺母的负担。同时,使行驶阻力加大,油耗增大。

(3)车轮外倾和前束是相互对应的,属性应相同,外倾为正值时;前束应为正值。外倾为负值时;前束应为负值。以减轻动态的横向刮磨量(侧滑量),它是车轮外倾和前束综合抵消后的差值,是代数和的关系,要求在动态下通过侧滑板时,侧滑量每米应小于 5mm。但应有正负值之分,属性应相同,才能正确地反映抵消合理性。

5. 乘用车的后轮定位

许多乘用车的后轮也有前束和外倾角,其工作原理与前轮的前束和外倾角相同,不再赘述。在乘用车后轮设有这两个参数,主要考虑到如下因素:

(1)汽车高速化后,乘用车的后轮悬架系统和轮胎弹性大,在行驶中,有向外张开的趋势,为防止这种现象,应设计一定的前束值。

(2)减小前、后轮的横向相对滑移量,防止摇摆行驶,要求前后轮的重合性好,即车辙相符,提高车身的横向稳定性,为此后轮应设有外倾角。另外,设有这两个参数可使后轮的轮毂轴承锁紧螺母负荷减轻,减少轮胎的不正常磨损,整车的安全性得到提高。

第三节　车轮与轮胎

车轮和轮胎的作用是支承汽车的质量、缓和不平路面所造成的冲击和振动,并通过轮胎与路面存在的附着力来产生驱动力和制动力。车轮和轮胎,如图 16-25 所示。轮胎装在车轮轮辋上,车轮通过轴承装在车桥上,有的乘用车车轮外侧装有装饰罩。

一、车轮

车轮主要由轮辋、辐盘(轮盘)、轮毂、轮毂轴承等部件组成。盘式车轮轮辋和轮毂是由钢质(或铝合金)辐盘连接起来,如图16-26所示。辐盘与轮辋通过焊接或铆接固定成一体;辐盘上制有螺栓孔,用端部带有球面凸起的螺母与轮毂相连接,以便在安装时对正中心和车轮互换。多数汽车的轮盘上一般开几个大孔或制作成辐条式,便于拆装、轮胎充气及制动鼓散热等,同时也减小了质量。

载货汽车后轴载荷比前轴大得多,为了使后轮轮胎不致过载,前、后轮胎磨损趋于相等,后桥一般使用双轮胎,如图16-27所示。在同一轮毂上安装了两套辐盘和轮辋,内外可互换。内轮盘紧靠在轮毂凸缘的外端面上,用具有锥形端面的套螺母拧紧在双头螺栓上,内轮盘被紧固。外轮盘靠在内轮盘上,用螺母拧紧在套螺母的外螺纹上。这种固定方法保证了车轮的正确定位,使内外轮盘不致同时松动。为了防止汽车行驶中固定轮盘的螺母自动松脱,一般采用不同螺纹旋向的螺栓。左侧车轮用左旋螺纹,右侧用右旋螺纹。也有的将螺母右端的球面单独制成球面弹簧垫圈,螺栓的结构稍加改动,即可采用单螺母固定双轮盘,且能有效地防止螺母自行松动。故汽车左右车轮上的紧固螺栓均可用右旋螺纹(图16-28),从而减少了零件品种。

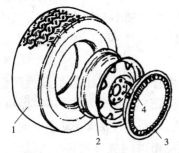

图16-25 车轮和轮胎
1-轮胎;2-车轮;3-装饰罩;4-螺栓

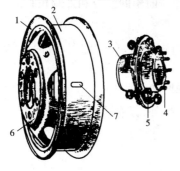

图16-26 盘式车轮
1-挡圈;2-轮辋;3-轮毂;4-螺栓;5-凸缘;6-辐盘;7-气门孔

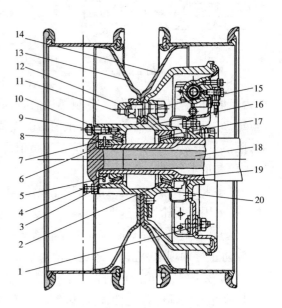

图16-27 载货汽车双后轮的结构图
1-制动鼓固定螺钉;2-轮毂内轴承;3-轮毂外轴承;4-螺钉;5-止动垫圈锁销;6-轮毂轴承调整螺母;7-轮毂轴承锁紧螺母;8-止动垫圈;9-螺钉;10-开口锥形垫圈;11-螺母;12-套螺母;13-外辐盘;14-内辐盘;15-螺栓;16-轮毂;17-油封;18-半轴;19-桥壳;20-轮毂

轮辋的作用是用以安装轮胎。按结构特点,轮辋可分为深式、平式和可拆式三种基本形式,如图16-29所示。

1. 轮辋结构

1）深式轮辋

深式轮辋是整体式的，又称深槽轮辋，如图16-29a)所示，因其中部有一条便于拆装轮胎的环形深凹槽而得名。凹槽两侧与轮胎胎圈配合的台肩通常是倾斜的，其倾斜角一般是5°±10′，此角称为胎圈座角。无内胎轮胎的轮辋，为了提高胎圈与轮辋的贴合程度，胎圈座角较大。

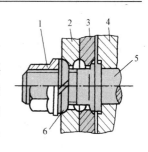

图16-28　单螺母固定双轮盘
1-螺母；2-外轮轮盘；3-内轮轮盘；4-轮毂；5-螺栓；6-球面弹簧垫圈

深式轮辋结构简单、刚度大、质量较轻，适用于小尺寸弹性较大的轮胎，一般凹槽较浅的深式轮辋也称半深槽轮辋，适用于轻型载货汽车。断面较宽的深式轮辋称为深槽宽轮辋，主要用于小型乘用车及小吨位载货汽车上。

2）平式轮辋

平式轮辋的底面是平的，如图16-29b)所示，一侧有凸缘，另一侧为可拆装挡圈。挡圈是整体的，其固定有多种形式，常用弹性开口锁环嵌入轮辋环槽以防止挡圈脱出。在安装轮胎时，先将轮胎套在轮辋上，然后套上挡圈，并将它向内推，直至越过轮辋上的环形槽，再将开口的弹性锁圈嵌入环形槽中。载货汽车轮胎尺寸较大，胎圈较硬，宜采用这种轮辋，以便于轮胎的装卸。

3）可拆式轮辋

这种轮辋由内外两部分组成，如图16-29c)所示，其轮辋内件与轮盘制成一体，内外轮辋用螺栓固定在一起。拆装轮胎时，只需拆下螺母分解轮辋即可。这种轮辋主要用于部分越野汽车、工程机械车上。在高速车上，轮辋边缘常加装动平衡块，当车胎维修拆装，或偏磨后破坏了原来的动平衡，要重新进行车轮动平衡试验，以确定平衡块的质量和夹装位置。

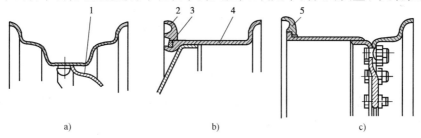

图16-29　轮辋的基本形式
a)深式轮辋；b)平式轮辋；c)可拆式轮辋
1-轮盘；2、5-挡圈；3-锁环；4-轮辋

4）轮辋规格的表示方法

(1)国产轮辋轮廓类型及其代号。

目前，轮辋轮廓的类型有7种，见图16-30。

(2)国产轮辋的规格代号。

轮辋规格用轮辋名义宽度代号、轮缘高度代号、轮辋结构形式代号、轮辋名义直径代号和轮辋轮廓类型代号来共同表示。轮辋名义宽度和名义直径代号的数值是以英寸(in)表示(当新设计轮胎以毫米表示直径时，轮辋直径用毫米表示)。直径数字前面的符号表示轮辋结构形式代号,符号"×"表示该轮辋为一件式轮辋,符号"-"表示轮辋为两件或两件以上的多件式轮辋。在轮辋名义宽度代号之后的拉丁字母表示轮缘的轮廓(E、F、J、JJ、KB、L、V等)。有些类型的轮辋(如平底宽轮辋),其名义宽度代号也代表了轮缘轮廓,不再用字母表示。最后面的代号表示了轮辋轮廓类型代号。

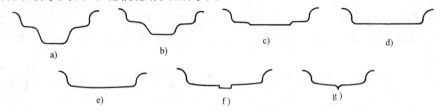

图 16-30 轮辋轮廓类型及代号

a)深槽轮辋(DC);b)深槽宽轮辋(WDC);c)半深槽轮辋(SDC);d)平底轮辋(FB);e)平底宽轮辋(WFB);f)全斜底轮辋(TB);g)对开式轮辋(DT)

例如,某型汽车轮辋为 4.50E×16(DC),表示该轮辋名义宽度 4.5in,名义直径 16in,轮缘轮廓代号为 E 的一件式深槽轮辋,DC 代表轮辋轮廓类型代号。对于平底式宽轮辋,只有表示轮辋名义宽度和名义直径的数字,而没有表示轮缘轮廓的拉丁字母代号。例如,某载货汽车轮辋规格为 7.0-20。

(3)国际标准的轮辋尺寸标注法。

有关汽车轮辋尺寸的标注,世界各国汽车行业都有相关标准。ISO 标准为国际标准化机构规定的轮辋尺寸标准。其 ISO 标准为:

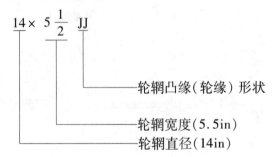

轮辋规格只是说明了轮辋与轮胎的匹配,而在不明确是否与车身结构相匹配的情况下,选用时应注意车身与车轮的运动空间校核。

2. 轮毂轴承

大型车辆多采用内、外两个轮毂轴承,其结构见图 16-27,轴承的预紧度由调整螺母来调节。现代小型汽车的轮毂轴承具有重量轻、尺寸小、强度高、可靠性好、维修方便等特点,如图 16-31 所示,把传递驱动转矩的等速联轴器与轮毂轴承内圈固定在一起,使轮毂轴承总体结构紧凑。如图 16-32 所示,轮毂轴承装配后,密封圈 1 与传感器 4 一体化,固定于内圈,无须调整间隙,有利于保证轮速传感器的可靠工作。

二、轮胎

1. 轮胎的作用与分类

轮胎安装在轮辋上,轮胎直接与路面接触,它的作用是:

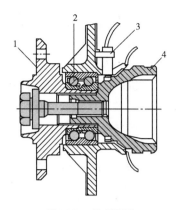
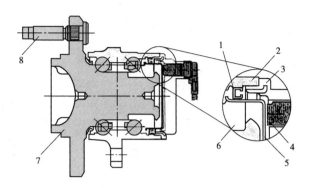

图 16-31 轮毂轴承
1-凸缘（连接车轮）；2-轴承；
3-轮速传感器；4-等速联轴器

图 16-32 轮毂轴承及附件
1-密封圈；2-轴承外圈；3-轮速传感器盖；4-传感器；5-调节装置；6-轴承内圈；7-凸缘；8-螺栓（连接车轮）

（1）支承汽车的总质量。

（2）与悬架一起吸收、缓和汽车行驶时所受到的部分冲击和衰减由此而产生的振动，以保证汽车具有良好的乘坐舒适性和行驶平顺性。

（3）保证车轮与路面有良好的附着能力，以提高汽车的动力性、制动性和通过性。

现代汽车几乎全部采用充气轮胎。充气轮胎按工作气压的大小可分为高压胎（气压为 0.5~0.7MPa）、低压胎（气压为 0.2~0.5MPa）和超低压胎（气压为 0.2MPa 以下）；按组成结构不同又可分为有内胎轮胎和无内胎轮胎；按胎体帘线布置方式不同，充气轮胎分为普通斜交轮胎、带束斜交轮胎和子午线轮胎。

2. 有内胎轮胎构造

有内胎轮胎由外胎、内胎和垫带等组成，见图 16-33。内胎是一个环形粗橡胶管，上面装有气门嘴以便充入或排出空气。为使内胎在充气状态下不产生皱褶，其尺寸应稍小于外胎内壁尺寸。垫带是一个环形橡胶带，安装在内胎与轮辋之间，防止内胎被轮辋及外胎的胎圈擦伤。外胎是一个具有一定弹性的高强度外壳，它保护内胎不受外来损害，外胎直接与地面接触。外胎可根据其胎体中帘线排列方向的不同，分为斜交轮胎、子午线轮胎。

外胎一般由胎圈、缓冲层、胎面和帘布层等组成，如图 16-34 所示。

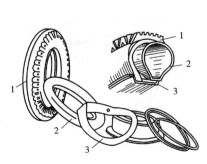
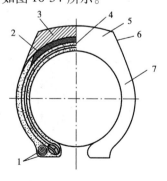

图 16-33 有内胎轮胎的组成
1-外胎；2-内胎；3-垫带

图 16-34 外胎的结构
1-胎圈；2-缓冲层；3-胎面；4-帘布层；5-胎冠；6-胎肩；7-胎侧

帘布层是外胎的骨架,也称胎体。其主要作用是承受负荷,保持外胎的形状和尺寸。通常,由多层挂胶帘线用橡胶黏合而成。帘布层的帘线按一定角度交叉排列。

斜交轮胎的帘线与轮胎横断面(子午断面)有一定的交角,见图 16-35a)。

子午线轮胎用钢丝或纤维织物作帘布层,帘布层帘线排列方向与轮胎子午断面一致(即与胎面中心线呈90°角),从一侧胎边穿过胎面到另一侧胎边,这样的帘线分布就像地球上的子午线,故称子午线轮胎,各层帘线彼此不相交,见图16-35c)。其帘线与胎面中心线帘线这种排列使其强度被充分利用,故它的帘布层数比斜交轮胎可减少近一半。耐磨性好,使用寿命长,滚动阻力小,节约燃料,承载能力大,缓冲能力强,所以子午线轮胎广泛使用。帘线材料可以是棉线、人造丝、尼龙或钢丝等。

缓冲层位于胎面和帘布层之间,其作用是加强胎面和帘布层的接合,防止紧急制动时胎面从帘布层上脱离,缓和汽车行驶时路面对轮胎的冲击和振动。缓冲层一般由稀疏的帘线和富有弹性的橡胶制成。

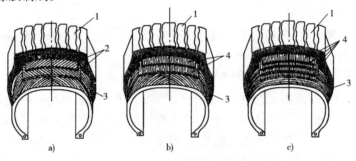

图 16-35 胎体结构与帘线布置形式
a)普通斜交轮胎;b)带束斜交轮胎;c)子午线轮胎
1-胎面;2-缓冲层;3-帘布层;4-带束层

带束层是用来承受轮胎胎面的大部分内压力和地面冲击力,同时能够阻止胎面周向伸长和压缩变形(图 16-35b、c)。

胎面是外胎的外表面,包括胎冠、胎肩和胎侧。胎冠与路面接触,直接承受冲击和磨损,保护帘布层和内胎免受机械损伤。为使轮胎与路面之间有良好的附着性能,胎面上制有各种凹凸花纹,参见图 16-36。

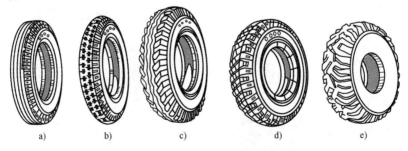

图 16-36 轮胎的花纹
a)纵向花纹;b)横向花纹;c)混合花纹;d)马牙花纹;e)人字花纹

普通花纹如图 16-36a)、b)所示,其特点是花纹细而浅,花纹块接地面积大,适用于较好路面。越野花纹如图 16-36d)、e)所示,其特点是沟槽深而宽,花块接地面积小,防滑性好。

混合花纹(图16-36c)介于普通花纹和越野花纹之间。乘用车的轮胎胎面的常见结构形式见图16-37。

图16-37 乘用车的轮胎胎面结构形式

胎圈的作用是使外胎牢固地装在轮辋上,有较大的刚度与强度,由钢丝、帘布层包边和胎圈包布组成。

3. 无内胎轮胎的构造

无内胎的轮胎与有内胎的轮胎在外观上近似,所不同的是无内胎轮胎没有内胎和垫带,空气直接充入外胎中,由轮胎和轮辋保证密封。如图16-38所示,无内胎轮胎的内壁上有一层硫化橡胶密封层,厚2~3mm,在密封层正对着胎面的内壁上,还黏附着一层未硫化橡胶的特殊混合物制成的自粘层。当轮胎穿孔时,自粘层能自行将孔黏合。在胎圈外侧有一层橡胶密封层(有的制若干道同心环槽),用以增加胎圈与轮辋贴合的气密性。轮辐底部倾斜且漆层均匀。气门嘴直接固定在轮辋上,其间用橡胶衬垫密封。无内胎轮胎只在爆破时才会失效,而穿孔时漏气缓慢,仍能继续安全行驶。由于没有内胎,故摩擦生热少,散热快,工作温度低,使用寿命长,适于高速行

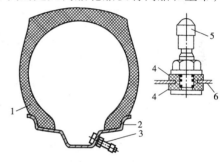

图16-38 无内胎轮胎
1-橡胶密封层;2-胎圈橡胶密封层;3-气门嘴;
4-橡胶密封垫;5-气门嘴帽;6-轮辋

驶。此外,无内胎轮胎结构简单,质量轻,维修方便。无内胎轮胎必须配用深式轮辋,形状误差及表面光洁度要求较高。目前,在乘用车上应用较多。

4. 子午线轮胎与普通斜交轮胎的对比

子午线轮胎和普通斜交轮胎的结构差别,见图16-35。

子午线轮胎的特点是:

(1)帘布层帘线排列的方向与轮胎的子午断面一致。这种帘线的排列,能充分利用帘线的强度,子午线轮胎的帘布层数比一般普通斜交轮胎可减少40%~50%;胎体较柔软,弹性较好。

(2)帘线在圆周方向上只靠橡胶来连接,因此,为了承受行驶时产生的较大切向力,制备若干层帘线与子午断面呈大角度(交角为70°~75°)、高强度、不易拉伸的周向环形的带束层(图16-35c)。

子午线轮胎基本骨架的胎体帘线排列成辐射状,所以胎侧部分柔软。胎面内侧有带束层,提高了胎面(胎冠)的刚度。普通斜交胎是由胎体构成轮胎的骨架,从胎面(胎冠)到胎侧的柔软度是均匀的。

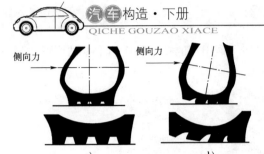

图 16-39 子午线轮胎和斜交轮胎骨架的对比
a) 子午线轮胎; b) 普通斜交轮胎

子午线轮胎的胎面(胎冠)刚性大,胎侧部分柔软,因此在侧向力的作用下,胎侧变形较大,胎冠的接地面积基本不变,见图16-39a)。普通斜交胎在侧向力的作用下,胎侧变形不大,但使整个轮胎发生倾斜,结果使轮胎胎冠的接地面积减小(图16-39b)。由此可见,轮胎在承受侧向力时,子午线轮胎具有良好的使用性能。

由上述可以看出:

子午线轮胎的优点是:

(1) 附着性能好,胎面滑移小,滚动阻力小,使用寿命长。

(2) 胎冠较厚且有坚硬的带束层,行驶时变形小,可降低油耗3%~8%。

(3) 帘布层数少,胎侧薄,所以散热性能好。

(4) 径向弹性大,缓冲性能好,负荷能力较大。

(5) 在承受侧向力时,接地面积基本不变,故在转向行驶和高速行驶时稳定性好。

它的缺点是:因胎侧较薄、柔软,胎冠较厚,在其与胎侧过渡区易产生裂口;吸振能力弱,胎面噪声大;制造技术要求高,成本也高。

斜交轮胎的优点是:轮胎噪声小,胎面柔软、制造容易,价格也较子午线轮胎便宜。它的缺点是:转向行驶时,接地面积小,胎冠滑移大,抗侧向力能力差,高速行驶时稳定性差,滚动阻力较大。

由于子午线轮胎的性能明显优于普通斜交轮胎,因此在乘用车上已普遍采用。在载货汽车上也越来越多地应用子午线轮胎。

5. 超宽轮胎

如图 16-40 所示,超宽轮胎的断面宽度是普通轮胎的 1.5~2 倍,在大、中型汽车使用超宽轮胎,可以代替传统的双轮胎结构,减轻了整车重量,安装和维护方便,可靠性高,安全性好。该轮胎应用在越野汽车上,能够提高汽车在路况条件较差情况下的行驶性能。

6. 轮胎规格的表示方法

一般用轮胎的外径 D、轮辋的直径 d、断面宽度 B 和断面高度 H 的公称尺寸来表示轮胎的基本尺寸,如图16-41所示。基本尺寸的单位有英制、公制和公英制混合三种。充气轮胎一般用英制表示,但欧洲国家常用公制表示法。有些国家用英制和公制混合来表示。个别国家也有用字母作代号

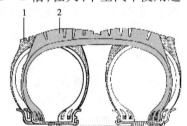

图 16-40 超宽轮胎与普通轮胎的对比
1-普通轮胎; 2-超宽轮胎

表示轮胎规格。我国轮胎规格标记主要采用英制,有些也用英制和公制混合表示轮胎的其他性能。目前,常用的表示方法有:

高压胎一般用两个数字中间加"×"号表示,可写成 $D \times B$。由于 B 约等于 H,故选取轮辋直径 d 时可按 $d = D - 2B$ 来计算。

低压胎由两个数字中间用"-"号分开表示,写成 $B - d$。例如:9:00 - 20,第一个数字表示轮胎断面宽为9in;第二个数字表示轮辋直径为20in,中间的"-"表示低压胎。同样的轮

胎,公制可写成228.6 - 508(单位都为 mm),混合制则可写为228.6 - 20(前者为 mm,后者为 in)。

超低压胎主要用于乘用车,表示方法同低压胎。凡轮辋直径 d 在 15in 以下的为超低压胎,如 7:00 - 14。

轮胎的层级数用"PR"表示。它不代表实际层数,只表示可承受的载荷。一般标在轮辋直径后,用"-"相连。例如 9:00 - 20 - 12PR 中,PR 表示可承受相当于 12 层棉帘线的负荷。有的在层级数后面又标明帘线材料类型,如国内的代号为 M 表示棉线、R 表示人造丝、N 表示尼龙。

轮胎侧面有通过印模印出来的轮胎规格、商标和厂名标准轮毂、生产编号及最大负荷代号等,许多轮胎肩上沿圆周五等分处有模印的"△"标志,它是轮胎磨损警

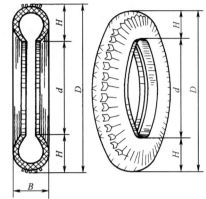

图 16-41 轮胎尺寸的标识

报信号标志。当轮胎花纹磨损到距沟槽底部 1.6mm 时,这部分的沟槽便开始断裂,出现一条清晰的裂纹,提醒驾驶员必须更换轮胎。轮胎磨损极限警示不仅是轮胎安全行驶的保证,而且还是检查轮胎是否正常磨损的依据。

世界各国对汽车轮胎的磨损极限都有相应的规定。美国规定汽车轮胎的磨损极限为花纹沟槽深度不低于 1.0mm;日本汽车轮胎协会标准规定载货汽车、客车用的轮胎磨损极限为 3.2mm,乘用车用的轮胎磨损极限为 1.6mm。我国国家标准规定乘用车的子午线轮胎花纹磨损极限为 1.6mm,载货汽车、客车用的子午线轮胎花纹磨损极限为 2.0mm。

随着子午线和扁平形轮胎的问世,轮胎规格出现了新的尺寸参数。对于一般汽车轮胎 $B \approx H$,断面呈圆形。但扁平轮胎断面 $H<B$,有的甚至差别很大,因此必须加以区别。通常以轮胎断面高和宽的比值 H/B 作为一个参数标注在轮胎上,称为扁平率,即 $H/B \times 100\%$ 又称轮胎的扁平率。

充气轮胎的高宽比(扁平率)越小,说明轮胎的断面越宽,所以高宽比小的轮胎称为宽断面轮胎。其优点是:断面宽,接地面积大,单位面积压力小,磨损减小,滚动阻力也小,抗侧向稳定性强。因此,在相同承载能力下,宽断面轮胎较普通轮胎的外径可以减小,从而也降低了整车质心,提高了汽车行驶的稳定性,因此,在高速乘用车上得到广泛应用。

依照 ISO 国际标准,汽车轮胎的规格表示为:

[断面宽标号]/[扁平率标号][轮胎结构记号][适用轮辋直径标号][载荷指数][速度记号]

上述六项参数的前四项为结构尺寸,后两项为使用条件。我国乘用车轮胎规格依照国际标准规格标志来表示的。举例如下:

195/60R14 85H

其中:195——断面宽(断面宽约 195mm);

60——扁平率(高宽比约为 60%);

R——轮胎结构记号(子午线结构);

14——表示适用轮辋直径[轮辋直径 14in(356mm)];

85——载荷指数(最大载荷5.05kN);

H——速度记号(最高速度210km/h)。

我国对汽车轮胎也制定了相应的标准,如乘用车轮胎标准、乘用车轮胎系列标准、载货汽车轮胎标准、载货汽车轮胎系列标准。这些标准规定了各种的轮胎规格、基本参数、主要尺寸、气压负荷对应关系等。

表16-1说明了轮胎速度级别代号与最高行驶速度对应关系。负荷指数从轮胎系列标准中可以查阅。

轮胎速度级别与最高行驶速度对应表　　　　表16-1

速度级别	A1	A2	A3	A4	A5	A6	A7	A8	B	C	D	E	F	G	J
最高行驶速度(km/h)	5	10	15	20	25	30	35	40	50	60	65	70	80	90	100
速度级别	K	L	M	N	P	Q	R	S	T	U	H	V	W	Y	
最高行驶速度(km/h)	110	120	130	140	150	160	170	180	190	200	210	240	270	300	

7. 汽车轮胎防爆装置

防爆轮胎是在轮胎漏气后仍然能够安全行驶较长距离的新型轮胎。汽车高速行驶时的爆胎,对汽车的安全行驶危害最大,汽车轮胎保险装置正是为适应交通安全的需求应运而生的。该装置可以极大地减少乃至杜绝因爆胎引发的恶性交通事故。

图16-42　保险环式防爆装置

1)保险环式的防爆装置

如图16-42所示,保险环安装在车轮的轮辋上,汽车在行驶中一旦发生突然爆胎,保险环装置就会自动接触地面,由于保险装置的内、外环有差速作用,只要驾驶员用力把稳转向盘就可操作汽车平稳直线行驶,并可继续行驶一定的距离。这样,就避免了由于轮胎爆胎后汽车瞬间失去重心、方向失控、侧滑、跑偏造成的车毁人亡事故以及爆胎后无法正常行驶到安全地带等情况,从而使汽车在行驶途中更加安全、可靠。

该装置的特点:

(1)采用特种材料制成,体积小,重量轻。

(2)采用内、外环设计结构,可多次拆装,反复使用,寿命长。

(3)安装在轮辋上,既不影响轮胎外观和加重转向盘转向力,也不影响轮胎的正常寿命和避振性能。

2)胎侧强化型防爆装置

如图16-43所示,胎侧强化型轮胎与普通轮胎的结构区别就是在胎侧附加了胎侧加强橡胶。当轮胎泄气时,加强橡胶使轮胎断面高度下降幅度较小,汽车仍能安全行驶一定距离。

汽车轮胎安装防爆装置的优点是:

(1)保证汽车在任何情况突然爆胎时,都不会引发翻车事故,并能继续正常高速行驶。

(2)能保证汽车当一个或多个轮胎意外泄气,也能正常行驶几十公里再补、换胎,不会损坏轮胎。

(3)在雨天、夜间等特殊天气不便更换轮胎的情况下或是高速公路等停车危险地带,不必更换轮胎也可继续行驶。

(4)由于可以省去备用胎,因此能减轻车身重量,节省空间。

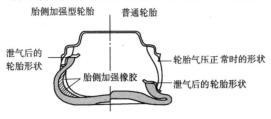

图 16-43　胎侧强化型轮胎与普通轮胎的结构对比示意图

第十七章 悬 架

第一节 概 述

悬架是车架(或承载式车身)与车桥(或车轮)之间连接、传力装置的总称。它的功用是把路面作用于车轮上的垂直反力、纵向反力(牵引力和制动力)和侧向反力以及这些反力所形成的力矩传递到车架(或承载式车身)上,保证汽车的正常行驶,满足使用要求。

如图 17-1 所示,汽车的悬架一般由弹性元件 1、减振器 2 和导向机构(推力杆 4)三部分组成。

汽车行驶的路面不可能绝对平坦,路面作用于车轮上的作用力往往是冲击性的,为了缓和冲击,在汽车行驶系中,除采用弹性的充气轮胎之外,在悬架中还必须装有弹性元件,使车架(或车身)与车桥(或车轮)之间做弹性连接。弹性系统在受到冲击后,就开始振动,持续的振动易使驾乘人员感到不舒适或疲劳,为此,悬架

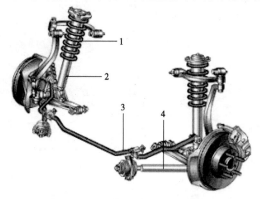

图 17-1 汽车的悬架组成示意图
1-弹性元件;2-减振器;3-横向稳定器;4-推力杆

应具有减振作用,使汽车振动幅度迅速衰减。因此,汽车悬架中设有专门的减振器。

车轮相对于车架和车身跳动时,车轮的运动轨迹应符合一定的要求,否则对汽车的行驶稳定性不利。因此,悬架中某些传力构件还应保证使车轮按一定轨迹相对于车架和车身跳动,这些传力构件起导向作用,故称导向机构。

在多数乘用车和客车上,为了防止车身在转弯行驶等情况下发生过大的倾斜,以免影响行驶的稳定性,因此在悬架中设有横向稳定器(辅助弹性元件)。

由上述可知,汽车悬架的功能是缓冲、导向和减振,总的功能是传力。悬架具备上述功能,不一定都设置满足上述各功能的装置。例如,钢板弹簧除了具有缓冲作用外,还能起到传递各向力和力矩以及决定车轮运动轨迹的作用。此外,一般钢板弹簧是多片叠加而成的,本身具有一定的减振能力,在对减振要求不高的车辆上,可以不装减振器。

汽车悬架可分为两大类:非独立悬架和独立悬架。
非独立悬架(图 17-2a)的结构特点是两侧的车轮

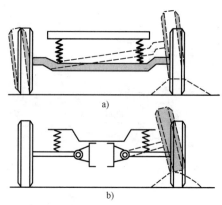

图 17-2 非独立悬架与独立悬架示意图
a)非独立悬架;b)独立悬架

由一根整体式车桥相连。车轮连同车桥一起通过弹性悬架与车架(或车身)连接。当一侧车轮因道路不平而发生跳动时,必然引起另一侧车轮在汽车横向平面内发生摆动。

独立悬架(图17-2b)的结构特点是车桥做成断开的,每一侧的车轮可以单独地通过弹性悬架与车架(或车身)连接,两侧车轮可以单独跳动,互不影响。

第二节 弹性元件

悬架常采用的弹性元件有钢板弹簧、螺旋弹簧、扭杆弹簧、空气弹簧、油气弹簧、橡胶弹簧等。

一、钢板弹簧

钢板弹簧又叫叶片弹簧,它是由若干不等长的合金弹簧片叠加成一根近似等强度的梁。如图17-3所示,钢板弹簧3的第一片(最长的一片)称为主片,其两端弯成卷耳1,内装青铜或塑料、橡胶、粉末冶金制成的衬套,用弹簧销与固定在车架上的支架,或吊耳做铰链连接。如图17-4所示,钢板弹簧的中间用U形螺栓9与车桥固定。

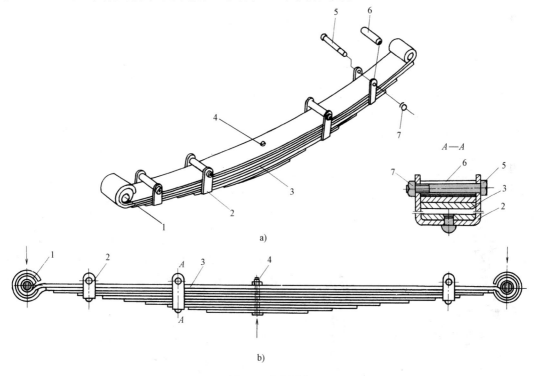

图17-3 钢板弹簧
1-卷耳;2-弹簧夹;3-钢板弹簧;4-中心螺栓;5-螺栓;6-套管;7-螺母

如图17-3所示,中心螺栓4用来连接各弹簧片,并保证各片装配时的相对位置。中心螺栓到两端卷耳中心的距离可以相等,也可以不相等。为了增加主片卷耳的强度,将第二片末端也弯成半卷耳,包在主片卷耳的外面,且留有较大的间隙,使得弹簧在变形时,各片间有相对滑动的可能,防止运动干涉。

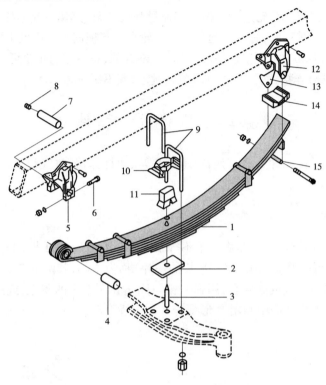

图17-4 载货汽车前钢板弹簧的安装零件分布图

1-钢板弹簧;2-垫板;3-中心固定螺栓;4-钢板弹簧销衬套;5-前支架(固定);6-钢板弹簧销定位螺栓;7-钢板弹簧销;8-润滑脂加注嘴;9-U形螺栓;10-盖板;11-限位块;12-后支架(滑移端);13-侧垫板;14-滑板;15-限位销套

钢板弹簧在载荷作用下变形,各片之间因相对滑动而产生摩擦,各片间的干摩擦可促使车架的振动衰减。车轮将所受冲击力传递给车架,且增大了各片的磨损。所以在装合时,各片间涂上较稠的润滑剂(石墨润滑脂),并应定期维护。

钢板弹簧本身还兼起导向机构的作用,无须再设导向装置,使结构简化,广泛应用于载货汽车。有些乘用车的后悬架采用钢板弹簧作弹性元件。目前,一些汽车上采用变厚度的单片或2~3片的钢板弹簧,可以减少片与片间的干摩擦,同时减轻重量。

二、螺旋弹簧

螺旋弹簧是用弹簧钢钢棒料卷制而成(图17-5),其结构形式有刚度不变的圆柱形螺旋弹簧和刚度可变的圆锥形螺旋弹簧。

螺旋弹簧大多应用在独立悬架上,广泛应用于前轮独立悬架。有些乘用车后轮非独立悬架也采用螺旋弹簧作弹性元件。由于螺旋弹簧只承受垂直载荷,因此它用作弹性元件的悬架

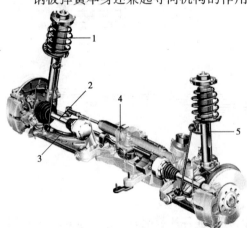

图17-5 乘用车前悬架

1-螺旋弹簧;2-驱动轴;3-横向稳定杆;4-转向器;5-减振器

时要加设导向机构和减振器。它与钢板弹簧相比具有不需润滑、防污性强、占用纵向空间小、弹簧本身质量小的特点,因而在现代乘用车上广泛采用。

三、扭杆弹簧

扭杆弹簧用铬钒合金弹簧钢制成,它的表面经过加工很光滑,扭杆断面常为圆形,少数是矩形或管形。通常,为保护扭杆表面,在其上涂有环氧树脂,并包一层玻璃纤维,再涂一层环氧树脂,最后涂上沥青和防锈油漆,以防磨蚀和损坏表面,从而延长扭杆弹簧的使用寿命。

如图 17-6 所示,V 形断面的横梁 1 与纵臂是铆接的,左、右支架 7 固定在车身上,左、右纵臂的前端经支承套分别支承在左、右支架上。扭杆弹簧 8、9 的中部用连接件 2 紧固,两端以花键分别固定在支架和纵臂上。扭杆一端固定在支架上,另一端与纵臂相连。当车轮跳动时,纵臂便绕着扭杆轴线摆动,使扭杆产生扭转弹性变形,以保证车轮与车架的弹性连接。

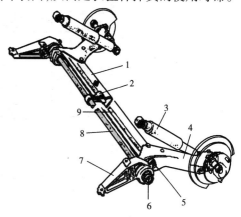

图 17-6 乘用车的扭杆弹簧悬架结构图(后桥)
1-V 形断面横梁;2-连接件;3-减振器;4-左纵臂;5-扭杆与纵臂的花键连接处;6-扭杆与安装支架的花键连接处;7-安装支架;8、9-扭杆弹簧

扭杆弹簧在制造时,经热处理后施加一定的扭转力矩载荷,使它有一个永久变形,而具有一定的预应力,这样可以在实际工作中减小工作时的实际应力,有利于延长扭杆弹簧的寿命。但应注意左、右扭杆由于施加应力有方向性,装在车上后承受工作载荷时扭转的方向应与所预加在扭杆上的扭转方向相一致,为此左、右扭杆做有标记,安装时应注意。

采用扭杆弹簧做弹性元件的悬架要设导向机构和减振器。与钢板弹簧相比,扭杆弹簧质量轻于钢板弹簧,不需润滑,维修简便。

四、气体弹簧

气体弹簧是以空气做弹性介质,即在一个密闭的容器内装入压缩空气(气压为 0.5~1MPa),利用气体的可压缩性来实现弹簧的作用,这种弹性元件叫空气弹簧。从结构上分为囊式和膜式两种,如图 17-7 所示。空气弹簧在大中型客、货汽车中得到广泛应用,在其他类型的汽车上逐步推广使用,尤其在主动悬架中被采用。这种弹簧随着载荷的增加;容器内压缩空气压力升高,使其弹簧刚度也随之增加;载荷减少,弹簧压力也随空气压力减少而下降,因而这种弹簧有理想的弹性特征。

囊式空气弹簧由夹有帘线的橡胶组成的气囊和密闭在内腔的压缩空气构成。气囊由耐油橡胶制成单节或多节,节与节之间围有钢质腰环,防止两节之间摩擦。气囊上下盖板将空气封于内腔。囊式空气弹簧寿命较长、制造方便、刚度较大,常用于大型汽车上。

膜式空气弹簧,由橡胶膜片和金属压制件组成。它比囊式空气弹簧的弹性曲线更为理想,固有频率更低些,且尺寸小,便于布置,因而多用于乘用车上。

空气弹簧应用在悬架中,由于只承受轴向载荷,因此悬架中必须加设导向机构和减振器。空气弹簧可以借专门的控制阀(高度阀)自动调节气囊或气室的原始充气压力,以便使车身离地高度满足使用要求。

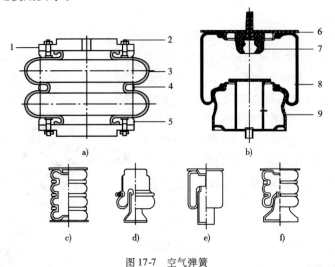

图 17-7 空气弹簧
a)、c)囊式空气弹簧;b)、d)、e)、f)模式空气弹簧
1、6-上盖板;2-螺栓;3、8-橡胶气囊;4-腰环;5-凸缘;7-缓冲块;9-活塞底座

五、油气弹簧

油气弹簧常以气体(一般为氮气)作为弹性介质,用油液作为传力介质。它一般是由气体弹簧和相当于液力减振器的液压缸两部分组成。

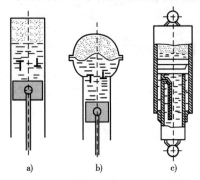

图 17-8 油气弹簧结构示意图
a)油气不分隔式;b)、c)油气分隔式

油气弹簧的结构形式有单气室、双气室和两级压力式等结构。图 17-8 是单气室油气弹簧示意图。

单气室油气弹簧又分为油气分隔式和油气不分隔式两种。前者能防止油液乳化,充气方便。

1. 单气室油气分隔式油气弹簧

图 17-9 所示为某些乘用车和轻型汽车上用的单气室油气分隔式油气弹簧。上、下半球室构成的球形气室固装在工作缸 10 上,球形气室的内腔用橡胶隔膜 5 隔开,上半球室充入高压氮气,下半球室通过减振器阻尼阀 9 与工作缸的内腔相通,并充满了工作油液。隔膜 5 的作用在于把作为弹性介质的高压氮气和工作油液分开,以避免工作油液乳化,也便于充气和维护。工作缸固定在车身(车架)上,其活塞 3 与导向缸 12 连接成一体,悬架活塞杆 1 的下端与悬架的摆臂(或车桥)相连接。当悬架摆臂(或车桥)与车身(或车架)相对运动时,活塞和活塞导向缸便在工作缸内上下移动,工作油液通过减振器阻尼阀 9 来回运动,起到减振器的功用。

当载荷增加,悬架摆臂(车桥)与车身(车架)之间的距离缩短时,活塞及导向缸向上移动,使充满工作液的内腔容积减小,工作液经压缩阀 18 进入球形气室,推动隔膜 5 向具有一定压力的氮气室移动,气体被压缩,氮气压力升高。当活塞向上的推力(即外界载荷)与氮气压力向下的反作用力相等时,活塞停止移动。于是,车身(车架)与悬架摆臂(车桥)间的相对位置不再变化。当载荷减小,即推动活塞上移的作用力减小时,隔膜受高压氮气作用而向下移动,工作液经伸张阀 14 流回工作缸内腔,推动活塞向下移动,车身(车架)与悬架摆臂(车桥)之间的距离变长,直到氮气室内的压力通过工作液的传递转化为作用在活塞上的力与外界减小的载荷相等时,活塞才停止移动。在汽车行驶过程中,油气弹簧所受的载荷是变化的,因此活塞在工作缸中处于不同的位置。由于氮气充满在密闭的球形气室内,作用在油气隔膜上的载荷小时,气体弹簧的刚度较小,随着载荷的增加,气体弹簧的刚度变大,故它具有变刚度的特性。

2. 单气室油气不分隔式油气弹簧

图 17-10 所示为某自卸汽车的前悬架所采用的单气室油气不分隔式油气弹簧,其工作缸 2 固定在车架上,管形活塞 1 的下端与转向节相连。该油气弹簧是前悬架的弹性元件,还兼作转向主销。

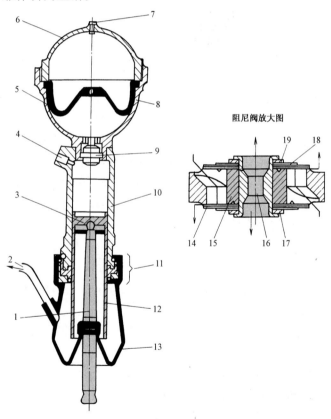
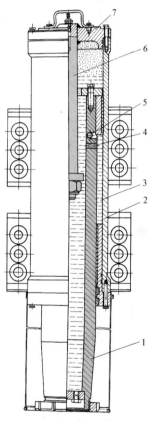

图 17-9 单气室油气分隔式油气弹簧的结构图
1-悬架活塞杆;2-油溢流口;3-活塞;4-加油口;5-橡胶油气隔膜;6-上半球室;7-充气螺塞;8-下半球室;9-减振器阻尼阀;10-工作缸;11-密封装置;12-活塞导向缸;13-防护罩;14-伸张阀;15-阀体;16-油液节流孔;17-伸张阀限位挡片;18-压缩阀;19-压缩阀限位挡片

图 17-10 单气室油气不分隔式油气弹簧的结构图
1-管形活塞;2-工作缸;3-环形腔;4-常通孔;5-单向球阀;6-伸张行程限制器;7-工作缸盖

管形活塞 1 的内腔以及活塞与工作缸壁间形成的环形腔 3 内,充满着工作油液。在管形活塞头的上面有一油层,可以润滑活塞,也可以作为气室的密封。油层上方的空间是高气压室,其中充满高压氮气。气体和油液之间没有隔离元件。

悬架压缩行程中,管形活塞在工作缸内向上移动,高压气室容积缩小,氮气被压缩,油压升高,使一部分油液经管形活塞上的常通孔4和推开单向球阀5流入容积增大的环形腔3内。载荷减小时(伸张行程),管形活塞向下移动,高压气室的容积增大,气体压力和油压都下降,环形腔容积缩小,单向球阀关闭,其内部的油液经过常通孔返回管形活塞内腔,因而增加了伸张行程的阻尼力。在工作缸盖上设置了一个拉伸行程限制器6(伸进管形活塞内腔),目的是防止活塞与缸体底部撞击或从缸体中脱出。

单气室油气弹簧结构简单,工作可靠,维护也较方便。但是,单气室的油气弹簧在伸张行程中的刚度较低,悬架的伸张行程较大,易产生活塞撞击底部,因此,在该油气悬架中,利用增加伸张行程阻尼的方法予以解决,即在该油气弹簧中装设了伸张行程限制器6,以保证油气弹簧在伸张行程中安全可靠。

3. 双气室油气弹簧

如图17-11所示,它比单气室油气弹簧多了一个作用力方向相反的反压气室B和一个浮动活塞2。

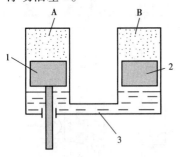

图17-11 双气室油气弹簧的示意图
1-主活塞;2-浮动活塞;3-通道;A-主气室;B-反压气室

弹簧处于压缩行程时,主气室A的主活塞1上移,主气室内的气压升高,弹簧的刚度增大。浮动活塞下面的油液在反压气室的气体压力作用下,经通道3流入主气室的活塞下面,补充活塞上移后增大的容积,而反压气室内的压力下降。弹簧处于伸张行程时,主活塞下移,主气室内的气压降低,主活塞下面的油压受挤压,经通道流回浮动活塞的下面,推动活塞上移,使反压气室内的气压升高,提高了伸张行程的弹簧刚度。这种油气弹簧消除了在伸张行程中活塞与缸体底部发生冲撞的可能性,工作可靠。

图17-12所示为双气室的油气弹簧(带反压气室)的结构。主工作缸1和副工作缸3连成一体。主活塞2的上腔为主气室,浮动活塞4的上腔为反压气室,两气室皆为油气不分隔式。主活塞在主工作缸中上下移动,其下端与车桥(或车轮)相连,工作缸和车架(或车身)相连接。

副工作缸下部的阻尼阀座6上设有阻尼阀,保证油气弹簧在压缩和伸张行程中具有不同的阻尼力,以满足使用要求。

上述单气室和双气室两种油气弹簧的刚度较小,当弹簧载荷变化时,悬架系统的振动频率变化幅度较大。若要保证在汽车空载和满载时悬架都具有较低的振动频率,其结构就会过大,很难在车身下布置。为此,研制了刚度变化幅度较大的两极压力式油气弹簧。

4. 两级压力式油气弹簧

如图17-13所示,工作活塞1的上方设有两个并列的气室,两个气室的工作压力不同。主气室A内的气压与单气室油气弹簧的气室压力相近,补偿气室B内的气压较高。因此,两个气室不同时参加工作,其作用相当于钢板弹簧的主簧和副簧的作用。当弹簧载荷较小时,主气室首先工作,内部气压随着载荷的增加而逐渐升高。当油气弹簧所承受的载荷增加到使主气室的气压超过补偿气室内的气压时,补偿气室就开始工作。如果弹簧上的载荷继续增加时,补偿气室和主气室共同工作。这种结构特点是弹簧刚度变化更加符合悬架性能的要求,保证汽车满载和空载时悬架系统有大致相等的固有频率。

油气弹簧同螺旋弹簧一样,只能承受轴向载荷,故空气弹簧悬架中必须设置纵向和横向推力杆等导向机构,还须装有减振器。

油气弹簧应用于重型汽车,其体积和质量都比钢板弹簧小(质量可减小50%以上)。但油气弹簧对气体和油液的密封要求很高,对加工和装配的精度要求和对相对滑动的工作表面的表面粗糙度和耐磨性要求也很高。另外,油气弹簧的维护也比较复杂。

六、橡胶弹簧

橡胶弹簧有许多类型,如压缩型、扭转型等。橡胶弹簧在结构上常用实心和空心两种。实心橡胶弹簧的变形很小,主要用于行驶稳定性要求较高的车轴上;空心橡胶弹簧具有可变刚度的特性,常用于轴载在 8~10t 的悬架上。如图 17-14 所示,实心橡胶棒安装在六角形外管 3 和三角形内管之间,与车轮相连的摆臂与内管 4 固定在一起。当摆臂上下摆动时,挤压橡胶棒(图 17-14),从而起到缓冲减振作用。安装这种橡胶棒的悬架系统自阻尼特性较好,也就是说,悬架系统的振动会尽快衰减。装有该悬架机构的车辆行驶舒适性、安全性较好,行驶噪声小,免维护。

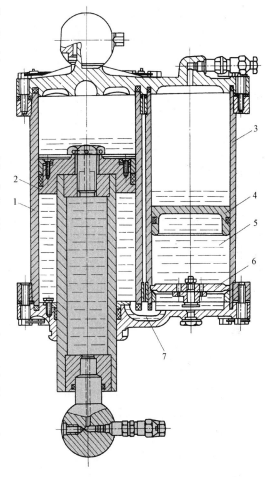

图 17-12 双气室(带反压气室)油气弹簧的结构图
1-主工作缸;2-主活塞;3-副工作缸;4-浮动活塞;5-液腔;6-阻尼阀座;7-通道

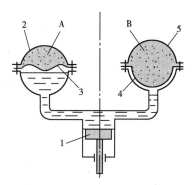

图 17-13 两级压力式油气弹簧示意图
1-工作活塞;2-第一级压力缸;3、4-橡胶油气隔膜;5-第二级压力缸;A-主气室;B-补偿气室

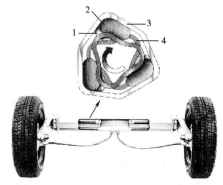

图 17-14 扭转挤压型橡胶弹簧的结构
1-橡胶零负荷位置;2-橡胶被挤压状态;3-六角形外管;4-三角形内管

第三节 减振器

为加速衰减车架与车身振动,改善汽车的行驶平顺性,在大多数汽车的悬架系统装有减振器。减振器和弹性元件是并联安装的(图 17-15)。

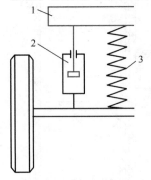

图 17-15 减振器和弹性元件的结构示意图
1-车架;2-减振器;3-弹性元件

汽车悬架系统中广泛应用液力减振器。液力减振器的基本原理是,当车架与车桥做往复相对运动时,活塞在缸筒内往复移动时,减振器壳体内的油液便反复地从内腔通过一些窄小的孔隙流入另一内腔。孔壁与油液间的摩擦及液体分子内摩擦便形成对振动的阻尼力,使车身和车架的振动能量转化为热能被油液和减振器壳体所吸收,然后散到大气中。减振器阻尼力的大小随车架和车桥(或车轮)相对速度的增减而增减,并且与油液的黏度有关。要求油液的黏度受温度变化的影响尽可能小,具有抗汽化、抗氧化以及对各种金属和非金属零件不起腐蚀作用等性能。

减振器的阻尼力越大,振动消除得越快,但并联的弹性元件不能充分发挥作用,过大的阻尼力还会导致减振器连接零件及车架损坏。

为解决弹性元件与减振器之间的这一矛盾,对减振器提出如下要求:

(1)悬架处于压缩行程(车桥与车架相互移近的行程)时,减振器阻尼力应较小,以便充分利用弹性元件的弹性来缓和冲击。

(2)悬架处于伸张行程(车桥与车架相互远离的行程)时,减振器的阻尼力应较大,以求迅速减振。

(3)当车桥(或车轮)与车架的相对速度较大时,减振器应当自动加大液流通道截面积,使阻尼力始终保持在一定限度之内,以避免承受过大的冲击载荷。

液力减振器按其作用方式不同,又可分为双向作用式减振器和单向作用式减振器两种。在压缩和伸张两行程内均能起作用的减振器,称为双向作用式减振器。目前,在汽车上被广泛采用。

一、双向作用筒式减振器

双向作用筒式减振器一般有四个阀(图 17-16),即压缩阀 6、伸张阀 4、流通阀 8 和补偿阀 7。流通阀和补偿阀是单向阀,其弹簧很弱,当阀上的油压作用力与弹簧力同向时,阀处于关闭状态,不通液流;当油压作用力与弹簧力反向时,即使有很小的油压,阀就能开启。

压缩阀和伸张阀是卸载阀,其弹簧较强,预紧力较大,当油压升高到一定程度时,阀才能开启,当油压降低到一定程度时,阀自行关闭。

双向作用筒式减振器的工作原理可按图 17-16,分为压缩和伸张两个行程加以说明。

1. 压缩行程

当汽车车轮向车架(车身)移动时,减振器受压缩,减振器活塞 3 下移。活塞下面的腔室(下腔)容积减小,油压升高,油液经流通阀 8 流到活塞上面的腔室(上腔)。由于上腔被活塞杆占去一部分空间,上腔内增加的容积小于下腔减小的容积,为此有一部分油液推开压缩阀 6,流回储油缸 5。这些阀对油液的节流就形成了对悬架压缩运动的阻尼力。

2. 伸张行程

当车轮相对车身移开时,减振器受拉伸,减振器活塞3向上移动。活塞上腔油压升高,流通阀8关闭。上腔内的油液便推开伸张阀4流入下腔。同样,由于活塞杆1的存在,自上腔流来的油液还不足以充满下腔所增加的容积,下腔内产生一定的真空度,此时储油缸中的油液推开补偿阀7流入下腔进行补充。这些阀的节流作用就形成了对悬架伸张运动的阻尼力。

压缩阀的节流阻力应设计成随活塞运动速度而变化。例如,当车架或车身振动缓慢(即活塞向下的运动速度低)时,油压不足以克服压缩阀弹簧的预紧力而推开阀门。此时,多余部分的油液便经一些常通的缝隙(图上未画出)流回储油腔。当车身振动剧烈,即活塞向下运动的速度高时,则活塞下腔油压骤增,达到能克服压缩阀弹簧的预紧力时,便推开压缩阀,使油液在很短的时间内通过较大的通道流回储油缸。这样,油压和阻尼力都不致超过一定限度,保证弹性元件在压缩行程中充分发挥缓冲作用。

同样,伸张行程中减振器的阻尼力也应设计成随活塞运动速度而变化。当车轮向下运动速度不大(即活塞向上的运动速度不大)时,油液经伸张阀的常通孔隙(图17-16上未画出)流入下腔,由于通道截面积很小,便产生较大的阻尼力,从而消耗了振动能量,使振动迅速衰减。当车身振动剧烈时,活塞上移速度增大到使油压足以克服伸张阀弹簧的预紧力时,伸张阀开启,通道截面积增大,使油压和阻尼力保持在一定限度以内。这样,可使减振器及悬架系统的某些零件不会因超载而损坏。

由于伸张阀弹簧的刚度和预紧力比压缩阀的大,在同样的油压力作用下,伸张阀及相应的常通缝隙的通道截面积总和小于压缩阀及相应的常通缝隙的通道截面积总和,这就保证了减振器在伸张行程内产生的阻尼力比压缩行程内产生的阻尼力大得多。

根据上述工作原理所设计的各种双向作用筒式减振器,其构造均大同小异。

图17-17所示为汽车常用的双向作用筒式减振器。它有三个同心钢筒:防尘罩21、储油缸20和工作缸19。防尘罩与活塞杆和用以连接车架的上吊环26焊接在一起。工作缸装于储油缸内,并用螺母27通过密封圈25和导向座22压紧。储油缸的下端焊有用以连接车桥的下吊环10。在减振器工作时,这两个缸是作为一个整体一起随车桥而运动的。储油缸与工作缸之间形成储油腔,内装油液,但不装满,工作缸内则充满油液。活塞杆18穿过工作缸和储油缸之间的密封装置而伸入工作缸内。在活塞杆的下端用压紧螺母9来固定活塞4。活塞的头部有内、外两圈沿圆周均布的轴向通孔,外圈10个孔的直径大于内圈10个孔的直径。在活塞头部上端面上,有仅能盖住外圆通孔的流通阀3,用弹簧片2压紧,并由流通阀限位座1进行限位。在活塞头部下端面上均匀分布四个小槽,当伸张阀5被压紧时,就形成四

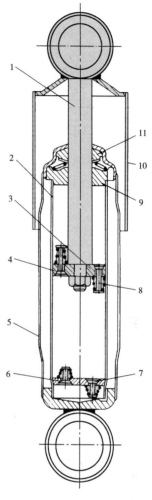

图17-16 双向作用筒式减振器示意图

1-活塞杆;2-工作缸;3-活塞;4-伸张阀;5-储油缸;6-压缩阀;7-补偿阀;8-流通阀;9-导向座;10-防尘罩;11-油封

个缺口,缺口为常通的缝隙,在压缩或伸张行程中油液均可通过此缺口流动。在伸张阀与压紧螺母之间装有调整垫片8,用以调整伸张阀弹簧7的预紧力。工作缸的下端装有支承座圈11,座圈孔上端面有两个小缺口,与装在它上面的星形补偿阀15形成两个缝隙,作为工作腔和储油腔之间的常通缝隙。补偿阀中央有孔,孔中装有压缩阀杆16,阀杆上部钻有中心孔,阀杆圆柱面上有两个圆孔与中心孔相通。在压缩阀杆上滑套着压缩阀14,不工作时,压缩阀在压缩弹簧13作用下,其上端面紧压在补偿阀15上,内部形成一锥形小空腔。此时,油液经阀杆上的中心孔及圆孔只能流到锥形小空腔中,与储油腔隔绝。

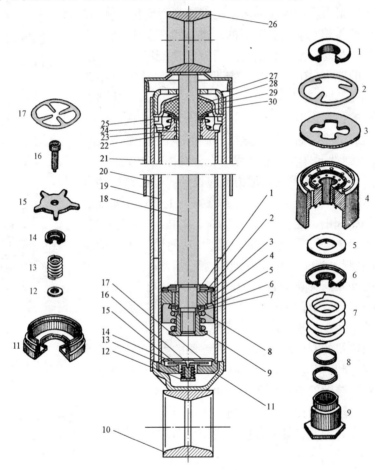

图17-17 双向作用筒式减振器

1-流通阀限位座;2-流通阀弹簧片;3-流通阀;4-活塞;5-伸张阀;6-支承座圈;7-伸张阀弹簧;8-调整垫片;9-压紧螺母;10-下吊环;11-支承座圈;12-压缩阀弹簧座;13-压缩阀弹簧;14-压缩阀;15-补偿阀;16-压缩阀杆;17-补偿阀弹簧片;18-活塞杆;19-工作缸;20-储油缸;21-防尘罩;22-导向座;23-衬套;24-油封弹簧;25-密封圈;26-上吊环;27-储油缸螺母;28-油封;29-油封盖;30-油封垫圈

座圈11上端在安装好以后翻边,将补偿阀弹簧片17紧压在阀杆16顶端边缘,成为不可拆的部件。工作缸的上部装有密封装置和导向座。密封装置由橡胶密封圈25、橡胶油封28、油封盖29、油封垫圈30、油封弹簧24及储油缸螺母27所组成。橡胶密封圈25密封工作缸的周缘,橡胶油封28密封活塞杆。当活塞杆往复运动时,杆上的油液被密封件刮下,通过导向座22上的径向小孔流回储油缸,导向座22为活塞杆导向。

二、充气式减振器

图 17-18 所示,充气式减振器的结构特点是在缸筒的下部装有一个浮动活塞 2,在浮动活塞与缸筒一端形成的密闭气室 1 中,充有高压(2～3MPa)的氮气。在浮动活塞的上面是减振器油液。浮动活塞上装有大断面的 O 形密封圈 3,它把油和气分开,此活塞又称为封气活塞。工作活塞 7 上有随其运动速度大小而改变通道截面积的压缩阀 4 和伸张阀 8。这两个阀均由一组厚度相同、直径不等、由大到小而排列的弹簧钢片组成。当车轮上下跳动时,减振器的工作活塞在油液中做往复运动,使工作活塞的上腔和下腔之间产生油压差,压力油便推开压缩阀或伸张阀而来回流动。阀对压力油产生较大的阻尼力使车身振动衰减。

活塞杆的进出而引起的缸筒容积的变化,依靠浮动活塞的上下运动来补偿。因此,这种减振器不需储油缸,所以又称单筒式减振器。前述双向作用筒式减振器又称为双筒式减振器。

三、阻尼力可调式减振器

研究证明,悬架系统中理想的阻尼力特性应该是随着使用因素(如道路条件、载荷)的变化而改变,即减振器的阻尼力应和悬架系统的参数有适当的匹配关系。当悬架系统的某一参数发生变化时,减振器的阻尼力也应随之而改变,从而保证悬架系统有良好的振动特性。

图 17-19 所示为某些乘用车上采用的阻尼力可调式减振器示意图。

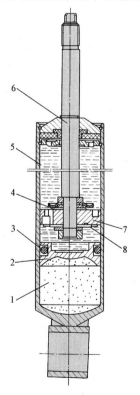

图 17-18 充气式减振器的结构图
1-密闭气室;2-浮动活塞;3-O 形密封圈;4-压缩阀;5-工作缸;6-活塞杆;7-工作活塞;8-伸张阀

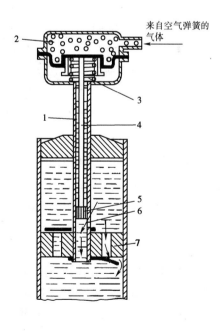

图 17-19 阻尼力可调式减振器
1-空心连杆;2-气室;3-弹簧;4-柱塞杆;5-柱塞;6-节流孔;7-活塞

装有这种阻尼力可调式减振器的悬架系统采用了刚度可变的空气弹簧。其工作原理是,当汽车的载荷增加时,空气囊的气压升高,气室2内的气压也随之升高,膜片向下移动与弹簧3产生的压力相平衡。与此同时,膜片带动与它相连的柱塞杆4和柱塞5下移,使柱塞相对空心连杆1上的节流孔6的位置发生变化,减小了节流孔的截面积,也就减少了节流孔的流量,增加了油液流动阻尼力。反之,当汽车载荷减小时,柱塞上移,增大了节流孔的截面积,减小了油液的流动阻尼力。因此,随着汽车载荷的变化,减振器阻尼力随之改变。

第四节　横向稳定装置

乘用车悬架刚度一般比较低,在转向时,车身会产生很大的横向倾斜和横向角振动。为减少这种横向倾斜,在悬架中加设横向稳定装置(图17-20)。其他类型的汽车也有采用横向稳定装置,广泛应用的结构是杆式横向稳定装置。

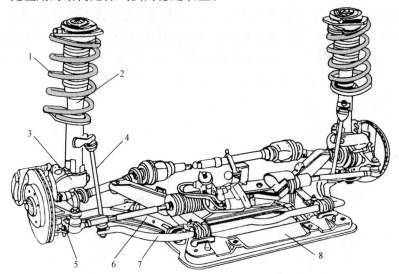

图17-20　乘用车前悬架
1-螺旋弹簧;2-筒式减振器;3-转向节;4-连接杆;5-球头销;6-下摆臂;7-横向稳定杆;8-前托架

杆式横向稳定装置在汽车上的安装,如图17-20所示。弹簧钢制成的横向稳定杆7呈扁平的U形,横向地安装在汽车的前端或后端(也有的乘用车前后都有)。稳定杆7中部的两端自由地支承在两个橡胶套筒内,而套筒则固定在车架上。横向稳定杆的两侧纵向部分的末端通过连接杆4与悬架下摆臂上的弹簧支座相连。

当两侧悬架变形相等时,横向稳定杆在套筒内自由转动,横向稳定杆不起作用。当两侧悬架变形不等而车身相对于路面横向倾斜时,车架的一侧移近弹簧支座,稳定杆该侧末端就相对于车架向上移;而车架的另一侧远离弹簧支座,相应的稳定杆的末端则相对于车架向下移。在车身倾斜时,稳定杆两边的纵向部分向不同方向偏转,稳定杆便被扭转。弹性的稳定杆产生扭转内力矩妨碍了悬架弹簧的变形,起到了阻止车身倾斜的作用,减小了车身的横向倾斜和横向角振动。

第五节 非独立悬架

非独立悬架被广泛用于载货汽车和客车的前、后悬架,某些乘用车的后悬架也有采用非独立悬架。

一、钢板弹簧式非独立悬架

钢板弹簧作为非独立悬架的弹性元件,兼起导向机构的作用,在汽车上纵向安装,使得悬架系统大为简化,如图 17-21 所示。这种悬架广泛用于载货汽车的前悬架,它中部用两个 U 形螺栓 3 将钢板弹簧固定在车桥上。悬架前端为固定铰链(参见图 17-21 中的 B—B 剖面),也叫死吊耳。后端可以纵向摆动(参见 A—A 剖面),形成活动吊耳。当钢板弹簧受力变形时,两吊耳之间的距离将发生变化。

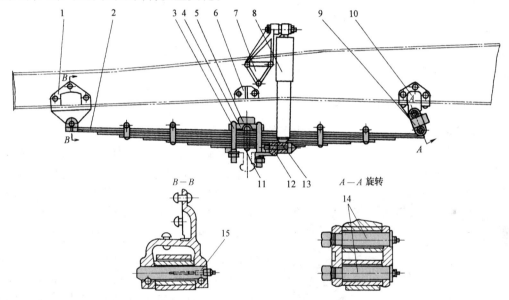

图 17-21 载货汽车前支架的结构图

1-前支架;2-钢板弹簧;3-U 形螺栓;4-盖板;5-缓冲块;6-限位块;7-减振器上支架;8-减振器;9-吊耳;10-后支架;11-钢板弹簧中心螺栓;12-减振器下支架;13-减振器连接销;14、15-吊耳销

利用销 15 将钢板弹簧前端卷耳与前支架 1 相连。用销 14 将钢板弹簧后端卷耳、活动吊耳和支架 10 相连接。在销 14、15 与卷耳之间装有衬套,并在销中钻有轴向油道,通过油嘴加注润滑脂,减少配合面的磨损。

橡胶缓冲块 5 装在钢板弹簧盖板 4 上,防止钢板弹簧在最大变形时撞击车架。筒式减振器 8 为双向作用式,减振器的两端通过衬套和减振器连接销 13 分别与固定在车架、车桥的上、下支架 7、12 相连。

为了提高汽车的平顺性,有些载货汽车后悬架采用主簧上加装副簧,实现两级刚度钢板弹簧。如图 17-22 在小载荷状况时,只有主簧起作用,当载荷增到一定值时,主簧与副簧共同发挥作用,悬架刚度得到提高,满足汽车使用性能要求。

有的汽车后悬架采用在主簧下方加装副簧,实现渐变刚度钢板弹簧(图17-23)。在小载荷状况时,仅主簧起作用,而当载荷增到一定值时,主簧与副簧接触,共同发挥作用,悬架刚度得到提高,弹簧特性变为非线性,当副簧全部参加工作后,弹簧特性又变成线性。这类悬架特点是副簧逐渐随载荷增加而参加工作,这样悬架刚度的变化平稳,改善了汽车行驶平顺性能。

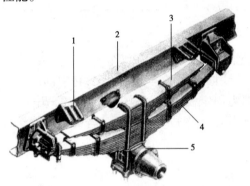

图17-22　主、副弹簧的安装示意图
1-弹簧支座;2-车架;3-副弹簧;4-主弹簧;5-车桥

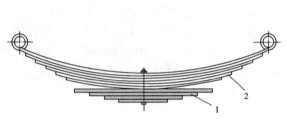

图17-23　变刚度钢板弹簧
1-副簧;2-主簧

二、螺旋弹簧非独立悬架

螺旋弹簧非独立悬架常常用于乘用车的后悬架,如图17-24所示。

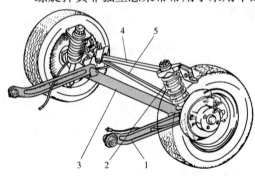

图17-24　螺旋弹簧非独立悬架
1-纵向推力杆;2-螺旋弹簧和减振器总成;3-后轴;4-加强杆;5-横向推力杆

两端车轮用一根整体后轴3相连,纵向推力杆1的一端和车轴固定在一起,另一端头部有孔,里边装有橡胶衬套,连接螺栓穿过橡胶衬套中间的孔和车身相连,并形成铰链点。汽车行驶过程中,整个后轴通过纵向推力杆和车身连接的铰链点进行纵向摆动。铰链点处的橡胶衬套有一定的厚度和长度,橡胶本身又有弹性,后轴在铰链点摆动时,根据受力方向不同,橡胶衬套可以在各个方向产生较小的变形来防止运动干涉。

左、右两个螺旋弹簧的间距应尽可能大,以提高悬架的横向角刚度。

横向推力杆5是用来传递车轴和车身之间的横向作用力及其力矩的。加强杆4的作用是加强横向推力杆的安装强度,并可使车身受力均匀。

三、空气弹簧非独立悬架

汽车行驶时,由于载荷和路面的变化,要求悬架刚度随之变化。空车时车身被抬高,满载时车身被压得很低,会出现撞击缓冲块的情况。为此,对于不同类型汽车提出不同的使用要求,大型载重车辆及大中型客车要求空车与满载时的车身高度变化不大;乘用车要求在好路上降低车身高度(详见第八节),提高车速行驶,在差路面上提高车身,可以增大通过能力,因而要求车身高度随使用情况变化可以调节。空气弹簧非独立悬架可以满足此要求。

如图17-25所示,囊式空气弹簧5的上下端分别固定在车架和车桥上。经压气机1产生的压缩空气经油水分离器10和压力调节器9进入储气筒8。压力调节器可使储气筒中的压缩空气保持一定压力。储气罐8通过管路与2个空气弹簧相通。储气罐和空气弹簧中的空气压力由车身高度调节阀3控制,空气弹簧只承受垂直载荷,因而必加设减振器,其纵向力和横向力及其力矩悬架中的纵向推力杆和横向推力杆来传递。

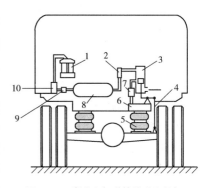

图17-25 囊式空气弹簧非独立悬架
1-压气机;2、7-空气滤清器;3-车身高度控制阀;4-控制杆;5-囊式空气弹簧;6-储气罐;8-储气筒;9-压力调节器;10-油水分离器

图17-26和图17-27所示的空气悬架系统已应用在大中型载客汽车上。

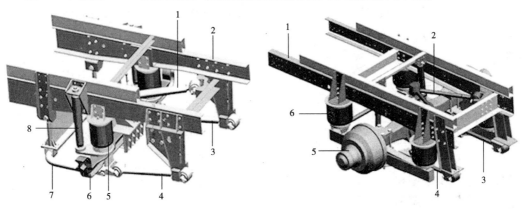

图17-26 客车空气弹簧式非独立悬架(前桥)
1、3、4-导向杆;2-车架;5-空气弹簧;6-前轴;7-稳定杆;8-减振器

图17-27 客车空气弹簧式非独立悬架(驱动桥)
1-车架;2、3、4-导向杆;5-驱动桥;6-空气弹簧

用空气弹簧代替了传统的钢板弹簧,根据结构和使用的具体情况,空气弹簧设有2个或多个,设计安装方便,满足使用要求。这些特点决定了空气悬架具有以下优点:

(1)乘坐更舒适安全。
(2)改善车辆的行驶平顺性。
(3)延长轮胎和制动片的使用寿命。
(4)负载变化时车身高度不变。
(5)减少车桥、车身和底盘的维修成本。
(6)减少对道路的冲击,保护路面,降低公路的维修费用。
(7)延长车辆的使用寿命并增加折旧值。

近几年,空气悬架在大中型客车和大型载货汽车上得到广泛应用,并在其他种类的汽车上开始推广使用。空气悬架的小型化、刚度多级可调甚至无级可调、控制的智能化是未来发展的必然趋势。随着电子计算机技术的不断发展,空气悬架控制系统的智能化程度将会越来越高。

第六节 独立悬架

独立悬架左、右车轮不是用整体车桥相连接,而是通过悬架分别与车架(或车身)相连,每侧车轮都能独立上下运动。乘用车的前、后悬架和载重量1t以下的载货汽车前悬架广泛采用独立悬架。越野车、矿用车和大客车的前轮也有一些采用独立悬架。

独立悬架是每一侧的车轮都单独地通过弹性悬架悬挂在车架或车身下面的。其优点是:质量轻,减少了车身受到的冲击,提高了车轮与路面的附着力;可用刚度小的较软弹簧,改善汽车的舒适性;可以使发动机位置降低,汽车重心也得到降低,从而提高汽车的行驶稳定性;左、右车轮单独跳动,互不相干,能减小车身的倾斜和振动。不过,独立悬架存在着结构复杂、成本高、维修不便的缺点。现代乘用车大都是采用独立悬架,按其结构形式的不同,独立悬架分为横臂式、纵臂式、多连杆式、烛式以及麦克弗逊式悬架等。

根据导向机构不同的结构特点,独立悬架可分为:双横臂式、单横臂式、纵臂式、单臂斜置式、多杆式及滑柱(杆)连杆(摆臂)式等。目前,采用较多的有三种形式:双横臂式、滑柱连杆式、单臂斜置式。按采用不同弹性元件分为:螺旋弹簧式、钢板弹簧式、扭杆弹簧式、气体弹簧式。

一、双横臂式独立悬架

如图17-28所示的悬架结构是一种典型的乘用车采用的独立悬架。上摆臂11和下摆臂4的内端分别通过上摆臂轴15、下摆臂轴1与车架以铰链方式连接,二者的外端分别通过球头销14和球头销3与转向节9相连接。螺旋弹簧5的上、下端分别通过橡胶垫圈7支承在车架横梁上的支承座和下摆臂4上的支承盘内。双向作用筒式减振器6的上、下两端分别通过橡胶衬垫与车架和下摆臂4的支承盘相连接。

上摆臂11与上球头销14是铆接不可拆式,其中装有弹簧13,当球头销与销座有磨损时,自动消除二者之间的间隙。下摆臂4和下球头销3是可拆的。下球头销如有松动出现间隙时,可以拆开球头销,适当减少垫片2以消除间隙。悬架的最大变形由上、下两个缓冲块10和8来限制。

该悬架系统采用球头结构代替主销,即上、下球头销的中心连线相当于主销轴线,转向时转向车轮围绕此轴线进行偏转。主销后倾角通过上摆臂轴15的转动来改变上摆臂11在摆臂轴上的位置来调整。前轮外倾角通过在上摆臂轴与固定支架间的调整垫片12进行调整。主销内倾角和车轮外倾角的关系已被转向节的结构所确定,在调整车轮外倾角的同时,主销内倾角也能满足技术要求。

路面对车轮的垂直作用力依次通过转向节9、下球头销、下摆臂和螺旋弹簧传到车架。纵向力、侧向力及其力矩均由转向节及导向机构(上、下摆臂及上、下球头销)来传递。为可靠地传递纵向力、侧向力及其力矩,必须使悬架具有足够的纵向和侧向刚度。为此,上、下两摆臂制成叉形的刚性构架结构,其内端为宽端,外端为窄端。此类结构在其他类型汽车上也得到应用,见图17-29。在实际结构中,常采用上、下两摆臂不等长的结构形式,选择长度比例合适,可使车轮和主销的角度以及轮距在使用时变化不大。

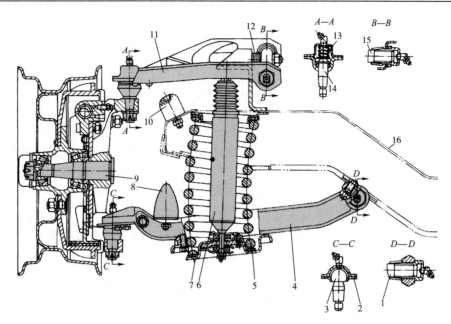

图 17-28 不等臂式悬架（无主销）

1-下摆臂轴；2-垫片；3-下球头销；4-下摆臂；5-螺旋弹簧；6-减振器；7-橡胶垫圈；8、10-缓冲块；9-转向节；11-上摆臂；12-调整垫片；13-弹簧；14-上球头销；15-上摆臂轴；16-车架横梁

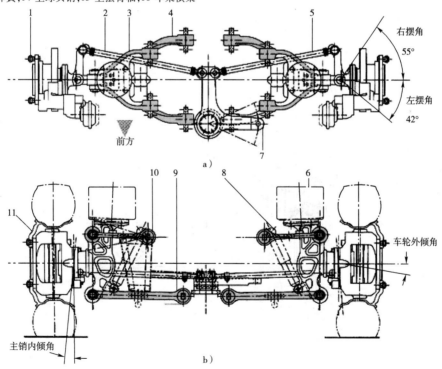

图 17-29 双横臂式独立悬架

a）悬架系统俯视图；b）悬架系统结构图

1-车轮固定螺栓；2、5-转向横拉杆；3、10-悬架上摆臂；4、9-悬架下摆臂；6-弹性元件；8-减振器；11-车轮

不等臂双横臂悬架中,上、下横摆臂的形状常采用 A 形和叉形,上臂比下臂短。当车轮上下运动时,上臂比下臂运动弧度小。这将使轮胎上部轻微地内外移动,而底部影响很小。这种结构有利于减少轮胎磨损,提高汽车行驶的平顺性和方向稳定性。

二、滑柱摆臂式独立悬架(麦克弗逊式或称支柱式)

这种悬架在乘用车中广泛采用,如图 17-30 所示。滑柱摆臂式悬架将减振器 2 作为引导车轮跳动的滑柱,滑柱上端以橡胶 6 做支承,允许滑柱上端做少量角位移。筒式减振器 2 下端与转向节 1 刚性连接,转向节 1 的下端通过球铰链 12 与横摆臂 13 相连接,主销轴线是减振器上端中心与球铰链 12 中心的连线(通过万向节的转动中心)。车轮上下运动时,主销轴线的角度会产生变化,这是由于减振器 2 下端支点随横摆臂 4 摆动的结果。但可通过杆系结构的合理布置使这些参数变化极小,不影响汽车行驶的稳定性。辅助弹簧及限位块 4 的作用是防止螺旋弹簧压缩量过大。轴承 5 可以防止螺旋弹簧上支座的运动干涉。该悬架的特点是:内侧空间大,有利于发动机的整体布置,降低了汽车的重心。

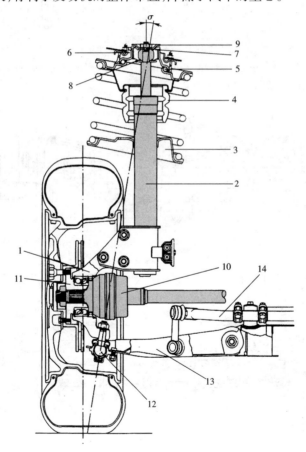

图 17-30 滑柱摆臂式独立悬架

1-转向节;2-减振器;3-螺旋弹簧下支座;4-辅助弹簧及限位块;5-轴承;6-橡胶支座;7-缓冲块;8、9-限位盘;10-等速万向节;11-轮毂;12-球铰链;13-横摆臂;14-横向稳定杆

三、单臂斜置式独立悬架

单臂斜置式独立悬架,如图17-31所示。这种悬架是单横臂和单纵臂独立悬架的折中方案。其摆臂绕与汽车纵轴线具有一定交角的轴线摆动,选择合适的交角可以满足汽车操纵稳定性要求。这种悬架适用于后悬架。

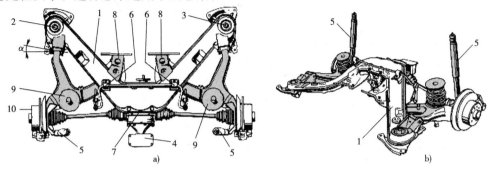

图17-31 单臂斜置式独立悬架(后悬架)
a)俯视图;b)结构分布图
1-副车架;2、3、4-副车架与车身连接处;5-减振器;6-横向稳定杆支架;7-差速器;8-摆臂内支点;9-弹簧座;10-轮毂

四、多杆式独立悬架

独立悬架中多采用螺旋弹簧,需设置导向装置来承受和传递侧向力、垂直力和纵向力。一些乘用车上为减轻车重和简化结构采用多杆式悬架,如图17-32所示。上连杆9通过支架11与车身(或车架)相连,上连杆9外端与连杆7相连。上连杆9的两端都装有橡胶减振套。连杆7的下端通过推力轴承与转向节连接。下连杆5与普通的下摆臂相同,下连杆5的内端通过橡胶减振套与前横梁相连接。用球铰链将下连杆5的外端与转向节相连(图

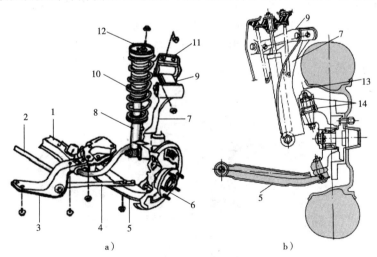

图17-32 多杆式前悬架系统
a)结构分布图;b)侧视图
1-前悬架横梁;2-前稳定杆;3-拉杆支架;4-黏滞式拉杆;5-下连杆;6-转向节总成;7-连杆;8-减振器;9-上连杆;10-螺旋弹簧;11-上连杆支架;12-减振器减振块;13-主销轴线;14-推力轴承

17-32b)。多杆式前悬架系统的主销轴线从下球铰链延伸到上面的推力轴承14,它与上连杆9和连杆7无关。多杆悬架系统具有良好操纵稳定性,可减少轮胎磨损。这种悬架减振器和螺旋弹簧不像麦弗逊式悬架那样沿转向节转动。

第七节　多轴汽车的平衡悬架

多轴汽车的全部车桥如果都相互独立地刚性悬挂在车架上,在不平道路上行驶时,将会产生所有车轮不能同时接触路面的现象(图17-33)。当有弹性悬架且道路的不平整度较小时,车轮不一定会出现悬空的现象,但各个车轮间的垂直载荷分配比例会产生很大的改变。当车轮垂直载荷变小时,车轮对路面的附着力也随之变小。转向车轮在此情况下将使汽车操纵能力大大降低,甚至失去操纵,此时驾驶员将无法控制汽车的行驶方向;驱动车轮遇此情况,将不能产生足够的牵引力。此外,增加了使其他车桥和车轮超载的危险性。

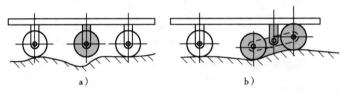

图17-33　三轴汽车在不平道路上的行驶情况示意图

如果全部车轮采用独立悬架,可以保证所有车轮与路面的良好接触,但会使汽车整体结构变得复杂,对于全轮驱动的多轴汽车更是如此。

若将两个车桥(例如三轴汽车的中桥和后桥)装在平衡杆的两端,然后将平衡杆中部与车架做铰链式的连接(图17-33b),一个车桥抬高将会使另一个车桥下降。由于平衡杆两臂等长,两个车桥的垂直载荷在任何情况下都相等,不会产生如图17-33a)所示的不良情况。这种能保证中、后桥车轮垂直载荷相等的悬架,称为平衡悬架。

图17-34为一种常见的三轴汽车中、后驱动桥平衡悬架的结构图。这种钢板弹簧平衡悬架在多轴驱动的汽车上得到了较广泛的应用。

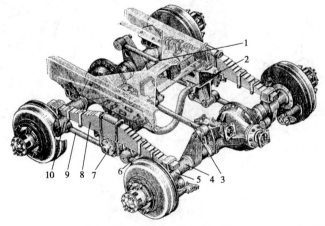

图17-34　三轴汽车中、后桥平衡悬架的结构图
1、3、6、9-导向杆;2-平衡悬架心轴;4-中桥;5-弹簧支座;7-毂;8-钢板弹簧;10-后桥

钢板弹簧8的中部借助毂7与车架连接,作为等长臂平衡杆的钢板弹簧8两端分别插入中、后桥的弹簧支座内,用这种连接能够传递侧向力。为传递纵向力和平衡因纵向力产生的力矩,在中、后桥的上、下还分别装有导向杆1、3和6、9。

图17-35所示为摆臂式平衡悬架的示意图。这种悬架主要用于6×2型载货汽车上。这种车型的结构特点是前桥为转向桥,中桥为驱动桥,后桥为支持桥(可以改为举升式的结构)。

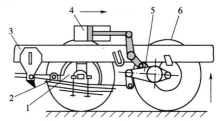

图17-35 摆臂式平衡悬架的示意图
1-驱动桥;2-钢板弹簧;3-车架;4-液压缸;5-摆臂;6-支持轮

当汽车在轻载或空载行驶时,可操纵举升液压缸4,通过杠杆机构将后轮(支持轮)举起,使6×2汽车变成4×2汽车。这不仅减少轮胎的磨损和降低油耗,还可以增加空车行驶时驱动轮上的附着力,以免因牵引力不足而使驱动轮发生滑转的现象。为适应这种汽车总布置的需要,中(驱动)桥和后(支持)桥就有必要采用图示的摆臂式平衡悬架。中桥的悬架采用普通纵置半椭圆钢板弹簧,后吊耳不与车架连接,而是与摆臂5的前端相连。摆臂轴支架固定在车架上。摆臂的后端与汽车的后桥(支持桥)相连。左、右后支持轮之间没有整轴连接。摆臂相当于一个杠杆,中、后桥上垂直载荷的分配比例,取决于摆臂的杠杆比及钢板弹簧前、后端长度之比。这种平衡悬架结构简单,多数零部件还能与原4×2汽车通用。

在多桥的挂车中,常采用平衡悬架,参见图17-36。此种悬架构造简单,维护方便;车桥之间的距离(轴距)比较容易布置,车架受力均匀。

如图17-37所示,利用控制气路将多个车桥的空气弹簧相互连通,就可以平衡多桥的轴载和各个车轮制动力,使车辆的使用性能大为改善。但是,此悬架系统的制造成本较高,维护费用较多。有的平衡悬架缓冲装置采用结构简单的橡胶弹簧。

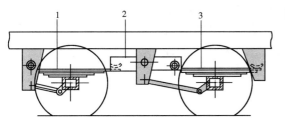

图17-36 挂车的平衡悬架
1、3-钢板弹簧;2-平衡轴

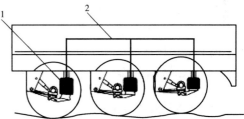

图17-37 利用空气弹簧平衡轴载
1-空气弹簧;2-控制气路

第八节 主动悬架

现代汽车中的悬架有两种:从动悬架、主动悬架。传统的悬架系统的刚度和阻尼是按经验或优化设计的方法确定的,根据这些参数设计的悬架结构,在汽车行驶过程中,其性能是不变的,同时也无法进行调节,使汽车行驶平顺性和乘坐舒适性受到一定影响,故称传统的悬架系统为从动悬架。如果悬架系统的刚度和阻尼特性能根据汽车行驶状态(车辆的运动状态和路面状况等)变化进行动态自适应调节,使悬架系统始终处于最佳减振状态,则称为主动悬架。

主动悬架按其是否包含动力源可以分为半主动悬架(无源主动悬架)和全主动悬架(有源主动悬架)两大类。

半主动悬架不考虑改变悬架的刚度,而只考虑改变悬架的阻尼,因此它没有动力源且只是由可控的阻尼元件组成。由于半主动悬架结构简单,工作时几乎不消耗汽车动力,还能获得与全主动悬架相近的性能,故有较好的应用前景。

半主动悬架按阻尼级可以分成有级式和无级式两种。有级式半主动悬架是将悬架系统中的阻尼分为两级、三级或更多级,可由驾驶员选择或根据传感器信号自动进行选择悬架所需要的阻尼级。也就是说,可以根据路面条件(好路或坏路)和汽车的行驶状态(转弯或制动)等来调节悬架的阻尼级,使悬架适应外界环境的变化,从而可以提高汽车的行驶平顺性和操纵稳定性。无级式半主动悬架是根据汽车行驶的路面条件和行驶状态,对悬架系统的阻尼在几毫秒内由最小变到最大进行无级调节。

全主动悬架是根据汽车的运动状态和路面状态,适时地调节悬架的刚度和阻尼,使其处于最佳减振状态。它是在从动悬架(弹性元件、减振器、导向装置)中附加一个可控作用力的装置。通常,由执行机构、测量系统、反馈控制系统和能源系统四部分组成。执行机构的作用是执行控制系统的指令,一般为发生器或转矩发生器(液压缸、气缸、伺服电动机、电磁铁等)。测量系统的作用是测量系统各种状态,为控制系统提供依据,包括各种传感器。控制系统的作用是处理数据和发出各种控制指令,其核心部件是电控单元。能源系统的作用是为以上各部分提供能量。

全主动悬架是由电脑控制的一种新型悬架,具备三个条件:

(1)具有能够产生作用力的动力源。

(2)执行元件能够传递这种作用力并能连续工作。

(3)具有多种传感器并将有关数据集中到电脑进行运算,然后决定控制方式。

电子控制悬架能够根据汽车的行驶状况主动地对悬架的刚度和阻尼系数进行调整,使悬架时刻处于最佳的工作状况,从根本上解决了汽车行驶平顺性和操纵稳定性之间的矛盾,提高了汽车的使用性能。

一、主动悬架的系统组成

主动悬架系统由电子控制装置和可调式悬架(图17-38)组成,电子控制系统又包括信号输入装置(传感器)、电子控制单元(控制器)、执行机构三部分。

图17-38 电控悬架系统组成

二、电子控制空气悬架组成及功能

1.组成及布置

电子控制空气悬架主要由空气压缩机、干燥器、空气弹簧、悬架执行器、高度控制阀、高度控制传感器、转向传感器、节气门位置传感器、车速传感器、悬架 ECU、悬架控制开关,其他信号开关与指示灯等组成,其布置如图 17-39 所示。

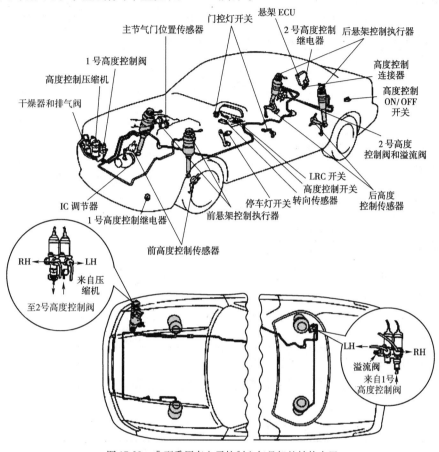

图 17-39　典型乘用车电子控制空气悬架的结构布置

2. 功能

电子控制空气悬架中储存有起弹簧作用的压缩空气,它具有弹簧刚度、减振器阻尼力、汽车车身高度自动调节的功能,防止转向时汽车侧倾、制动时前部点头、加速行驶时后部下坐等现象,能明显改善乘坐舒适性和操纵稳定性。

1)各元件的功能

图 17-39 所示的典型乘用车电子控制空气悬架各元件的功能,如表 17-1 所示。

电子控制空气悬架各元件的功能　　表 17-1

元件名称	功　　能
悬架控制执行器	改变弹簧刚度和减振力
1 号高度控制继电器	给压缩机电机供电
IC 调节器	检测交流发电机发电工况
高度控制压缩机	供给压缩空气以提高汽车高度
干燥器	去除压缩空气中的水蒸气
排气阀	从气压缸中卸去压缩空气以降低汽车高度

续上表

元件名称	功能
1号和2号高度控制阀	给4个气压缸的气室供应或卸去压缩空气(4个气压缸分别在前、后减振器中各2个)
高度控制传感器	检测车轮高度和不平坦道路的悬架排气量
停车灯开关	检测制动板压下状态
车辆高度指示灯	给驾驶员指示汽车标定高度,亮灯则警告悬架控制系统存在故障
悬架控制(LRC)指示灯	灯亮指示出弹簧刚度和减振力处在LRC开关选定的sport auto状态
1号速度传感器	检测车速
悬架控制开关	由LRC和高度控制开关组成,并对弹簧刚度和减振力以及车高控制方式进行选择
转向传感器	检测转向轮的转向角
门控开关	检测车门位置(开或关)
高度控制ON/OFF开关	进入或退出车辆高度控制
2号高度控制继电器	对高度传感器供电
高度控制连接器	通过连接器,直接调节车辆高度而不通过电脑
发动机和变速器电脑	把节气门开启角转换成数字信号并输送到悬架ECU
悬架ECU	(1)根据控制方式,控制弹簧刚度、阻尼力和车辆高度 (2)当悬架控制系统发生故障时,车高指示灯闪烁,警告驾驶员 (3)当改变诊断方式时,通过故障代码指示任何故障

2)弹簧刚度和减振器阻尼力控制功能

图17-39所示典型乘用车电子控制空气悬架弹簧刚度和减振器阻尼力控制功能,如表17-2所示。

弹簧刚度和减振器阻尼力控制功能 表17-2

控制项目	功能
防侧倾控制	使弹簧刚度和减振力变成"坚硬"状态。该项控制能抑制侧倾而使汽车的姿势变化减至最小,以改善操纵性
防点头控制	使弹簧刚度和减振力变成"坚硬"状态。该项控制能抑制汽车制动时点头而使汽车的姿势变化减小至最小
防下坐控制	使弹簧刚度和减振力变成"坚硬"状态。该项控制能抑制汽车加速时后部下坐而使汽车的姿势变化减至最小
高车速控制	使弹簧刚度变成"坚硬"状态和使减振力变成"中等"状态。该项控制能改善汽车高速时的行驶稳定性和操作性
不平整道路控制	使弹簧刚度和减振力视需要变成"中等"或"坚硬"状态,以抑制汽车车身在悬架上下垂,从而改善汽车在不平坦道路上行驶时的乘坐舒适性
颠动控制	使弹簧刚度和减振力变成"中等"或"坚硬"状态,以抑制汽车在不平坦道路上行驶时的颠动
跳振控制	使弹簧刚度和减振力变成"中等"或"坚硬"状态,以抑制汽车在不平坦道路上行驶时的上下振跳

3）汽车高度控制功能

典型乘用车电子控制空气悬架汽车高度控制功能,如表 17-3 所示。

汽车高度控制功能　　　　　　　表 17-3

控 制 项 目	功　　　　　能
自动高度控制	不管乘客和行李重量情况如何,使汽车高度保持某一个恒定的高度位置,操作高度控制开关能使汽车的目标高度变为"正常"或"高"的状态
高车速控制	当高度控制开关在"high(高)"位置时,汽车高度会降低到"正常"状态,能改善高车速行驶时的空气动力学和稳定性
点火开关 OFF 控制	当点火开关关断后,因乘客重量和行李重量变化而使汽车高度变化为高于目标高度时,能使汽车高度降低到目标高度,改善汽车驻车时的姿势

3. 减振器的结构与工作原理

图 17-40 所示的是三级可调式阻尼减振器。与阻尼调节杆 1 相连的回转阀 4 是中空的,其上有不同直径的三个阻尼孔,悬架执行器通过调节杆来控制阻尼孔的开闭,实现阻尼力的改变。

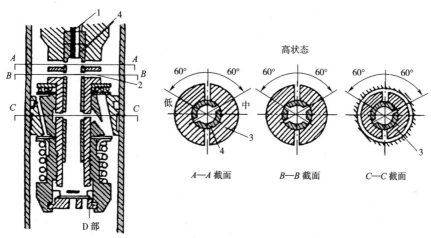

图 17-40　减振器结构
1-阻尼调节杆;2-阻尼孔;3-活塞杆;4-回转阀

当 A、B、C 三个截面的阻尼孔全部被回转阀封住时,减振器的上下腔只有通过减振器底面的主阻尼孔连通,减振器被调到"硬"状态,悬架的阻尼力最大。

当 A、B、C 三个截面的阻尼孔全部打开时,振器的上下腔可以通过全部的阻尼孔连通,减振器被调到"软"状态,悬架的阻尼力最小;若 B 截面的阻尼孔打开,A、C 两个截面的阻尼孔关闭时,减振器被调到"中"状态。

4. 空气弹簧

空气弹簧主要由主气室、辅气室、气体阀、悬架执行元件等组成,见图 17-41。

弹簧刚度的调节原理:位于主、辅气室之间的气体阀上有两个通路,悬架控制执行器带动气阀体控制杆转动,使阀芯转动,以改变通路大小,即改变主、辅气室之间的气体流量,从而改变弹簧刚度。

当阀芯的开口转到图 17-41 的"低位置"时,主、辅气室通路的大孔被打开,两气室间的气体流量大,弹簧刚度处于"低状态"。

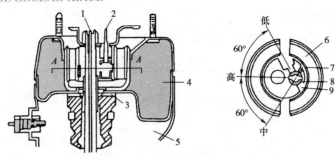

图 17-41 悬架刚度调节原理

1-阻尼调节阀;2-气阀控制杆;3-主辅气室通路;4-辅气室;5-主气室;6-气体阀;7-小气体通路;8-阀体;9-大气通路

当阀芯的开口转到图 17-41 的"中位置"时,主、辅气室通路的小孔被打开,主、辅气室间的气体流量小,弹簧刚度处于"中状态"。

当阀芯的开口转到图 17-41 的"高位置"时,两气室通路被切断,只有主气室单独承担缓冲任务,弹簧刚度处于"高状态"。

5. 车身高度控制气压系统

高度控制气压系统由压缩机,干燥器,排气阀,1 号、2 号高度控制继电器,1 号、2 号高度控制阀,左前、右前、左后、右后 4 个气缸组成,见图 17-42。

当点火开关接通时,ECU 使 2 号高度控制继电器线圈通电,2 号高度控制继电器触点闭合,使 4 个高度传感器接通蓄电池电源。

当汽车高度需要上升时,悬架 ECU 控制 1 号高度控制继电器接通,压缩机工作。ECU 使高度控制电磁阀通电打开,压缩空气进入气缸,使汽车高度上升。

当汽车高度需要下降时,悬架 ECU 使高度控制电磁阀及排放阀线圈通电,气缸中的压缩空气经排气阀排入大气。

1 号、2 号高度控制阀分别用于前、后悬架控制,每个控制阀有两个电磁阀分别控制左、右两个气缸,两阀的管路连接如图 17-43 所示,2 号高度控制阀不能单独工作。在 2 号高度控制阀上有一溢流阀,以防止管路中产生不正常的压力。

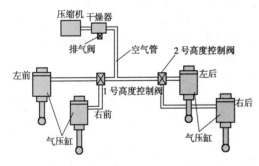

图 17-42 车高控制系统空气流通图

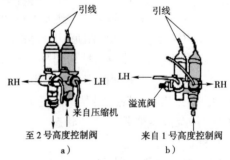

图 17-43 两高度控制阀的连接
a) 1 号高度控制阀；b) 2 号高度控制阀

第十八章 转 向 系

第一节 概 述

汽车在行驶过程中,需要改变或维持行驶方向或轨迹,这种改变是通过转向轮(一般是前轮)相对于汽车纵轴线偏转一定角度实现的。汽车在直线行驶时,转向轮也往往受到路面侧向干扰力的作用自动偏转而改变行驶方向。因此,驾驶员需要通过一套机构随时改变或恢复汽车行驶方向。该套专设机构即为汽车的转向系统。

汽车的转向系按转向能源的不同分为机械转向系和动力转向系两大类,按转向轮的数量分,可分为两轮转向和四轮转向。

机械转向系是以人的体力作为转向动力,其中所有传力件都是机械的。它由转向操纵机构、转向器和转向传动机构三大部分组成,如图18-1所示,当驾驶员转动转向盘1时,通过转向轴2、转向万向节3和传动轴4,将转向力矩输入转向器5。从转向盘到传动轴这一系列零部件称为转向操纵机构。减速传动装置的转向器中,有1~2级减速传动副。经转向器减速增矩后的力矩传到转向摇臂6,再通过转向主拉杆7传给固定于左转向节9上的转向节臂8,使左转向节及装于其上的左转向轮绕主销偏转。同时,左梯形臂10经转向横拉杆11和右梯形臂12以及右转向轮绕主销向同一个方向偏转,从而实现转向。转向摇臂6、转向主拉杆7、转向节臂8、左、右梯形臂10、12、转向横拉杆11 总称为转向传动机构。梯形臂10 和12、转向横拉杆11 和前轴构成转向梯形,其作用是保证左、右转向轮按一定规律进行偏转。我国交通规则规定车辆靠右侧通行,因而国产汽车转向盘应安置在驾驶室的左侧,这样驾驶员在驾驶车辆时,左方视野较为广阔,有利于行车安全。

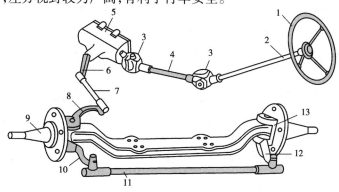

图 18-1 机械转向系示意图

1-转向盘;2-转向轴;3-转向万向节;4-转向传动轴;5-转向器;6-转向摇臂;7-转向主拉杆;8-转向节臂;9-左转向节;10、12-梯形臂;11-转向横拉杆;13-右转向节

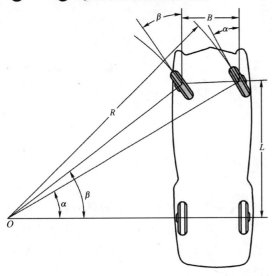

为使汽车在转弯时减少附加阻力和轮胎磨损,汽车转向时各个车轮都应做纯滚动,此时各轮的轴线必须相交于一点,见图18-2。交点 O 称为转向中心,该中心随驾驶员操纵前轮转角的变化而改变,因此也称为瞬时转动中心。由图中可看出,这时汽车的内转向轮偏转角 β 大于外转向轮偏转角 α。两者的关系是:

$$\cot\alpha = \cot\beta + \frac{B}{L}$$

式中:B——两侧主销间的距离;
L——汽车轴距。

上式称为转向梯形理论特性关系式。从式中可以看出,每对应一个内轮偏转角 β,就有一个对应的外轮偏转角 α。这个关系

图 18-2 双轴汽车转向示意图

是由转向梯形一定的底角即所谓"前展"(小于90°)来保证的。"前展"是内外轮转角存在着余切差的关系。由转向中心 O 到外转向轮与地面接触点的距离 R 称为汽车的转弯半径。转弯半径 R 越小,则汽车在转向时所需的场地面积就越小,汽车的机动性也越好。从图18-2可看出,当外转向轮偏转角达到最大值 α_{max} 时,转弯半径 R 最小,即:

$$R_{min} = \frac{L}{\sin\alpha_{max}}$$

转向轮内轮的最大偏转角为34°~42°,最小转弯半径为7~12m。对于只用前桥转向的三轴汽车,由于中桥和后桥车轮的轴线总是平行的,故不存在理想的转向中心。它是在中、后桥轴线等距离处作一假想平行线,与前轮轴线相交于一点,形成纯滚动转向中心。为此,中、后桥在转向时,应自动地相对做轴向位移(由悬架装置来保证),使其车轮尽量地减小横向滑磨,以满足转向的要求。

转向盘转角与转向节臂带动的车轮偏转角之比 i_w 称为转向系角传动比。而转向盘转角和转向摇臂摆角之比 i_1 称为转向器角传动比。转向摇臂摆角与转向节带动的转向轮偏转角之比 i_2 称为转向传动机构角传动比。三者的关系是:

$$i_w = i_1 \cdot i_2$$

转向系角传动比 i_w 越大,则克服一定的地面转向阻力矩所需的转向盘上的转向力矩便越小,在转向盘直径一定时,驾驶员应加于转向盘上的力就越小。但 i_w 不能过大,过大将导致转向操纵不够灵敏,即转向盘转动的圈数增加。转向传动机构角传动比 i_2 一般为 1 左右。转向器传动比 i_1 货车为 16~32、轿车为 12~20。

第二节 转 向 器

转向器是转向系中的减速增矩传动装置,其功用是增大转向盘传到转向节的力并改变

力的传递方向。现代汽车的转向器已演变定型,中型和重型汽车多采用循环球式转向器,小型车多采用齿轮齿条式转向器。

当作用力从转向盘传到转向摇臂时称为正向传动(相应的传动效率称为正传动效率);反之,转向摇臂所受到的道路冲击力传到转向盘,称为逆向传动(相应的传动效率叫逆传动效率)。

作用力很容易地由转向盘经转向器传到转向摇臂,而转向摇臂所受的路面冲击力也比较容易地经转向器传到转向盘,这种转向器称为可逆式转向器,其正、逆传动效率都很高。可逆式转向器有利于汽车转向后转向轮自动回正,但也容易将坏路对车轮的冲击力传到转向盘,出现"打手"现象。

当作用力可以由转向盘很容易地经转向器传到转向摇臂,而转向摇臂受到的路面冲击力只有在很大时,才能经转向器传到转向盘,即正效率远大于逆效率的转向器称为极限可逆式转向器。采用这种转向器时,驾驶员能有一定的路感,转向轮自动回正也可以实现,而且路面冲击力只有在很大时方能部分地传到转向盘。

经常在良好路面上行驶的汽车多用可逆式转向器。对于中型以上的越野汽车、工矿用自卸汽车多用极限可逆式转向器。

不论哪一类型转向器,各连接零件之间和传动副之间总是存在间隙,当汽车处于直线行驶时,转动转向盘消除这些间隙和克服机件的弹性变形使车轮开始偏转,这时转向盘转过的角度称为转向盘自由行程。转向盘自由行程对于缓和路面冲击及避免驾驶员过度紧张是有利的。一般规定转向轮处于直线行驶位置,转向盘向左、向右的自由行程不超过15°。当零件磨损,转向盘自由行程大于规定值时,必须进行调整或换件。转向盘自由行程的大小主要是通过调整转向器传动副的啮合间隙和轴承间隙来实现的。因此,转向器一般都设有传动副啮合间隙和轴承间隙调整装置,下面主要介绍循环球式转向器和齿轮—齿条式转向器。

一、循环球式转向器

循环球式转向器是由两套传动副组成的,一套是螺杆螺母传动副,另一套是齿条齿扇传动副。图18-3为常见汽车的循环球式转向器。转向螺杆4由两个锥轴承支承在壳体3上,垫片2和6可用来调整轴承预紧度。

转向螺母直径大于转向螺杆直径,故能松套在螺杆上。在螺杆和螺母的内外圆面上,制出断面近似为半圆形的螺旋槽,二者的槽相互配合构成了圆形截面的螺旋形通道。螺母侧面有两对通孔。可将钢球9从此孔塞入螺旋形通道内。转向螺母外有两个钢球导管8,每个导管的两端分别插入螺母侧面的一对通孔中,以组成两条管状的封闭循环通道,这样实现了螺杆与螺母之间的滚动摩擦,从而减少了摩擦阻力。转动转向螺杆时,通过钢球将力传给螺母,螺母将沿轴线移动。同时,由于摩擦力的作用,所有钢球在螺母与螺杆之间的通道内滚动,形成"球流"。钢球在螺母内绕行两周后,流出螺母而进入导管,再由导管流回螺母通道内,故在转向器工作时,两列钢球只是在各自的封闭通道内循环,而不会脱出。

螺母的外表面切有倾斜的等齿厚齿条,与其相啮合的是变齿厚的齿扇,齿扇与转向摇臂轴11制成一体,支承在壳体的衬套上。

转动螺杆、螺母随之轴向移动,通过齿条和齿扇使转向摇臂轴转动。

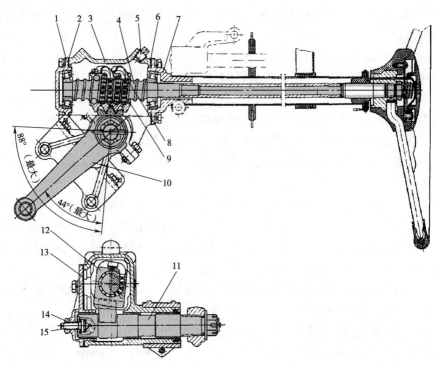

图 18-3 循环球式转向器

1-下盖；2、6-调整垫片；3-壳体；4-转向螺杆；5-加油螺塞；7-上盖；8-钢球导管；9-钢球；10-转向摇臂；11-转向摇臂轴；12-转向螺母；13-侧盖；14-螺母；15-调整螺钉

  传动副的啮合间隙是通过改变转向摇臂轴的轴向位置即改变齿扇与螺母之间的相对位置来实现的。调整螺钉 15 的圆头嵌在摇臂轴端部的 T 形槽内，其螺纹部分拧在侧盖 13 上，并用螺母 14 锁紧。将螺钉 15 旋入，则啮合间隙减小，反之则啮合间隙增大。

  循环球式转向器的正传动效率很高（最高可达 90% ～95%），故操纵轻便，使用寿命长。但其逆效率也很高，在坏路上行驶时，容易将路面冲击力传到转向盘上，易出现转向盘"打手"现象。随着道路条件的改善，"打手"现象将明显减少。所以，循环球式转向器得到了广泛的应用。

二、齿轮齿条式转向器

  齿轮齿条式转向器具有结构简单、刚性大、转向灵敏等优点，另外齿条本身又具有传动杆的功能，不需要转向摇臂和纵拉杆，可简化结构，便于布置，目前齿轮齿条转向器在轿车与微型、轻型货车上得到了广泛使用。

  图 18-4 为齿轮齿条式转向示意图。转向器壳体 8 支承在车身 5 上。作为传动副主要件的转向齿轮 4 垂直地安装在壳体中，转动转向盘 1，通过转向轴 2、安全联轴器 3 带动齿轮转动，与转向齿轮相啮合的齿条 7 水平布置，转向减振器 6 一端连接在转向器壳体上，另一端连接在齿条上，用以减小转向轮的摆振。转向拉杆 10 一端连接在齿条上，另一端铰接在转向节臂 9 上。在转向时，驾驶员转动转向盘，通过转向轴、安全联轴器带动转向齿轮转动，齿轮使齿条轴向移动，带动拉杆移动，拉杆通过转向节臂带动车轮摆动，从而实现转向。

齿轮齿条转向器一般都设有啮合间隙自调装置,如图18-5所示,弹簧2通过压块5将齿条1压紧到齿轮轴11上,这样齿轮、齿条在传动过程中就实现了无间隙啮合。弹簧不仅起调节作用,而且还起到支承作用,可以部分地吸收振动能量。转动环形调整螺母就可以改变弹簧的预紧力。

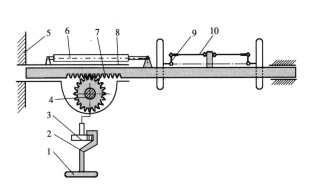

图18-4 齿轮齿条式转向示意图
1-转向盘;2-转向轴;3-安全联轴器;4-齿轮;5-车身;6-转向减振器;7-齿条;8-转向器壳体;9-转向节臂;10-转向拉杆

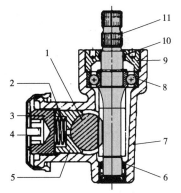

图18-5 齿轮齿条转向器啮合间隙自调装置
1-齿条;2-弹簧;3-环形调整螺母;4-罩盖;5-压块;6-滚柱轴承;7-转向器壳;8-球轴承;9-紧固螺母;10-密封圈;11-齿轮轴

第三节 转向操纵机构

转向操纵机构的作用是将驾驶员作用在转向盘上的转向力矩传给转向器,转向器带动拉杆系运动,以实现汽车转向。转向操纵机构由转向盘、转向轴管和转向轴组成,转向轴管的作用是将转向轴等支承在汽车上,转向轴的作用是传递转矩。如图18-1所示,传统的转向轴管刚性地支承在汽车上,转向轴是一根整轴,或加一个万向传动装置,这种形式的转向柱存在许多问题,如汽车发生碰撞造成转向盘后移,转向盘后方的生存空间减小,驾驶员容易被转向盘挤伤;另外,从人机系统工程上讲,身高不同的驾驶员或驾驶习惯不同的驾驶员对转向盘的空间位置要求也不同,这就要求转向盘的空间位置能够根据需要进行调整。因此,许多现代轿车的转向柱具有防撞及转向盘位置可调等功能,以使汽车更加安全,操纵更加方便。下面介绍几种轿车上用的防撞转向柱及转向盘位置可调转向柱。

一、转向盘

转向盘的作用是将驾驶员的转向力矩传给转向轴,使转向轴转动,从而使汽车转向。如图18-6所示,转向盘由轮缘1、轮辐2和轮毂3组成。转向盘由金属骨架成型,在骨架的外面包有柔软的合成橡胶或树脂,较高级的车上包有皮革,这样使转向盘具有良好的手感,而且还可以防止手出汗时握转向盘打滑。转向盘轮辐一般有两条辐条、三条辐条(图18-6a)和四条辐条(图18-6b)等几种形式。转向轮毂孔具有细牙内花键,与转向轴上端的细牙外花键连接,并用螺栓固定,使转向盘能够可靠地将转向力传给转向轴。

当汽车发生碰撞时,从安全性考虑,不仅要求转旋盘应具有柔软的外表皮,可以起到缓冲的作用,而且还要求转向盘在撞车时,其骨架能产生变形(图18-7),以吸收冲击能量,减轻驾驶员受伤程度。

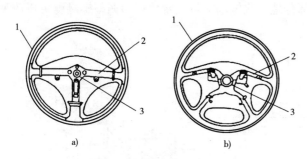

图18-6 转向盘
1-轮缘;2-轮辐;3-轮毂

图18-7 吸能式转向盘骨架变形示意图

转向柱通常为空心轴管,其内有喇叭导线,在转向盘上装有喇叭按钮。当代轿车转向盘上还装有安全气囊。

二、转向柱

1. 防撞转向柱

防撞转向柱的作用是在汽车发生碰撞转向柱受到轴向作用力时,转向盘能够下移,让出转向盘后方的生存空间,防止转向盘后移而挤伤驾驶员;另外,当驾驶员撞到转向盘上后,防撞转向柱可以起到一个缓冲的作用,减轻对驾驶员的二次伤害。

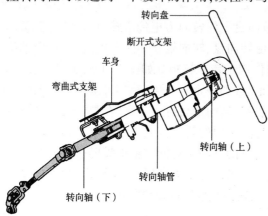

图18-8 防撞转向柱组成

图18-8是一种用在丰田车上的防撞转向柱。转向轴管通过弯曲式支架和断开式支架安装到车身上,转向轴安装在转向轴管内。

弯曲式支架模压成型,一端焊接到转向轴管上,另一端通过螺栓拧紧在车身上,见图18-9a)。转向轴分为上、下两部分,两部分通过塑料销限制其轴向相对运动,转向轴上端与转向盘连接,下端通过万向节与转向传动轴连接。

断开式支架通过螺栓与转向轴管连接,见图18-10a),支架与转向轴管不能发生相对运动,在断开式支架上左右各开有一个槽,两个连接盒各插在其槽中,连接盒通过四个塑料销连接到支架上,连接盒连同断开式支架通过螺栓固接到车身上。

当汽车正面发生较大碰撞时,见图18-9,通过转向器、万向节传过来的作用力作用到转向轴(下)上(通常称为第一次碰撞),转向轴(下)受到一个向上的轴向力,当这个轴向力大于塑料销的强度时,塑料销断裂,转向轴(上)不动,转向轴(下)沿转向轴轴线方向上移而滑入转向轴(上),这样防止了将碰撞力传到转向盘,使转向盘后移而挤伤驾驶员。

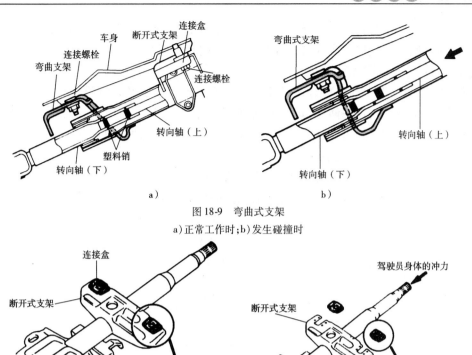

图 18-9 弯曲式支架
a) 正常工作时；b) 发生碰撞时

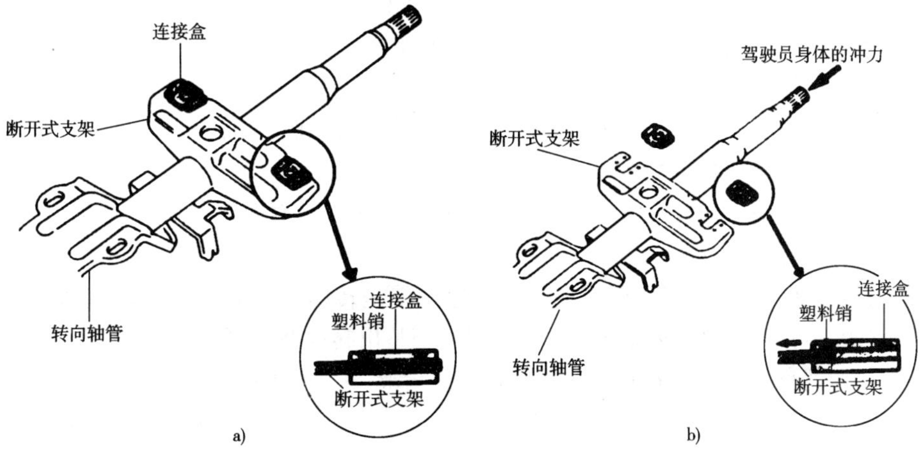

图 18-10 断开式支架
a) 正常工作时；b) 发生碰撞时

如果驾驶员由于惯性力的作用而前移碰撞到转向盘上时（通常称为第二次碰撞），见图 18-11，其碰撞力将通过转向盘传到转向轴管上，当作用在转向轴管上的碰撞力达到一定值时，见图 18-10，作用在断开式支架塑料销上的剪切力大于其强度，塑料销剪断，连接到车身上的连接盒与断开式支架分离，转向轴管下移。同时，作用到转向轴管上的轴向力也作用到弯曲式支架上，当作用力达到一定值时，弯曲式支架弯曲，转向轴管下移，见图 18-11。

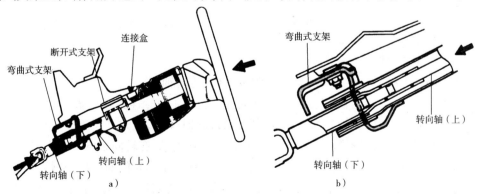

图 18-11 弯曲式支架弯曲

由于支架的断裂与弯曲,允许转向柱相对于车身下移,这样缓和了冲击,吸收了能量,减少了作用在驾驶员身上的二次冲击力,同时由于转向盘的下移,让出了转向盘后方的生存空间,防止了转向盘后移挤伤驾驶员。

应该说明,由于防撞转向柱是通过在一定强度下断裂或变形来吸收能量、释放空间的。因此,在拆卸转向盘时,切忌使用榔头等敲打转向盘,应使用专用工具拆卸转向盘,否则,可能折断防撞机构中的塑料销。另外,一旦转向柱因碰撞造成弯曲式支架变形或塑料销断裂,转向柱便不能再用,一定要更换新的转向柱。

图18-12是一种防撞转向轴,它由上转向轴、下转向轴、可分离联轴器等组成。上转向轴1与连接转向盘,下转向轴4连接转向器,联轴器的上凸缘盘2与上转向轴连接在一起,其上有两个销子3,下凸缘盘7与下转向轴连接在一起,其上有两个销孔8,销子插在销孔里,销子与销孔之间装有聚四氟乙烯衬套5和橡胶衬套6。

当汽车正面发生较大碰撞时,碰撞力使下转向轴受到一个向上的轴向力;驾驶员由于惯性力的作用而前移碰撞到转向盘上,通过转向盘给上转向轴一个向下的轴向力,当作用力大于上、下凸缘盘之间的摩擦力时,致使凸缘盘的销子与销孔脱开,上、下转向轴分开,转向盘下移,同前述一样,这样可以减少对驾驶员的伤害。

上述的这种防撞转向柱一旦上、下转向轴相对移动后,无法通过转向盘控制转向。

2. 倾斜度可调转向柱

如图18-13所示,倾斜度可调转向柱顾名思义就是转向柱的倾斜度可以调整,以调整转向盘的倾斜度,与可伸缩转向柱配合可以方便地调整出转向盘合适的空间位置,以适应不同驾驶习惯和不同身高驾驶员对转向盘位置的要求。按动力源不同有手动和电动两种形式。

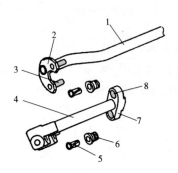

图18-12 柔性联轴器式防撞转向轴
1-上转向轴;2-上凸缘盘;3-销子;4-下转向轴;5、6-衬套;7-下凸缘盘;8-销孔

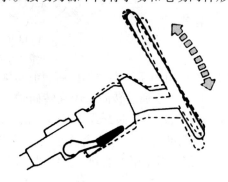

图18-13 倾斜转向柱的作用

如图18-14所示为一种手动倾斜度可调转向柱,转向轴(下)与转向轴(上)通过一个等速万向节连接在一起,转向轴(上)上安装转向盘,转向轴(下)连接转向器。在转向轴的外部安装有转向轴管,转向轴管分为上、下两部分,转向轴管(下)通过支架连接在车身上,不能与车身相对移动,在转向轴管(下)的上部设有转向轴管支承,在转向轴管支承上有棘轮。棘爪通过销轴安装在转向轴管(上)上,棘爪上的销子插在调整凸轮的曲线槽中;棘爪止动器在拉簧的作用下抵靠在棘爪上,使棘爪卡在转向轴管支承的棘轮上,从而使转向轴管(上)定位。倾斜度调整杆安装在转向轴管(上)上,见图18-15,倾斜度调整杆可以绕着枢轴转动,在

调整杆的一端铰接连杆,连杆的另一端铰接在驱动凸轮上,驱动凸轮固接在调整杆锁定轴上,在调整杆的左、右侧各连接一个倾斜度调整凸轮;上翘弹簧一端抵靠在转向轴管(下)上,另一端抵靠在转向轴管(上)上,见图18-16,上翘弹簧布置在偏离转向轴管轴线的一侧,弹簧弹力力图使转向轴管(上)绕着转向轴万向节中心转动。

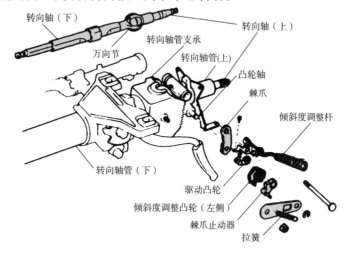

图18-14 倾斜度可调转向柱

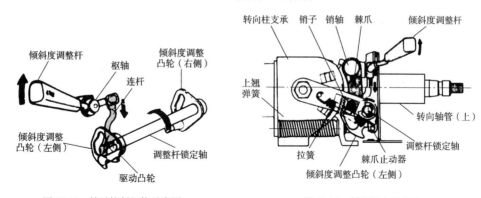

图18-15 棘爪控制机构示意图　　图18-16 倾斜转向柱调整

当需要调整转向盘位置(倾斜)时,向上扳动倾斜度调整杆,见图18-16,倾斜度调整杆带动连杆下移,通过驱动凸轮使调整杆锁定轴转动,调整杆锁定轴带动倾斜度调整凸轮转动,调整凸轮驱动棘爪止动器克服拉簧的拉力转动,解除了对棘爪的压力,调整凸轮通过棘爪插在曲线槽内的销子带动棘爪转动,使棘爪离开棘轮,棘轮对棘爪的锁止作用消失,在上翘弹簧弹力的作用下,转向轴管(下)以转向轴万向节中心为圆点向上摆动(也可以用手压动转向盘使转向盘向下摆动),从而改变转向盘的位置(倾斜)。

当转向盘调整到驾驶员因为合适的位置时,向下扳动倾斜度调整杆,见图18-17,倾斜度调整凸轮转动,解除了对棘爪止动器的推力,在拉簧的作用下,通过棘爪止动器使棘爪转动与棘轮啮合,并使棘爪定位,从而使转向轴管(上)定位,调整结束。

图18-18为一种电动倾斜转向柱,它由用来驱动齿轮的倾斜电机、控制机构总成、倾斜位置传感器、倾斜开关、未锁警告开关、倾斜ECU等组成。

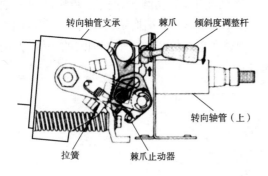
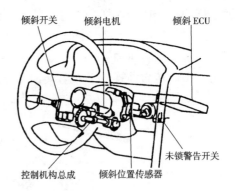

图 18-17　倾斜转向柱锁定　　　　　　图 18-18　电动倾斜转向柱组成

控制机构总成由蜗杆、蜗轮、倾斜齿轮、倾斜螺杆和滑块等组成,如图 18-19a)所示。

倾斜电机与蜗杆同轴,涡轮与倾斜主动锥齿轮同轴,倾斜从动锥齿轮与倾斜螺杆同轴,滑块与倾斜螺杆螺纹配合,其工作情况如图 18-19b)所示。

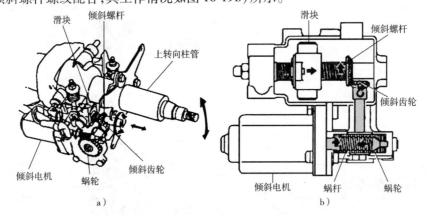

图 18-19　动力倾斜装置结构与工作图
a)动力倾斜控制齿轮总成;b)动力倾斜机构工作示意图

当倾斜电机转动时,带动蜗杆与蜗轮转动,蜗轮又带动倾斜齿轮转动,倾斜从动锥齿轮的旋转使与之同轴的倾斜螺杆转动,从而使滑块沿螺杆轴向移动。

倾斜电机受 ECU 的控制可以两个方向转动。倾斜位置传感器是一个可变电阻器,它根据上转向柱管的倾斜运动,线性地改变其电阻,其输出电压值在 $0 \sim 5V$ 变化,ECU 根据电压的变化来控制倾斜速度。

未锁警告开关用来检测点火钥匙是否在钥匙孔中。当钥匙在钥匙孔中时,未锁警告开关接通;当钥匙不在钥匙孔中时,未锁警告开关关闭。

倾斜开关由自动设定开关和手动开关组成。自动设定开关是一个按键式开关,当其被按下时接通。在自动设定开关接通状态下,将点火钥匙拔出时,转向盘自动向上倾斜到最大角度。将点火钥匙插入时,转向盘自动向下倾斜到原来调节的位置。手动开关用来调节方向盘的倾斜角度。当点火钥匙在插入状态时,操纵手动开关可使转向盘在上下 $15.25°$ 的范围内调节。

3. 伸缩转向柱

伸缩转向柱可以调整转向柱的有效长度,见图 18-20,以调整转向盘的轴向位置,如前所述,与转向柱的倾斜机构配合可以调整出转向盘合适的空间位置,以适应不同驾驶习惯和不同身高驾驶员对转向盘位置的要求。

伸缩转向柱也有手动和电动两种形式。图 18-21 为一种手动可伸缩转向柱,转向轴(上)与转向轴(下)通过花键连接,转向轴(上)可以相对转向轴(下)做轴向移动,套管通过滚动轴承与转向轴连接,转向轴可以相对套管转动,套管连同转向轴安装在转向轴管上,套管上的棘爪卡在转向轴管的槽中,限制了套管的转动,但不限制套管的轴向移动。伸缩调整杆可以带动锁紧螺栓转动,锁紧螺转动可以使楔块移动,改变楔块的位置,见图 18-22。

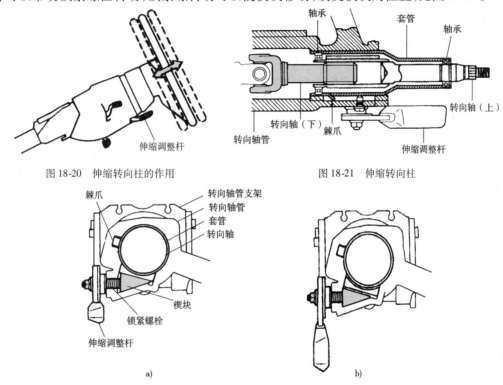

图 18-20 伸缩转向柱的作用

图 18-21 伸缩转向柱

图 18-22 伸缩转向柱锁紧机构
a) 锁紧;b) 未锁紧

当驾驶员需要对转向盘轴向位置进行调整时,向上扳动伸缩调整杆,伸缩调整杆带动锁紧螺栓转动,锁紧螺栓带动楔块左移,见图 18-22b),解除锁紧状态,此时可以方便地轴向移动转向轴(上),以调整转向盘的轴向位置,当转向盘轴向位置调整合适时,向下扳动伸缩调整杆,使楔块右移,楔紧套管,即将转向轴楔紧,见图 18-22a),防止转向轴轴向移动,从而防止转向盘自由轴向移动。

图 18-23 为一种电动可伸缩转向柱,电动伸缩机构由伸缩电机、控制机构总成、伸缩位置传感器、倾斜和伸缩开关、未锁警告开关、倾斜和伸缩 ECU 等组成。其中,控制

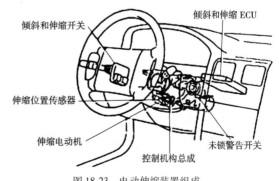

图 18-23 电动伸缩装置组成

机构总成由蜗杆、蜗轮、伸缩螺杆、滑动管和滑块等组成，如图18-24a)所示。伸缩电机与蜗杆同轴，涡轮与伸缩螺杆同轴，滑块与伸缩螺杆螺纹配合，其工作情况如图18-24b)所示。

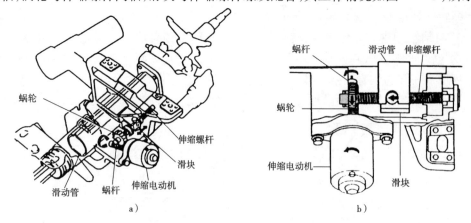

图18-24 电动伸缩装置结构与工作
a)电动伸缩控制机构总成；b)电动伸缩机构工作示意图

当伸缩电机转动时，蜗杆带动蜗轮与和与蜗轮同轴的伸缩螺杆转动，与螺杆配合的滑块轴向移动，滑块又带动滑动管轴向移动，从而实现转向柱伸缩。

伸缩电机受ECU的控制可以向两个方向转动。伸缩位置传感器是一个可变电阻器，它根据滑动管运动，线性地改变其电阻，其输出电压值在0～5V变化，ECU根据电压的变化来调节伸缩速度的大小，并且根据其电压值记忆其位置。

倾斜和伸缩开关由自动设定开关和手动开关组成。自动设定开关是一个按键式开关，当其被按下时接通。在自动设定开关接通状态下，将点火钥匙拔出时，转向盘自动倾斜到最高位置和缩到最前位置。将点火钥匙插入时，转向盘自动回到原来调节的位置。手动开关有四个调节位置，上下拨动为向上和向下倾斜，前后拨动为向前和向后伸缩。通过上下操纵手动开关，可使转向盘在上下15.25°内调节。通过前后操纵手动开关，可使转向盘在前后45mm范围内伸缩。

另外，还有驾驶位置储存与返回开关，它装在驾驶员侧的车门内侧。它包括设定开关、记忆与返回开关"1"和"2"。它能储存记忆和返回驾驶员所选择的转向盘倾斜与伸缩的位置，同时也储存和返回电动座位的调节位置、车外后视镜的调节位置、安全带系紧器的调节位置。

第四节 转向传动机构

转向传动机构的功用是将转向器输出的力传给转向轮，且使两转向轮偏转角按一定的关系变化，以实现汽车顺利转向。

汽车在行驶过程中，转向传动机构除传递转向力外，还承受转向轮由于在不平道路上行驶过程中所产生的冲击和振动。为此，转向传动机构中设有吸振缓冲装置，并能自动消除磨损后出现的间隙。由于它是在车桥与车架之间的空间运动杆系。转向摇臂、主拉杆及转向节臂其相对运动不在一个平面内，为避免发生运动干涉，它们之间的连接都采用了球形铰链连接。

转向传动机构的杆系(转向梯形)可布置在前轴之后,如图 18-1 所示,这种布置称为后置式。也有的将转向杆系布置在前轴之前,这种布置称为前置式。

转向传动机构根据悬架不同可分为与非独立悬架配用的转向传动机构和与独立悬架配用的转向传动机构两大类。

一、非独立悬架配用的转向传动机构

1. 转向摇臂

转向摇臂见图 18-25,它一般用中碳钢锻制而成。大端具有锥形的三角形细花键孔,与转向摇臂轴连接,并用螺母固定。其小端用锥形孔与球头销柄部连接,也用螺母固定,球头再与主拉杆做铰链连接。转向摇臂安装后,从中间位置到两边的摆角范围应大致相同,为了正确安装,常在转向摇臂及转向摇臂轴上设有安装记号,安装时应对正记号。有的在二者的花键上铣有安装位置键槽,用以保证在安装时不致错位。

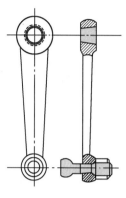

图 18-25 转向摇臂

2. 转向主拉杆

转向主拉杆见图 18-26,主拉杆体 9 由两端加粗的钢管制成,在两端加粗处装有转向节球头销 2、球头座 5、弹簧座 7、弹簧 6 和螺塞 4 等,它们组成球铰接。球头销的锥形部与转向节臂连接,并用螺母 1 固定。球头销的头部通过主拉杆体加粗部分开有的圆孔伸入前后两个球头座之间。在螺塞和弹簧的作用下,通过球头座将球头夹持住。旋转螺塞可调整弹簧的顶紧力,调妥后用开口销锁住。主拉杆另一端用同样的铰链与转向摇臂连接,不同点是弹簧安装在靠近螺塞处。在工作中,弹簧缓冲了转向车轮传来的冲击和振动,同时也保证了当球头和球头座磨损后自动消除间隙。弹簧座与球头座背部具有一定的缝隙,以防止弹簧过载,并用以防止弹簧损坏时球头从拉杆体内脱出。为了润滑球头和球头座,拉杆体上还装有加注润滑脂的注油嘴 8。在球头销伸出端上套有橡胶防尘垫 3,并用卡箍紧固在拉杆体上,以防止润滑脂流出和灰尘侵入。为了使主拉杆在受

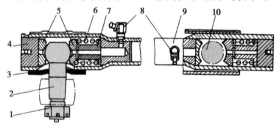

图 18-26 转向主拉杆

1-螺母;2-转向节臂球头销;3-橡胶防尘垫;4-端部螺塞;5-球头座;6-压缩弹簧;7-弹簧座;8-注油嘴;9-主拉杆体;10-转向摇臂球头销

到向前或向后的冲击力时,都有一个弹簧起缓冲作用,两端的弹簧应装在球头销的同一侧。

3. 转向横拉杆

如图 18-27 所示,转向横拉杆由横拉杆体 2 与旋装在两端的接头 1 组成。横拉杆体用钢管或钢钎制成,它的两端切制有正、反螺纹与横拉杆接头连接。由于横拉杆体两端是正反螺纹,所以当放松夹紧螺栓 3 时,旋转横拉杆体即可改变转向横拉杆的有效长度,以调整前轮的前束值。调妥后,应将夹紧螺栓拧紧。在横拉杆接头上装有球头销等零件,组成球形铰接,分别与两侧的转向梯形臂相连接。球头销的球头部分夹紧在球头销座 9 内。上、下球头

销座常用尼龙或聚甲醛制成,具有较好的耐磨性。弹簧12将球头座压在球头上,这样在球头和球头座磨损时能自动消除间隙,既可减小转向盘自由行程,也可防止左、右两球头中心距发生改变。球头节上部设有防尘套8,以防尘土侵入。

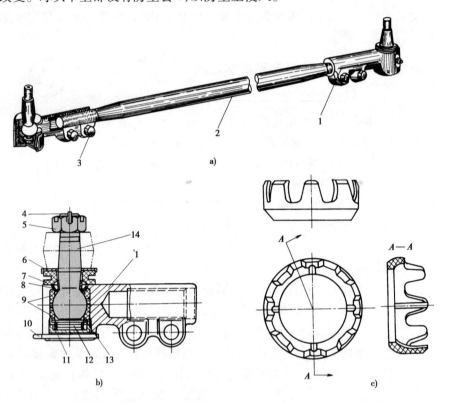

图18-27 转向横拉杆
a) 转向横拉杆;b) 接头;c) 球头座

1-横拉杆接头;2-横拉杆体;3-夹紧螺栓;4-开口销;5-槽形螺母;6-防尘垫座;7-防尘垫;8-防尘套;9-球头座;10-限位销;11-螺塞;12-弹簧;13-弹簧座;14-球头销

有些越野汽车转向传动机构的横拉杆,由于转向驱动桥主减速器尺寸的限制,前置式横拉杆的中部必须弯曲,因而就不能通过它本身的转动来调整前轮前束,通常在横拉杆的一端附加一个可调的短接杆或将横拉杆的两端用螺纹连接的接头制成叉形,用直销和梯形臂连接,见图18-28。若需改变横拉杆的长度时,需将接头销拔下,转动叉形接头来进行调整。

因每次转动接头只能是旋转180°或360°才能将接头销装复,所以两端接头的螺纹有粗细牙之分,用来互相补偿,以保证获得所需的长度。

二、与独立悬架配用的转向传动机构

当转向桥配用独立悬架时,每个转向轮都能相对于车架做独立运动,因而转向桥必须是断开式的。与此相适应,转向梯形也必须分成两段或三段,转向摇臂需横向摆动传力。图18-29是与独立悬架配用的转向传动机构示意图,驾驶员通过转向盘驱动转向器摇臂3摆动,摇臂通过转向拉杆4带动左、右横拉杆2、6移动,横拉杆驱动悬架左、右梯形臂1、7带动车轮偏转,从而实现转向。

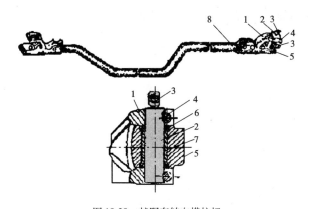
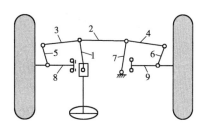

图 18-28 越野车转向横拉杆

1-叉形接头;2-接头销;3-注油嘴;4-螺柱;5-转向节外壳;6-油封;7-衬套;8-横拉杆

图 18-29 与独立悬架配用的转向传动机构示意图

1-左梯形臂;2-左转向横拉杆;3-转向器摇臂;4-转向拉杆;5-摆杆;6-右转向横拉杆;7-右梯形臂;8-悬架右摆臂;9-悬架左摆臂

图 18-30 是转向传动机构分解图,摇臂 1 一端通过三角形细花键安装在转向器的摆臂轴上,并用螺母固定,另一端通过球形铰支座与转向拉杆 9 连接,转向盘输入的转向力矩通过转向器传给摇臂,摇臂将动力传给转向拉杆 9,转向摇臂保持转向拉杆一端处于正确的位置;摆杆 10 一端通过转轴接在车身上,另一端通过球形铰支座与转向拉杆连接,摆杆保持转向拉杆另一端的正确位置;左、右拉杆分别与转向节臂和转向拉杆铰接,左、右拉杆分成内、外端 3、6、7、8,中间通过调节套管 5 连接,并用夹箍 4 锁紧,由于套管有一个左旋和一个右旋螺纹,分别连着左、右拉杆的内外端,松开夹箍,转动套管就可以调节左、右拉杆的有效长度。拉杆的正确位置保证了左、右拉杆与悬架下摆臂保持平衡位置,这样布置的优点是当前轮碰到障碍物而上下跳动时,悬架摆臂按其相应的弧线摆动,左、右拉杆也以内端作为中心摆动,由于左、右拉杆与悬架下摆臂平行,所以它们的轨迹线也几乎相同,这样可使前轮外倾的变化量达到最小,从而改善了车辆行驶时的方向稳定性,减少了前轮胎胎面的磨损。

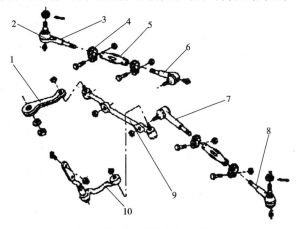

图 18-30 转向传动机构分解图

1-摆臂;2-球头;3-左转向拉杆外端;4-夹箍;5-调节套管;6-左转向拉杆内端;7-右转向拉杆内端;8-左转向拉杆外端;9-转向拉杆;10-摆杆

第五节 动 力 转 向

一、概述

重型汽车或装有超低压轮胎的轿车转向时阻力较大,为了减轻驾驶员的疲劳强度,改善转向系统的技术性能,采用动力转向装置。采用动力转向的汽车转向时,所需的转向能量在正常情况下,只有小部分是驾驶员提供的体能,而大部分是发动机输出的机械能。

二、动力转向的分类

1. 动力转向按动力能源分类

(1)液压式:以液压为动力源,目前广泛应用。

(2)气压式:以压缩空气为动力源,仅限于重型且采用气压制动的车。

(3)电动式:以电动机为动力源驱动车轮转向。

2. 按动力缸、控制阀及转向器的相对位置分类

(1)整体式:其机械转向器和动力缸设计成一体,并与转向控制阀组装在一起。

(2)分体式:其转向控制阀同机械转向器组合成一体,而转向动力缸则作为一个独立的部件存在。

(3)转向加力器:其机械转向器独立,而将转向控制阀和转向动力缸组合成一体。

三、液压动力转向系统

1. 液控动力转向

1)动力转向系统的组成

液压动力转向的组成,见图18-31。

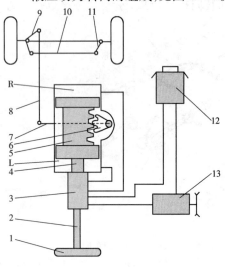

图18-31 液压动力转向示意图

1-转向盘;2-转向轴;3-转向控制阀;4-转向螺杆;5-齿条—活塞;6-扇齿;7-摇臂;8-转向主拉杆;9-转向节;10-转向横拉杆;11-转向梯形臂;12-转向油罐;13-转向油泵;R-右转向动力腔;L-左转向动力腔

转向油泵13安装在发动机上,由曲轴通过皮带驱动运转向外输出油压,转向油罐12有进、出油管接头,通过油管分别和转向油泵和转向控制阀3连接。动力转向器为整体式动力转向器,其转向控制阀用以改变油路。由齿条—活塞5和缸体形成R和L两个工作腔。R腔为右转向动力腔,L腔为左转向动力腔,它们分别通过油道和转向控制阀连接。转向螺杆4和齿条—活塞、齿条—活塞和扇齿6组成了两对啮合传动副。转向摇臂7一端固接在与扇齿连在一起的转向摇臂轴上,另一端铰接在转向主拉杆8上。转向横拉杆10、转向梯形臂11及前轴组成转向梯形。

2)工作原理

当汽车直线行驶时,转向控制阀将转向油泵泵出来的工作液与油罐相通,转向油泵处于卸荷状态,动力转向不工作。当汽车需要转弯时,如右转弯,驾驶员向右打转向盘,转向控制阀将转向油泵泵出来的工作液与R腔接通,将L腔与油罐接通,在油压的作用下,齿条—活塞移动,通过扇齿使摇臂轴逆时针转动,拉动主拉杆通过转向节、转向梯形使左、右轮向右摆动,从而实现右转向,左转弯则相反。

3)液压动力转向器

(1)液压动力转向器结构。

如图18-32所示,为一种液压整体式动力转向器。它主要由循环球式的机械转向器、动力缸及转阀式转向控制阀等部分组成。

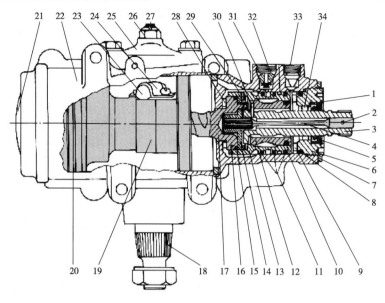

图18-32 液压整体式动力转向器

1-卡环;2-短轴扭杆的锁定销;3-短轴;4-扭杆轴;5-骨架油封;6-调整螺塞;7-锁止螺母;8-O形密封圈;9-推力滚针轴承;10-O形密封圈;11-聚四氟乙烯环和O形密封圈组件;12-转阀;13-阀体;14-下端轴盖;15-O形密封圈;16-转阀螺杆与阀体的锁定销;17-转向螺杆;18-转向摇臂轴;19-齿条—活塞;20-聚四氟乙烯环和O型密封圈组件;21-转向器端盖;22-壳体;23-循环球导管;24-导管压紧板;25-侧盖;26-锁紧螺母;27-调整螺钉;28-推力滚针轴承;29-下端轴盖与阀体的定位销;30-转阀与端轴的锁定销;31-进油口座及单向阀;32-进油口;33-出油口;34-滚针轴承

机械循环球式转向器的转向螺母被制成圆柱形,称为齿条—活塞19,它既是转向器中的转向螺母和齿条,又是动力缸中的活塞。齿条—活塞内制有截面为半圆形的螺旋槽,与其配合的转向螺杆17外表面也制有截面为半圆形的螺旋槽,二者配合能形成截面为圆形的螺旋管状通道,在转向螺杆与齿条—活塞间装有钢球,利用循环球导管23让其构成回路。扇齿与转向摇臂轴18制成一体,利用调整螺钉27调整扇齿与齿条—活塞间的啮合间隙。

齿条—活塞的下圆柱表面上,即图中的左圆柱表面上,有一环形槽。在槽上装有聚四氟乙烯环和O形密封圈20,以保证活塞装入动力缸以后的密封和耐磨。这样,将动力缸分成上、下两个密封腔,即图中的右腔和左腔。上、下两密封腔又分别通过设在转向器壳体上的油道与转向控制阀相通。上腔为左转向动力腔,下腔为右转向动力腔。

转向控制阀位于动力转向器的上部,它主要由阀体13、转阀12及扭杆轴组件等组成。

控制阀阀体装在壳体22上部孔中,制成圆桶形。在其外圆柱形表面上,制有三道较宽深的槽和三道较窄浅的槽。宽深的槽是环形的油槽(也称油环槽),其底部开有与内壁相通的油孔。中间油环槽的四个油孔直径较大,是进油通道,与转向油泵相通。两侧油环槽各有四个直径较小的油孔与动力缸相通。窄浅的环槽用于安装密封圈组件。阀体的下边缘开有矩形缺口,此缺口与转向器螺杆用锁定销16相卡,形成阀体驱动螺杆的传力连接。在阀体的中部固定有锁定销29。此锁的外端埋在外圆表面以下,内端伸出少许,与扭杆轴组件下端轴盖14外圆上的缺口相卡,互相不能发生相对转动。阀体的内表面制有八条不贯通的纵槽,形成八条槽肩,与转阀的纵槽和槽肩形成工作液流动的间隙。

转阀制成圆桶形,其外圆与阀体动配合(间隙很小、配合精度很高,与阀体组成偶件,不可单独更换),表面上也制有八条不贯通的纵槽,形成八道槽肩,与阀体的纵槽和槽肩配合形成液体流动间隙。在转阀的槽肩上开有径向通孔,用以流通液压油。转阀的上端开有槽,用来安装O形密封圈10,转阀的内圆柱面下端开有缺口,短轴下端安装的锁定销30即卡入此缺口中,以保证短轴和转阀的同步转动,而不发生相对角位移。转阀和短轴间留有很大的径向间隙,用以流通回流的油液。

短轴3、扭杆轴4、下端轴盖14和销钉30、2组成扭杆轴组件。短轴为空心管状轴件,其上端外表面制有三角形花键,与转向轴下端的万向节相连,转向盘的转矩由此输入。短轴与扭杆轴上端通过销钉2固定在一起。扭杆轴的下端通过三角形花键与下端轴盖14固定;下端轴盖为圆盘形零件,其外圆与阀体下端止口动配合并卡在阀体锁定销29上。此圆盘形零件的辐板上开有两个对称的腰形槽孔,转向器螺杆上端凸缘盘的外圆安装在阀体的下端止口中,凸缘盘上端的叉形凸块卡入下端轴盖的腰形槽孔中,但两者之间间隙较大,允许有一定的相对角位移。以保证扭杆轴的扭转。

调整螺塞6拧在转向器壳体上端的螺纹孔中,内部装有的滚针轴承34支承着短轴,下端装有滚针轴承9使阀体可旋转,并且使阀体锁定销29和16与下端轴盖和转向螺杆凸缘盘轴向靠紧。调整螺塞下部装有弹簧,以压紧转阀,阻止转阀轴向移动并使之与短袖下端的锁定销30轴向靠紧。在转向螺杆凸缘盘下面还装有推力滚针轴承28,以保证螺杆和转阀组件转动灵活和轴向定位。

在动力转向器上部设有进有口32和出油口33,通过油管分别与转向油泵和转向油罐相接,在进油口处设有进油口座和单向阀,进油口与阀体的中油环槽相通,出油口和短轴与转阀形成的回油腔相通。在转向器壳体上开有两条贯通的油道,一条上端与阀体的下油环槽相通,下端与动力缸上腔室及左转向动力腔相通。另一条上端与阀体的上油环槽相通,下端与动力缸的下腔室即右转向动力腔相通。

(2)工作原理。

当汽车直线行驶时,转阀处于中间位置,如图18-33所示,来自转向油泵的工作液从转向器壳体的进油孔流到阀体的中油环槽中。参见图18-33b),经过其槽底的通孔进入阀体和转阀之间,此时因转阀处于中间位置,所以进入的油也分别通过阀体和转阀纵槽槽肩形成两边相等的间隙,再通过转阀的纵槽和阀体的纵槽以及阀体的径向孔流向阀体外圆上、下油环槽,然后通过壳体上的两条油道分别流到动力缸的上、下腔中去,即左转向动力腔L和右转向动力腔R,但上、下腔油压相等且很小,此时齿条—活塞既没有受到转向螺杆所产生的轴向推力,也没有受到上、下腔因压力差而产生的轴向推力,所以齿条—活塞处于中间位置,动力转向不工作。流入阀体内腔的油液在通过转阀纵槽流向阀体上、下油环槽的同时,通过转阀槽肩上的径向油孔流到转阀与扭杆轴组件之间的空隙中,经阀体组件和调整螺塞之间的空隙流到回油口,经油管回到油罐中去,形成了常流式油液循环。

当汽车需要转向时,如左转弯,见图18-34,转动转向盘,使短轴逆时针转动,通过其下端轴销带动转阀同步转动,这个转矩也通过具有弹性的扭杆轴传给下端轴盖,下端轴盖边缘上的缺口通过固定在阀体上的销子带动阀体转动,阀体通过其下端缺口和销子,把转向力矩传给螺杆。由于转向阻力的存在,要有足够的转向力矩才能使转向螺杆转动。这个转矩促使扭杆轴发生弹性扭转,造成阀体的转动角度小于转阀的转动角度,两者产生相对角位移(图18-34a)。通下动力腔的进油缝隙减小(或封闭),回油缝隙增大,油压降低;通上动力腔的进油缝隙增大而回油缝隙减小(或关闭),油压升高,上、下动力腔产生油压差。齿条—活塞便在上、下腔油压差的作用下移动,产生助力作用。此时,来自转向油泵的压力油通过槽隙流向动力缸上腔,动力缸下腔的油则通过阀体径向孔、槽隙、转阀径向孔和回油口流向储油罐,见图18-34b)。

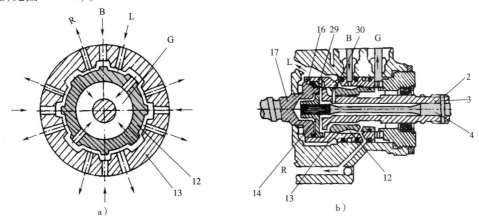

图18-33 汽车直线行驶时转阀的工作情况
a)转阀与阀体的相对位置;b)转阀中的油流情况
R-接右转向动力腔;L-接左转向动力腔;B-接转向油泵;G-接转向油罐
(其余图注同图18-32)

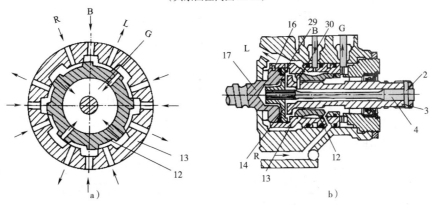

图18-34 汽车左转弯的转阀的工作情况
(图注同图18-32)

右转弯与左转弯基本相似,见图18-35。不同的是,由于转向方向相反,造成的阀体和转阀的角位移相反,齿条—活塞下腔压力升高而上腔油压降低,产生右转向助力。

当转向盘停在某一位置不再继续转动时,此时阀体随螺杆在液力和扭杆轴弹力的作用下,沿转向盘转动方向旋转一个角度,使之与转阀相对角位移量减小,上、下动力腔油压差减小。但仍有一定的助力作用,此时的助力转矩与车轮的回正力矩相平衡,使车轮维持在某一转向位置上。

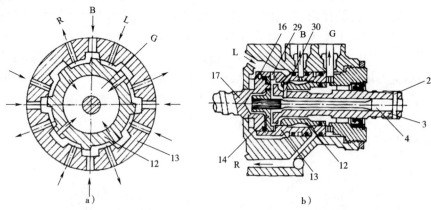

图 18-35　汽车右转弯时转阀的工作情况
（图注同图 19-32）

在转向过程中,若转向盘转动的速度快,阀体与转阀相对的角位移量也大,上、下动力腔的油压差也相应加大,前轮偏转的速度也加快,如转向盘转动的速度慢,前轮偏转的速度也慢;若转向盘转在某一位置上不变,对应着前轮也转在某一位置上不变。此即为"渐进随动原理",也就是:"快转快助,大转大助,不转不助"的原理。

转向后需回正时,如果驾驶员放松转向盘,转阀回到中间位置,失去了助力作用,此时转向轮在回正力矩的作用下自动复位;若驾驶员同时回转转向盘时,转向助力器助力,帮助车轮回正。

当汽车直线行驶偶遇外界阻力使转向轮发生偏转时,阻力矩通过转向传动机构、转向螺杆、螺杆与阀体的锁定销作用在阀体上,使之与转阀之间产生相对角位移,这样使动力缸上、下腔油压不等,产生了与转向轮转向相反的助力作用。在此力的作用下,转向轮迅速回正,保证了汽车直线行驶的稳定性。

一旦液压助力装置失效,该动力转向器即变成机械转向器,此时转动转向盘带动短轴转动,短轴下端凸缘盘边缘有弧形缺口(图 18-32),转过一定角度后,通过螺杆上端凸缘盘的凸块带动螺杆旋转,以保证汽车转向。不过这时转向盘的自由行程加大,转向沉重。

2. 电液控液压动力转向

1)电子控制液压动力转向系统的组成

如图 18-36 所示,电液控液压动力转向系统由储液罐、转向油泵、转向齿轮箱、动力缸、电磁阀、车速传感器、液流分配阀、ECU 等组成。其中,转向齿轮箱又由动力转向控制阀、齿轮齿条转向器、液压反应装置等组成。

转向时,驾驶员转动转向盘,动力转向控制阀控制油路变化,使动力缸的左、右两腔产生压力差,从而产生液压助力。而电子控制装置则是根据车速的大小,来控制液压反应装置的油压的大小,使驾驶员感受到不同的转向盘力。

2)电子控制液压动力转向系统的工作原理

（1）低车速转向或停车转向时。

在低车速转向或停车转向时,此时车速低或为零,ECU 接收到车速传感器的小车速信号后,ECU 即给电磁阀输送一个大电流,电磁阀阀口开大,由液流分配阀来的液流,或液压反应室中液流通过电磁阀回到储油罐。因此液压反应室中液压很低,液压反应装置中的活塞,对控制阀轴杆上的液压反应力较小。此时,给驾驶员一个较小的转向感觉。此时,驾驶员只需施加一个较小的转向盘力,即和扭杆的扭转力矩相等的力。因此,在低车速转向时,通过小的转向盘力就可以产生大的液压助力,如图18-36所示。

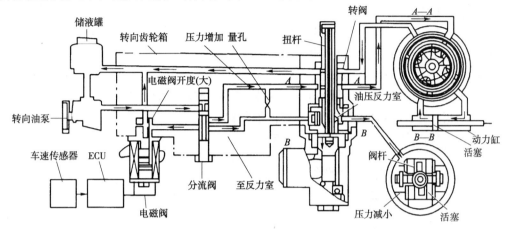

图18-36 电液控液压动力转向

(2)中高速小转向时。

汽车中高速行驶时,当转向盘从直线前进状态转入小转动量状态,即小转向时,控制阀轴根据扭杆的扭转角度而转动,转阀内的油压增加,转阀内的油液通过液流控制阀流到液压反应室。同时,当车速升高时,ECU接收到车速传感器的中高车速信号后,ECU即给电磁阀输送的电流减小,电磁阀开度减小直至关闭,从转阀中来的较大的油压通过液流控制阀流到液压反应室,较大的液压力作用在液压反应室的活塞上,该液压反应力传递到转向盘,给驾驶员一个中等的转向感觉。中高速转向时的液路图,如图18-37所示。

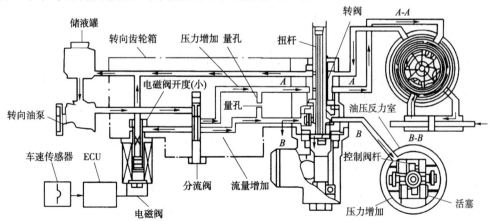

图18-37 中高速转向时的液压回路

(3)中高速大转向时。

在中高速大转向时,即中高速且转向盘转角又大时,转阀内的油压进一步增加。同时,因中高速时电磁阀关小或关闭,并且大转向时因油压高而使液流控制阀关闭。因此,液压反应室中压力的增大,仅仅是根据流过管孔液流量的增大而增大。相应地,液压反应力随着转向角的增大而增大,这使得转向盘的反应力在高速大转向角时保持较大的值,以提醒驾驶员集中注意力。

3)电液控液压动力转向系统主要总成的结构与工作原理

转向齿轮箱总成由控制阀总成、液压反应装置、液流分配阀和管孔等组成。

(1)控制阀总成。

LS400 动力转向系统的控制阀为扭杆转阀式结构,它与转向器装为一体,称为整体式结构。控制阀总成由扭杆、控制阀轴和转阀等组成。

①结构。

如图 18-38 所示,控制阀扭杆的上端通过销子与控制阀轴的上端连接,扭杆的下端通过销子与转向齿轮连接,这样,控制阀轴和转向齿轮就通过扭杆连接在一起。转阀的下端通过销子与转向齿轮固定连接,并且与齿轮一起转动。

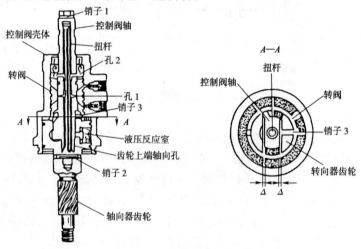

图 18-38　动力转向控制阀结构图

控制阀轴的下端插入齿轮的凹槽里,在控制阀轴和齿轮截面之间的两侧各有一个小间隙 Δ,如图 18-38 所示的 $A—A$ 截面图。这样,当转向盘向左或向右转动时,控制阀轴相对于齿轮能转动一个 Δ 间隙量。即使动力转向液压管路损坏或发动机熄火,控制阀轴的转动也能直接传给转向齿轮,以便能实现手动转向。

②工作原理。

如图 18-39a)所示,当转向盘处在汽车直线前进位置时,控制阀轴处在中间位置,控制阀轴与转阀槽两边的槽隙相等,从油泵经液流分配阀来的油液,与动力缸的 L、R 腔均相通,并且通过控制阀轴上的回油孔与储液罐相通,整个油路畅通,动力缸左、右腔无压力差,动力转向系统无助力作用。

左转弯时,转动转向盘,扭杆带动控制阀轴与扭杆上端同步逆时针旋转,同时,该转向盘力通过弹性扭杆传给转向齿轮和转阀。由于轮胎与地面之间转向阻力的存在,必须有足够的转动力矩才能使齿轮转动,这个力矩促使扭杆弹性扭转,造成转阀转动角度小于控制阀杆转动的角度,两者产生角位移,角位移量等于扭杆变形量,从而使通右腔的进油槽间隙减小(或封闭),油压降低;通左腔的进油槽间隙增大,而回油槽间隙减小(或封闭),油压增大,此时来自油泵的压力油通过槽隙流向 R 腔,L 腔的油液则通过控制阀轴的回油孔流回储液罐,如图 18-39b)所示。

同理,右转弯时,控制阀轴顺时针旋转,转阀内的油路发生相反方向的变化,从而使动力缸的 L 腔通液压油,R 腔则与储液罐相通而反向助力,如图 18-39c)所示。

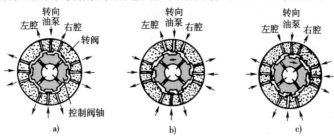

图 18-39 动力转向控制阀工作原理示意图
a)直线前进时;b)左转弯时;c)右转弯时

当转向盘处在某一转向角度不变时,此时,控制阀轴随齿轮在动力缸液压和扭杆弹力的作用下沿着转向盘转动方向旋转一个角度,使之与转阀相对角位移减小,动力缸左、右腔压力差减小,但仍有一定的助力作用。此时的助力力矩与车轮的回正力矩相平衡,使车轮维持在某一转向角度位置上。

若放松转向盘,扭转的弹性扭杆复位,控制阀轴回到中间位置,失去助力作用,转向轮在回正力矩作用下自动回正。若需要助力复位,驾驶员可回转转向盘,液压反向助力,帮助转向轮复位。

在汽车直线行驶偶然遇到阻力而使车轮偏转时,如向左偏转,此时车轮的阻力矩通过转向齿轮作用在转阀上,而使转阀逆时针转动,使转阀与控制阀轴间产生角位移,动力缸的 R 腔油压升高,L 腔油压减小,产生助力,助力方向与车轮偏转方向相反,使车轮迅速自动回正,保证汽车直线行驶的稳定性。

(2)液压反应装置。

液压反应装置设置在转阀的下面,装在转向齿轮孔中。它由液压反应室、四个液压反应活塞、控制阀轴杆等组成。液压反应装置的作用是,将 ECU 根据车速控制的反应室的液压反应给转向盘,提醒驾驶员是在高速行驶转向,以便其能集中注意力,进而达到行驶安全的目的,液压反应装置的工作情况如图 18-40 所示。

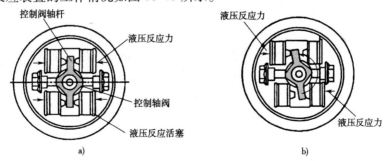

图 18-40 液压反应装置
a)汽车直线行驶时;b)汽车左转向时

当汽车直线行驶时，控制阀轴杆处于中间位置，四个活塞的背面作用着相同液压，且液压力很小，因为此时油液畅通，如图18-40a)所示。

当汽车转向时，转向盘通过扭杆上端的销子带动控制阀轴转动，以及通过扭杆下端的销子带动转向齿轮转动。由于液压反应装置装在转向齿轮孔中，控制阀轴与转向齿轮的相对转动即推动活塞移动。当向左转向时，如图18-40b)所示的两个活塞背面的液压力（即反应室中的液压力），通过控制阀轴的杆传给控制阀轴，再传给转向盘，从而使驾驶员能感觉到液压反应室中液压的大小。而液压反应室中液压的大小，是由ECU根据车速通过电磁阀来调节，当车速低时，液压反应室中的液压小；车速高时液压大，以便在高速行驶转向时提醒驾驶员集中注意力。

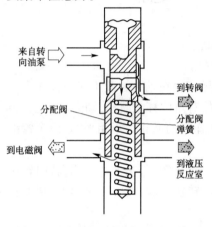

图18-41　液流分配阀

(3) 液流分配阀。

液流分配阀的结构如图18-41所示。其内装有分配阀和分配阀弹簧，其壳体上有四个孔，分别通油泵、转向控制阀的转阀、电磁阀和液压反应室，分配阀上有承压锥面。液流分配阀的作用是将油泵来的液体分配到转向控制阀的转阀、电磁阀和液压反应室。分配到电磁阀和液压反应室中的液体由转阀内的液压来调节。其工作情况如下：

当转向盘不转动时，转向控制阀、动力缸左右腔和储油罐均相通，转阀中液压很小，即作用在分配阀承压锥面上的液压很小，分配阀在其弹簧作用下处在最上位置，分配阀阀口开启，即分配阀与电磁阀、液压反应室的通口开启，油泵来的油液通过分配阀也流到电磁阀和液压反应室中，流到电磁阀和液压反应室中的油液和整个系统中的油液一样是低压油液。

当转向盘转动时，转向控制阀转阀中的液压增加，电磁阀和液压反应室中的液压也随之增加。同时，转阀中液压作用在分配阀的承压锥面上，产生一个向下的液压推力，分配阀逐渐向下移动，当转阀中液压增加到一定值时，分配阀下移到将通向电磁阀和液压反应室的孔口关闭，即分配阀口关闭。此时，当转阀中液压再继续增大时，电磁阀和液压反应室中的液压也不再随转阀中液压的增大而继续增大，而此时电磁阀和液压反应室中液压力的大小，则根据车速，通过ECU控制电磁阀的开度来调节。

(4) 管孔。

管孔的作用是，当液流分配阀下移到将通向电磁阀和液压反应室的孔口关闭，即分配阀口关闭时，在中高速转向时，电磁阀关闭后，随着转阀中油压的继续增大，此时允许少量的油液流进液压反应室。

4) 电子控制装置的结构与工作原理

(1) 电磁阀。

① 电磁阀的作用与结构。

电磁阀装在转向器齿轮箱壳体上，ECU根据车速信号的大小，控制电磁阀电流的大小，从而控制阀开启的大小，以便控制作用在液压反应室内液压的大小。电磁阀的结构如

图18-42所示,它由电磁线圈、壳体、空心阀、弹簧、推杆和传动套等组成。空心阀上有阀孔和固定小孔。壳体上有两个孔,一个通向储油罐,一个通向液流分配阀。

②电磁阀的工作原理。

当电磁阀不通电或通小电流时,阀套在弹簧张力的作用下被压在最上端,此时阀孔关闭,而固定小孔开启。因固定小孔的通道截面很小,从液压反应室流过该阀的液流很小。

当电磁阀的电流逐渐增大时,电磁线圈中产生的电磁吸力克服弹簧的弹力,将空心阀逐渐吸下,阀孔的开启截面逐渐增大,液压反应室中的液压逐渐减小。

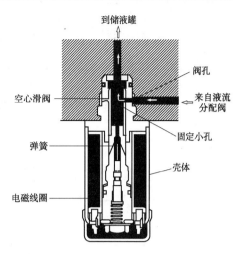

图18-42 电磁阀的结构示意图

当电磁阀的电流增大到一定值时,阀孔的开启截面达最大,此时,液压反应室中的压力最低。此后,随着电流的继续增大,阀孔的开启截面也不再变化。

(2)车速传感器和动力转向ECU。

车速传感器的功用是检测车速信号,将车速信号转变为电信号送给ECU。LS400汽车有两个车速传感器,其动力转向系统采用1号车速传感器,该传感器也用于车速表和发动机控制系统。

动力转向ECU根据车速传感器的信号来控制电磁阀的电流。当车速增加时,ECU输出电流减小,从而使电磁阀阀口的开启量减小。

3. 液压动力转向油泵

液压动力转向油泵是动力转向中的主要能源,其作用是将发动机输入的机械能转化为液压能向外输出。转向油泵有齿轮式、转子式和叶片式等数种。图18-43为叶片式油泵示意图,它主要由定子1、转子2及叶片3等组成。定子具有圆柱形内表面,转子上均布径向切槽。矩形叶片安装在转子槽内,并可在槽内滑动。矩形叶片两端与配油盘端面滑动配合,形成由转子外表面、定子内表面、叶片和配油盘组成的密封工作容积。转子和定子不同心,有一个偏心距e,当转子旋转时,叶片靠自身的离心力贴紧定子的内表面,并在转子槽内做往复运动,使上述的工作容积由小到大,由大到小不断变化。容积增大,产生真空吸力,将工作液从油罐中吸入工作腔,容积变小时,产生油压,将油压出。

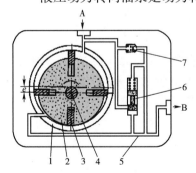

图18-43 叶片式转向油泵示意图
1-定子;2-转子;3-叶片;4-转子轴;5-节流孔;6-流量控制阀;7-限压阀;A-进油口;B-出油口

叶片式油泵,其输出油量随转子转速升高而增大,输出的油压取决于动力转向系统的负荷(即流通阻力)。为了限制发动机转速较高时输出油量过大、油温升高,以及限制输出油压,防止油压过高损坏机件、破坏油封,通常在泵的进、出油道之间设有流量控制阀6和限压阀7。

四、电动油泵液压助力转向系统

随着电子技术的不断发展,许多轿车应用一体化的电动油泵液压转向助力系统 EHPS,如图 18-44 所示,该系统由一体化的电脑 EPS/ECU、直流电机、转子式油泵和控制阀(分配阀、扭杆)、转角传感器、动力缸、齿轮和齿条等组成。

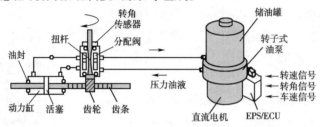

图 18-44　轿车电动油泵液压助力转向系统的组成

电脑 EPS/ECU 与电控喷射系统的电脑 EFI/ECU 和 CAN 数据总线联网,综合信号共享,分别控制。根据转向工况的需求,输出不同的电流值,控制和调节电动油泵的流量和油压。如图 18-45 所示,电动转子式油泵直接由直流电机驱动,改变驱动电流的大小,即可改变其转速,它按工况的需要,在转向时,以不同的电流值,驱动电机和油泵按需泵油。泵壳上有限压阀,用来进行过压保护。其最大流量为 8~12L/min;最高油压不低于 6MPa。转角传感器采用光电式,安装于转向盘的转轴上。其工作原理是利用单位时间内 LED 光的通断次数和快慢,来测定转向盘转动的角度 α 大小和角速度 ω 大小,并将此信号传给电脑 EPS/ECU。发动机转速信号 SP 和车速信号 VSS 由 CAN 数据总线提供信号,用来判定发动机和汽车的运动状态(静止状态或运动状态),以及车速的高低。控制阀为扭杆式的分配阀,与传统的转向助力系统的结构原理相同。

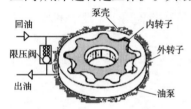

图 18-45　转子式电动油泵

其工作原理是:电脑 EPS/ECU 接收转角传感器的信号(大小)、车速传感器信号 VSS(高低)、发动机转速信号 SP,经过分析编程处理,输出不同的电流值,通过直流电动机,控制电动油泵的工作流量。在转向时,提供瞬时工作油压,通过动力缸带动齿条移动,助力转向。不转向时,电动油泵不工作,无额外动力消耗。

五、电动助力动力转向系统 EPS

1. 概述

电动助力动力转向系统 EPS 目前在中、小型乘用车上广泛应用。电脑 ECU 根据转矩信号、方向信号及车速信号等,调节电动机输出转向助力转矩,助力转向,替代了液压助力系统。电动助力动力转向系统 EPS 结构简单,使系统总重较液压助力转向系统减轻了 25%,且故障少,降低了油耗和维修费用,是中、小型乘用车动力转向技术的发展方向。

2. EPS 系统的优点

(1)液压助力转向系统的油泵,在汽车不转向时也工作,加大了能量消耗。电动助力动力转向系统 EPS 只有在转向时电动机才工作,因而能减少了能量消耗,并能在各种行驶工况下提供最佳的转向助力。

（2）减小了由于路面不平对转向系统的干扰,减轻了汽车低速行驶时的转向操纵力,提高了汽车高速行驶时的转向稳定性,改善了汽车的转向性能,进而提高了汽车的主动安全性。

（3）由于不需要加注液压油和安装液压油管,所以系统的安装简便、自由度大,而且成本低,无漏油故障,它比常规的液压转向助力系统具有更好的通用性。

3.电动助力动力转向系统 EPS 的组成

如图 18-46 所示,电动助力动力转向系统 EPS 由装在转向器输入端的转矩传感器、电磁离合器、电动机及变速器（减速机构）、电脑 EPS/ECU 等元件组成。根据电动机布置位置

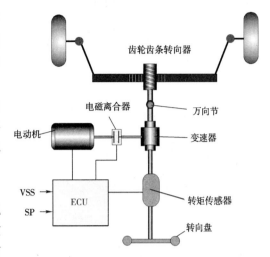

图 18-46 电控电动助力动力转向系统 EPS 的组成

的不同,电动助力动力转向系可以分为转向轴助力式、齿轮助力式和齿条助力式三种类型,如图 18-47 所示。

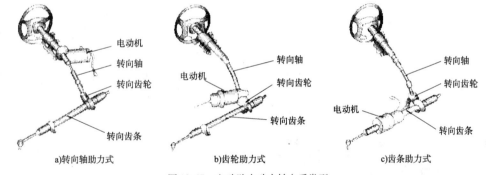

a)转向轴助力式　　b)齿轮助力式　　c)齿条助力式

图 18-47 电动助力动力转向系类型

1）转矩传感器

转矩传感器的作用是检测作用在转向盘上的转矩大小和方向,把不同电压信号传送给电脑 EPS/ECU。多采用光电式或磁电式两种结构。

（1）光电式转矩传感器。

光电式转矩传感器,由遮光圆盘和光电管组成,它属于非接触式转矩传感器,如图 18-48 所示。

圆盘随转向盘一起转动,每个遮光盘由一个发光二极管 LED 和一个光敏晶体管组成,彼此相对安装,中间由扭力杆弹性连接。当转向盘转动时,因转向阻力的存在,扭杆变形,两个光电元件之间的光电信号值即出现差值,此差值即为转向助力的度量值。转向转矩越大,扭杆变形越大,差

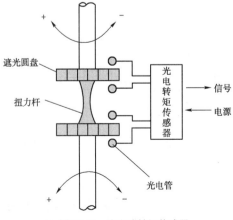

图 18-48 光电式转矩传感器

值角度就越大。此转矩和方向信号传送给 ECU，ECU 再根据车速传感器信号以及车辆状态信号（静态或动态），经过分析处理，通过助力电动机，提供转向助力。

（2）磁电式转矩传感器。

磁电式转矩传感器中有两对磁极环，相对安装，如图 18-49 所示，连接输入轴和输出轴，以磁性连接替代了弹性连接的扭力杆，它为非接触式转矩传感器，体积小，输出的信号精度高。当输入轴与输出轴之间产生扭转角度差时，磁极环之间的空气间隙发生变化，从而引起电磁感应线圈中磁感应量发生变化，此信号输出给电脑 EPS/ECU，作为转向助力的依据。

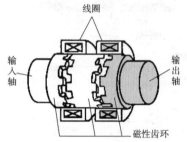

图 18-49 磁电式转矩传感器

2）电磁离合器

它的作用是当 EPS 系统发生故障时，离合器分离，转向系变为普通手动转向。有的车无电磁离合器（如本田飞度），失效保护控制在 EPS/ECU 中，停止对电机供电，转为手动转向。

3）电动机及减速机构

如图 18-50 所示，它是在适当的时候提供转向助力转矩。电动机分为直流有刷永磁电动机和直流无刷永磁电动机两种，前者可靠性差，但控制程序简单；后者可靠性高，但其控制程序复杂。减速机构起减速增矩作用，通常为蜗轮蜗杆式或行星齿轮式。

4）电脑 EPS/ECU

电动助力动力转向系统的控制单元，接收转矩传感器信号、车速传感器信号 VSS、发动机转速信号 SP，经过分析处理，输出不同的电流，见图 18-51。通过助力电动机，根据驾驶员的操作，提供渐进随动转向助力作用。即不转、不助；小转、小助；大转、大助；车速低、助力大（轻便）、车速高、助力小（有手感，防止发飘）。

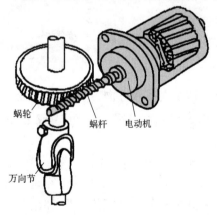

图 18-50 电动机和减速机构（变速器）

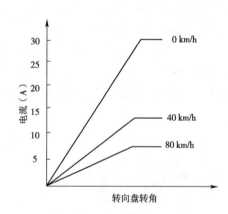

图 18-51 电动转向助力电流特性

根据电流特性可知：如果在停车时，不断地来回转动转向盘，会引起助力电机电流的增大，将导致其绕组因发热而烧毁，这是使用中应注意的问题。

4. 电动助力动力转向系统（EPS）的工作原理

基本工作原理是：电脑 EPS/ECU 接收转向信号、转矩信号、车速信号及发动机转速信号等，通过分析判断，根据事先存储器中确定好的助力特性，确定和输出助力转矩电流的大小和方向(助力电机的正、反转,工作时间及工作频率)。低速时助力作用大,转向轻便;高速时减小助力,以提高路感和操纵稳定性(无发飘手感)。

第六节 四轮转向

普通轿车上一般使用两轮转向系统,操纵转向盘控制前轮胎的偏转,使汽车转向。随着高速公路和高架公路的出现,同向并行车辆的增多和行驶速度的提高及道路条件的变化(如高架螺旋引桥的出现),许多轿车开始采用四轮转向(4Wheel Steering,4WS)系统。四轮转向是指前、后轮都能转向,它可以实现低速转向行驶时进行逆相位操作(即后轮的偏转方向与前轮的偏转方向相反),可以减小转弯半径,提高汽车的灵活性,便于进出车库和停车场;而中高速行驶转向时进行同相位操作(即后轮的偏转方向与前轮的偏转方向相同),可以提高车辆转弯时的操作稳定性和安全性,特别是上、下高速公路和高架桥的引桥须在连续同方向弯道上高速行驶时,必须使汽车处于不足转向状态,保证同向并行车辆的安全。

具有过度转向特性的汽车在高架螺旋引桥上高速盘旋加速行驶时,是很危险的,它的行驶轨迹须反复修正,是"S"的不尽值,给驾驶员带来了紧张和疲劳。同时,对多车道并行车辆也带来侧向碰撞的危险。

具有中性转向特性的汽车,若装载不合理,轮胎气压不合规定或四轮定位失准,其转向特性也可能转化为过度转向特性,因而也是不安全的。四轮转向的汽车因为具有同相位和逆相位操纵特性,能有效地控制汽车的不足转向特性,使汽车在连续同向转向状态下能高速行驶,提高了汽车的操纵性和稳定性及安全性。

四轮转向系统有以下两种不同的结构形式。

一、机械传动电子控制式

前、后轮的转向机构是机械传动,如图18-52所示。转向盘的转动传到前轮的转向器(齿轮齿条式),齿条使前转向横拉杆做左右运动,以控制前轮的转向,同时,输出小齿轮旋转,通过连接轴传到后轮转向器。后轮转向器中的转向节是个大轴承,如图18-53a)所示。外圈与扇形齿轮成一体,可绕转向节左右旋转中心偏转;内圈与从继电器杆凸出的偏心轴连接,继电器杆利用四轮转向变换器电机的作用把继电器杆的旋转中心绕轴做正向或逆向旋转,使偏心轴在转向节内做上下约55°旋转。

转向盘通过连接轴,使小齿轮向右或左旋转,通过扇形齿轮使转向节偏转,转向节经过偏心轴,使继电器杆做左右方向移动。继电器杆驱动后转向横拉杆和后转向节臂并控制后轮转向。

当偏心轴的前端位置和转向节左右旋转中心一致时,转向节即使向左右倾斜,继电器杆也不发生轴向移动,后轮保持中立状态。当偏心轴的前端位置由于在上下方向上偏离转向节中心时,转向节向左右倾斜,继电器杆将发生轴向移动。偏心轴与后轮转角之间的关系:当偏心轴的前端位置位于转向节上侧时,做逆相运动,位于下侧时,则做同相运动。转向节旋转角与继电器杆的移动量的关系,如图18-53b)所示。

继电器杆的旋转是由4WS—ECU通过主马达和辅助马达的驱动来实现的。同时,转向角传感器将继电器杆的旋转角度利用滑动电阻把对应于旋转角的模拟电压输入ECU中,进行反馈控制。

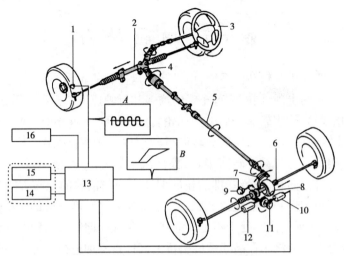

图18-52 机械传动电子控制式四轮转向系统

1-车速传感器;2-前轮转向器;3-转向盘;4-后轮转向取力箱;5-后轮转向传动轴;6-中继杆;7-扇形齿轮;8-旋转枢轴;9-后轮偏转角传感器;10-副步进电机;11-后轮转向齿轮箱;12-主步进电机;13-四轮转向控制单元;14-模式转换开关;15-两轮转向开关;16-车速表;A-车速传感器的车速信号;B-偏转角传感器的后轮偏转角信号

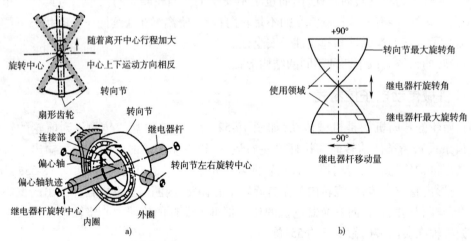

图18-53 后转向节总成和运动关系
a) 后轮转向节;b) 转向节旋转角与继电器杆的移动量的关系

REVS倒2轮转向(倒车2轮转向)开关的作用是当变速器处于倒挡时,接通此开关,锁住后轮转向,保持直线行驶状态,便于倒车。习惯于2WS的驾驶者,也可选择此功能。

二、液压传动电子控制式

如图18-54所示,主要是由储液罐、转向助力泵、分流阀总成、后轮控制阀、动力缸、车速传感器、轮速传感器、转向盘转角传感器、油压传感器,以及4WS—ECU等组成。其中,储液罐、转向助力泵、车速传感器、轮速传感器、转向盘转角传感器、油压传感器的结构与普通

2WS 车相同。

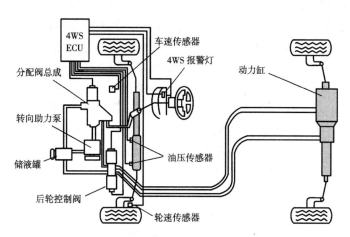

图 18-54 液压传动电子控制式 4WS

分流阀总成的结构如图 18-55 所示,它是由滤网、移动阀、电磁阀及管路接口等组成。

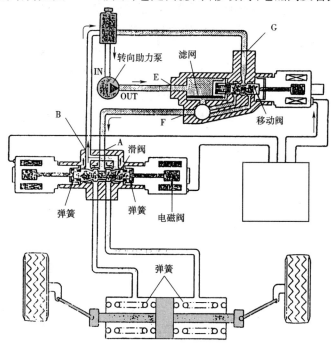

图 18-55 液压传动电子控制式 4WS 工作原理

其作用是:滤清转向助力油;4WS—ECU 控制电磁阀,推动移动阀从而改变通向前轮转向助力器和后轮控制阀的油压和流量,多余的油流回储液罐。

后轮控制阀是用来对后轮转角和转向起控制作用的装置。它两端有两个电磁线圈,受 ECU 的控制。4WS—ECU 根据车速传感器、轮速传感器、转向盘转角传感器、油压传感器等信号对其输入不同大小的电流。阀的内部有轴向移动滑阀,以改变油路,实现不同方向的转向,当两边的电磁线圈在都不产生力的情况时,滑阀在弹簧作用下处于中间位置,动力缸安装在后悬架控制臂的后部,左右的横拉杆端接头由转向节取代了 2WS 车上安装的前控制臂。由后轮控制阀控制的油压使动力缸的活塞及活塞杆左右运动,从而实现对后轮的操纵。

当不需后轮转向时:从转向助力泵输出的油经 E 孔进入分流阀总成,根据 4WS—ECU 输出的电流的大小使轴向滑阀移动,决定从 F 孔流经后轮控制阀的油量大小。4WS—ECU 不向后轮控制阀两端的电磁线圈输入电流,滑阀在左右两端弹簧作用下保持在中间位置,因此从 A 孔进入控制阀的油通过 B 孔流回储油罐,整个动力转向系统处于常流状态,动力缸内两侧无压力,处于平衡状态,此时后轮处于直线行驶状态。

需要后轮转向(如左转向)时:从 4WS—ECU 输出的控制电流进入后轮控制阀右侧的电磁线圈,使滑阀向左移动。从 A 孔进入 B 孔的油路被切断,油进入动力缸,动力缸左室油压升高,推动活塞向右移动,后轮被操纵向左偏转、动力缸右室的油流入后轮控制阀,经 B 孔回到储油罐。

4WS—ECU 可根据不同的车速、轮速和转向盘转角分别控制后轮控制阀左右两侧的电磁阀,以实现低速时逆相操纵、中高速时同相操纵。同时,电磁阀的电流大小也能调节控制,以实现独立随动控制作用,保证不足转向特性处于稳定状态。

当系统发生异常时,仪表板上的 4WS 指示灯亮,警告驾驶员,异常情况被存储在 4WS—ECU 中,以便于维修时检码。4WS—ECU 使电磁阀断电,后轮控制系统处于常流状态,后轮失去转向能力变为 2WS。

机械传动电子控制式 4WS 适合无动力转向的轿车,必须安装连接轴,后轮转向器比较复杂;液压传动电子控制式 4WS 适合有动力转向的轿车,结构简单,管路容易布置,而且随着超低压轮胎的广泛使用,轿车普遍采用动力转向系统,因此这种形式的应用将非常广泛。

第十九章 制 动 系

第一节 概 述

一、制动系的功能与分类

1. 制动系的功能

汽车需要行驶,同时也需要能够使行驶中的汽车减速甚至停车,而且有时能够可靠停车也显得更重要。要做到使行驶中的汽车减速或停车就必须产生一个与汽车行驶方向相反的力,才能让行驶中的汽车减速或停车,作用在行驶的汽车上的滚动阻力、坡道阻力、空气阻力、加速阻力等都与汽车的行驶方向相反,但是这些力的大小都是随机的、很难控制的,因此,汽车上必须设置一系列专门的装置,以便使驾驶员能够根据道路和交通等情况,借助以外界(主要是路面)在汽车某些部分(主要是车轮)施加一定的力,对汽车进行一定程度的强制制动,使汽车减速或停车,这一功能就是制动系的功能,这一系列专门的装置即为制动系。另外,当汽车停下来后需要可靠停车,这也包括在坡道也能可靠停车,使汽车能够可靠停车也是制动系的功能之一。

2. 制动系的分类

1)制动系按照主要功用分类

(1)行车制动装置。

行车制动装置是行车时驾驶员常使用的制动装置,它一般用脚操纵,能产生较大的制动力。

(2)驻车制动装置。

驻车制动装置是驾驶员在停车时使用的制动装置,它一般用手操纵。主要用于停车后防止汽车滑溜。它的制动器可装在变速器或分动器之后的传动轴上,称中央制动装置,也可利用后桥车轮制动器兼充驻车制动器,此种形式称为复合式制动器。

上述两套制动装置是各种汽车应具备的基本制动装置。

(3)应急制动、安全制动和辅助制动装置。

重型或矿山用重型汽车,为了提高行车的安全性和减轻行车制动器的热衰退,通常还设有应急制动、安全制动和辅助制动装置。应急制动是用独立的管路控制车轮制动器作为备用系统。安全制动是制动气压未达到起步额定气压而让汽车起步或在行车时当制动管路漏气等造成制动气压不足时,自动产生制动,使车辆无法行驶,保证汽车行驶安全。辅助制动是为了下长坡时减轻行车制动器的磨损而设,其中利用发动机排气制动应用最广。

较完善的制动系统还具有制动力调节装置、报警装置、压力保护装置或制动防抱死装置等附加机构,每套制动装置都由产生制动作用的制动器和操纵制动器的传动机构组成。

2)制动系按传动机构动力源分类

(1)人力制动系。

仅靠驾驶员施加于制动踏板或手柄上的力作为制动的动力源,其中又分液压式和机械式两种,机械式仅用于驻车制动。

(2)动力制动系。

利用发动机的动力作为制动的动力源,由驾驶员通过制动踏板或手柄控制制动时刻与制动强度。其中,按传力介质不同又分气压式、液压式、真空助力—液压式、空气助力—液压式。

(3)伺服制动系。

兼用人力和发动机动力进行制动的制动系。

二、制动系的基本工作原理

制动系的工作原理见图19-1,制动踏板1安装在驾驶室里,驾驶员通过制动踏板操纵制动系工作,真空助力器2连同制动主缸3通过螺栓安装在乘客舱与发动机舱之间的防火板上,制动轮缸固定在制动底板上,制动底板用螺钉与转向节凸缘(前轮)或桥壳凸缘(后轮)固定在一起。制动鼓6固定在轮毂上和车轮7一起旋转。因此,制动制动鼓使制动鼓停止旋转,即可制动车轮使车轮停止旋转,从而使汽车制动。

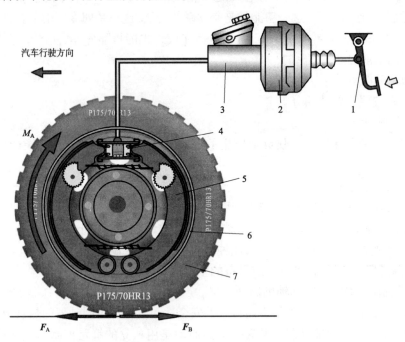

图19-1 制动系工作原理简图

1-制动踏板;2-真空助力器;3-制动主缸;4-制动轮缸;5-制动蹄;6-制动鼓;7-车轮;F_A-圆周力;F_B-制动力

制动时,踩下制动踏板,通过真空助力器助力,制动主缸产生高压制动液,高压制动液通过管路进入制动轮缸,轮缸活塞在液压力的作用下向外移动,驱动两制动蹄张开,与制动鼓贴合压紧。此时,不旋转的制动蹄对旋转的制动鼓将产生一个摩擦转矩 M_A,其方向与车轮的旋转方向相反,大小决定于轮缸的张力、摩擦系数和制动鼓及制动蹄的尺寸。制动鼓将该转矩传到车轮后,将车轮抱死,由于车轮与路面间附着力作用,车轮即对路面作用一个向前的摩擦力 F_A。与此相反,路面会给车轮一个向后的反作用力 F_B。它的大小等于 M_A 与车轮半径之比值,方向与汽车行驶方向相反,这个力就是车轮受到的制动力 F_B。各轮上制动力的和是汽车受到的总制动力。制动力由车轮经车桥和悬架传给车架及车身,迫使整个汽车产生一定的减速度,直至停车;放松制动踏板,轮缸制动液回到主缸,制动蹄在复位弹簧的作用下向中央收拢,制动蹄与制动鼓之间出现间隙,制动鼓可随车轮一起自由旋转,制动系不起制动作用,因而解除制动。

三、对制动系的要求

为了保证汽车能在行驶安全的条件下发挥出高速行驶的能力,制动系必须满足下列要求。

1. 具有良好的制动效能

制动效能的评价指标有:制动距离、制动减速度、制动力和制动时间,良好的制动效能可以有效地保证行车安全,充分发挥汽车的动力性能。制动效能可以用制动试验仪器来检验,在实际使用过程中,路上试验常以制动距离来间接衡量整车的制动效能。制动距离是以某一速度开始紧急制动(例如 30km/h 或 50km/h),从驾驶员踩上制动踏板起直到停车为止汽车所走过的距离。室内试验通常是使用反力式制动试验台试验,测量制动力。

2. 具有良好的制动效能恒定性

制动效能的指标,是指在冷制动情况下,即制动器工作温度 100℃ 以下讨论的。汽车下长坡制动及汽车高速制动的情况下,制动器工作温度常在 300℃ 以上,有时高达 600~700℃。这时,制动器的摩擦力矩显著下降,汽车的制动效能显著降低,这称为制动效能的热衰退,例如要求以一定的车速连续制动 15 次,每次制动减速度为 $3m/s^2$,最后的制动效能,不得低于规定的冷制动情况下制动效能的 60%。

汽车涉水后,由于制动器被水浸湿,制动效能也会降低,这种现象称为制动效能的水衰退。为了保证行车安全,汽车涉水后应踩几次制动踏板,使制动蹄和制动鼓发生摩擦,用摩擦产生的热使制动器迅速干燥,恢复原有的制动效能。

3. 具有良好的制动方向稳定性

制动过程中,维持原来的直线行驶的能力及按预定弯道行驶的能力,称为汽车制动时的方向稳定性。汽车制动稳定性差,如制动时跑偏或侧滑,汽车将失去控制,常常引起严重的车祸,这其中后轴侧滑最危险,严重时能使汽车掉头 180°。

4. 操纵轻便

即操纵制动系所需的力不应过大,以减少驾驶疲劳,对于人力液压制动系,最大踏板力:轿车不大于 500N,货车不大于 700N;踏板行程:货车不大于 150mm,轿车不大于 120mm。

5. 具有良好的制动平顺性

制动力矩能迅速而平稳地增加,亦能迅速而彻底的解除。

另外,对挂车的制动系除了要求具有上述的良好性能外,还要求挂车的制动作用时间应略早于主车,避免在制动时挂车撞击主车,影响制动时的方向稳定性。

第二节 行车制动器

凡是利用固定元件与旋转元件工作表面而产生制动力矩的制动器,都称为摩擦制动器,车轮制动器就是一种摩擦制动器,因为旋转元件固装在车轮上,所以称为车轮制动器。汽车上常用的车轮制动器可分为鼓式制动器和盘式制动器两种,它们的区别在于前者摩擦副中的旋转元件为制动鼓,其圆柱面为工作表面,后者的摩擦副中的旋转元件为圆盘状制动盘,其端面为工作表面。

一、鼓式车轮制动器

鼓式车轮制动器多为内张双蹄式,因制动蹄张开机构的形式、张开力作用点和制动蹄支承点的布置方式等不同,使得制动器的工作性能也不同。根据制动时两制动蹄对制动鼓作用的径向力是否平衡,鼓式制动器分为:简单非平衡式、平衡式和自动增力式三种,根据使两蹄张开的能量不同,鼓式车轮制动器又可分为液压轮缸张开式车轮制动器和气压凸轮张开式车轮制动器。

1. 液压轮缸张开式车轮制动器

1)简单非平衡式车轮制动器

如图 19-2 所示,车轮制动器由旋转部分、固定部分、张开机构和定位调整机构组成。

旋转部分的制动鼓 18 多用灰铸铁制成,它以鼓盘中部的止口和端面定位,并用螺栓固装在轮毂的凸缘上,随同车轮旋转。制动鼓的边缘上有一个用于检查蹄与鼓间隙的检查孔,用于检查蹄、鼓间隙。固定部分由制动底板 3 和制动蹄 1、9 组成,冲压的制动底板通过螺钉装在车桥的凸缘盘上;支承销 11 安装在制动底板上,它为一阶梯轴,其中靠近粗端的轴颈是一偏心轴,松开锁止螺母 13 即可转动支承销;制动蹄采用钢板焊接,其截面呈 T 形,摩擦片 2 用塑料石棉压制而成,用埋头铝铆钉铆接于制动蹄上,以增大蹄、鼓间的摩擦系数,制动蹄的上端顶靠在轮缸 19 的活塞顶块 6 上,蹄的下端孔与支承销偏心轴颈做动配合。张开机构的轮缸用螺钉安装在制动底板上,顶块压入活塞的外端,制动蹄即嵌入顶块的切槽中,制动蹄利用活塞的位移来促动,活塞直径相同时,促动两个蹄片的推力始终相等。定位调整机构用来保持和调整制动蹄和制动鼓的间隙。调整凸轮 7 装在制动底板上,用压紧弹簧 20 来定位,凸轮的工作表面为凹弧槽面,制动蹄腹板上的锁销 8 抵靠在凸轮上,即在复位弹簧 4、10 的作用下,制动蹄始终抵靠在凸轮上。制动蹄限位杆用螺纹旋装在制动底板上,制动蹄限位弹簧 14 使制动蹄腹板紧靠着限位杆中部的台肩,借以防止制动蹄的轴向窜动。

制动蹄常有两处调整部位:转动凸轮 7 可使蹄内外摆动,蹄、鼓间隙按上大下小的规律变化,有利于间隙的合理恢复。转动偏心的支承销 11,可使蹄上下、内外运动,不仅改变了蹄、鼓间隙,而且还可使摩擦副的实际工作区域发生变化,有利于蹄、鼓间全面贴合。在支承销后部端面上打有标记(见 D 向视图),用以指明偏心轴颈轴线的偏移方向。协调地使用上述两处调整部位,便可得到规定的蹄、鼓间隙值(一般为 0.25 ~ 0.5mm),使制动蹄张开时的外圆与鼓的内圆同心,即全面贴合的理想位置。为此,修理制动鼓内圆柱工作表面时,应以轮毂轴承座定位,才能保证蹄、鼓、毂三者同心,而保证蹄、鼓全面贴合。

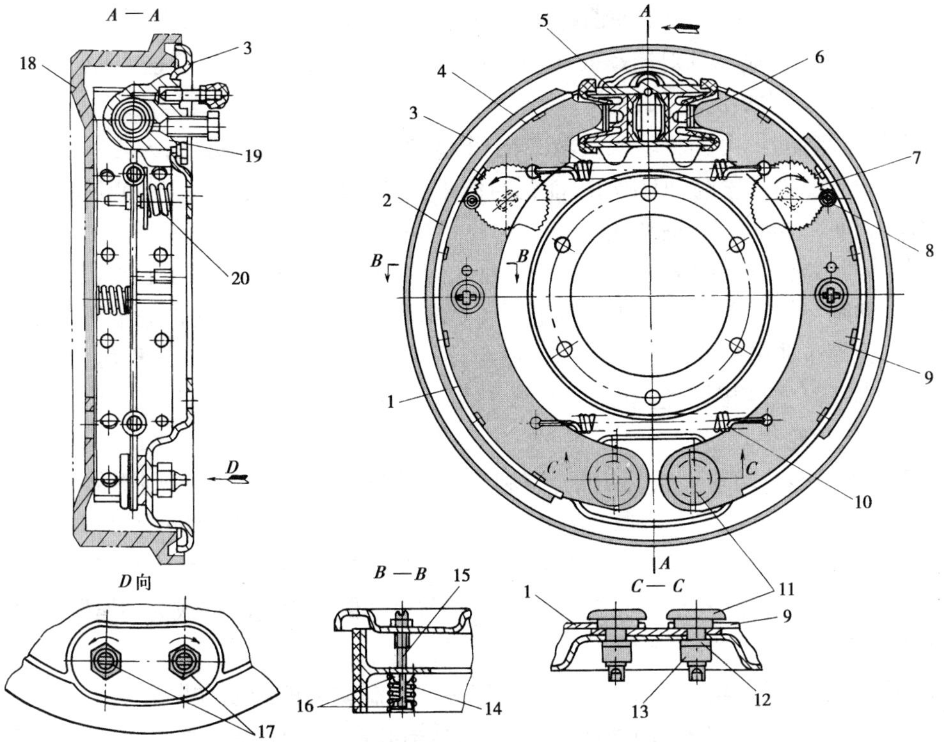

图 19-2 简单非平衡式制动器

1-前制动蹄;2-摩擦片;3-制动底板;4、10-复位弹簧;5-轮缸活塞;6-活塞顶块;7-调整凸轮;8-锁销;9-后制动器;11-支承销;12-弹簧垫圈;13-螺母;14-限位弹簧;15-制动蹄限位杆;16-弹簧盘;17-标记;18-制动鼓;19-制动轮缸;20-压紧压簧

简单非平衡式车轮制动器受力分析,见图 19-3。该制动器的特点是两制动蹄的支承点都位于蹄的下端,而张开力作用点在蹄的上端,共用一个轮缸张开,且轮缸活塞直径是相等的。制动时,制动蹄1和2在相等的张力 P 的作用下(液压推力),分别绕各自的支承销3和4向外偏转,直至其摩擦片压紧于制动鼓内圆工作面,与此同时,制动鼓对两制动蹄分别作用有法向反力 Y_1 和 Y_2,以及相应的切向反力,即摩擦力 X_1、X_2。为简化起见,假设这些反力都集中作用于摩擦片的中央,则前制动蹄1所受的摩擦力 X_1 的方向向下;而后制动蹄2所受的摩擦力 X_2 的方向向上。摩擦力 X_1 产生绕支承销3的力矩与蹄1张开力 P 产生的绕支承销3的力矩同向,使前蹄对制动鼓的压紧力增大,从而使该蹄所产生的制动力矩(摩擦力矩)自动增大,称这一作用为"助势"作用。所以制动蹄1称为助势蹄或转紧蹄。摩擦力 X_2 则有使制动蹄2离开制动鼓的倾向,它与该蹄张开力 P 所产生的绕销4的力矩反向,使蹄对鼓的压紧力减小,从而使该蹄的制动力矩自动减小,即起了"减势"作用,制动蹄2称为减势蹄或转松蹄。由

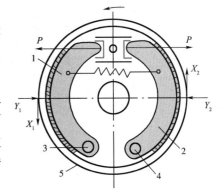

图 19-3 简单非平衡式制动器受力分析图

1-前制动蹄;2-后制动蹄;3、4-支承销;5-制动鼓

上可知,虽然前、后两蹄所受张开力 P 相等,但因摩擦力 X_1 和 X_2 所起的作用是正负值关系,且两轮缸活塞又是浮动的,结果使两蹄所受到的制动鼓的法向力不等,即 $Y_1 > Y_2$,相应的摩擦力 $X_1 > X_2$,因而两制动蹄对制动鼓作用的制动力矩是不相等的。计算证明,助势蹄的制动力矩为减势蹄制动力矩的 2~2.5 倍。

汽车倒车制动时,由于制动鼓旋转方向(即摩擦力方向)的改变,原为转紧蹄变为转松蹄,原为转松蹄变为转紧蹄,但制动效能仍与汽车前进制动时相同。这个特点称为制动器的制动效能"对称",因而被普遍使用。

该制动器结构简单,制动蹄张开力的大小决定于轮缸的液压,多用于轻型汽车的后轮制动,因两制动蹄与制动鼓之间的法向力不等而不能平衡,力差将使车轮的轮毂轴承承受附加载荷,故称为简单非平衡式制动器。为了使前、后蹄摩擦片所受的单位面积压力一致,前蹄摩擦片长于后蹄(宽度相等、包角大),使两片的寿命尽量接近,便于维修。

2)平衡式车轮制动器

由于转紧蹄能自动增大摩擦力矩,有利于提高制动性能,而转松蹄则不能增大摩擦力矩,不利于提高制动性能,为此则改造转松蹄,即将转松蹄颠倒安装,使其变为转紧蹄,这样就出现了两蹄均成为转紧蹄的车轮制动器。如两蹄只在前进制动时为转紧蹄,则称为单向助势平衡式车轮制动器(单活塞轮缸);如两蹄在前进和倒车制动时都成为转紧蹄,则称为双向助势平衡式车轮制动器(双活塞轮缸)。

单向助势平衡式车轮制动器结构,见图 19-4。该制动器的两制动蹄各用一个单活塞的制动轮缸 2,而且两套制动蹄、制动轮缸、偏心支承销和调整凸轮等在制动底板上对称布置。两个轮缸用连接油管 13 接通,因而二者油压始终相等。

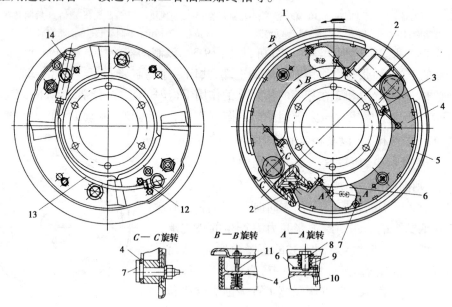

图 19-4 单向助势平衡式车轮制动器
1-制动底板;2-制动轮缸;3-制动蹄复位弹簧;4-制动蹄;5-摩擦片;6-调整凸轮;7-锁销;8-调整凸轮轴;9-弹簧;10-调整凸轮锁销;11-制动蹄限位杆;12-下轮缸油管接头;13-轮缸连接油管;14-上轮缸油管接头

单向助势平衡式车轮制动器受力分析,见图 19-5。汽车前进制动时,两制动蹄都是转紧蹄,有助势作用,故制动蹄制动效能高。由于两制动蹄均以相同的法向力作用于制动鼓上,且相互平衡,所以前、后制动蹄摩擦片等长,磨损也较均匀,轮毂轴承也不承受附加的载荷。可是在倒车制动时,两制动蹄都变为转松蹄,其制动效能反而比简单非平衡式制动器低。这种前进、倒车制动效能不等的平衡式制动器即称为单向助势平衡式制动器。

双向助势平衡式车轮制动器结构,见图19-6。制动底板3上所有的固定元件,如制动蹄、双向制动轮缸、复位弹簧等都是对称布置。两制动蹄的两端都是采用浮式支承,且支点的轴向位置也是浮动的。这样,制动蹄的两端既是支承点,也是张开力的作用点。支点、力点随制动鼓旋转方向的不同能相互转换,可使汽车前进或倒车均可得到相同且较高的制动效能。此即为双向助势平衡式制动器,又称对称平衡式制动器。

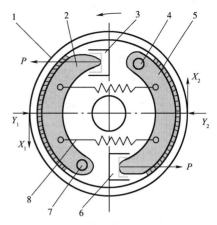

图 19-5 单向助势平衡式车轮制动器受力分析图

1-制动鼓;2-前制动蹄;3-前制动蹄轮缸;4-后制动蹄支承销;;5-后制动蹄;6-后制动蹄轮缸;7-前制动蹄支承销;8-复位弹簧

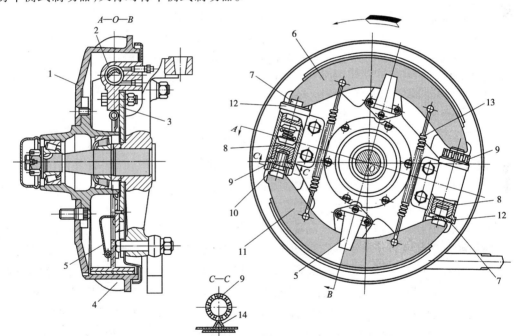

图 19-6 双向助势平衡式车轮制动器

1-制动鼓;2-制动轮缸;3-制动底板;4-散热片;5-制动蹄限位片;6-上制动蹄;7-支座;8-轮缸活塞;9-调整螺母盖;10-可调支座;11-下制动蹄;12-护套;13-复位弹簧;14-锁片

其工作情况如下:前进制动时,所有的轮缸活塞都在液压作用下向外张开,使上、下制动蹄压靠到制动鼓上,在制动鼓摩擦力矩的作用下,两蹄都绕车轮中心 O 如箭头所示的车轮旋转方向转动,将装在两轮缸上的不可调支座7推回,直到顶着轮缸端面为止。于是两蹄以顶靠的支座7为支点,以可调支座10为力点,制动蹄压靠到制动鼓上,两个制动蹄均在助势条件下工作。

倒车制动时，摩擦力矩的方向改变，将两个可调支座推靠到轮缸的端面上，于是两个可调支座便成为新的支承点。两个固定支座成为力点，使制动蹄压靠到制动鼓上，两个制动蹄均在助势条件下工作。

由于是浮式支承，每蹄仅设一个调整点即可调整蹄、鼓间隙，调整螺母盖上有齿槽可供拨动，拨动调整螺母盖，可调支座就可轴向移动，可调支座带动制动蹄摆动，调整蹄、鼓间隙，锁片14用来锁止调整螺母盖，防止其转动。

由此可见，双向助势平衡式制动器两蹄均以相同的法向力作用于制动鼓上，且相互平衡，所以摩擦片等长，轮毂轴承也不承受附加载荷。这种制动器可在各类汽车的前后轮中装用，且适合于一个制动器两个轮缸彼此独立布置的双管路制动方案，当其中任一管路漏损，另一管路仍然能使车轮制动器以简单非平衡式的形式工作。

双向助势平衡式车轮制动器受力分析，见图19-7。

3）自动增力式车轮制动器

自动增力式车轮制动器是将两蹄用推杆浮动铰接，利用液压张开力促动，使两蹄产生助势作用，另外，充分利用前蹄的助势推动后蹄，使后蹄的制动效能增加。

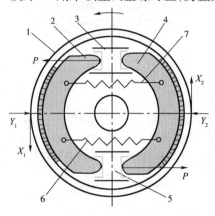

图19-7 双向助势平衡式车轮制动器受力分析图

1-制动鼓；2-前制动蹄；3-上轮缸；4-后制动蹄支承销；5-后制动蹄；6-下轮缸；7-复位弹簧

自动增力式车轮制动器，见图19-8。制动底板15用螺栓固定在半轴套管凸缘上，两制动蹄上端由制动蹄复位弹簧拉紧靠在支承销3和制动轮缸活塞2上，下端靠在可调推杆两端直槽底平面上，推杆总成13是浮动的，它与制动底板无直接的支承关系，双活塞制动轮缸安装在制动底板上，制动蹄定位装置16限制制动蹄轴向位移，制动鼓安装在轮毂上与车轮一起旋转。

制动工作过程参见图19-9，前进制动时，两制动蹄在制动油压力的作用下张开压向制动鼓，此时两蹄上端都离开支承销，制动蹄压到制动鼓上，制动鼓对两蹄产生摩擦转矩，带动两蹄沿旋转方向转过一个不大的角度，直到后蹄又顶靠到支承销上为止，然后蹄与鼓就进一步压紧。前蹄是助势蹄，但其支承是浮动的推杆。制动鼓作用在前蹄上的摩擦力对推杆形成一个推力F'_S，推杆又将此推力传到后蹄的下端。后蹄在推力的作用下也形成助势蹄，并与轮缸液压促动力F_S共同作用，使后制动蹄进一步压紧制动鼓。推力F'_S比轮缸油压的促动力F_S要大得多（大3倍左右），从而使后蹄产生的制动力矩比前蹄更大。支承销承受着全部的制动力矩的载荷。为使前、后蹄摩擦片磨损均匀，后蹄的摩擦片应比前蹄长些。

倒车制动时，两个制动蹄以支承销的另一侧为支点，作用过程相反，与前进制动时具有同等的制动效果。

这种制动器的制动效果对蹄、鼓之间的摩擦系数非常敏感，当蹄、鼓之间有油污等使摩擦系数减少时，制动效能下降非常明显。

综上所述，各种结构形式的制动器，都是围绕着提高制动效能、制动的平顺性和稳定性、简单和调修方便等几个方面来考虑的。单就制动效能而言,自动增力式车轮制动器的制动力矩最大,平衡式车轮制动器次之,简单非平衡式又次之。

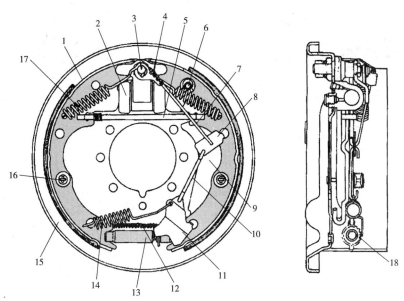

图 19-8　自动增力式车轮制动器

1-制动鼓;2-制动轮缸;3-支承销;4-调整螺母;5-驻车制动杆;6-轴销;7-上拉杆;8-传动板;9-驻车制动杠杆;10-下拉杆;11-自调拨板;12-制动蹄拉紧弹簧;13-推杆总成;14-拨板复位弹簧;15-制动底板;16-制动蹄定位装置;17-制动蹄复位弹簧;18-调整棘轮

2. 用凸轮张开式的车轮制动器

采用气压制动传动装置的汽车,多采用凸轮张开式车轮制动器。

凸轮张开式车轮制动器,见图 19-10。该制动器除用制动凸轮作为张开装置外,其余结构与液压轮缸张开式车轮制动器中的简单非平衡式制动器类同。制动底板 7 用螺栓固定在转向节上,制动蹄 2 下端支承孔与支承销 9 的偏心轴颈动配合,并用挡板及锁销轴向限位。在复位弹簧 3 的作用下,制动蹄上端支承面始终靠紧在制动凸轮 4 的两侧。每个制动蹄上铆有两块长短相等的石棉塑料摩擦片,其间留有储存制动磨屑的缝隙。凸轮 4 用中碳钢制成,表面高频淬火处理,以提高其耐磨性。工作表面对称的凸轮与轴制为一体,故凸轮只能绕固定的轴线转动而不能移动。当凸轮转过一定角度时,两蹄的位移量是相等的。可见,两蹄对制动鼓施加的压紧力的大小,完全决定于凸轮对蹄的推力的大小、凸轮表面的几何形状和它所转过的角度的大小。制动时由于凸轮上总是作用着一定的不平衡力,故在支座 10 的两端装有耐磨的衬套,并有润滑油嘴定期润滑。为了防止润滑脂外溢和水、土侵入,在衬套的外端装有密封圈,并用止推垫片和调整垫片限制和调整凸轮轴的轴向窜动量。在制动凸轮轴的一端装有制动调

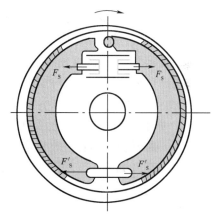

图 19-9　自动增力式车轮制动器受力分析图

整臂5,用来调整制动蹄、鼓间隙,同时它也用来传递制动气室产生的气压推力,即制动蹄张开的促动力。制动鼓8用螺钉与轮毂连接在一起,车轮也装在轮毂上。

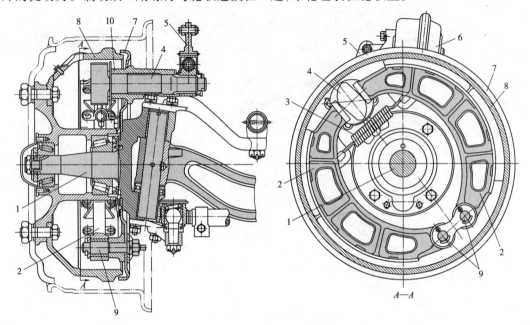

图19-10 凸轮张开式车轮制动器

1-转向节;2-制动蹄;3-复位弹簧;4-制动凸轮轴;5-制动调整臂;6-制动气室;7-制动底板;8-制动鼓;9-支承销;10-制动凸轮轴支座

制动时,压缩空气进入制动气室6,推动橡胶膜片及推杆叉,使制动调整臂绕制动凸轮轴转动,调整臂带动凸轮轴转动,凸轮便迫使两制动蹄张开并压紧在制动鼓上,产生制动作用。

放松制动时,制动气室中的压缩空气排出,膜片和凸轮轴在弹簧的作用下复位。同时,两制动蹄也在其复位弹簧的作用下复位,以其上端支承面靠紧凸轮的两侧,保持一定的蹄、鼓间隙。

制动时在蹄、鼓之间摩擦力的影响下,使前蹄(转紧蹄)有离开凸轮的倾向,后蹄(转松蹄)有压紧凸轮的倾向,造成凸轮对转紧蹄的张开力小于转松蹄,从而使两蹄所受到的制动鼓的法向反力 $Y_1 \approx Y_2$,使两蹄的制动力矩近似相等。因此,这种制动器可以认为是简单平衡式车轮制动器。

在装配过程中或使用一段时间后,需要调整制动蹄、鼓间隙。制动蹄、鼓的间隙可以根据需要进行局部或全面调整,局部调整只需调整调整臂,改变凸轮张开的初始角度即可,全面调整需要制动调整臂和偏心销两处配合调整。调整臂结构参见图19-11,在制动调整臂体8和两侧的盖9所包围的空腔内装有调整蜗轮2和蜗杆7,单线调整蜗杆,借细花键套装在蜗杆轴4上,调整蜗轮2以内花键与制动凸轮的外花键接合。转动蜗杆,即可在制动调整臂与制动气室推杆的相对位置不变的情况下,通过蜗轮使制动凸轮轴转过一个角度,从而改变制动凸轮的初始位置。蜗杆轴与制动调整臂的相对位置是靠锁止套11和锁止螺钉12来固定的,当需要转动蜗杆轴时,需将螺钉12松开,将具有六角孔的锁止套和弹簧5压进一定行程,将六角孔的锁止套按入制动调整臂体的孔中,即可转动调整蜗杆。放开锁止套,弹簧即将锁止套推回与蜗杆六角头接合的左极限位置,调整好后,需将锁止螺钉锁紧。

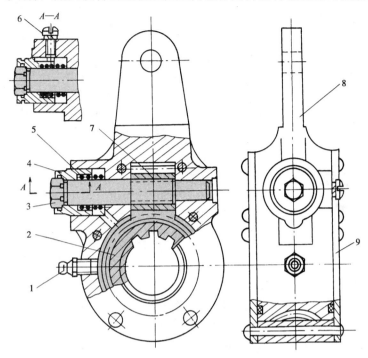

图 19-11 制动调整臂
1-油嘴;2-蜗轮;3-蜗杆轴;4-锁止套;5-弹簧;6-锁紧螺钉;7-蜗杆;8-调整臂体;9-盖

远离凸轮一端的间隙是用偏心的支承销来调整的,见图 19-10。合适的蹄、鼓间隙是靠近支承销一端的间隙较靠近凸轮一端的间隙小些。

应该说明,该类制动器由于用一个凸轮同时调整两个制动蹄的间隙,很难使两个制动蹄的蹄、鼓间隙达到一致。故凸轮轴支座和制动底板的相对位置,也应有微量调整的必要。多是支座和底板的固定孔径都稍大于固定螺栓的直径,松开固定螺母可使支座和凸轮轴线相对于制动底板做微量的移动,以补充调整蹄、鼓间隙。

二、盘式车轮制动器

1. 盘式车轮制动器特点

鼓式制动器,如果连续使用制动,摩擦副将产生大量的热,由于制动鼓是密封的,散热条件差,所以车轮制动器将在很高的温度下工作,高温将导致蹄、鼓间摩擦系数降低,制动效果变差。另外,如果制动鼓进水,水很难迅速排除,也将导致制动效果下降。

为了消除上述缺点,研制出了盘式车轮制动器,见图 19-12,盘式车轮制动器摩擦副中的旋转元件是以端面为工作面的金属圆盘,称为制动盘,它通过轮毂与车轮连接在一起,将制动盘抱死,即可制动车轮产生制动。固定元件由制动块、制动钳等组成,制动块安装在制动钳上。制动钳固定在转向节上或车轴上,促动元件的活塞也装在制动钳上。

当踩下制动踏板制动时,液压油通过油管进入制动缸,在油压的作用下,活塞推动制动块将制动盘夹紧,使制动盘停转而产生制动。

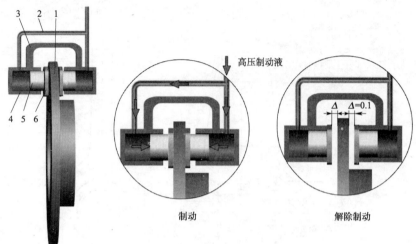

图 19-12　盘式制动器工作原理示意图
1-制动盘；2-油管；3-制动钳；4-制动缸；5-活塞；6-制动块

盘式车轮制动器有以下特点：

（1）制动盘、制动块都裸露于空气中，散热容易，制动器不容易过热，减小了制动器的热衰退现象，同时，当制动盘上有水时，在离心力的作用下，水将很快被甩干，不易出现水衰退现象，故有较好的制动恒定性。

（2）制动器无助势作用，因此对摩擦副摩擦力附着系数变化不敏感，制动效果稳定。另外，制动器产生摩擦力矩与管路压力呈线性关系（鼓式车轮制动器由于有助势作用，呈非线性关系）。因此，盘式车轮制动器制动平顺性好。

（3）盘式车轮制动器制动块与制动盘间隙小，且管路中无残余压力，无复位弹簧，因此制动滞后时间短，有利于紧急制动。

（4）结构简单，重量轻，便于维修，易于实现制动块与制动盘制动间隙自动调整。

（5）制动盘升温后沿厚度方向的热膨胀量比鼓式车轮制动器径向膨胀量要小得多，且制动管路中无残压，因此不会出现间隙自调过度问题。

但盘式车轮制动器由于无助势作用，因此要求有较大的制动油压，所以一般在制动管路中需加制动助力装置。另外，制动盘裸露在大气中易粘上灰尘等，制动器使用寿命低。

盘式车轮制动器按照制动钳与转向节（或车轴）之间的连接关系可分为固定钳盘式车轮制动器和浮动钳盘式车轮制动器两大类。

2. 固定钳式车轮制动器

固定钳式车轮制动器的制动钳安装在车桥上，既不能旋转，也不能沿制动盘的轴线方向轴向移动，因此称为固定钳式车轮制动器。

图 19-13 是一种固定钳式车轮制动器，制动盘 7 通过轮毂与车轮连接在一起，用轴承安装在转向节上，随车轮一起转动。制动钳 8 固定在转向节上，不能发生任何方向的移动。在制动钳的两侧各装有 2 个活塞 5，活塞上装有矩形密封圈，摩擦片 3 分别置于制动钳的两侧，用导向支承销 2 及弹簧片 1 定位，在摩擦片上装有摩擦片过薄报警装置，当制动块磨损到极限位置时，两导线接触构成通路，驾驶室仪表板上警告灯报警。

图 19-14 是固定钳式车轮制动器原理图,制动时,油液被压入内、外两轮缸中,其活塞在液压作用下将两制动块压紧制动盘,产生摩擦力矩将制动盘制动,即将车轮制动,此时,轮缸槽中的矩形橡胶密封圈的刃边在活塞摩擦力的作用下产生微量的弹性变形,见图 19-15a)。

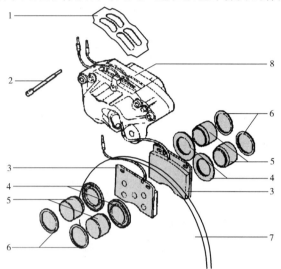

图 19-13 固定钳式车轮制动器
1-弹簧片;2-导向支承销;3-摩擦片;4-防尘罩;5-活塞;6-密封圈;7-制动盘;8-制动钳

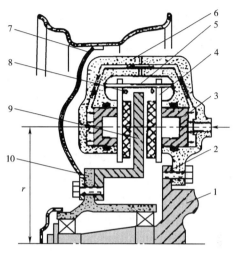

图 19-14 固定钳式车轮制动器原理图
1-转向节凸缘;2-调整垫片;3-活塞;4-制动块;5-导向支承销;6-制动钳;7-制动辐;8-复位弹簧;9-制动盘;10-转向节凸缘;r-制动盘摩擦半径

放松制动时,活塞和制动块依靠密封圈的弹力和弹簧的弹力复位,解除制动,见图 19-15b)。

在不制动时,制动块与制动盘之间的间隙每边只有 0.1mm 左右,矩形密封圈刃边的微量变形,就足以保证制动的解除。

从上述的分析可以看出,矩形橡胶密封圈除起密封作用外,同时还起活塞复位的作用,另外,密封圈还可以自动调整制动块与制动盘之间的间隙,如果制动块与制动盘的间隙磨损加大,制动时密封圈变形达到极限后,活塞仍可继续移动,直到制动块压紧制动盘为止。解除制动后,矩形密封圈所能将活塞推回的距离同磨损之前相同,仍保持标准值。显然,这种结构对橡胶密封圈的弹性、耐热性、刃边几何精度及表面粗糙度的要求较高,因此要求橡胶密封圈要定期更换,而不是单纯考虑其密封性能。

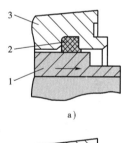

a)

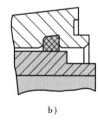

b)

图 19-15 活塞密封圈的工作情况
a)制动时;b)解除制动时
1-活塞;2-矩形橡胶密封圈;3-轮缸

制动块与制动盘之间的间隙对制动性能影响非常大,间隙大,制动距离就长。制动盘的端面圆跳动对制动块与制动盘的间隙影响很大,因此要严格控制此制动盘的端跳,要求制动盘工作表面有高的平整度和垂直度,轮毂轴承的松紧度应严格控制,修平制动盘工作表面时,应和轮毂一起进行加工,并一起进行平衡试验。

固定钳式车轮制动器存在着以下缺点:

(1)液压缸较多,使制动钳结构复杂。

(2)液压缸分置于制动盘两侧,必须用跨越制动盘的钳内油道或外部油管来连通。这必然使得制动钳的尺寸过大,难以安装在现代化轿车的轮辋内。

(3)热负荷大时,液压缸(特别是外侧液压缸)和跨越制动盘的油管或油道中的制动液容易受热汽化。

(4)若要兼用于驻车制动,则必须加装一个机械促动的驻车制动钳。

这些缺点使得固定钳式制动器难以适应现代汽车的使用要求,故自20世纪70年代以来,大部分使用下述的浮钳盘式制动器。

3. 浮动钳式车轮制动器

浮动钳式车轮制动器的制动钳与制动盘在制动盘的轴向可以相对移动,制动钳处于浮动状态,因此称为浮动钳式车轮制动器。

图19-16是一种浮动钳式车轮制动器,制动盘11用合金铸铁制造,用螺钉12固定在轮毂上,与前轮一起转动,并夹在制动块16之间。制动钳支架2由两个螺栓固定在前悬架支柱上,制动钳通过两个导向销6浮动地装在前制动块支架2上,U形支架2既是制动块安装的支架,又是制动块的轨道,由于制动块16浮装在支架2上,这样在汽车行驶时可能有轻微的抖动,引起噪声及磨损,为此用防振弹簧7和8把制动块夹住,以减少抖振。

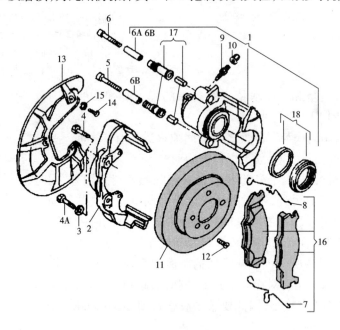

图19-16 浮动钳式车轮制动器

1-制动钳总成;2-制动钳支架;3-垫圈;4、4A-螺栓;5-螺栓;6A、6B-导向销;7、8-防振弹簧;9-放气螺钉;10-防尘套;11-制动盘;12-制动盘固定螺钉;13-防溅盘;14-防溅盘固定螺栓;15-弹簧垫圈;16-制动块;17-导向销塑料套;18-活塞密封圈和防尘罩

浮动钳式车轮制动器的工作原理见图19-17,制动时,活塞8在液压力 P_1 的作用下,将活动制动块6推向制动盘4。与此同时,作用在制动钳1上的反作用力 P_2 推动制动钳沿导向销2向右移动,使固定在制动钳上的固定制动块5压靠到制动盘上。于是,制动盘两侧制动

块在 P_1 和 P_2 的作用下夹紧制动盘,使之在制动盘上产生与运动方向相反的制动力矩,促使汽车制动。

4. 气压盘式制动器

气压盘式制动器 ADB(Air Disc Brake)最早出现于 20 世纪 90 年代中期,能广泛应用手中重型车辆。它具有整体结构简单、重量轻、制动噪声小、散热快、制动间隙小以及维护简单等众多优于鼓式制动器的特点。目前,ADB 在欧洲发展迅速,挂车安装率超过 50%,部分国家已经制定法规在公交车上安装使用。

1) WABCO 气压盘式制动器结构

WABCO PAN 系列制动器使用空气为动力,采用浮钳盘式和单推杆促动,并使用了专利技术以控制制动摩擦块斜向磨损。在有效减少质量的情况下,同时保证了盘式制动器的性能。

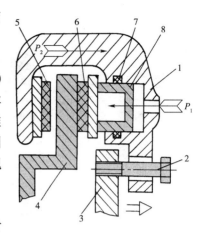

图 19-17 浮动钳式车轮制动器的工作原理图
1-制动钳;2-导向销;3-制动钳支架;4-制动盘;5-固定制动块;6-活动制动块;7-活动摩擦块;8-活塞

如图 19-18 所示,盘式制动器主要由两部分组成:制动钳和制动钳支架。制动钳支架通过螺栓直接连接到车桥上,如图 19-19 所示。而制动钳通过导向销连接到制动钳支架上。制动时制动钳(包括制动气室、制动摩擦块、推盘等)可以沿导向销做轴向运动。

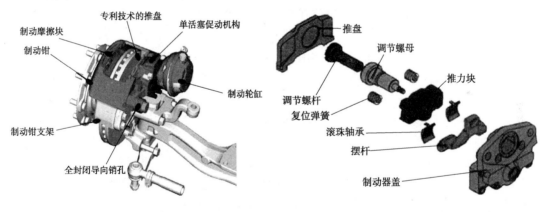

图 19-18　WABCO(威伯科)气压盘式制动器结构　　　　图 19-19　制动支架图

2) WABCO 气压盘式制动器原理

制动原理为制动气室推动单推杆促动机构、推盘,然后推动右侧的制动摩擦块(为了更清楚地演示结构,右侧的制动摩擦块被拆除)靠近制动盘,由此产生的反作用力推动制动气室和制动钳沿导向销向右移动,制动钳进而推动左侧的制动摩擦块压紧制动盘,由于制动盘随着车轮在转动,而制动摩擦块则相对静止,所以两者之间将产生相对运动,从而产生摩擦力,此摩擦力即为制动力。

具体制动过程为:制动气室 1 直接安装在制动钳盖上。制动气室推杆 2 的球头面在摆杆 3 的球窝内,当气室促动时,推杆 2 推动摆杆 3 转动,摆杆 3 的偏心凸轮的转动推动促动机构向左做直线运动,产生夹紧力。推盘 5 位于制动摩擦块 6 和促动机构之间,它优化了内

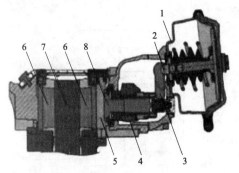

图 19-20 气压盘式制动器工作原理
1-制动气室；2-推杆；3-摆杆；4-推力块；5-推盘；6-制动摩擦块；7-制动盘；8-调整螺杆

侧制动块 6 和制动盘 7 之间的压力分布，使得内侧制动摩擦块磨损均匀。推力块 4 和调整螺杆 8 构成调整机构，自动调整制动摩擦块 6 和制动盘 7 之间的制动间隙。制动解除后，压力弹簧推动促动机构回到初始位置，如图 19-20 所示。

三、鼓式车轮制动器间隙自调装置

制动间隙是影响行车安全的一个重要间隙，为此需要经常检查调整制动间隙，这样就增加了维修工作量，特别是汽车行驶高速化后对汽车制动性能的要求更高，制动轮缸的尺寸普遍加大。若蹄、鼓间隙稍有增大，制动踏板的自由行程就成倍增加，有效行程显著减小，制动效能明显降低，维护调整就需更加频繁。为此，制动器间隙自调装置应运而生，这样不仅减少了维修工作量，同时也提高了汽车行驶的安全性能。自调装置的功能是能及时地、自动地补偿过量的蹄、鼓间隙，并能保持规定的蹄、鼓间隙。鼓式车轮制动器的蹄、鼓间隙自调装置有前进和倒车均能自调、倒车自调、使用驻车自调等数种。

1．在推力板上装楔板的蹄、鼓间隙自调装置

如图 19-21 所示，前、后制动蹄 1、10 下端插在制动底板 7 相应的槽内，上端靠在制动轮缸 6 的活塞上，然后用制动蹄上、下复位弹簧 4、13 拉紧，制动蹄通过限位销 8 和限位弹簧 11 使其抵靠在制动底板上限制其径向移动。推杆 3 右端抵靠在后制动蹄上，右端通过楔板 5 抵靠在前制动蹄上，楔板上大下小，上端由楔板横拉簧 2 拉紧，抵靠在推杆上，与推杆之间有一定的摩擦力，下端由楔板纵拉簧 12 产生一个向下的拉力，楔板纵拉簧上端拉在楔板上，下端拉在前制动蹄上。横拉簧为定位拉簧，产生摩擦力防止楔板下移，纵拉簧为自调拉簧，力图使楔板下移，减少制动蹄、鼓间隙。驻车制动杠杆 14 重点铰接在后制动蹄上，支点抵靠在推杆上，力点连接着驻车制动拉索。

其自调工作原理见图 19-22，制动时，轮缸油压通过轮缸活塞使两制动蹄张开，制动蹄位移压到制动鼓上，此时楔板上、下受到两个力的作用，向下的力是由楔板纵拉簧产生的拉力 F_2，向上的力是由楔板横拉簧拉力引起的楔板与推杆之间的摩擦力 F_1，若制动蹄、鼓间隙符合规定值，即前制动蹄相对的下移距离小，纵拉簧的拉力小，$F_2 < F_1$，楔板不动，保持原位。当解除制动时，制动蹄在复位弹簧的弹力作用下收拢，制动蹄抵靠到由推杆和楔板组成的制动蹄复位限位装置上。若制动时制动蹄、鼓间隙大于规定值，即前制动蹄相对的下移距离大，此时纵拉簧产生向下的拉力大，即 $F_2 > F_1$，楔板在拉力差的作用下下移，由于楔板下移，F_2 减小，F_1 增大，直到 $F_2 = F_1$，楔板停止下移。当解除制动时，制动蹄在复位弹簧的弹力作用下收拢，由于楔板下移，由楔板与推杆组成的制动蹄复位限位装置有效长度变长，制动蹄收拢的位移小，使制动蹄、鼓间隙又重新恢复到原来设定的标准值。

这种装置在前进和倒车制动时都能自调，且只能自动调小制动蹄、鼓间隙，不能自动调大制动蹄、鼓间隙，当制动蹄、鼓间隙过小时，可人工向上拨动楔板，即可将制动蹄、鼓间隙调大。

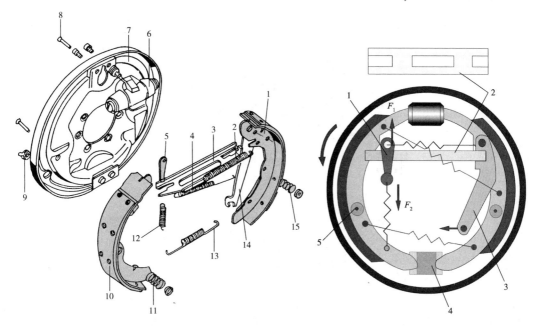

图 19-21 在推力板上装楔板的蹄、鼓间隙自调装置
1-后制动蹄;2-楔板横拉簧;3-推杆;4-制动蹄上复位弹簧;5-楔板;6-制动轮缸;7-制动底板;8-限位销;9-橡胶塞;10-前制动蹄;11-限位弹簧;12-楔板纵拉簧;13-制动蹄下复位弹簧;14-驻车制动杠杆;15-限位弹簧座

图 19-22 在推力板上装楔板的蹄、鼓间隙自调装置原理图
1-楔板;2-推杆;3-驻车制动杠杆;4-浮式支承;5-限位件;F_1-楔板与推杆间摩擦力;F_2-楔板纵拉簧拉力

2. 利用驻车制动调整蹄、鼓间隙

利用驻车制动调整蹄、鼓间隙的结构见图 19-23,两制动蹄 12、8 在复位弹簧 14、11 的作用下,上端抵靠在制动轮缸 3 上,下端抵靠在支承座 10 上,推杆总成由推杆 1 和调整棘轮 2 组成,转动调整棘轮推杆总成的有效长度就可改变。推杆总成一端抵靠在前制动蹄上,另一端抵靠在驻车制动杠杆 6 上,驻车制动杠杆上端铰接在后制动蹄上,下端抵靠在制动蹄腹板上,自调拨板 4 上端铰接在驻车制动杠杆上,中部由销钉与驻车制动杠杆连接,其下端由自调拨板复位弹簧 7 使其紧靠在驻车制动杠杆上,自调拨板的尖端部分可以拨动调整棘轮。

当拉紧驻车制动手柄时,如果制动蹄、鼓间隙小于规定值,则驻车制动杠杆的转动角度比较小,自调拨杆尖端的位移量 S_1 也较小($S_1<$调整棘轮齿宽),自调拨板不能拨动调整棘轮旋转,推杆总成长度不变,制动器蹄、鼓间隙不变。随着摩擦片的磨损,制动蹄、鼓间隙越来越大,拉动驻车制动手柄时,自调拨杆尖端处的位移也越来越大(S_2 逐渐接近齿宽直到等于齿宽),在这个过程中,调整拨杆的尖端有可能接触调整棘轮上的齿根部位,并带动调整螺母逐步转动。当 S_2 等于齿宽时,放松制动就会使自调拨杆的尖端落入下一齿的根部。如这时再拉动驻车制动,调整棘轮将随着调整拨杆转动,而推杆不能转动,这样推杆被推出一段距离,即达到自动调小间隙的功能。这时,驻车制动杠杆的转动角度明显减小,调整拨杆尖端的位移量 S_3 也远小于齿宽,间隙恢复到允许范围的下限,完成自动调整间隙的一个循环。此机构只能将制动蹄、鼓间隙自动调小,而不能调大,当需要将制动蹄、鼓间隙调大时,需要人工拨动调整棘轮转动,为此在制动底板上设有拨动调整棘轮的窗口。

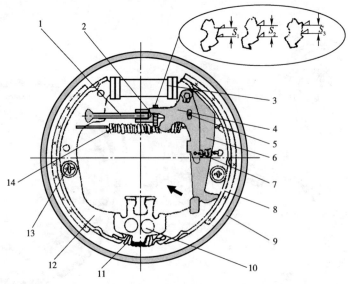

图19-23 利用驻车制动调整蹄、鼓间隙

1-推杆;2-棘轮;3-制动轮缸;4-自调拨板;5-销钉;6-驻车制动杠杆;7-自调拨板复位弹簧;8-后制动蹄;9-制动鼓;10-支承座;11-制动蹄下复位弹簧;12-前制动蹄;13-制动蹄径向定位件;14-制动蹄上复位弹簧

第三节 驻车制动

驻车制动的功用是:汽车停驶后使汽车可靠地停车,防止汽车滑溜;汽车在坡道起步时,协同离合器、加速踏板等使汽车顺利起步;当行车制动失效时,使用驻车制动应急制动。

驻车制动按照其制动器安装位置不同,可分为两类:将驻车制动器安装在变速器或分动器后,制动传动轴,这类制动器称中央制动器,中央制动器有盘式和鼓式两种形式。有些轿车由于底盘结构空间的限制或前轮驱动等原因,在后桥车轮制动器中加装必要的机构,使之兼充驻车制动功能,即为复合式制动器。

一、中央制动器

如图19-24所示,驻车操纵手柄3安装在驾驶室里,按下手柄1可使锁止棘爪6转动解除锁止,当向后拉动驻车操纵手柄时,驻车制动手柄绕着轴销5摆动,通过传动杆7、拐臂8、拉杆15、摆臂17等一系列的传动杆件使凸轮轴14转动;制动鼓9安装在传动轴上,随传动轴一起转动;制动底板12安装在变速器壳体上,它为不动件,在制动底板上安装制动蹄10,制动蹄在制动蹄复位弹簧13的作用下上端抵靠在凸轮轴上,下端抵靠在推杆总成11上,推杆总成与制动底板无直接联系,浮动地装在两个制动蹄之间。制动器的结构为自动增力式制动器。

当停车需要使用驻车制动时,拉起驻车制动手柄,使制动蹄张开,将制动鼓抱死,即制动传动轴,使车轮无法转动,从而使汽车可靠地停车。在拉紧驻车制动手柄的同时,锁止棘爪锁止,防止驻车制动自行松动。

当需要行车时,首先向后拉动驻车操纵手柄,使锁止棘爪与齿扇的正压力消除,然后压下手柄使棘爪解除锁止,向前推动驻车操纵手柄,使凸轮回转,制动蹄在复位弹簧的作用下复位,解除制动,此时汽车就可以起步行驶。

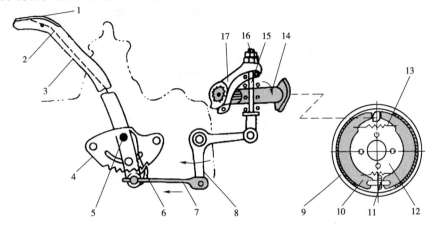

图 19-24 中央制动器

1-手柄;2-棘爪拉杆;3-驻车操纵手柄;4-扇齿;5-销轴;6-锁止棘爪;7-传动杆;8-拐臂;9-制动鼓;10-制动蹄;11-推杆总成;12-制动底板;13-制动蹄复位弹簧;14-凸轮轴;15-拉杆;16-调整螺母;17-摆臂

制动器可通过调整推杆总成和调整螺母使其蹄、鼓很好地贴合,驻车操纵手柄的位置可以通过传动杆的有效长度进行调节。

二、复合制动器

1. 鼓式复合驻车制动器

鼓式复合驻车制动器见图 19-25,驻车制动操纵部分安装在驾驶室里,驻车制动操纵杆 3 可以绕销轴 6 摆动,拉索 8 安装在驻车操纵杆上,用调整螺母 4 可以调整拉索的长度,按下按钮 2 可以解除锁止。制动器为简单非平衡式车轮制动器,驻车制动杠杆 13 上端铰接在后制动蹄上,下端与拉索连接,传力杆左端抵靠在前制动蹄上,右端支承在驻车制动杠杆上。

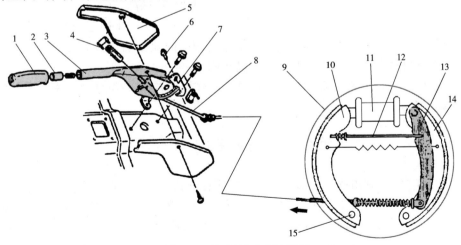

图 19-25 鼓式复合驻车制动器

1-手柄;2-按钮;3-驻车制动操纵杆;4-调整螺母;5-护罩;6-销轴;7-锁止棘轮;8-拉索;9-制动鼓;10-前制动蹄;11-制动轮缸;12-传力杆;13-驻车制动杠杆;14-后制动蹄;15-支承销

当停车后需要驻车制动时,拉起驻车制动操纵杆,通过驻车制动操纵杆拉动拉索,在拉索产生的拉力作用下,驻车制动杠杆以上铰接点为传力点将驱动力传给后制动蹄,使后制动蹄右移,抵靠到制动鼓上产生制动,同时通过传力杆将驱动力传给前制动蹄,使前制动蹄左移,抵靠到制动鼓上产生制动。当解除驻车制动时,按下按钮解除锁止,向下扳动驻车制动操纵杆,驻车制动杠杆上的拉索拉力消失,制动蹄在复位弹簧的作用下复位,解除制动。

拉索的有效长度必须符合要求,如拉索过紧,使拉臂受到一定的拉力,会改变已调好的蹄、鼓间隙,在不制动时蹄、鼓不能完全脱开,造成制动拖滞;如过松,驻车制动时制动蹄张开量不够,达不到规定的驻车制动性能。拉索的有效长度可以通过调整螺母调节。一般要求拉动驻车操纵杆,响4~6下应达到规定的制动效果。

2. 盘式复合驻车制动器

盘式复合驻车制动器见图19-26,驻车制动杆9穿过钳体1深入轮缸活塞14内,左端制有螺旋角较大的螺纹,其上拧有自调螺母12,驻车制动杆的中部有密封圈4,保证轮缸的密封,右端伸出钳体,在复位弹簧8的作用下,其斜面抵靠在驻车制动杠杆7的凸轮上。自调螺母捆有箍紧弹簧13,箍紧弹簧左端有簧爪,插入活塞底部的定位孔中,右端自由的安装在螺母上,箍紧弹簧对自调螺母的箍紧力随着螺母的旋入而增大,旋出而减少。自调螺母的左端与轮缸活塞有一间隙Δ,保证在驻车制动不工作时制动盘与制动块之间有足够的间隙,自调螺母凸缘的右边装有推力轴承11,由挡片10限位。

当停车需要驻车制动时,通过拉索使驻车制动杠杆摆动,驻车制动杠杆的凸轮给驻车制动杆产生一个向左的推力,驻车制动杆

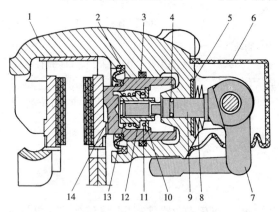

图 19-26 盘式复合驻车制动器

1-钳体;2-活塞护罩;3-活塞密封圈;4-驻车制动杆密封圈;5-弹簧座;6-驻车制动杠杆护罩;7-驻车制动杠杆;8-驻车制动杆复位弹簧;9-驻车制动杆;10-挡片;11-推力轴承;12-自调螺母;13-箍紧弹簧;14-轮缸活塞

带动自调螺母左移,当消除自调螺母与轮缸活塞之间的间隙Δ后,推动轮缸活塞左移,活塞驱动制动块使制动块夹紧制动盘,从而产生驻车制动。

当解除驻车制动时,驻车制动杆在复位弹簧的作用下右移,轮缸活塞在密封圈的作用下左移,解除驻车制动。

第四节 液压制动系统

液压制动系统是利用特制的油液——制动液作为传力介质,将驾驶员施加到制动踏板上的制动力传至车轮制动器,产生制动作用。液压制动结构简单,制动滞后时间短,制动稳定性好,能适应多种制动器,故多在中、小型汽车上广泛使用。

一、液压制动系统的基本组成

如图19-27所示,制动踏板4通常吊挂在驾驶室里,这种布置有利于驾驶室的密封,驾驶

员通过制动踏板操纵制动系统,制动踏板通过推杆驱动真空助力器3,真空助力器以发动机进气歧管或单独设的真空泵产生的真空吸力为动力源,产生一个与制动踏板同向的制动力协助人力进行制动,制动主缸2安装在真空助力器的前面,里面装有活塞,它在推力的作用下可将机械能转化为液压能,现代制动主缸产生两路液压向外输出,即所谓的双管路制动系统。从制动主缸输出的液压进入制动调节阀7,制动调节阀调节进入前、后制动轮缸的液压的大小,力图使前、后车轮同时被制动抱死。由制动调节阀调节后的液压进入前、后制动轮缸1、5,在轮缸产生的驱动力作用下,车轮制动器产生摩擦力矩使汽车制动。

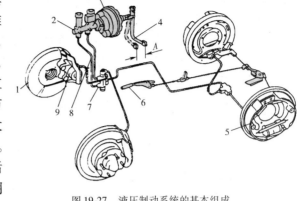

图19-27 液压制动系统的基本组成
1-前轮车轮制动器;2-制动主缸;3-真空助力器;4-制动踏板;5-后轮车轮制动器;6-驻车制动操纵手柄;7-制动调节阀;8-油管;9-制动轮缸

从开始踩制动踏板到制动主缸推杆推动活塞开始运动,这段时间对应的制动踏板空行程称为制动踏板自由行程,在实际操作中是从开始踩制动踏板到感觉踏板变硬,开始产生制动对应的行程,如图中A所示。一定的踏板自由行程是必要的,它可以保证制动活塞的完全复位,使车轮制动器彻底解除制动,防止制动拖滞,但是如果自由行程过大,制动协调时间过长,制动距离将增加,制动效果差,同时自由行程过大,还会使制动踏板总行程加大,有可能使制动踏板踩到底,直至触到驾驶室地板上仍不能产生很好的制动。

制动主缸和轮缸的相对位置经常变化,故连接油管除用金属管外,部分有相对运动的区段,还用高强度橡胶管连接。

二、液压制动双管路布置形式

所谓双管路是指制动系统中有两条彼此独立的制动管路,在使用过程中,如果一条管路发生故障,另一条管路仍能起作用,保证有一定的制动,避免全车无制动,从而保证了制动的可靠性和安全性,这是一种比较保险的制动管路布置形式。

双管路布置应力求当一套管路发生故障时,只能引起制动效能的部分降低,其前、后桥制动力分配的比值最好不变,以提高附着力的利用率,保证汽车具有良好的操纵性和稳定性。液压传动由于其适应的制动器形式较多,双管布置形式有多种方案。通常是按制动管路布置在不同的车桥来划分,可分为前、后桥彼此独立,即前桥车轮制动器用一条独立的制动管路,后桥车轮制动器用一条独立的制动管路;按制动管路布置在不同的车轮划分,可分为前、后轮对角彼此独立,即左前车轮制动器和右后轮车轮制动器用一条独立的制动管路,右前轮车轮制动器和左后轮车轮制动器用一条独立的制动管路;按一个车轮制动器不同的制动轮缸来划分,可分为轮缸彼此独立,即一个车轮制动器的两个轮缸,如双向增力式车轮制动器,上方的轮缸用一条独立的制动管路,下方的轮缸用一条独立的制动管路,从理论分析看,轮缸彼此独立的管路布置形式最为合理。

1. 前、后桥彼此独立的管路布置

前、后桥彼此独立的管路布置形式见图 19-28a)，制动主缸输出一条管路通向前桥车轮制动器，即两个前轮制动器共同接制动主缸的一条管路；制动主缸输出的另一条管路通向后桥车轮制动器，即两个后轮制动器共同接制动主缸的另一条管路。由于前、后桥制动管路彼此独立，所以当任一管路失效后，即一个车桥制动失效时，另一管路制动仍然有效，即另一个车桥制动仍有效。这种布置形式容易调节前、后车桥的制动力，使前、后桥制动力分配合理，且管路布置简单；但当一条管路失效后，前、后桥制动力分配的比值被破坏，造成附着力利用率降低，使制动效能低于50%。此种方案适于前、后桥载荷分布较均匀、制动时轴荷转移量少，且发动机前置后轮驱动的汽车。

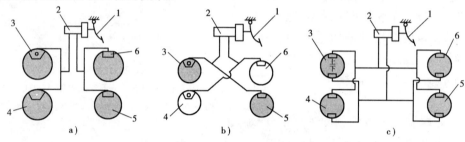

图 19-28 液压双管路布置方案

1-制动踏板；2-制动主缸；3-前右轮车轮制动器；4-前左轮车轮制动器；5-后左轮车轮制动器；6-后右轮车轮制动器

2. 前、后轮对角彼此独立的管路布置

前、后轮对角彼此独立的管路布置形式见图 19-28b)，制动主缸输出一条管路通向左前轮车轮制动器和右后轮车轮制动器；制动主缸输出的另一条管路通向右前轮车轮制动器和左后轮车轮制动器，当一条管路有故障时，两个车桥都有制动，且前、后桥制动力分配的比值未变，附着力利用率高，制动效能是原来的50%。此种方案广泛地用在单轮缸轿车上。应该说明，这里存在着当一管路失效后，由于前、后轮制动力大小不一样，在制动时产生一个使汽车旋转的旋转力矩，造成制动跑偏。为此，多采用加大主销内倾角的办法，使主销的转点在力点之外，产生抗偏力矩防止制动跑偏。

3. 轮缸彼此独立的管路布置

轮缸彼此独立的管路布置形式见图 19-28c)，制动主缸输出一条管路通向四个车轮制动器的上轮缸，另一条管路通向四个车轮制动器的下轮缸。若其中一条管路失效时，另一条管路仍能使前、后制动器都有制动，附着系数利用率高，制动效能是原有制动效能的50%，且前、后桥制动力分配的比值未变，不产生使汽车制动跑偏的制动力矩，此种方案是一种比较合理的布置方案，但是只适于具有两个轮缸的车轮制动器。

三、液压制动系统主要总成构造

1. 真空助力器

汽车高速化后，要求制动液压达 10～12MPa 方能产生与车速相适应的制动力矩，另外现代汽车广泛采用盘式车轮制动器，由于盘式车轮制动器没有助势作用，所以要求有较大的制动液压，仅靠人的体力以无法完成上述要求，为了提高制动性能，减少驾驶疲劳，要求踩制动踏板的踏板力又不能过大，所以必须寻找制动助力装置，协助人力进行制动。真空助力器由

此而产生,它是利用真空动力源,将真空吸力转化为推动制动主缸活塞移动的机械力,真空源对汽油机来说通常是利用进气歧管处产生的真空源,无须添加新的装置;对柴油机来说,通常是设置真空泵产生真空源。

真空助力器见图 19-29,真空助力器总成用螺栓固定在发动机舱内,左外壳、右外壳和气室膜片压合在一起组成与大气密封和互相密封的左气室 A 和右气室 B,真空控制阀阀座 4 与膜片座 12 压合在一起,膜片复位弹簧 5 将真空阀座和膜片座压向右极限位置,阀座右边圆柱体可在密封套内左右移动,但仍能保证气室 B 与外界大气隔绝。在阀体内装有真空阀 8 和空气阀 2,空气阀与制动踏板推杆 6 通过球头铰接,制动踏板推杆复位弹簧 5 的弹力大于真空阀弹簧的弹力,因此在不踩制动踏板时,在制动踏板推杆复位弹簧的作用下,制动踏板推杆通过球头带动空气阀右移靠到真空阀上,空气阀、真空阀一起克服真空阀复位弹簧的弹力右移靠到制动踏板推杆复位弹簧座上,由于阀的右移,打开了左、右气室的真空通道 3,关闭了空气通道。橡胶反作用圆盘 14 安装在阀体与制动主缸推杆 1 之间,在不制动时,橡胶反作用圆盘与空气阀有一定的间隙。空气滤清器用毛毡制成,安装在阀体的进气口,滤清进入助力器的空气。制动主缸推杆左移,将推动制动主缸活塞移动,产生制动液压。单向阀 16 通过管路接在发动机进气歧管上,当进气歧管产生真空吸力时,单向阀打开,将气室内的空气吸走,当气室内的气压大于进气歧管压力时,单向阀关闭。

真空助力器的工作原理如下:

1) 不制动时

如图 19-29a) 所示,助力器推杆弹簧将推杆推向右端,带动空气阀右移,空气阀抵靠到真空阀上,关闭了大气与右气室之间的空气通道,空气阀继续右移时,将带动真空阀右移,真空阀像一个可伸缩的皮囊,其右侧抵靠在弹簧座上,防止空气进入气室,左端则打开了左、右气室之间的通道,使左气室通道 A 与通往右气室的通道 B 相通。这样,当发动机工作时,真空单向阀被吸开,左、右两气室的空气被吸走,两气室的真空度绝对值与发动机进气管处相同。膜片连同阀体在膜片复位弹簧的作用下右移到极限位置上,此时制动主缸推杆不受力,制动主缸不工作。

2) 制动时

当刚踩下制动踏板时,控制阀总成尚未向左移动。踏板力经放大后(制动踏板放大)使助力器推杆克服其复位弹簧作用而左移,见图 19-29b),并通过球头推动空气阀左移,由于真空阀弹簧的作用,此时的真空阀仍然压在空气阀上,随同空气阀一起左移,当真空阀左移到阀座上时,关闭了左右气室之间的通道,此时空气阀对反作用圆盘产生一个向左的推力,反作用圆盘将此力传给制动主缸推杆,制动主缸推杆将推动活塞左移产生制动液压,车轮制动器将产生制动力矩而使汽车产生制动,此时的制动是由驾驶员体力所产生的制动,反作用圆盘在推力的作用下中部产生下凹变形。随着继续踩制动踏板,空气阀继续左移,而真空阀触到阀座上不能再左移,所以空气阀与真空阀分开,空气通道打开,外界空气通过空气滤清器进入右气室,右气室气压升高,于是左、右气室之间产生一个压力差,在压力差的作用下,阀座克服膜片复位弹簧作用而左移,阀座给反作用圆盘又加上一个向左的作用力,此力大于制动踏板传来的驾驶员体力,在真空度为 0.8×10^2 kPa 时,助力器产生的推力是踏板力的 3~4 倍。在这两个作用力合力的作用下,制动主缸推杆左移,推动活塞左移产生足够大的制动液压使汽车制动。

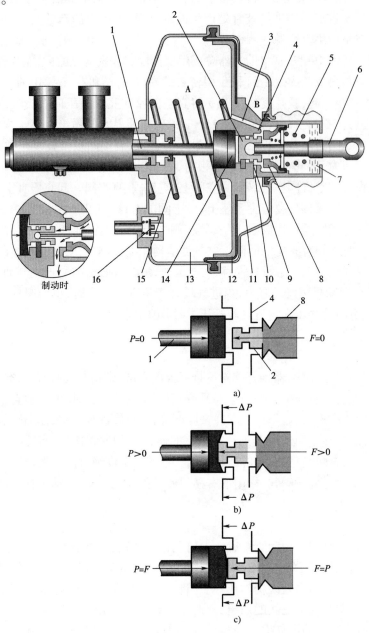

图19-29 真空助力器
a)不制动时；b)制动时；c)维持制动时

1-推杆；2-空气阀；3-真空通道；4-真空阀座；5-复位弹簧；6-制动踏板推杆；7-空气滤芯；8-真空阀；9-空气阀座；10-通气道；11-加力气室后腔；12-膜片座；13-加力气室前腔；14-橡胶反作用圆盘；15-膜片复位弹簧；16-真空口和单向阀

3）维持制动时

如图19-29c）所示，当踩住制动踏板在某个位置不动时，助力器推杆、空气阀不再继续左移，此时右气室继续在进气，左、右气室仍然存在压力差，所以阀座在压差的作用下继续左移，阀座的压力作用在反作用圆盘的四周，使反作用圆盘开始凸起，空气阀与真空阀通道逐渐减小,直至关闭空气通道,此时的真空阀仍然关闭,出现了空气阀、真空阀均关闭的"双阀"关闭现象,由于右气室不再进气,阀座受到的气体压力与制动主缸与膜片复位弹簧对阀座的反作用力相平衡,阀座停止移动。此时,加在制动主缸推杆上的推力既不增加也不减小,推杆上受到的轴向力处于平衡状态,制动主缸推杆维持不动,轮缸的液压既不增大也不减小,保持不变,即制动液压不变,制动摩擦转矩不变,实现维持制动。如此时又踩制动踏板,使空气阀左移,则上述平衡被打破,助力器重复上述过程,重新助力。当右气室的气压等于大气压时,助力器产生最大助力效果,以后的助力作用就不能再增加了。

4)解除制动时

抬起制动踏板,踩在制动踏板上的踏板力消失,制动踏板推杆在其复位弹簧的作用下右移,在球头的带动下空气阀右移,关闭右气室的空气通道,随着空气阀的继续右移,带动真空阀右移,真空道开启,A、B通道打开,左、右气室又连通,右气室的空气迅速被吸走,左、右气室处于同一真空度,左、右气室压力相等,无压力差,在膜片复位弹簧的作用下,阀座右移到右极限位置,制动主缸推杆上向左的轴向力消失,推杆在活塞复位弹簧的作用下复位,活塞复位,解除制动。

有的大货车要求具有大的制动力,如果用一个膜片则直径会很大,而又无足够大的安装空间,因此有些助力器制成双膜片助力器。

图19-30是一个双膜片真空助力器,它有前、后两个膜片6和前、后两个阀座7,将气室分成A、B两对,它们分别用气道C连通。其余的部件同于单片真空助力器。

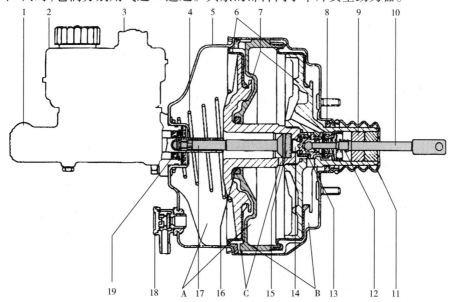

图19-30 双膜片真空助力器

1-制动主缸;2-制动液罐;3-制动液位传感器;4-膜片复位弹簧;5-气室壳体;6-膜片;7-阀座;8-后阀座密封圈;9-空气滤清器;10-助力器推杆;11-防尘套;12-真空阀复位弹簧;13-空气阀复位弹簧;14-真空阀;15-橡胶反作用圆盘;16-前阀座密封圈;17-制动主缸推杆;18-单向阀;19-制动主缸密封圈

不制动时,空气阀及助力器推杆在空气阀复位弹簧的作用下离开橡胶反作用圆盘右移,空气阀关闭空气通道,真空阀打开真空通道,A、B两气室皆为真空状态。

制动时,踩下制动踏板,助力器推杆与真空阀左移,消除了与橡胶反作用圆盘之间的间隙后将推力作用在橡胶反作用圆盘上,使橡胶反作用圆盘中部产生下凹变形,并推动制动主缸推杆左移,使制动主缸工作,与此同时,真空阀关闭,使 A、B 两气室隔绝,进而空气阀开启,空气经过空气滤清器、空气阀进入 B 腔,A、B 两腔产生压力差,阀座在压力差的作用下左移,将驱动力传递到制动主缸推杆上,此驱动力为两膜片面积之和与压力差的乘积,因此,双膜片式真空助力器大大提高了增力效果。

维持制动时,制动踏板不动,空气阀不再继续向左移动,而阀座连同真空阀继续左移,中心部分被压凹的橡胶反作用圆盘逐渐变平而后有凸起,空气阀与真空阀逐渐接触,关闭空气通道,出现了双阀关闭的平衡状态,推杆不动,维持制动。

解除制动时,放松制动踏板,空气阀和助力器推杆在复位弹簧的作用下右移,关闭空气通道,又使真空阀打开,A、B 两气室又相通,同处于真空状态,阀座也在复位弹簧的作用下复位,对制动主缸推杆向左的推力消失,推杆及活塞复位,解除制动。

从上述的单膜片、双膜片助力器工作原理可以看出,当助力器有故障不起助力作用时,此时制动需要克服膜片复位弹簧的弹力等阻力,剩余的制动力才能加到制动主缸推杆上,此时的助力器不但不助力,反而是阻力。因此,当助力器有故障时,应尽快修理,否则会严重影响制动性能。

单向阀的作用是防止当进气管的真空度小于助力器的真空度时,进气管的空气进入助力器。当单向阀堵塞时,气室就不能产生真空,助力器就失去助力作用,因此需要经常维护单向阀。

空气滤清器的作用是过滤进入助力器的空气。当滤清器堵塞时,右气室进空气缓慢甚至不能进空气,左、右气室之间没有压力差,助力器也不起作用,因此需要经常维护空气滤清器。

制动主缸推杆密封圈的作用是密封助力器左气室。当其密封性能被破坏时,也能造成左气室漏气,影响助力效果。

当发动机熄火后,进气歧管就不能产生真空吸力,助力器无真空源,其内存有的真空能只能维持 2~3 次全制动,因此,严禁下坡熄火滑行。

助力器推杆的有效长度必须严格控制,必须保证空气阀与橡胶反作用圆盘有一定的间隙,如果间隙过大,则踏板自由行程过大,制动距离长;如果间隙过小,制动主缸推杆不能完全复位,制动不能完全解除,造成制动拖滞。因此必须严格调整制动踏板自由行程。

人工大致检验助力器好坏的方法是首先让发动机熄火,踩制动踏板数次,让左、右气室无真空吸力,再踩住踏板不动,起动发动机,在进气歧管真空吸力的作用下,左、右气室产生一定的真空度,助力器开始起助力作用。此时,制动踏板应缓慢下降,如果制动踏板无反应,则说明助力器不起助力作用。发动机工作时,用力踩下制动踏板,使发动机熄火,若制动踏板在 30s 之内不变,则说明助力器密封性能良好,如果制动踏板很快下降,则说明助力器密封性能不良。

2. 真空泵

真空助力器如果安装在柴油车上,因柴油机的进气歧管产生的真空度小,不能满足助力器对真空源的要求,所以另设真空泵提供动力源,并串联上真空罐,以平衡压力波动。

真空泵结构见图 19-31,真空泵泵体装在发动机一侧,转子 6 由发动机的正时齿轮驱动,转子偏心的安装在泵体 3 中,其上有四个叶片 8 等距分布,单向阀 1 装在进气口处。

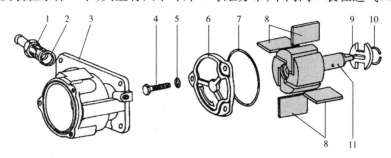

图 19-31　真空泵
1-单向阀;2-密封圈;3-泵体;4-螺钉;5-弹簧垫;6-泵盖;7-密封圈;8-叶片;9-传动片;10-挡圈;11-转子

真空泵原理见图 19-32,转子转动时,叶片在离心力的作用下,压紧在泵体内壁上,因而在转子转动的过程中,便产生了四个容积不断变化的气室,对某一气室而言,转子每转动一圈,便完成一个进排气循环,因而对整个真空泵而言,这一循环重复四次。其结果是在吸气口处中形成了一定的真空,在真空吸力的作用下,单向阀打开,使真空罐产生一定的真空度,以满足助力器对真空源的需要,发动机转动越快,真空度越大。吸进的空气通过排气口排到大气中去。

3. 制动主缸

1）制动主缸的结构

制动主缸结构见图 19-33,制动主缸的缸体 12 通过螺栓安装在助力器上,在缸体内装有前后两个活塞 9、10,分别有两个复位弹簧 9、11 使其复位,前活塞复位弹簧弹力稍大于后活塞复位弹簧,以保证前活塞在不制动时右移抵靠在限位销 14 上,使前活塞有正确的起始位置。拆装前活塞时,需要拆下此限位销。在活

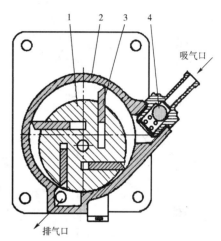

图 19-32　真空泵原理图
1-转子;2-泵体;3-叶片;4-单向阀

塞上装有密封圈,以密封工作腔。每个工作腔有单独油罐和出油管接口,以免一条管路漏油影响另一条管路正常工作。主缸推杆可推动活塞移动。

2）制动主缸的工作原理（图 19-34）

（1）不制动时。

不制动时推杆上无轴向推力,后活塞与推杆之间有一间隙 Δ,此间隙反映到制动踏板上为踏板自由行程。前活塞在前活塞复位弹簧的作用下右移,抵靠在限位螺钉上,前活塞头部和密封圈正好处于补偿孔 12 与进油孔 10 之间,制动液通过进油孔与补偿孔进入活塞头部的前、后腔及制动管路中。后活塞也在后活塞复位弹簧的作用下右移抵靠在卡簧上,同样制动液进入后活塞头部的前、后腔及制动管路中。

（2）制动时。

制动时,制动主缸推杆左移,当消除推杆与后活塞之间的间隙后,推杆推动后活塞及其

密封圈左移,当密封圈遮盖住补偿孔6之后,工作腔F即被封闭,随着后活塞左移,F腔液压开始升高,在液压的作用下,前活塞开始左移,同后活塞一样,当补偿孔12被遮盖住时,E腔液压开始升高。制动液通过出液口C、D分别进入两条独立的制动管路,使轮缸中的液压升高,克服了蹄、鼓(盘)间隙后,产生摩擦转矩,使汽车制动。

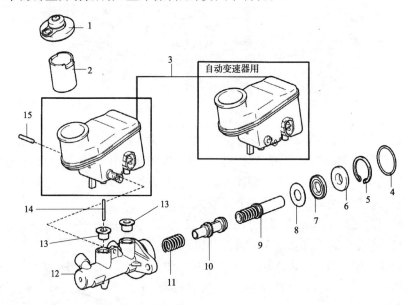

图 19-33 制动主缸

1-储液罐盖;2-滤网;3-储液罐;4-密封圈;5-卡环;6-活塞导向环;7-油封;8-垫片;9-后活塞及复位弹簧;10-前活塞;11-前活塞复位弹簧;12-缸体;13-管接头;14-限位销;15-锁销

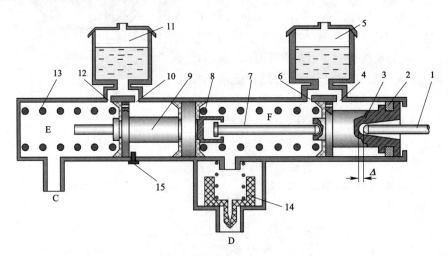

图 19-34 制动主缸原理图

1-推杆;2-密封圈;3-后制动活塞;4、10-进油孔;5-后储液罐;6、12-补偿孔;7-传动杆;8-后制动活塞复位弹簧;9-前制动活塞;11-前储液罐;13-前制动活塞复位弹簧;14-出油阀总成;15-限位螺钉

(3) 当前工作腔漏油时。

若前工作腔E漏油时,前活塞将不能产生制动液压,出液口C无液压输出。此时制动,推杆推动后活塞左移,在前活塞左端部未触到缸体上前,F腔只能建立一定的液压,在液压

差的作用下,前活塞被迅速地推到底,直到左端触到缸体上为止。后活塞再继续左移,F 腔产生足够大的液压进入制动管路,使对应的车轮制动器产生制动。

(4) 当后工作腔漏油时。

若后工作腔 F 漏油时,后活塞将不能产生制动液压,出液口 D 无液压输出。此时制动,推杆推动后活塞左移,此时仅通过后活塞弹簧推动前活塞移动,前活塞只能建立一定的液压,随着后活塞的左移,压缩后活塞弹簧,后活塞通过传动杆 7 将力传到前活塞上,此时推杆 1 上的推力直接通过后活塞 3、传动杆 7 机械地传到前活塞,对应的车轮制动器产生制动。

(5) 解除制动时。

当缓慢放松制动踏板时,前活塞在前复位弹簧的作用下右移,直到抵靠到限位螺钉上,高压制动液通过管路回到工作腔 E 内。同样,后活塞也在后弹簧弹力的作用下右移抵靠在卡簧上,高压制动液也通过管路回到工作腔 F 内。轮缸油压消失,解除制动。

当迅速放开制动踏板时,活塞在复位弹簧的作用下迅速复位,由于油液的黏性和管路阻力的影响,油液不能及时流回主缸并填充因活塞右移而让出的空间,因而在补偿孔 6、12 开启之前,工作腔 E、F 内产生一定的真空度,在此真空吸力的作用下,制动液便从进油孔 4、10,前、后缸活塞密封圈边缘与缸壁间的间隙流入各自的工作腔 E、F。活塞完全复位后,补偿孔开启,由制动管路继续流回主缸,而多余的制动液便可经补偿孔流回制动液罐。液压系统中因密封不良而产生的制动液泄漏和因温度变化而引起的制动液膨胀或收缩,都可以通过补偿孔和进油孔得到补偿。

盘式车轮制动器对应的制动主缸的出液口是一个通孔。对于鼓式车轮制动器对应的制动主缸出液口一般是一个复合式阀门,图 19-35 所示两种不同形式的阀门,前出液阀是一个

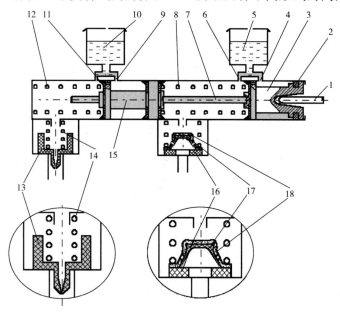

图 19-35 出液阀工作原理示意图

1-推杆;2-密封圈;3-后制动活塞;4、9-进油孔;5-后制动液罐;6、11-补偿孔;7-传动杆;8-后制动活塞复位弹簧;10-前制动液罐;12-前制动活塞复位弹簧;13-前出液阀;14-前出液阀复位弹簧;15-前制动活塞;16-回油阀;17-出油阀;18-出液阀骨架

用耐油橡胶件制成的阀13，在阀的中部开有出液孔，当制动主缸油压升高时，阀中部的孔被撑大，制动液从此孔流出，通过管路进入轮缸产生制动；当解除制动时，管路液压大于主缸液压，整个阀作为一个整体克服出液阀复位弹簧的弹力上移，制动液从出液阀与阀座之间的缝隙流回到制动主缸。后出液阀由回油阀16、骨架18和出油阀17组成，当制动主缸液压升高时，制动液通过出油阀骨架上的孔，推开橡胶出油阀然后通过制动管路进入轮缸产生制动；当解除制动时，管路液压大于主缸液压，整个阀作为一个整体克服出液阀复位弹簧的弹力上移，制动液从回油阀与阀座之间的缝隙流回到制动主缸。

由于活塞复位弹簧在装配时有一定的预紧力，在制动液回流过程中，轮缸和管路内液压降低到不能克服此预紧力时，回液阀即关闭，制动液停止回流。这时管路及轮缸内的液压比主缸压力室内液压高（0.05~0.10MPa），使轮缸和管路中存在一定的残余压力。残余压力的作用有两个作用，第一是使轮缸内的活塞皮碗处于张紧状态，以提高其密封性能（防止漏油或渗气）；第二是使轮缸内的活塞紧靠在制动蹄的端部，以免存在滞后的间隙。但是，如复位弹簧预紧力过大，残压会过高，将造成制动蹄复位不彻底，影响制动作用的彻底解除。

制动液位的高低直接影响制动性能，在使用中由于蒸发或泄漏，造成制动液面过低，将导致制动失效，影响制动安全，因此应随时监控制动液面，及时补充制动液。

制动液面过低报警开关见图19-36，开关通过制动储液罐盖2安装在制动液罐上，浮子5漂浮在制动液里，浮子可通过导杆带动磁铁随制动液上下移动，导杆内装有笛簧开关，笛簧开关通过导线插座与驾驶室报警灯连接。

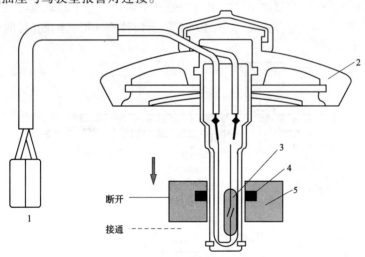

图19-36 制动液面过低报警开关
1-连接器端子；2-制动储液罐盖；3-笛簧开关；4-磁铁；5-浮子

当制动液面下降时，浮子也随同一起下降，当制动液面下降到超过规定值时，磁铁与笛簧开关对正，笛簧开关触点被磁化，触点闭合，报警开关接通，驾驶室的制动液位报警灯报警。

制动液是液压制动系的重要组成部分，它的质量好坏对制动系的工作可靠性有很大影响。为此，对制动液提出如下要求：

（1）连续制动时,制动器将产生大量的热能,这些热能将使制动液升温,因此要求制动液高温下不易汽化,否则将在管路中产生气阻,使制动系失效。

（2）汽车在高速行驶时,有些制动管路将处于很低的温度下工作,低温将影响制动液的流动性,使制动性能变差,因此要求制动液在低温下具有良好的流动性。

（3）制动液应具有低的腐蚀性,特别是与制动液直接接触的金属件应不被腐蚀,橡胶件不发生膨胀、变硬和损坏。

（4）能对液压系统的运动件起良好的润滑作用。

（5）吸水性差而溶水性良好,即能使渗入其中的水汽形成微粒而与之均匀混合,否则将在制动液中形成水泡而大大降低汽化温度。

4. 制动轮缸

对于鼓式车轮制动器来说,制动轮缸的作用是将制动主缸产生的液压力传给制动蹄,使制动蹄压靠在制动鼓上产生摩擦力矩而使汽车制动。对于盘式车轮制动器来说,制动轮缸产生一个夹紧力,与制动盘摩擦产生摩擦力矩而使汽车制动。因制动器的形式不同,轮缸有单活塞轮缸、双活塞轮缸等数种。

图 19-37 为一种单活塞轮缸,这种形式的轮缸通常装在单向平衡式车轮制动器上,缸体由铸铁制成一个圆筒,活塞安装在缸筒里,密封圈套在活塞上密封工作腔,活塞的左端上有缺口,制动蹄抵靠在缺口里,防尘罩套在轮缸上,防止灰尘侵入,造成活塞及轮缸生锈卡死。缸体的右端松套着调整螺母,并用锁片锁止,防止其自行转动,调整螺钉拧在调整螺母上,其右端有缺口,制动蹄抵靠在此缺口里。缸体上有两个安装孔,平座的安装放气螺钉、锥形座的安装进油管。

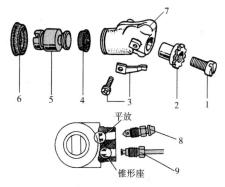

图 19-37 单活塞轮缸
1-调整螺钉;2-调整螺母;3-锁片;4-密封圈;5-活塞;6-防尘罩;7-缸体;8-放气螺塞;9-进油管接头

制动时,高压制动液通过进油管进入轮缸,推动活塞左移,活塞推动制动蹄张开,产生制动;解除制动时,在制动蹄复位弹簧的作用下通过制动蹄使活塞右移,当活塞触到缸体底部时限位。

当制动管路中有空气时,可踩下制动踏板松开放气螺钉,制动液连同空气从放气螺钉中央的孔中放出。

当制动蹄、鼓间隙大时,可转动调整螺母,使调整螺钉右移,即使制动蹄右移从而调整制动蹄、鼓间隙。

图 19-38 为双活塞轮缸,缸体 7 制成一个圆筒,通过螺钉 6 固定在制动地板上,弹簧 8 装在两个活塞 2 之间,始终保持活塞抵靠到制动蹄上,在活塞上装有密封圈 3,在安装时注意其刃口朝向来油方向,防尘罩 1 防止灰尘侵入,放气螺钉和进油管安装在缸体上。

制动时,在制动液压的作用下,两个活塞同时向外张开,将制动蹄撑开产生制动。解除制动时,活塞在制动蹄复位弹簧的作用下,通过制动蹄使其收缩,当制动蹄收缩定位后,复位弹簧使活塞抵靠在制动蹄上。

放气螺钉用于放出制动系统中的空气。

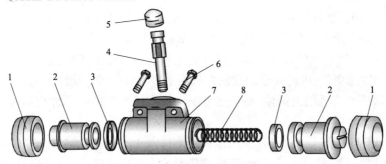

图 19-38 双活塞轮缸
1-防尘罩；2-活塞；3-密封圈；4-放气螺钉；5-护罩；6-固定螺钉；7-缸体；8-弹簧

第五节 气压制动系统

气压制动系统是利用发动机带动空压机运转产生压缩空气，以压缩空气作动力源，驾驶员通过操作制动控制阀，控制制动气压获得所需要的制动力。由于气压制动传动装置可以产生较大的制动力矩，所以大中型汽车均采用气压制动传动装置。

一、气压制动传动装置的基本组成和工作原理

图 19-39 是一个气压制动传动装置的组成示意图，可把它分为气源部分、控制部分两大部分。

气源部分主要由空气压缩机机1、调压机构（卸荷阀2和调压阀23）、储气筒5、27、14、气压表22和安全阀6等部件组成。

空气压缩机1由发动机通过三角皮带或齿轮驱动而运转产生压缩空气，产生的压缩空气通过单向阀3进入湿储气筒5，单向阀的作用是仅允许空气压缩机的压缩空气进入湿储气筒，而不允许湿储气筒的压缩空气倒流回空气压缩机，这样可减少储气筒漏气，保持各储气筒的相对独立性，避免相互影响。进入湿储气筒的压缩空气由于骤然膨胀和冷却，油水从空气中分离出来，沉淀于湿储气筒的底部，在例行维护时，打开油水放出阀6将油水放出，以免管路结冰或腐蚀系统橡胶件。在湿储气筒上还设有安全阀7，在调压器23发生故障、系统气压超过额定值时（解放 CA1091 汽车为 0.85～0.9MPa，下同），安全阀泄压，以保护系统安全。取气阀4的作用是当途中车轮等需要补充压缩空气时，可从此阀处取得压缩空气，事实上，使用车上发动机作动力源产生压缩空气远比使用电作动力源产生压缩空气成本要高得多，因此，一般情况下均不在此处取气。从湿储气筒出来的干燥空气分两路输出，一路通过单向阀24、25分别进入后桥储气筒和前桥储气筒。前、后桥储气筒27作成一体，中间加有隔墙，彼此相互独立，由于前桥载荷小于后桥载荷，为了能够产生足够的摩擦力矩使车轮抱死，前桥制动气室的有效面积（$90cm^2$）小于后桥制动气室的有效面积（$113cm^2$），为了能有足够的气源，所以后桥储气筒容量（23L）大于前桥储气筒（17L）的容量。在前、后桥储气筒上同样设有油水放出阀28、29，需要定期将油水放出。在前桥储气筒上设有气压过低报警开关26，当气压过低（小于0.45MPa）不能保证有足够的制动性能时，气压过低报警开关触点闭合接通电路，仪表板上的报警灯亮，同时蜂鸣器发出声响报警，此时应马上停车排除故障。双

针气压表22装在驾驶室仪表板上,分别指示前、后桥储气筒的气压,以便驾驶员随时掌握制动系统的工作情况。系统达到额定工作压力(0.8MPa)后,如果气压继续上升,不但消耗发动机的有效功率,而且过高的制动气压可能造成气室膜片破裂、系统漏气等故障。因此,当系统达到额定压力时,就应停止泵气,即空气压缩机卸荷。为此,在供气系统中设有调压器23,当系统压力达到额定值时,调压器接通来自后桥储气筒通向空气压缩机卸荷阀2之间的通道,使卸荷阀工作,即将空气压缩机的进气阀打开,使其常开,虽然空气压缩机还在发动机的带动下不停地运转,但是此时空气压缩机已不再向外泵气,且运行阻力小得多。

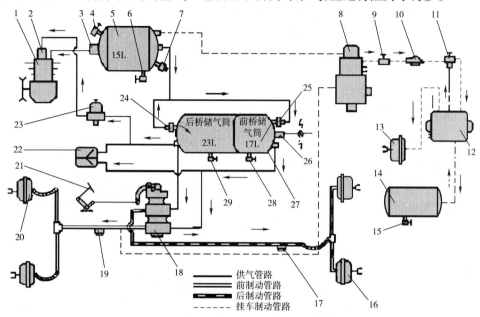

图 19-39 气压制动传动装置的组成示意图

1-空气压缩机;2-卸荷阀;3、24、25-单向阀;4-取气阀;5-湿储气筒;6、15、28、29-油水放出阀;7-安全阀;8-挂车制动控制阀;9-主车分离开关;10-快速连接接头;11-挂车分离开关;12-挂车制动继动阀;13-挂车制动气室;14-挂车储气筒;16-后轮制动气室;17、19-制动灯开关;18-制动控制阀;20-前轮制动气室;21-制动踏板;22-制动气压表;23-调压器;26-气压过低报警开关;27-前、后桥储气筒

从湿储气筒出来的另一路压缩空气通过挂车制动控制阀8、主车分离开关9、快速接头10、挂车分离开关11、挂车制动继动阀12进入挂车制动储气筒14,在不制动时,给挂车储气筒充气。

控制部分主要由制动控制阀18、挂车制动控制阀8和挂车制动继动阀12、制动踏板21以及制动气室13、16、20等总成组成。

制动控制阀18分上下两腔,上腔进气口接后桥储气筒,出气口接后桥制动气室16,下腔进气口接前桥储气筒,出气口接前桥制动气室20。

在制动时,踩下制动踏板,制动控制阀打开储气筒与制动气室之间的通道,从后桥储气筒来的压缩空气经过控制阀进入后桥制动气室,后桥车轮制动器开始制动;从前桥储气筒来的压缩空气通过控制阀进入前桥制动气室,前桥车轮制动器开始制动。在主车制动的同时,挂车制动控制阀8也通过前桥制动管路传来的开始制动信号,切断通向挂车储气筒14充气的充气通道,继而打开了挂车制动继动阀12与挂车制动控制阀之间的放气通道,挂车制动继动阀中的控制气体便从挂车制动继动阀通过挂车制动控制阀进入大气,于是挂车制动继动阀开启了挂车储气筒与挂车制动器室 13 之间的通道,挂车制动器室的压缩空气进入挂车制动气室,挂车开始制动。

解除制动时,放松制动踏板,主车中的制动控制阀重新关闭了储气筒与制动气室之间的通道,同时开启了制动气室与大气的通道,制动气室的压缩空气通过制动控制阀泄入大气中去,解除制动;同时,挂车制动控制阀切断挂车制动继动阀与大气之间的通路,挂车制动继动阀切断挂车储气筒与挂车制动气室之间的通路,同时打开了挂车制动气室与大气的通路,挂车制动气室的压缩空气通过挂车制动继动阀泄到大气中去,挂车解除制动。挂车制动控制阀继而接通了湿储气筒与挂车制动继动阀之间的通路,给挂车储气筒充气。

在制动的过程中,制动灯开关接通制动灯电路,制动灯亮,警告后车前车已制动,切勿追尾。

二、气压制动传动装置主要总成构造

1. 空气压缩机

空气压缩机的作用是产生压缩空气。

空气压缩机多为空气冷却往复活塞式,它通常用发动机通过皮带或齿轮来驱动。按其缸数分,可分为单缸与双缸两种。按所采用的阀门形式可以分为阀片式和舌簧片两种。

图 19-40 是一种用在中型货车上的单缸空气压缩机,空气压缩机通过底部螺栓孔固定,于发动机一侧的支架上,由曲轴皮带轮通过三角皮带驱动。空压机具有发动机类似的曲柄连杆机构,铸铁制成的气缸体其下端用螺栓 64 与曲轴箱 17 连接,缸筒外铸有散热片。活塞 3 可以在气缸里往复直线运动,活塞上装有 2 道气环 4、5,1 道油环 6。活塞销用卡环限制其在轴向移动。曲轴 22 通过两个球轴承 29 支承在曲轴箱 17 上,左支承轴颈处装有油封,防止机油漏出。左端通过锥面装有皮带轮 8,并用螺母 11 固定。曲轴后端轴向座孔内装有用弹簧 28 压紧于后盖端面的密封活塞 27。密封活塞中部有一进油孔,发动机主油道内的润滑油经该孔润滑其连杆轴承和活塞销,其他摩擦部位则为飞溅润滑。密封活塞内的弹簧两端轴向伸出部分插入曲轴座孔和活塞的小孔中,以带动密封活塞随曲轴一起旋转。弹簧的张力使密封活塞端面起油封作用,以防止润滑油由此大量泄漏,影响发动机及空压机内的正常油压。从摩擦表面上流下的润滑油汇集于油底壳中,并经过底座 66 上的回油管接头流回发动机油底壳。缸盖部分的分解图可参见图 19-41,在缸盖 2 的上部装有卸荷阀总成,卸荷阀盖 42 通过螺栓 1 安装在盖上,在其上面装有管接头 48,它与调压器连接,当系统气压超过额定值时,调压器过来的压缩空气将从此接口进入卸荷阀。膜片 44 装在盖的下方,当压缩空气进入膜片的上方时,可以使膜片下拱,膜片可以把气体压力传给压盘 47,使压盘下移。卸荷阀 50 可以在卸荷阀导向座 52 内轴向移动,弹簧座 49 通过开口挡圈 46 卡在卸荷阀杆上,在弹簧的作用下卸荷阀上移抵靠在垫板 53 中部的上凹的阀座上,关闭汽缸与进气口之间的通道,当卸荷阀下移时,打开气缸与进气口之间的通道,气缸与进气口相通。垫板是空压机的重要零件,因为在其下面装有进气阀片 36,在其上面装有排气阀片 54,进气阀和排气阀的密封性能直接影响空压机的性能。进气阀片是一个口子形的舌簧阀,它靠定位销定位,由缸盖螺栓 1 将其一端压紧,在没有外力的作用时,阀片靠本身的弹力在垫板的下方将 5 个进气

孔堵住,不允许空气从垫板的下方经进气孔向上流动。排气阀片是一个片状的舌簧阀,一端由螺栓 55 固定,并用定位座 56 定位,排气阀片是从垫板的上方堵住 4 个排气孔,不允许空气从垫板的上方经排气孔向下流动。

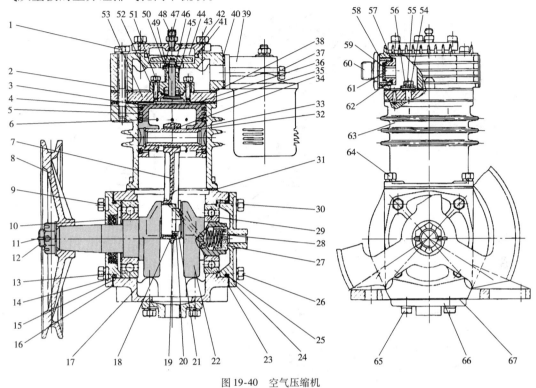

图 19-40　空气压缩机

1-螺栓;2-缸盖;3-活塞;4-第一道气环;5-第二道气环;6-油环 7-连杆;8-皮带轮;9-螺栓;10-前油封;11-螺母;12-开口销;13-前轴承;14-O 形环;15-前盖;16-密封垫;17-曲轴箱;18-开口销;19-螺栓;20-螺母;21-连杆盖;22-曲轴;23-密封垫;24-后盖;25-O 形环;26-螺栓;27-密封活塞;28-弹簧;29-后轴承;30-锁环;31-曲轴箱密封垫;32-卡环;33-活塞销;34-衬套;35-气缸盖密封垫;36-进气阀;37-螺栓;38-气缸盖密封垫;39-空气滤清器总成;40-滤清器密封垫;41-密封垫;42-卸荷阀盖;43-螺栓;44-膜片;45-卸荷阀弹簧;46-开口挡圈;47-压盘;48-管接头;49-弹簧座;50-卸荷阀;51-螺栓;52-导向座;53-板片;54-排气阀片;55-螺栓;56-排气阀片定位座;57-密封垫;58-密封垫;59-气阀弹簧;60-排气接头;61-出气阀;62-出气阀座;63-气缸体;64-螺栓;65-螺栓;66-底座;67-底座密封垫

空气滤清器总成 39 用螺栓 37 固定在空压机的进气口处,在空气滤清器里装有滤网,过滤进入空压机的空气。在排气口处装有出气单向阀 61,复位弹簧 59 使其抵靠在阀座 62 上,防止压缩空气进入空压机,排气管接头 60 与储气筒相连。

空压机的工作原理见图 19-42,当发动机通过皮带轮带动空压机的曲轴旋转时,当活塞在曲轴的带动下由上止点向下止点运行时,由于活塞下移,活塞上腔容积增大,产生真空吸力,在真空吸力的作用下,进气阀片产生挠曲变形,打开进气口 A,空气经过空气滤清器滤清之后,从进气腔 F、进气口 A 进入气缸。

当活塞在曲轴的带动下由下止点向上止点运动时,活塞上腔容积减少,进入气缸的空气被压缩,气缸压力升高,在气压及进气阀片本身弹力的作用下,进气阀片关闭进气口 A,隔绝了气缸与进气腔 F 的通道。当气缸压力上升到足以克服排气阀片本身弹力与排气腔 D 内压缩空气的压力之和时,排气阀片便产生向上的绕曲变形,开启了排气口 B,压缩空气经排气口 B 进入排气腔 D,当作用在出气阀 7 上的气体压力大于出气阀右腔的气体压力与出气阀弹簧 6 的弹力时,出气阀打开,气缸内的压缩空气经排气口 B、排气腔 D、出气阀 7 和气管送至湿储气筒。

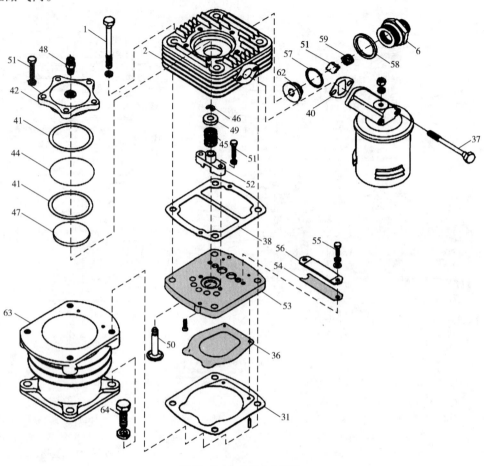

图 19-41　缸盖部分分解图
(图注同图 19-40)

当储气筒内的气压达到规定值后(0.7~0.744MPa),调压器接通储气筒与卸荷阀之间的气路,压缩空气经过 E 口进入卸荷阀膜片的上腔,膜片上腔压力上升,在气压的作用下,膜片下拱,带动卸荷阀克服复位弹簧的作用下移,打开汽缸与进气腔的通道,此时,汽缸不再密封,活塞下移将空气从卸荷阀处吸入,而活塞上移时又将空气从卸荷阀处压出,空气压缩机与大气相通不再向储气筒供气。由于气路畅通,空压机运行阻力显著下降,从而减小发动机功率的损失。当储气筒的压力小于额定压力时,膜片上方压缩空气被排到大气中,卸荷阀在弹力的作用下上移,卸荷阀关闭,空压机又重新向外泵气。

2. 调压器

调压器的作用是调节供气管路中压缩空气的压力,使之保持在规定的压力范围内;同时使空气压缩机能卸荷空转,减小发动机的功率损失。

图 19-43 为与储气筒并联的膜片式调压器,调压器由膜片组、阀门组、调压弹簧及壳体等机件组成。

第十九章 制动系

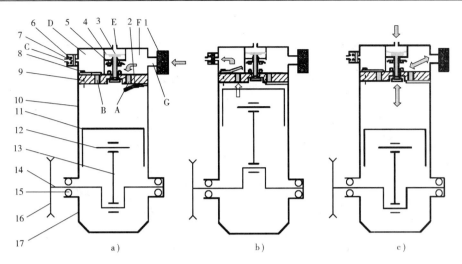

图 19-42 空压机工作原理示意图
a) 进气；b) 泵气；c) 卸荷

1-空气滤清器；2-进气阀片；3-卸荷阀弹簧；4-膜片；5-卸荷阀；6-出气阀弹簧；7-出气阀；8-排气阀片；9-垫板；10-缸体；11-活塞；12-活塞销；13-连杆；14-曲轴；15-轴承；16-皮带轮；17-曲轴箱；A-进气口；B-排气口；C-接储气筒；D-排气腔；E-接调压器；F-进气腔；G-接空气滤清器

空心管6、膜片5及弹簧上、下座等机件用螺母紧固在一起，组成膜片组。膜片的外缘被夹持于上盖1和壳体10之间，构成膜片上、下两腔室。膜片上腔室经上盖上的小孔B与大气相通，而下腔室经滤芯通过管接头9与湿储气筒相通。调压弹簧4上端通过上弹簧座3支承于调整螺钉上，而下端通过弹簧下座使膜片组件靠紧在壳体的环形凸肩上。空心管外圆柱面的中段与壳体的中心导向孔滑动配合，其间装有密封圈。空心管的中心孔经上部的径向孔与膜片下腔室相通。空心管下端所处腔室经滤芯、管接头7及气管与空气压缩机缸盖上的卸荷阀控制气室相通。壳体下端腔室内装有排气阀8及其压紧弹簧，并经孔A与大气相通。为了更好地理解其结构，可参考调压器分解图（图19-44）。

调压阀的工作原理见图19-45，调压器可分为正常供气和卸荷空转两种工作情况。

当系统压力小，即调压器膜片下腔的气体压力小时，作用在膜片上向上的压缩空气压力不足以克服调压弹簧的预紧力，膜片、空心管及排气阀门均处于图19-45a）所示

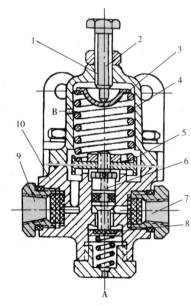

图 19-43 调压器
1-盖；2-调压螺钉；3-弹簧座；4-调压弹簧；5-膜片；6-空心管；7-接空压机卸荷管接头；8-排气阀；9-接储气筒管接头；10-壳体

的最下位置，空心管下端靠紧排气阀门，并使该阀门离开其阀座。此时，通湿储气筒的气道B至空气压缩机卸荷阀上方控制气室的气体通道C被切断，而控制气室的气体通道C通过开启的排气阀门及通气孔A相通，卸荷阀控制气室与大气相通。此时空压机正常向储气筒供气。

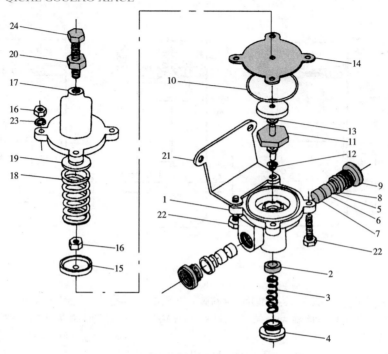

图 19-44 调压器分解图

1-壳体;2-排气阀;3-阀门弹簧;4-放气螺母;5-滤芯;6-滤芯上罩;7-滤芯下罩;8-密封垫;9-接卸荷室管接头;10-螺塞 O 形密封圈;11-空心管;12-皮碗;13-密封垫;14-膜片;15-膜片座;16-六角螺母;17-盖;18-调压弹簧;19-弹簧座;20-六角螺母;21-支架;22-六角螺母;23-弹簧垫圈;24-调压螺钉

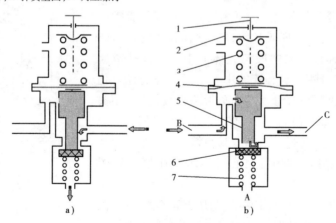

图 19-45 调压器工作原理示意图
a)正常供气状态;b)卸荷空转状态

1-调压螺钉;2-盖;3-调压弹簧;4-膜片;5-空心管;6-排气阀;7-排气阀弹簧;A-通大气;B-接湿储气筒;C-接空压机卸荷阀控制气室

当湿储气筒内的气体压力升大至 0.63~0.83MPa,作用在膜片上向上的气体压力足以克服调压弹簧的预紧力时,调压弹簧被压缩,膜片组将相应的上移,处于图 19-45b)所示的位置,排气阀靠紧阀座,关闭了卸荷阀控制气室至大气的通路。空心管上移后,空心管的下端离开排气阀,排气阀上端面出现一个间隙,这样卸荷阀控制气室与湿储气筒之间的通路被接通。湿储气筒内的压缩空气便经图示通路进入卸荷阀控制气室,在气压作用下,卸荷阀下移,使气缸与大气相通,空气压缩机不再产生压缩空气,而卸荷空转,湿储气筒内的气体压力也不再升高。

随着储气筒内的压缩空气不断消耗,调压器膜片下腔室气压降低,当气压降低到0.63MPa以下时,调压弹簧的弹力大于气体压力,膜片组即在调压弹簧的作用下相应下移。空心管首先与排气阀接触关闭B—C之间的通道,随后空心管下与排气阀一起下移,将排气阀顶离阀座,使C—A通道开启,即卸荷阀控制气室与大气相通,控制气室的压缩空气被排入大气。卸荷阀上移,关闭了气缸与大气之间的通道,空压机又开始正常向储气筒供气。

调压弹簧弹力的大小直接影响系统压力,弹簧弹力大,开始调节的压力点高,系统压力大,反之则小。弹簧的弹力可以通过转动调节螺钉进行调节,旋入时压力上升,反之压力下降。

3. 双管路保险阀

在多储气筒多管路系统中,当这些管路与单一的空气压缩机呈并联关系连接时,虽然各储气筒入口处设置了单向阀,使各储气筒保持其独立性,但由于空气压缩机有优先向气压较低的管路充气这一特点,一旦其中某一管路损坏漏气,空压机泵出来的压缩空气就通过这条漏气管路进入了大气,而其他管路虽然完好但也无法正常充气。为了弥补这一缺陷,有的充气管路上加装了双管路或四管路保险阀。其作用就是保证并联的多储气筒、多管路充气系统中某一管路损坏时,保持其他完好管路仍能继续充气,维持一定的气压,使汽车能长时间的低速安全行驶。

图 19-46 为一双管路保险阀,阀体 3 的中部孔 A 和充气管路相通,两端孔 B_1、B_2 分别连接前桥储气筒和后桥储气筒,两个完全相同的活塞 1 装在阀体内,在活塞上安装了橡胶密封垫 6,两个活塞之间安装了弹簧 2,弹簧有一定的预紧力,弹簧使两个活塞向外侧移动,活塞上的橡胶密封垫抵靠在阀座上,在限定的范围内,能防止储气筒内的压缩空气倒流。在阀体的中部装有限位挡圈 4,限制两个活塞向内移动的位置。在卡环附近有一通大气的通气孔,使两活塞之间通大气,在活塞相对运动时不受背面气压的影响,当该孔漏气时,说明密封圈 2 破损。

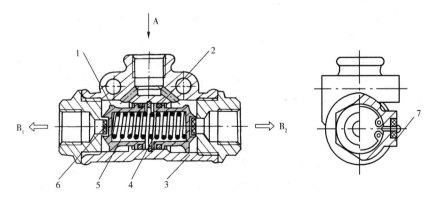

图 19-46 双管路保险阀

1-活塞;2-密封圈;3-阀体;4-挡圈;5-弹簧;6-橡胶密封垫;7-通气孔;A-进气口;B_1-前桥储气筒接口;B_2-后桥储气筒接口

其工作原理见图 19-47,当通前、后桥管路都完好时,见图 19-47a)、b),从空压机泵来的压缩空气经保险阀中部的 A 孔进入,经过气道 C 分别进入两活塞的外侧,当进气气压小于 0.55MPa 时,作用在活塞上的气体压力小于弹簧的弹力,两个活塞在弹力的作用下向两侧运动,出气阀关闭通向前、后桥储气筒 B_1、B_2 的气路,此时,空压机不向储气筒供气。当进气气压大于 0.55MPa 时,作用在活塞上的气体压力大于弹簧弹力,两个活塞在气体压力的作用下相对运动,抵靠到限位挡圈上,活塞带动橡胶密封垫离开阀座,打开空压机与储气筒之间的通道,压缩空气便经过气道,分别进入前桥储气筒和后桥储气筒,空压机给储气筒充气。

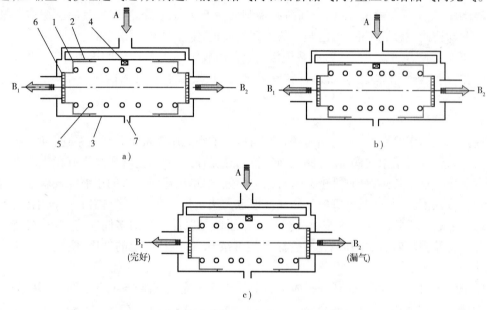

图 19-47 双管路保险阀工作原理示意图
(图注同图 19-46)

当一管路损坏漏气时(如后桥制动管路漏气),见图 19-47c),未损坏的管路以及来自空气压缩机的压缩空气将不断流向损坏的管路,使两管路的气压力不断下降,直至低于阀门的闭合压力,当漏气量大于空压机的泵气量,作用在活塞上的弹簧弹力大于气体压力时,活塞在弹力的作用下向外侧移动,关闭通向两储气筒的气路。随着空压机继续泵气,两活塞外侧的气体压力又在继续上升,分析两活塞的受力情况知,左侧活塞由于通前桥储气筒完好,管路中有一定的气压,因此活塞上受到向右的气体压力一部分来自空压机作用在其环形面积上的气体压力,另一部分是来自管路中的气体压力,活塞上受到向左的力仍然是弹簧弹力。此时,由于活塞上受到向右的作用力较开始泵气时受到的向右的作用力多了管路中的气体压力。所以,泵气压力小于 0.55MPa 时,活塞即右移,开启空压机与前桥储气筒之间的通道,空压机向前桥储气筒供气。右侧活塞由于通后桥储气筒管路漏气,活塞上向左的作用力仍然是来自空压机作用在活塞上环形受力面积上的气体压力,所以,右侧活塞左移开启通向后桥储气筒的气体压力仍然是 0.55MPa。当泵气压力小于 0.55MPa 时,右侧活塞关闭通向后桥储气筒的气道。从上述分析可以看出,在供气压力小于 0.55MPa 时,空压机可以向前桥储气筒供气,使前桥储气筒保持不大于 0.55MPa 的工作气压,在此压力下,前桥保持一定的制动能力,使汽车能长时间可靠地低速安全行驶。当活塞上作用的气压大于 0.55MPa 时,右侧活塞左移,系统又通过后桥管路漏气,保险阀又重新关闭,重复上述过程。

4. 进气单向阀

进气单向阀装在湿储气筒和前、后储气筒压缩空气入口处,其保证储气筒中的压缩空气不倒流,以保证每个储气筒的独立性,并减少漏气的可能性。

进气单向阀见图19-48,A口接空压机(对前、后桥储气筒来说是接湿储气筒),B口储气筒,阀门在弹簧的弹力的作用下抵靠在阀座上。工作时,来自A口空压机泵来的气体压力作用在阀门上,给阀门一个向下的作用力,阀门下方来自弹簧的弹力与通储气筒的管路压力,给阀门一个向上的作用力,当向下的作用力大于向上的作用力时,阀门下移,A、B口接通,压缩空气经过进气单向阀向储气筒供气。当空压机卸荷或停转时,阀门在弹簧弹力和管路气压的作用下上移,关闭气道,防止储气筒压缩空气倒流漏气。

5. 安全阀

安全阀见图19-49,安全阀装于湿储气筒后端盖上,当气压调节器或空气压缩机卸荷装置出现故障,储气筒内气压升高到0.85~0.9MPa时,作用在阀门3上向右的气体压力就超过安全阀弹簧4的弹力,此时阀门被推离阀座1,A、B通道被打开,使湿储气筒通过B口与大气相通,自动放气。当湿储气筒气压降低后,阀门又在弹簧弹力的作用下左移,阀被压到阀座上,使湿储气筒的压缩空气与大气隔离。旋转调整螺钉,改变弹簧的预紧力,即可改变安全阀起作用的气压。

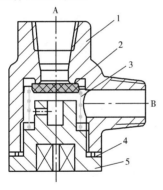

图19-48 进气单向阀
1-阀体;2-阀门;3-弹簧;4-垫片;5-阀盖

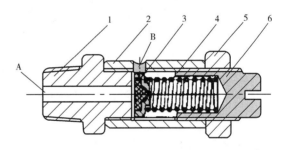

图19-49 安全阀
1-阀座;2-外壳;3-阀门;4-弹簧;5-锁紧螺母;6-调整螺钉;A-接湿储气筒;B-通大气

6. 制动控制阀

制动控制阀的作用是通过控制进入制动气室和进入挂车制动控制阀的压缩空气,控制汽车是否产生制动和制动的强度。

制动控制阀有多种结构形式,下面介绍的是串联活塞式制动控制阀。

图19-50是一种串联活塞式制动控制阀,拉臂6下端与制动踏板操纵的拉杆相连,踩下制动踏板,可使拉臂绕着安装在上盖的轴销转动,拉臂的上端连接着滚轮4,滚轮可以绕着销轴转动,变拉臂与推杆5之间的滑动摩擦为滚动摩擦。推杆可以在上盖中央的孔中上下移动,推杆的下端压在平衡弹簧座7上。平衡弹簧内的孔较大,可以在上活塞12的芯管上部上下移动,其中上极限位置通过垫圈限位,垫圈通过螺钉固定在上活塞上。平衡弹簧7上端支承在平衡弹簧座上,下端压在上活塞12上,平衡弹簧有一定的预紧力。上活塞总成是一

个带芯管的活塞,它在上阀体中央的孔中可以上下移动。上活塞在上活塞复位弹簧 13 的作用下上移抵靠在上盖下端面上。在中阀体上有连接后桥储气筒的接口 I 和连接后桥制动气室的接口 G,分别与后桥储气筒和后桥制动气室连接。上阀门总成 15 是一个管状阀,阀门上端带有凸缘,在凸缘上涂有一橡胶密封层,保证上活塞芯管与上阀门接触时密封。在上阀门下端的环形槽上装有 O 形密封圈,防止向下漏气。上阀门复位弹簧 3 上端通过弹簧座支承在上阀门上,使上阀门抵靠到阀座上,切断了 I 与 G 之间的通道,复位弹簧下端支承在阀座上,阀座通过卡环 16 支承在中阀体上。在的阀体下腔里装有大小两个活塞,大活塞 2 为环形活塞,其内孔中有凸缘,小活塞总成 17 装在大活塞中部的孔中,小活塞总成是一个带芯管的活塞,芯管的上部插到上活塞总成的芯管里,芯管上有一个径向孔 C,在不制动时与 G 相通,芯管下端插到下阀体 18 中央的孔中。下活塞复位弹簧 20 上端支承在小活塞上,下端支承在下阀体上。不制动时,在下活塞复位弹簧的作用下,小活塞与大活塞在弹力的作用下上移,使大、小活塞抵靠在中阀体上,小活塞可以相对于大活塞单独下移。下阀体有连接前桥储气筒的接头 J 和连接前桥制动气室的接头 F,下阀门装在下阀体上,下阀门与上阀门相似,也是一个带有凸缘的管状阀,下阀门弹簧上端通过弹簧座支承在下阀门的凸缘上,下端支承在下弹簧座上,弹簧座通过卡环固定在下阀体上。不制动时,在弹簧的作用下,下阀门抵靠在阀座上,切断了 J 与 F 之间的通道。

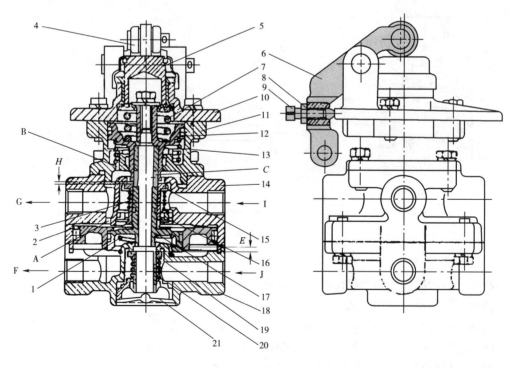

图 19-50 制动控制阀

1-下活塞复位弹簧;2-大活塞;3-上阀门复位弹簧;4-滚轮;5-推杆;6-拉臂;7-平衡弹簧;8-锁紧螺母;9-调整螺钉;10-上盖;11-上阀体;12-上活塞总成;13-上活塞复位弹簧;14-中阀体;15-上阀门;16-卡环;17-小活塞总成;18-下阀体;19-下阀门;20-下阀门复位弹簧;21-排气阀;A-下活塞上腔通气孔;B-上活塞下腔通气孔;F-接前桥制动气室;G-接后桥制动气室;I-接后桥储气筒;J-前桥储气筒;H、E-排气间隙在中阀体上有一个下活塞上腔通气孔 A,通过它可以使大小活塞下腔与 G 连通。上阀体上有一个上活塞下腔通气孔 B,通过它可以使上活塞与 G 连通。在不制动时,上活塞芯管与上阀门之间的间隙 H 为 (1.2 ± 0.2)mm,此间隙的大小直接影响制动踏板自由行程和制动性能,间隙大,踏板自由行程大,间隙过小,会造成无法解除制动,使制动拖滞,此间隙的大小可通过拉臂上的调整螺钉 9 进行调整。小活塞芯管与下阀门之间的间隙 E 为 1.7mm,此间隙无须调整,由零件的加工尺寸来保证,由于通后桥制动气室的间隙小于通前桥制动气室的间隙,所以保证了先向后桥制动气室充气,后向前桥制动气室充气。由于制动控制阀距后桥制动气室较前桥制动气室远,需要充气时间长,且后桥制动气室容积大,因此,前、后桥还是同时产生制动。为了更好地理解控制阀的结构,可参考制动控制阀分解图(图 19-51)。

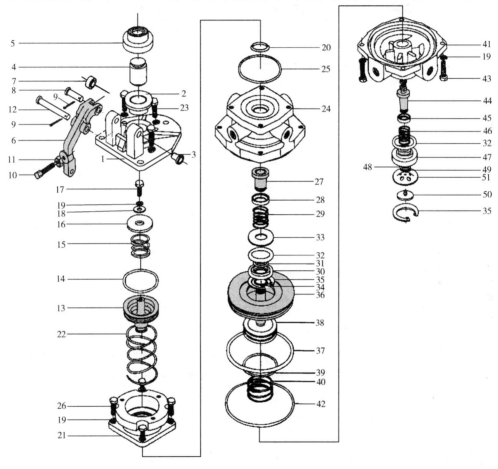

图 19-51 制动控制阀分解图

1-上盖;2-大衬套;3-小衬套;4-推杆;5-防尘套;6-拉臂;7-滚轮;8-平头销;9-开口销;10-调整螺钉;11-螺母;12-平头销;13-上活塞;14-密封圈;15-平衡弹簧;16-平衡弹簧座;17-螺栓;18-垫圈;19-弹簧垫圈;20-密封圈;21-上阀体;22-上活塞复位弹簧;23-螺栓;24-中阀体;25-密封圈;26-螺栓;27-上阀门总成;28-上阀门弹簧座;29-上阀门复位弹簧;30-上阀门座;31-密封圈;32-密封圈;33-上阀门垫圈;34-挡圈;35-卡环;36-大活塞;37-密封圈;38-小活塞总成;39-密封圈;40-小活塞复位弹簧;41-下阀体;42-密封圈;43-螺栓;44-下阀门总成;45-下阀门弹簧座;46-下阀门复位弹簧;47-下阀门座;48-密封圈;49-挡圈;50-排气阀;51-排气阀座

制动控制阀的工作原理图见图 19-52,其工作原理可分为以下四种工况。

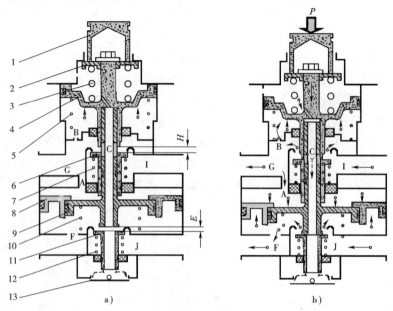

图 19-52　制动控制阀工作原理图示意图
a)不制动时；b)制动时

1-推杆；2-平衡弹簧座；3-平衡弹簧；4-上活塞总成；5-上活塞复位弹簧；6-上阀门；7-上阀门复位弹簧；8-大活塞；9-小活塞总成；10-小活塞总成复位弹簧；11-下阀门；12-下阀门复位弹簧；13-排气阀

1)不制动时

不制动时见图 19-52a)，由于没有踏板力，推杆无向下的推力，所以上活塞在活塞复位弹簧的弹力作用下上移，上阀门也在弹簧弹力的作用下上移抵靠到阀座上，上活塞芯管下端与上阀门之间出现了一个间隙 $H(1.2\text{mm} \pm 0.2\text{mm})$。从后桥储气筒来的压缩空气进入 I 腔，由于上阀门在阀门弹簧弹力的作用下上移，关闭后桥储气筒的出气通道，储气筒的压缩空气被密封。后桥制动气室通过 G 腔、上活塞芯管下端与上阀门间隙 H、小活塞芯管径向孔 C 进入小活塞芯管，通过小活塞芯管下阀门中间的孔、排气门与大气相通，后桥制动气室在复位弹簧的作用下复位，后桥车轮不制动。同样，由于不制动，大活塞连同小活塞在小活塞复位弹簧的作用下上移，下阀门也在复位弹簧的作用下上移抵靠在阀座上，小活塞芯管下端与下阀门之间出现了间隙 $E(1.7\text{mm})$。从前桥储气筒来的压缩空气进入 J 腔，由于下阀门关闭了前桥储气筒的出气通道，前桥储气筒的压缩空气被密封。前桥制动气室通过 F 腔、小活塞芯管下端与下阀门间隙 E、下阀门中间的孔、排气门与大气相通，前桥制动气室在复位弹簧的作用下复位，前桥车轮不制动。

2)制动时

制动时见图 19-52b)，踩下制动踏板，通过拉杆拉动拉臂绕销轴转动，滚轮将给推杆产生一个向下的推力 P。在推力的作用下，推杆压着平衡弹簧座下移，平衡弹簧将推力传给上活塞，上活塞克服复位弹簧的弹力连同芯管下移，首先消除了排气间隙 H，芯管与上阀门接触，关闭了后桥制动气室与大气之间的通道，此时对应的制动踏板的行程称为踏板的自由行程。随着芯管的继续下移，上阀门离开阀座下移，打开了 I 与 G 之间的通道，此时，后桥储气筒的压缩空气通过制动控制阀中的 I—G 通道，经过管路进入后桥制动气室，后桥车轮制动器开始产生制动。

在压缩空气进入 G 腔后,通过中阀体上的小孔 A 进入大活塞与小活塞的上腔,在气压的作用下,大、小活塞克服复位弹簧的弹力迅速下移,小活塞芯管下移首先消除了排气间隙 E,芯管与下阀门接触,关闭了前桥制动气室与大气之间的通道,随着芯管的继续下移,下阀门离开阀座下移,打开了 E 与 F 之间的通道,此时,前桥储气筒的压缩空气通过制动控制阀中的 E—F 通道,经过管路进入前桥制动气室,前桥车轮开始产生制动。

制动的强度与踏板行程有关,如果踏板行程小,进入制动气室的气压小,制动力小;踏板行程大,进入制动气室的气压大,制动力大;如果制动踏板踩到底,制动控制阀输出最大气压,制动气室气压与储气筒气压相等,制动力最大。

进入 G 腔室的压缩空气也经过小孔 B 进入上活塞的下腔,上活塞下腔的气体压力也在不断上升。

3)维持制动时

在制动过程中如果踩住制动踏板不动而维持制动时,通过推杆传到上活塞向下的踏板力不再增加,即此时上活塞受到向下的力不变,由于从孔 B 进入上活塞下腔的压缩空不断增加,当作用在上活塞上向上的气体压力与活塞复位弹簧的弹力之和大于通过平衡弹簧传来的踏板力时,上活塞开始上移,与此同时上阀门也随同芯管一起上移,当上阀门上移到与阀座接触,关闭后桥储气筒气路时,上活塞下腔的气压不再上升,作用在上活塞上向上的气体压力与向下的踏板力相等,活塞保持这一位置不动,此时出现了进气(上阀门与阀座间)、排气(上活塞芯管下端与上阀门间)都关闭的状态,后桥制动气室的气体压力不再增大也不再减少,维持一定的制动力。

在后桥维持制动的同时,从 A 孔进入大、小活塞上腔的气体压力不再增加,而大、小活塞下腔来自前桥储气筒的气体压力不断上升,当来自前桥储气筒向上的气体压力与小活塞复位弹簧的弹力大于来自 A 孔的气体压力时,大、小活塞连同下阀门一起上移,当下阀门上移到与阀座接触,关闭前桥储气筒的气路时,作用在大、小活塞上向上的作用力不再增大,大、小活塞上受到的轴向力暂时平衡,大、小活塞保持这一位置不动,此时出现了进气(下阀门与阀座间)、排气(小活塞芯管与下阀门间)通道都关闭状态,前桥制动气室的气体压力不再增大也不再减少,维持一定的制动力。

此平衡是暂时的,如果需要增加制动力,则继续向下踩制动踏板一定行程保持不动,作用在上活塞上向下的踏板力大于向上的气体压力与弹簧弹力,平衡位置被破坏,上阀门下移,进气通道重新开启,后桥储气筒供给更多的压缩空气到后桥制动气室,此时,上活塞下腔的气压也随着增大,平衡弹簧又被压缩,直到上活塞下方总的轴向力与活塞上方向下的踏板力达到新的平衡时,上活塞芯管上移到使上阀门再次关闭,又出现了进排气道都处于关闭状态。此时,后桥制动气室的气压比以前高,后桥制动力也增加。对前桥制动来说,由于 G 腔气压升高,则通过孔 A 传到大、小活塞上的气压也增加,大、小活塞上的平衡也被破坏,下阀门下移,前桥储气筒给前桥制动气室增加气压,当作用在大小活塞上的轴向力平衡时,下阀门关闭,出现了进排气道都处于关闭的状态。此时,前桥制动气室的气压比以前高,前桥制动力也增加。

若需减少制动力维持制动时,向上抬起制动踏板一定行程保持不动,踏板力通过平衡弹簧传到上活塞上向下的力即减小，相对的作用在上活塞上向上的气体压力增大，活塞随即上移，带动芯管上移，由于上阀门已经抵靠在阀座上，保持不动，仍然关闭后桥储气筒的进气通道，随着芯管上移，排气间隙 H 出现，后桥制动气室中的部分压缩空气经排气间隙 H、小活塞芯管径向孔 C 排入大气。随着压缩空气的排出，上活塞下腔的气压下降，作用在上活塞上向上的气体压力减小，平衡弹簧即伸张，重新迫使上活塞芯管下移，直到消除排气间隙 H，上活塞芯管又抵靠到上阀门上，关闭排气道，又出现了进排气道都处于关闭状态。此时，后桥制动气室将保持较以前低的气压不变。

在进入后制动气室压力减小的同时，通过孔 A 进入大、小活塞上腔的气体压力也在减小，相对的作用在大、小活塞上向上的气体压力大于向下的气体压力，小活塞上的芯管上移，排气间隙 E 出现，前桥制动气室和管路中的部分压缩空气经排气间隙 E、下阀门中心孔排入大气。随着压缩空气的排出，大、小活塞下腔的气压下降，作用在大、小活塞上向上的气体压力减小，迫使大、小活塞下移，芯管下移，直到消除排气间隙 E，小活塞芯管又抵靠到下阀门上，关闭排气道，出现进排气道都处于关闭状态。此时，前桥制动气室将保持较以前低的气压不变。

4）当某一管路漏气时

当前桥制动管路漏气时，控制后桥制动气室工作的上活塞仍按上述的方式工作，后桥制动气室通压缩空气产生制动，后桥制动管路正常工作工作，不受影响。

当后桥制动管路漏气时，由于 G 腔无气压，所以大、小活塞不能在气体压力的作用下下移。此时，上活塞在踏板力的作用下下移，通过上活塞上的芯管直接压着小活塞上的芯管下移，小活塞与大活塞单向分离而下移，消除排气间隙 E 继而推开下阀门打开前桥储气筒的通道。使压缩空气经过 J—F，通过管路进入前桥制动气室，前桥产生制动。此时，由于推动小活塞下移的间隙增大，故制动踏板的自由行程加大。

5）解除制动时

抬起制动踏板，解除制动。此时，作用在推杆上向下的踏板力消失，上活塞在复位弹簧的作用下上移，上活塞芯管连同上阀门一起上移，当上阀门上升到抵靠到阀座上时，上阀门不再上移，关闭后桥储气筒出气通道。随后芯管继续上移，排气间隙 H 出现，后桥制动气室的压缩空气通过管路、G 腔、排气间隙 H、小活塞芯管径向孔 C 排入大气，后桥解除制动。

随着 G 腔压缩空气的排出，大、小活塞上腔的气体压力消失，大、小活塞在复位弹簧弹力的作用下上移，小活塞芯管连同下阀门一起上移，当下阀门上升到抵靠到阀座上时，下阀门不再上移，关闭前桥储气筒出气通道。随后芯管继续上移，排气间隙 E 出现，前桥制动气室的压缩空气通过管路、F 腔、排气间隙 E、下阀门中心孔排入大气，前桥解除制动。

7. 加速阀与快放阀

对于轴距较长的货车，后制动气室距制动控制阀较远，制动时充气时间和解除制动时放气所需时间较长，使前、后桥制动气室不能同时制动与解除制动，延长了制动时间，影响汽车制动后及时加速。为了缩短后桥制动气室的充、放气时间，减小管路长距离的迂回，在制动控制阀与后桥制动气室之间加装加速阀和快放阀，使后桥制动气室就近充气与放气，迅速制动与迅速解除制动，力图与前桥制动气室同步，以提高汽车的制动性能，减少制动时间，使汽车制动后能及时加速。为此，有的车设有加速阀，加速后桥制动气室充气；有的设有快放阀，加快后桥制动气室放气,也有的将这两种阀作成一体,称为继动阀,下面分别进行介绍。

1)加速阀

图 19-53 是一个膜片式加速阀,上、下阀体 1、6 通过螺栓连接在一起,膜片 3 夹紧在上、下阀体之间,芯管 7 与膜片通过上、下护板 2、5 用螺母连接在一起,膜片下护板还起一个导向及限位作用,阀门 7 不制动时,在弹簧 8 的作用下抵靠在阀座上,A 口接储气筒,B 口接制动气室,C 口接制动控制阀。

加速阀的工作原理见图 19-54,不制动时,芯管在自重的作用下抵靠到阀上,因此 B、C 腔的压力基本相等,均为大气压。由于弹簧的作用,阀门抵靠到阀座上,封闭了 A 腔出气通道,见图 19-54a)。

制动时,从控制阀来的压缩空气从 C 口进入,膜片连同芯管在气体压力的作用下下移,芯管下移推动阀门下移,阀门离开阀座,后桥储气筒的压缩空气通过 A 口进入、B 口输出,进入后桥制动气室,由于进入后桥制动气室的压缩空气无须从制动控制阀而来,而

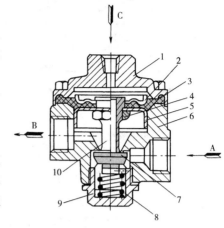

图 19-53 膜片式加速阀
1-上阀体;2-膜片上护板;3-膜片;4-螺母;5-膜片下护板;6-下阀体;7-阀门;8-弹簧;9-螺母;10-芯管;A-接储气筒;B-接制动气室;C-接制动控制阀

是直接来自储气筒,压缩空气的流动管路缩短,缩短了制动气室的充气时间,加速了充气过程,见图 19-54b)。阀门开启的大小与加在膜片上的控制气压有关,控制气压大,阀门开启的行程大,制动气室的气压就高,反之变小,即加速阀具有与制动控制阀相同的随动渐进功能。

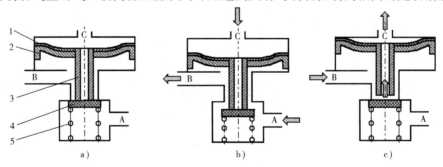

图 19-54 加速阀工作原理示意图
a)不制动时;b)制动时;c)解除制动时
1-膜片;2-膜片下护板;3-芯管;4-阀门;5-弹簧

解除制动时,从 C 口进入的压缩空气从制动控制阀的排气口排入大气,膜片上腔气压小于下腔气压,在气体压力的作用下膜片连同芯管上移,阀门随同芯管一起上移。当阀门上移到抵靠到阀座上时,关闭了后桥储气筒 A 与后桥制动气室 B 之间的通道,储气筒密封。随着芯管继续上移,芯管与阀门之间出现间隙,后桥制动气室的压缩空气经过 B 口、芯管、C 口流回到制动控制阀,通过制动控制阀的排气口排入大气,后桥车轮制动器解除制动,见图 19-54c)。

加速阀也可用于挂车制动。

2)快放阀

图 19-55 是一个膜片式快放阀。上、下壳体 1、5 用螺钉 2 连成一体,并用密封垫 3 密封,

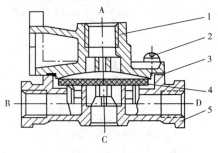

图 19-55 快放阀
1-上壳体；2-螺钉；3-密封垫；4-膜片；5-下壳体；A-接制动控制阀；B-接后桥左轮制动气室；C-通大气；D-接后桥右轮制动气室

上壳体有一下弧面，它为膜片变形支承面，膜片 4 为一橡胶阀片，装在上、下壳体内腔中，膜片在径向和轴向与壳体之间都有一定的间隙。上壳体通过接头 A 与制动控制阀连接，下壳体 B、D 接头分别与后桥左、右制动气室连接，下壳体中部的孔 C 与大气相通。

其工作原理见图 19-56，在不制动时，见图 19-56a），膜片呈平直状态，由于膜片在径向和轴向与壳体之间都有一定的间隙，所以此时的快放阀不密封任何一条管路，后桥制动器气室与制动控制阀均可通过快放阀通大气（制动控制阀本身也有通大气孔）。

制动时，见图 19-56b），从制动控制阀来的压缩空气通过 A 口进入快放阀，在气体压力的作用下膜片迅速下移抵靠在阀座上，关闭了后轮制动气室通过 C 口通大气的通道，气体压力使膜片发生弹性变形，使膜片边缘下弯，打开了 A—B、A—D 之间的通道，从制动控制阀来的压缩空气分别通过 A—B、A—D 进入后桥左、右制动气室，后桥车轮制动器开始制动，此时的快放阀相当于一个三通阀。

解除制动时，见图 19-56c），制动阀至快放阀管路内的压缩空气由制动阀排气口排到大气中，膜片上腔气体压力消失，膜片在下腔气体压力的作用下迅速上移抵靠到上壳体的弧面上，打开了通大气通道 C，左、右制动气室的压缩空气通道 C 迅速排入大气。这样，使后桥制动气室的压缩空气不必通过管路迂回到制动控制阀排入大气，而是直接通过快放阀短路排出，缩短了排气时间，与前桥制动气室同步解除制动。

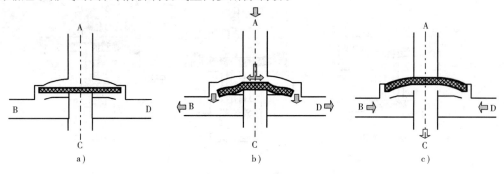

图 19-56 快放阀工作原理示意图
a）不制动时；b）制动时；c）解除制动时

3）继动阀

继动阀的结构见图 19-57，其结构特点是采用活塞式平衡结构，在不制动时芯管总成在弹簧的作用下抵靠在阀座上，关闭后桥储气筒通道。

其工作原理见图 19-58，制动时，从制动控制阀来的压缩空气经 C 口进入活塞上腔，在气体压力的作用下活塞下移，活塞与上阀门接触，首先关闭 A—D 之间的通道，即制动气室与大气之间的通道。随着活塞继续下移，通过芯管带动下阀门下移，打开 B—A 之间的通道，即后桥储气筒与后桥制动气室之间的通道，后桥制动气室通压缩空气，后桥车轮制动器开始产生制动，见图 19-58a）。

当踩住制动踏板不动维持制动时,制动控制阀维持制动,活塞上受到向下的气体压力不再变化,而作用在活塞下腔气体压力不断上升,当向上的气体压力大于向下的气体压力时,活塞上移,下阀门随同芯管一起上移,当下阀门上移到与阀座接触,关闭储气筒的进气通道时,活塞下方的气体压力也不再上升,活塞停止不动。此时,出现了进、排气通道均关闭的平衡状态,制动气室的保持不变。如果向下踩制动踏板,上述平衡被破坏,制动气室又进压缩空气,压力升高,制动力增大。反之,制动力减小,与制动控制阀同步输出随动气压,见图19-58b)。

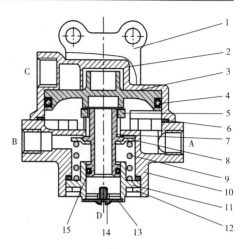

图19-57 继动阀
1-支架;2-阀盖;3-活塞;4-O形密封圈;5-排气阀总成;6-密封圈;7-阀芯总成;8-弹簧座;9-复位弹簧;10-阀体;11-导向座;12-挡圈;13-防尘膜片;14-螺钉;15-O形密封圈;A-接后桥制动气室;B-接后桥储气筒;C-接制动控制阀;D-通大气

解除制动时,活塞上腔的压缩空气通过制动控制阀通大气,活塞上腔制动气压减小,活塞下腔制动气压大于上腔气压,活塞上移,芯管也在弹簧的弹力作用下一起上移,当下阀门与阀座接触时,关闭后桥储气筒与后桥制动气室之间的通道,随着活塞继续上移,活塞与上阀门出现间隙,后桥制动气室的压缩空气通过A口、上阀门与活塞之间的间隙、D口排到大气,制动气室气压等于大气压,解除制动,见图19-58c)。

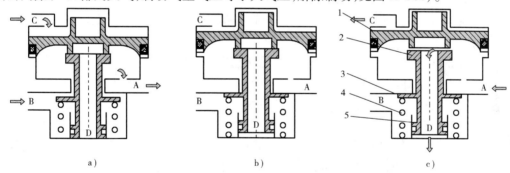

图19-58 继动阀工作原理示意图
a)制动状态;b)维持制动状态;c)解除制动状态
1-活塞;2-上阀门;3-下阀门;4-复位弹簧;5-芯管

8.双管路挂车制动控制阀

双管路挂车制动控制阀安装在主车上,它有如下作用:

(1)主车通过它连续不断地向挂车储气筒充气。

(2)无论主车前、后桥制动还是驻车制动,挂车制动控制阀都能向挂车制动阀输出一个制动信号气压,使挂车产生相应强度的制动。

(3)当主、挂车连接的制动管路漏气而主车制动时,关闭驻车储气筒与挂车储气筒之间的气路。

如图19-59所示,挂车制动控制阀有六个管路接口,驻车储气筒输入接口与驻车储气筒连接，挂车储气筒充气输出接口与挂车制动阀连接，为挂车储气筒充气。后桥制动信号输入接口、前桥制动信号输入接口，分别与主车制动控制阀的上腔和下腔连接，即与后桥制动管路和前桥制动管路连接。驻车制动信号输入接口与驻车制动阀连接。挂车制动信号输出接口与挂车制动阀间接，为挂车提供制动信号。

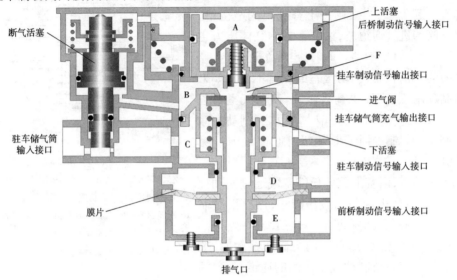

图19-59　挂车制动控制阀工作原理示意图

无论是汽车正常行驶，还是在制动过程中，来自驻车储气筒的压缩空气经过驻车储气筒输入接口、挂车制动控制阀C腔、挂车储气筒充气输出接口，向挂车制动阀输入挂车储气筒充气气压。

在汽车正常行驶时，来自驻车制动阀的压缩空气通过驻车储气筒输入接口进入挂车制动控制阀的D腔，该气压作用在膜片上，膜片产生一个向下的气压力，它与C腔通过下活塞产生的向上的气压力相平衡，使下活塞保持在图示的位置上。

当主车制动时，来自后桥制动回路的气压经过后桥制动信号输入接口进入挂车制动控制阀的A腔，在气压的作用下，上活塞下行，同时，来自前桥制动回路的气压经过前桥制动信号输入接口进入挂车制动控制阀的E腔，即膜片的下方，由于此气压的产生，打破了原下活塞的平衡状态，在气压的作用下，下活塞上行，上活塞下行和下活塞上行的结果首先是关闭排气间隙F，进而将进气阀打开。这样，C腔的压缩空气通过进气阀进入B腔，经过挂车制动信号输出接口输出挂车制动信号气压。当这一输出的制动控制信号气压力与A腔制动信号气压对上活塞以及弹簧弹力对上活塞的作用力相平衡时、这一输出的制动控制信号气压力对下活塞的作用力与E腔制动信号气压通过膜片对下活塞的作用力相平衡时，下活塞下行，上活塞上行，进气阀上移，重新关闭进气口，使输出给挂车的制动信号气压不再变化，从而使拖车产生与主车同等强度的制动。

当主车制动控制阀解除制动时，A腔与E腔制动信号气压经过主制动控制阀放空，上活塞在B腔气压与复位弹簧的作用下上行，下活塞在B腔气压的作用下下行，首先进气阀抵靠在阀座上，关闭挂车制动信号输出接口与储气筒之间的通道，继而打开排气间隙F，挂车制动信号气压从排气间隙F，通过放气口放空，挂车解除制动。

主车制动前桥制动或后桥制动任一回路制动失效时,挂车制动控制阀都能产生挂车制动信号气压。

当停车手柄位于"停车"位置时,D腔气压经过驻车制动信号输入接口由驻车制动阀放空,下活塞在C腔气压的作用下迅速上行,从而关闭排气间隙F,打开进气阀,通过挂车制动信号输出接口向挂车制动阀输出制动信号,使挂车产生制动。当停车手柄位于"行驶"位置时,来自挂车制动阀的压缩空气重新通过驻车制动信号输入接口进入D腔,在D腔气压的作用下,下活塞下行,进气阀关闭,排气间隙F出现,挂车制动控制信号气压通过排气间隙F放空,挂车解除制动。

在汽车行驶过程中,若主、挂车意外脱开,主、挂车连接的制动管路断裂时,挂车通过挂车制动阀使挂车制动,若这时主车制动,在主车制动气压的作用下,挂车制动控制阀的进气阀打开,由于挂车制动信号输出接口通大气,因此B腔不能建立气压,此时断气活塞阀的活塞下腔同样不能建立气压,而断气活塞上腔却由A腔输入制动气压,在压差的作用下,断气活塞迅速下行,通过活塞杆,关闭挂车储气筒充气回路。由于断气活塞上腔仅与后桥制动信号气压A腔相通。因此,当主车中后桥制动失效时,则没有上述功能。

9. 双管路挂车制动阀

双管路挂车制动阀安装在挂车上,它有如下三个作用。

(1)主车通过它向挂车储气筒充气。

(2)根据主车的制动信号使挂车同步产生等强度的制动。

(3)若主、挂车意外脱开,主、挂车连接的制动管路断裂时,挂车制动阀使挂车自行制动。

如图19-60所示,挂车制动阀共有4个接口,它们分别是挂车制动信号输入接口、挂车储气筒充气输入接口、挂车储气筒接口及挂车制动气室接口(2个),它们分别与安装在主车上的挂车制动控制阀(图19-59)的挂车制动信号输出接口、挂车储气筒充气输出接口连接,与挂车储气筒和挂车制动气室连接(2个)。

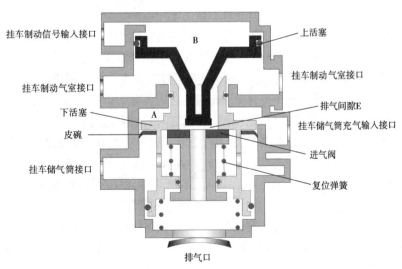

图19-60 挂车制动阀工作原理示意图

其工作原理是当汽车正常行驶时,来自挂车制动控制阀的压缩空气通过挂车储气筒充气输入接口进入 A 腔,在压力差的作用下,压缩空气通过皮碗、挂车储气筒接口给挂车储气筒充气,当挂车储气筒气压与主车驻车储气筒气压相等时,充气结束。

当主车制动时,安装在主车上的挂车制动控制阀输出一个制动信号气压,通过挂车制动信号输入接口进入 B 腔,在气压的作用下上活塞下行,排气间隙 E 逐渐减少,当上活塞与进气阀接触时,关闭了挂车制动气室与大气之间的通道,上活塞继续下行,推动进气阀下移,打开了挂车储气筒与挂车制动气室之间的通道,挂车储气筒的压缩空气通过进气阀、挂车制动气室接口进入挂车制动气室,挂车产生制动。与此同时,通挂车制动气室的压缩空气也作用在上活塞的下腔,当作用在上活塞上的挂车制动气室的气体压力与挂车制动信号气压相等时,上活塞连同进气阀上行,关闭挂车制动气室进气口,此时挂车制动气室的制动气压不再变化,从而使挂车产生与主车同步强度的制动。

在挂车制动过程中,若挂车储气筒的气压低于主车驻车储气筒的气压,则主车为挂车储气筒继续充气,以确保挂车有足够的制动气压。

当主车解除制动时,上活塞上腔 B 的压缩空气通过挂车制动信号输入接口、挂车制动控制阀放空,上活塞在挂车制动气室气压的作用下上移,进气阀在复位弹簧的作用下同时上移,当进气阀抵靠到阀座上时,关闭挂车制动气室与挂车储气筒之间的通道,随着上活塞继续上移,排气间隙出现,打开了挂车制动气室与大气之间的通道,挂车制动气室的压缩空气通过排气间隙 E、排气口排入大气,挂车解除制动。

若主、挂车意外脱开,主、挂车连接的制动管路断裂时,即挂车储气筒充气输入接口通大气、制动阀的 A 腔通大气,则下活塞在挂车储气筒气压的作用下上移,下活塞上移的同时带动进气阀上移,首先关闭排气间隙,继而打开进气阀,挂车制动气室充气制动。

10. 制动气室

制动气室的作用是将气体压力转化成推杆运动的机械力,推动凸轮转动使制动蹄张开产生摩擦力矩。

制动气室有膜片式和活塞式两种。膜片式制动气室结构简单,但膜片的行程较小,寿命短,制动器间隙稍有变大,即需要及时调整。活塞式制动气室无上述问题,多用于重型车辆。

图 19-61 是一个膜片式制动气室。制动气室壳体 6 和盖 2 是用钢板冲压制成的,用夹箍 10、螺栓 11 连接在一起,形成一个整体外壳,它们之间装有夹布橡胶膜片 3,膜片将整个制动气室分隔成两个相互完全隔绝的气室。膜片和盖之间的气室通过进气口 1 与制动控制阀连接,膜片和壳体之间的气室通过孔 A 常通大气。承压盘 4 安装在膜片的左腔,推杆 8 固定在承压盘上,推杆的左端通过螺纹连接连接叉 9,连接叉通过销子与制动调整臂连接。复位弹簧 5 左端抵靠在壳体上,右端支承在承压盘上,不制动时,复位弹簧推动承压盘连同膜片右移与盖紧贴,整个制动气室通过螺栓孔 7 用螺栓通过支架固定在车桥上。

制动时,压缩空气从进气口进入制动气室,膜片在气体压力的作用下克服复位弹簧的弹力而左拱,通过承压盘推动推杆、连接叉左移,给制动调整臂施加一个绕凸轮轴轴线转动的力矩,制动调整臂带动制动凸轮转动,使制动蹄压向制动鼓而产生制动。

解除制动时,制动气室中的压缩空气经制动阀或快放阀排入大气,膜片和承压盘连同推杆在复位弹簧的作用下右移,带动制动调整臂反向转动,制动凸轮复位,制动蹄在复位弹簧的作用下收拢,摩擦力矩消失解除制动。

该类制动气室受膜片变形的限制,推杆的最大行程较小,一般不大于 50mm。大于该值时需及时调小制动蹄、鼓间隙。

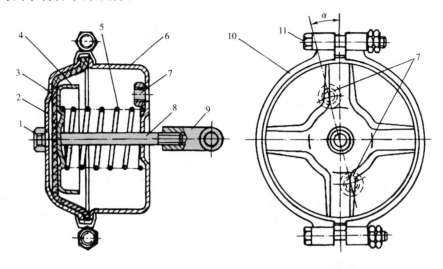

图 19-61　制动气室

1-进气口;2-盖;3-膜片;4-承压盘;5-复位弹簧;6-壳体;7-固定螺栓;8-推杆;9-连接叉;10-夹箍;11-螺栓

有的汽车采用串联双气室双膜片式制动气室,一膜片用于正常制动;另一备用膜片用于非正常应急制动。

如图 19-62 所示,为活塞式制动气室。冲压的壳体 1 和盖 8 用螺栓连接形成一个整体,通过气室固定板支承在车桥上,活塞总成由活塞体 3、耐油橡胶皮碗 2、弹簧座 5 和导向套筒 13 等组成,它将制动气室分成左、右两个气室,左腔室接制动控制阀,右腔室通大气。由于推杆在轴向移动的同时还有摆动,故它与活塞接触处做成球头。

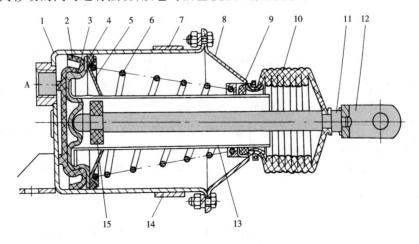

图 19-62　活塞式制动气室

1-壳体;2-橡胶皮碗;3-活塞体;4-密封圈;5-弹簧座;6-弹簧;7-气室固定卡箍;8-盖;9-毡垫;10-防护罩;11-推杆;12-连接叉;13-导向套筒;14-气室固定板;15-密封垫;A-进气口

其工作原理和膜片式相同。活塞式制动气室的特点是活塞行程大,推力不变,使用中不必频繁地调整制动器间隙,寿命也较长;缺点是外壳若碰撞变形时,活塞易被卡住。为此,有的制动气室的外壳采用铸铁制成,内外圆进行机械加工,可获得较大的刚度和可靠性。

第六节 辅助制动装置

对于某些高速行驶、制动频繁,特别是经常行驶于山区的汽车,由于坡长弯多,如果长时间频繁使用行车制动器,势必使摩擦式车轮制动器内温度急剧升高,导致制动效能热衰退和液压制动系的气阻,使汽车的制动效能及制动器的使用寿命显著下降,影响行车安全。

为了减轻、分流行车制动器的负荷,提高行车速度和汽车运输效率,确保制动减速平稳、防滑和行车安全,减少轮胎和摩擦片的损坏,提高车辆的乘坐舒适性,重型汽车均装设不同形式的辅助制动器,主要有排气制动、液力缓速装置和电力缓速装置等。交通运输部2013颁布实施《营运客车类型划分及等级评定》(JT/T 325—2013)标准规定,中型客车中高二级,大型客车中高一级、高二级和高三级客车必须装置缓速器;建设部于2002年10月1日颁布实施的《城市客车分等级技术要求与配置》(CJ/T 162—2002)标准规定,超二级、超一级、高级的市区和城郊城市客车规定必须装备缓速器。

一、排气制动装置

排气制动是利用发动机的摩擦阻力和泵吸阻力来消耗汽车动能的一种主要形式,还有发动机自然制动和发动机压缩制动。发动机自然制动是其自身固有的;而发动机压缩制动则是利用其是利用压缩行程来吸收功率,它是在发动机压缩行程接近上止点时,由控制装置打开排气阀,使压缩空气经排气支管、排气总管排出,压缩能量不再回输给发动机。排气制动就是在发动机排气支管与排气管接口处设置一个阀门,当使用排气制动时,将该阀门关闭并停止供给燃油,使发动机在排气冲程期间压缩排气歧管中的气体,借以消耗汽车的动能,取得更大的制动效果。

排气管中的压力受排气门弹簧弹力的限制,排气管中的气压可达200~400kPa。在排气压缩的同时,排气管中的压缩气体会把其他缸的排气门顶开而倒流入汽缸。由进气冲程推开排气门而进入汽缸的压缩气体,会经进气门高速排出,从而使进气系统的噪声增大。

排气制动装置是由排气制动阀和阀门控制系统组成。排气制动阀多采用蝶形的;阀门控制系统有机械式、气控式、电控气动式和电磁式。排气制动一般与行车制动无关,自成系统。而有些汽车(如菲亚特650E型汽车)的排气制动与行车制动是联控的,当行车制动踏板刚踏下时,排气制动就自动地发挥作用,当放松制动踏板或发动机转速降至接近最低速时,排气制动便自动地解除。

1. 蝶形排气制动阀

蝶形排气制动阀简称蝶形阀,如图19-63所示.该阀装在排气歧管与排气管之间。控制气缸通过销轴驱动蝶形阀体中的蝶形阀门开闭,由限位螺钉来调整其全开和全闭的位置。

2. 电控气动排气制动系统

图19-64a)所示为汽车电控气动排气制动系统结构图。该系统主要有排气制动开关2、

离合器开关4、加速踏板开关5、电磁阀8、蝶形阀6和蝶形阀气缸7组成。电磁阀控制着气源管路。它的绕组串联在三个开关控制电路中,其中任何一个开关断开,都会使电磁阀关闭而解除排气制动,如图19-64b)所示。

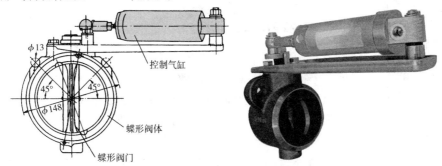

图19-63 气动蝶形排气制动阀

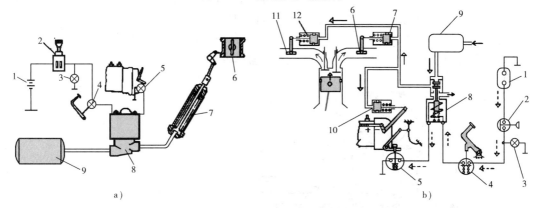

图19-64 汽车电控气动排气制动系统
a)结构图;b)原理图

1-蓄电池;2-排气制动开关;3-指示灯;4-离合器开关;5-加速踏板开关;6-蝶形阀;7-蝶形阀气缸;8-电磁阀;9-储气筒;10-熄火气缸;11-进气消声阀;12-进气消声阀气缸

排气制动开关装于仪表板上,将其拉出即接通控制电路,指示灯点亮。电流通过离合器开关、电磁阀线圈、加速开关而形成回路。电磁开关阀吸开气路,排气制动即起作用。推入BK/SW,控制电路断开,指示灯灭,排气制动停止工作。这样,可便于在排气制动过程中更换变速器挡位,调节排气制动作用的大小。

离合器开关由离合器踏板控制,踩下离合器踏板,触点断开,电流切断,排气制动解除,发动机恢复喷油,保持怠速运转;加速开关装在喷油泵外壳上,由加速踏板操纵臂上的调整螺钉来控制。当踏板松开,触点闭合导通电路,排气制动工作,反之排气制动即停止工作。这样,可防止既加速又制动的矛盾现象。调整螺钉用来调节加速开关导通时间,发动机在怠速状态时(500～600r/min),加速开关导通,排气制动才能正常工作。

根据行车需要接通排气制动开关2,抬起加速踏板和离合器踏板,使相应的开关5和4都接通,电磁阀8才打开气路,来自储气筒的压缩空气推动气缸活塞,使蝶形阀关闭,实现排气制动,若关闭排气制动开关,电磁阀就切断来自储气筒的压缩空气,气缸活塞在弹簧力的作用下复位,打开蝶形阀,解除排气制动。

图 19-65 为排气制动系统的电磁阀。当驾驶员抬起加速踏板和离合器踏板而使电磁阀线圈通电时,阀芯被吸引,克服弹簧的弹力上移,打开气路,推动蝶形阀关闭。

二、液力缓速器

液力缓速器又称液力减速装置。汽车在下长坡时使用排气制动,虽然能收到良好的制动效果,但对于吨位较大的汽车来说,采用排气制动,效果是有限的。因此,装有液力机械传动的矿用自卸汽车及大型豪华客车都装有液力减速缓速器。

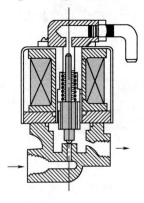

图 19-65 电磁阀示意图

液力缓速器一般装在液力机械变速器的后端。从结构上看是两个背靠背的液力耦合器,如图 19-66a)所示为上海 SH3541 型自卸汽车装用的液力缓速器。两个耦合器的泵轮做成一体,连接在变速器的第一轴上,称为液力缓速器的转子。两个涡轮则是固定不动的(即壳体 1 和盖 9),称为液力缓速器的定子。铸铝的转子 10 上铸出两排叶片 A,转子上有三处开有平衡孔 13,用以平衡两腔的油压。盖 9 和壳体 1 上有固定叶片 B。图 19-66b)为斯堪尼亚客车底盘装用的液力缓速器。

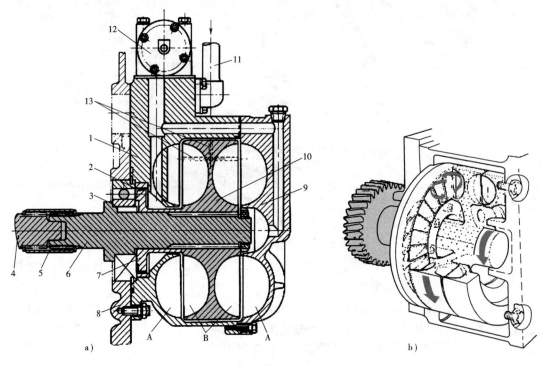

图 19-66 液力缓速器
a)装配图;b)原理示意图

1-壳体;2-密封圈;3-平键;4-机械变速器第一轴;5-花键套;6-转子轴;7-密封座;8-变速器壳体;9-盖;10-转子;11-进油管;12-控制阀;13-平衡孔;A-转子叶片;B-固定叶片

液力缓速器制动力矩的大小取决于工作腔内的油压和油量,以及转子的转速,其特性曲线见图 19-67。液力缓速器工作腔内的油液越多,制动力矩越大。当汽车正常行驶时,液力缓速器工作腔不充油，转子在腔内空转，不产生制动力矩；当汽车下坡时，汽车在重力作用下滑行，使液力缓速器的转子高速运转。此时，变矩器向液力缓速器充油。工作油液在转子内被加速，在定子内又被减速。它给转子以很大的制动力矩，从而对汽车起制动作用。汽车下坡时位能在液力缓速器内逐渐地转变为热能。高温的工作油液被引至冷却器进行冷却，又不断地通过油泵将冷却后的工作油补充进来。如此不断循环，即可进行持续不断的液力制动。当汽车满载下长坡时，可维持汽车恒速行驶。

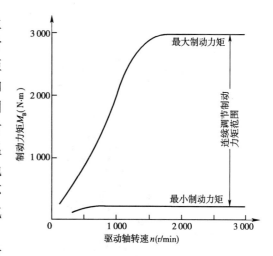

图 19-67　液力缓速器特性曲线

液力缓速器的制动力矩与转子转速的平方成正比。随着汽车速度的增加，汽车的制动力也按转子转速的平方关系而上升。汽车以不同挡位行驶时，汽车的制动力随车速而变化；汽车以不同车速行驶时，变速器的挡位越低，即传动比越大，液力制动的效果越显著，下坡稳定的车速越低。液力缓速器主要是供车辆下坡减速用。汽车正常行驶时，应将液力缓速器中的油液排空，以免消耗发动机功率。

由于液力缓速器往往与液力变矩器共用一个油泵，为了保证液力缓速器充油迅速，且能保证工作时油液有足够的循环强度，在使用液力缓速器时，可使液力变矩器的油液循环中止，让油泵专对液力缓速器供油。为了达到减轻液力缓速器元件重量的目的，其动轮常采用齿轮增速传动，以便在小尺寸的结构下得到同样大的制动力矩，或自动变速器的液力变矩器与液力缓速器一体化设计，根据需要一体两用。

液力缓速器适用于高速、大功率车辆，适用于长时间的连续制动，具有体积小、重量轻、耗能低、制动力矩大等优点，但其结构复杂、机械制造精度高、空转时有能量损失、在低速时制动能力差。液力缓速器比电涡流缓速器重量轻 5~7 倍（液力缓速器重量一般为几十千克，而电涡流缓速器重量一般为几百千克），但是液力缓速器动作响应略慢，制造成本也较电涡流缓速器高。

三、电力缓速器

电力缓速器又称电力减速装置。汽车上用的辅助电力制动装置有两种形式，一种是电涡流式，另一种是电阻栅式。机械传动的汽车采用前者，而特大吨位电传动汽车多采用后者。

1. 电涡流缓速器

由电涡流缓速器、多组式继电器盒、控制开关三部分组成的电涡流缓速系统一般用于高速大客车、重型汽车和汽车列车。它具有制动强度较大，且易控制的特点。电涡流缓速器系统原理，如图 19-68 所示。

电涡流缓速器由定子和转子组成，数个铁芯 4 和线圈 5 组成定子组，固定在变速器、主减速器或车架上。转子由两个带冷却叶片的铸铁转子盘 3 和转子轴 1 组成，与汽车传动轴相接，并随其转动。定子与转子间的间隙为 0.5~1.5mm。

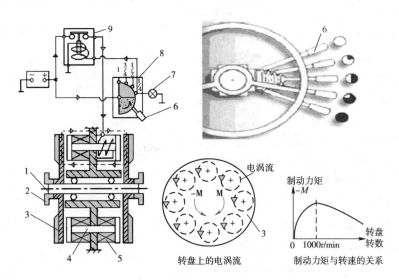

图 19-68　电涡流缓速器系统原理图
1-转子轴；2-连接盘；3-转子盘；4-铁芯；5-线圈；6-控制手柄；7-指示灯；8-控制开关；9-继电器盒

继电器盒 9 内装多组继电器，每组控制两对线圈（4 个磁极），用来输送大电流进入线圈，每组继电器的闭合，用开关的小电流操控。指示灯点亮，减速器即投入工作。

控制开关 8 为依次叠加式滑板开关，能使继电器各触点连接起来，用来改变电磁线圈投入工作的数量和电流强度，使制动力矩为 1/4、1/2、3/4、1 几个档次，驾驶员可根据电涡流缓速器的不同和车辆制动的需要实现 4 级、6 级或无级调控，进行减速制动，并由指示灯 7 显示。控制开关可与制动踏板的开关联网，进行联合控制，使电涡流制动和气压制动同步进行，以提高制动效果。

在汽车正常行驶时，尽管转子随传动轴高速旋转，但由于此时线圈不通电，铁芯没有磁场，故不产生制动力矩；若线圈通激磁电流，数个铁芯便产生数个磁场，通过铁芯的转子盘上各部分的磁通量将发生变化。靠近铁芯的部分磁通量增加，离开铁芯的部分磁通量减少，从而使转子盘中产生电涡流，载流的转子盘在磁场中受到力的作用，其作用方向与转子盘的旋转方向相反，阻碍转子盘的转动，从而使电涡流缓速器产生制动力矩($-M$)。该制动力矩可由激磁电流控制装置来调节，控制方便可靠。通过线圈的励磁电流越大、通电线圈组数越多，磁场越强，制动力矩就越大。电涡流减速器可根据制动踏板的行程开关信号的大小，随机量化投入行车制动工况，可使制动效能进一步提高。

电涡流缓速器的定子中装有数个铁芯线圈和磁极罩（图 19-69a），铸有冷却叶片的铸铁转子盘通过螺栓固定在转子轴上（图 19-69b），缓速器的支撑件一般为铝合金件或冲压件，以减小质量。

电涡流缓速器一般装在汽车变速器、主减速器上或车架两纵梁之间（图 19-70）。增设电涡流缓速器将增大车辆自重，电涡流缓速器如果固定在主减速器上将增大非簧载质量。电涡流缓速器安装在变速器的前面，其减速效果与挡位有关，挡位越低，减速效果越好；若安装在变速器的后面，其减速效果则与挡位无关。由于挂车本身无驱动传动系统，电涡流缓速器安装在挂车上时，需采用内置式缓速器专用车桥等特殊处理。

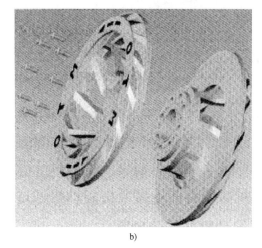

图 19-69 电涡流缓速器定子与转子
a）定子；b）转子盘

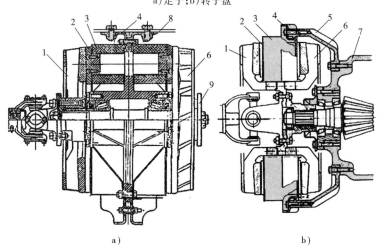

图 19-70 电涡流缓速器结构与安装
a）固定在主减速器上；b）固定在车架上
1、6-转子盘；2-磁极罩；3-线圈；4-支架；5-连接壳；7-主减速器壳；8-车架；9-连接盘

电涡流缓速器有结构简单，工作可靠，噪声很小，制动力矩范围广（可达 400～3300N·m），响应快（仅有 40ms，比液力缓速器的动作响应快 20 倍），工作、制动力矩易实现自动控制等优点。但也有体积较大、重量较重、发热量大、消耗电能等缺点。

2. 电阻栅缓速装置

电传动汽车在进行制动时，驱动车轮的电动机便起到发电机的作用，将汽车的动能转化为电能，然后输入电阻栅中又变成热能，散失到大气中，从而使汽车的行驶阻力增大，达到制动的目的。不过，当汽车车速很低时，驱动车轮的电动机不能发电，所以电力制动的作用也就消失了。因此，电阻栅制动装置只能起到减速作用，要实现准确停车，还需依靠机械制动。如国产 108～154t 的矿用自卸车均装有电阻栅缓速装置，其最大制动功率可达发动机标定功率的 167%。

电力减速时，主发电机供电，给驱动车轮的电动机励磁。驾驶员借助于制动踏板踏下的程度来控制制动力矩的大小。当踏下制动踏板时，电阻栅缓速装置就起作用，随着制动踏板下踏幅度的增大，变速器的电阻减小，励磁电流增大，制动力矩也增大，汽车的行驶阻力增加。

电阻栅式电力制动是电动汽车得天独厚的一大优点。这种汽车在制动的过程中，电动机变为发电机回收电能；电力制动本身无机械磨损，可使车辆的行驶速度减至 5km/h 以下，再用机械制动停车。从而减轻机械制动的负担，提高车辆行驶的安全性，降低轮胎在制动时的磨损。

第二十章　汽车防滑控制系统

第一节　概　　述

汽车操纵稳定性是保证汽车行驶安全的重要性能,是提高行车速度的重要保证,汽车防滑控制是提高操纵稳定性的重要措施,主要包括制动防抱死系统(ABS)、电子制动力分配系统(EBD)、驱动防滑转控制系统(ARS)和电控汽车稳定行驶系统(ESP)等。

一、制动防抱死系统(ABS)

汽车在遇到障碍或突发事件等紧急情时,要求在很短的距离和时间内停车,如果制动强度过大,将会使车轮抱死。后轮抱死将使车辆丧失方向稳定性(甩尾侧滑),前轮抱死则使车辆失去转向能力(转向盘失控)。ABS 的主要作用就是根据汽车的行驶状态和车轮的转动情况,在制动过程中自动调节各车轮的制动力,使车轮滑移率被控制在一个狭小的理想范围内,车轮不会抱死,使其纵向制动力和侧向附着能力保持较大值,充分利用轮胎与路面之间的纵向和侧向附着力提高汽车抗侧滑的能力,改善汽车的操纵性和方向稳定性,缩短制动距离,有效提高行车安全性。随着人们对汽车安全性能要求的不断提高,ABS 已逐渐成为乘用车的标准装备。

二、驱动防滑控制系统(ASR)

汽车驱动防滑控制系统是伴随着 ABS 在汽车上的广泛应用发展起来的,实质上它是 ABS 基本思想在驱动领域的发展和推广。随着对汽车性能要求的不断提高,为了提高汽车的加速性能,充分利用车轮的附着力,获得尽可能大的驱动力已成为一个重要的技术课题。在此背景下,许多大汽车公司研制了具有制动防抱死和驱动防滑转功能的驱动防滑控制系统。

ASR 能时刻根据车辆行驶状况,运用数学算法和控制逻辑使车辆驱动轮在恶劣路面或复杂输入条件下产生最佳纵向驱动力。由于 ASR 能够提高车辆的牵引性、操纵性、稳定性,减少轮胎磨损和事故风险(尤其在坏路面上),增加行驶安全性,使得汽车在附着状况不好的路面上能顺利起步和行驶。所以该技术自 1985 年在瑞典沃尔沃汽车公司诞生以来,得以迅速发展。目前,国外高档轿车大多应用了 ASR。

三、电控行驶稳定系统(ESP)

ESP 整合了 ABS 和 ASR 的功能,防抱死制动系统旨在防止车辆制动时车轮抱死,而驱动防滑控制系统旨在防止车辆加速时车轮打滑空转。电控行驶稳定系统起到了一种综合控制系统的作用。同时，ESP能防止车辆侧滑增强车辆在所有行驶工况下的稳定性。当车辆转弯受侧向力时，ESP能降低车辆打滑的危险，使汽车安全稳定行驶。总而言之，该系统将汽车的制动、驱动、悬架、转向、发动机等主要总成的控制系统在功能、结构上有机地结合起来，使汽车在各种恶劣工况下都有最佳的行驶性能。

四、电子制动力分配系统（EBD）

通常情况下，各个车轮与地面的附着条件不同。EBD的功能就是在汽车制动的瞬间，由传感器检测前、后轮的转动状态，并由车载微处理器高速计算出各轮胎与路面间的附着力大小，然后分别调节各个车轮制动器的制动转矩，使之达到与路面附着力的理想匹配，以进一步缩短制动距离，同时保证车辆制动时的稳定性。EBD与ABS结合，可大大提高ABS的功效。重踩制动踏板时，EBD会在ABS作用之前，依据车辆的质量分布和路面条件，有效分配制动力，使各个车轮得到理想的制动力。因此，EBD的作用就是在ABS的基础上，平衡每一个车轮的有效地面附着力，改善制动力的平衡，防止出现甩尾和侧滑，并缩短汽车制动距离，使汽车的行驶安全性能更高。

第二节　制动防抱死系统

一、制动防抱死系统的优点

为了提高汽车的制动性能，防止汽车制动时车轮抱死，现代汽车加装制动防抱死系统，通常简写为ABS（Anti-lock Brake System），下面分述使用ABS的四大优点。

1. 改善了汽车制动时的方向稳定性

汽车制动时的方向稳定性，是指汽车阻止外界干扰保持原来行驶方向的能力，即抵抗制动跑偏、侧滑、甩尾的能力。外界干扰通常是指横向风力、汽车转向时产生的离心力、左右侧制动力不等产生的旋转力矩等。汽车制动时的方向稳定性与制动时车轮与路面间的横向附着系数有关，横向附着系数越大，路面所能提供的横向力就越大，汽车制动时的稳定性就好，反之则差。ABS使汽车在制动过程中车轮不再被抱死，车轮具有一定的横向附着系数，车轮能提供一定的横向作用力，特别是能很好地防止后轮在制动过程中丧失横向附着力，保证了汽车在制动过程中具有良好的方向稳定性。

2. 缩短了制动距离

汽车的制动距离主要取决于制动过程中制动力的大小，如果汽车能够充分有效地利用各个车轮的最大纵向附着力进行制动，汽车就能够在最短的距离内制动停车，制动距离就短。由于制动防抱死系统能够有效地利用各个车轮的最大纵向附着力，使汽车获得更大的制动力，所以，一般情况下都能使制动距离缩短，特别是在良好的路面上，缩短制动距离就更为明显。

3. 增加了汽车制动时的转向操纵能力

汽车制动系统中加装了ABS后，在制动过程中防止汽车转向轮被制动抱死，使其保持一定的横向附着力，那么，汽车在制动过程中路面能够提供一定的横向作用力，汽车就能按照驾驶员操作实现转向,汽车在制动过程中就具有了转向操纵能力。

4. 减少了轮胎磨损

由于使用了ABS,车轮在制动过程中不是完全拖滑而是滑转,因此轮胎磨损小,另外,轮胎磨损也比较均匀。

二、制动防抱死系统的分类

ABS按控制通道数,可分为二通道、三通道、四通道式等形式,由于四通式可对每个车轮进行单独控制,更加安全可靠,故被广泛采用。图20-1所示为四通道、四传感器式ABS。在ABS系统中,能够独立进行制动压力调节的制动管路称为控制通道。如果某个车轮的制动压力占用一个控制通道,可以单独进行调节,则称为独立控制或单轮控制。如果两个车轮的制动压力是一同进行调节的(共同占用ECU的一个控制通道),则称为同时控制或一同控制。如果同时控制的两个车轮在同一轴上,称为同轴控制或轴控制。

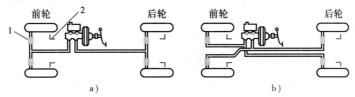

图20-1 四通道、四个轮速传感器的ABS
a)前后布置;b)对角布置
1-压力调节装置;2-轮速传感器

汽车在左、右附着系数不同的路面上行驶时,由于两边车轮与路面间的附着力不同,制动时两个车轮制动抱死的时间不一样,附着系数小的车轮先抱死,附着系数大的车轮后抱死。在两个车轮一同控制时,如果以保证附着系数较小的车轮不发生抱死为原则进行制动压力调节,则称这两个车轮按低选原则一同控制;如果以保证附着系数较大的车轮不发生抱死为原则进行制动压力调节,则称这两个车轮按高选原则一同控制。因此,在一同控制中,有低选原则和高选原则之分。

对于ABS,除上述分类方法外,还有一些分类方法,如按照制动压力调节器的动力来源可分为液压式和气压式;按照制动压力调节器调压方式可分为循环调压式和变容式;按照制动压力调节器与制动主缸结构关系可分为整体式和分离式等。

三、制动防抱死的基础理论

1. 制动力与附着系数

如果忽略车轮及与其一起旋转部件的惯性力矩和车轮的滚动阻力,汽车前轮制动时的车轮受力情况见图20-2。

在制动时,车轮制动器产生制动摩擦力矩M_u,在摩擦力矩的作用下,车轮开始制动。在纵向,车轮在地面上滑拖时,地面产生一个与车轴对车轮的纵向推力T_x及汽车行驶方向相反的制动力F_x,在制动力的作用下,汽车减速

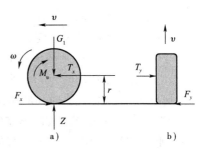

图20-2 制动时的车轮受力分析
a)纵向;b)横向

直至停车；在横向，车轴给车轮一个横向作用力 T_y，地面给车轮横向反作用力 F_y，横向力 F_y 阻止车轮侧滑，横向力 F_y 称为横向附着力。其纵向制动力的大小可用下式表示：

$$F_x = \frac{M_u}{r} \leq Z\varphi_x$$

式中：F_x——制动力，N；

M_u——车轮制动器摩擦力矩，N·m；

r——车轮滚动半径，m；

Z——地面对车轮的反作用力，N；

φ_x——纵向附着系数。

（1）制动力与车轮制动器的摩擦力矩有关，当摩擦力矩小时，其制动力就小，制动距离就长，因此，车轮制动器必须产生足够的摩擦力矩，汽车才能有良好的制动性能。

（2）当摩擦力矩足够大时，最大纵向制动力与路面的纵向附着系数有关，附着系数越大，制动力越大。

其横向附着力的大小为：

$$F_y = Z\varphi_y$$

式中：F_y——横向附着力，N；

φ_y——横向附着系数。

由上式可知，地面的横向附着系数直接影响横向附着力的大小，横向附着系数大，则横向附着力大，横向附着力对防止汽车侧滑、甩尾起着决定性的作用。

2. 滑移率与附着系数的关系

汽车在制动过程中，车轮在路上是一边滚边滑的过程，汽车未制动时，车轮处于纯滚动状态；当车轮制动抱死时，车轮在路面上的运动处于纯滑动状态。为了定量地描述汽车制动时车轮的运动状态，引入车轮滑移率的概念，滑移率的定义为：

$$S = \frac{v - v_\omega}{v} \times 100\% = \frac{v - r\omega}{v} \times 100\%$$

式中：S——滑移率；

v——车速，m/s；

v_ω——车轮速度，m/s；

r——车轮滚动半径，m；

ω——车轮转动角速度，rad/s。

从公式可以看出，所谓滑移率就是汽车在制动过程中，车轮的滑动位移占总位移的比例。

当车轮完全转动时，$v = v_\omega$，$S = 0$，车轮完全转动，不产生制动。

当车轮制动抱死时时，$r\omega = 0$，$S = 100\%$，车轮完全抱死，车轮在地上滑拖。

当车轮又滑又转时，如 $S = 15\% \sim 30\%$ 则表示车轮在制动过程中有 15%～30% 的位移是抱死，有 70%～85% 的位移是转动。

车轮滑移率的大小对车轮与地面间的附着系数有很大影响，图 20-3 示出了车轮滑移率与附着系数之间的关系，从图中可以看出，附着系数随路面性质不同呈大幅度变化，干燥路面附着系数大,潮湿路面附着系数小,冰雪路面附着系数更小。在各种路面上,附着系数随滑移率的变化而变化,各曲线的变化趋势大致相同,只有积雪路面在滑移率接近100%时,附着系数会有所上升。

为了能够更方便地说明附着系数和滑移率的关系,下面以典型的干燥硬实路面上附着系数与滑移率的关系进行介绍,见图20-4。

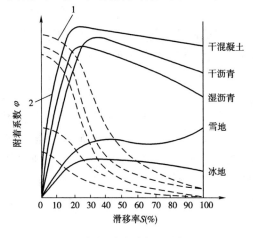

图20-3 附着系数与车轮滑移率的关系

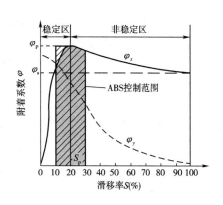

图20-4 干燥硬实路面上附着系数和滑移率的关系

1)纵向附着系数

(1)当滑移率由0%~10%时,滑移率越大,附着系数越大。

(2)当滑移率为10%~30%时,纵向附着系数最大,该最大值称为峰值附着系数,用φ_p表示,此时与其相对应的车轮滑移率称为峰值附着系数滑移率,用S_p表示。

(3)当滑移率大于30%时,纵向附着系数逐渐变小。通常,把车轮完全抱死即车轮在路上滑动的附着系数称为滑动附着系数,用φ_s表示。车轮抱死时的滑动附着系数一般总是小于峰值附着系数,通常干燥硬实路面上的φ_s比φ_p小10%~20%,潮湿的硬实路面上φ_s比φ_p小20%~30%。

2)横向附着系数

横向附着系数用φ_y表示,横向附着系数随滑移率的增大而变小,当滑移率为100%,即车轮完全抱死时,附着系数为0,也即完全失去了横向附着的能力。

(1)当滑移率为10%~30%时,纵向附着系数最大,横向附着系数一定,是一个较稳定状态。

(2)当滑移率为100%时,即车轮完全抱死时,纵向附着系数变小,制动距离增大,横向附着系数为0,汽车完全失去横向附着能力,后轮很容易产生横向甩尾,失去方向稳定性。同时也失去了转向能力,驾驶员不能控制汽车行驶方向。

3. 理想的制动系统

制动开始,让制动力迅速增加,使滑移率达到最佳状态,即纵向附着系数最大,制动力最大,而后调节制动压力,使车轮抱死(制动压力增大)、转动(制动压力减小)循环,使滑移率维持在10%~30%,始终让车轮在纵向保持具有最大附着系数,使纵向产生最大制动力,同时在侧向具有一定的侧向附着能力。从而缩短制动距离,保持制动时的方向稳定性,同时在制动时具有改变行驶方向的能力。

四、制动防抱死系统主要零部件的结构和工作原理

1. 轮速传感器

轮速传感器用于检测车轮的转速,并将转速信号输入 ECU。轮速传感器一般都安装在车轮处,但有些驱动车轮的轮速传感器安装在主减速器或变速器中。目前,ABS 系统的轮速传感器主要有磁电感应式轮速传感器和霍尔效应式轮速传感器两种形式。

1)磁电感应式轮速传感器

图 20-5 示出了轮速传感器在驱动轮和转向轮上的安装位置,信号转子安装在随车轮一起转动的部件上[图 20-5a)中的半轴、图 20-5b)中的轮毂],而传感器则安装在车轮附近不随车轮转动的部件上[图 20-5a)中半轴套管、图 20-5b)中的转向节],传感器与信号转子之间的间隙很小,通常只有 0.5~1.0mm,多数轮速传感器是不可调的。一些后轮驱动的汽车上,只在主减速器或变速器上安装一个磁电感应式轮速传感器,图 20-6 示出了轮速传感器在变速器和主减速器上的安装位置。传感器安装在变速器或主减速器壳体上,信号转子安装在变速器输出轴上或主减速器输入轴上。

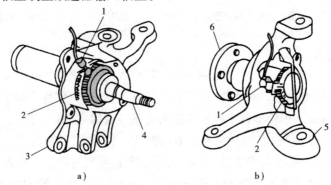

图 20-5 轮速传感器在驱动轮和转向轮上的安装位置
a)驱动轮;b)转向轮
1-轮速传感器;2-信号转子;3-悬架支承;4-半轴;5-转向节;6-轮毂

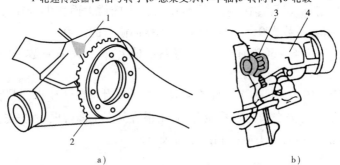

图 20-6 轮速传感器在变速器和主减速器上的安装位置
a)主减速器;b)变速器
1-轮速传感器;2-信号转子;3-变速器;4-主减速器

磁极端部形状不同,信号转子的安装位置也不同,如图 20-7 所示,凿形端部一般径向垂直于信号转子安装,菱形端部轴向相切于信号转子安装,柱形端部轴向垂直于信号转子安装。

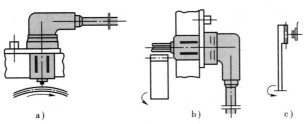

图 20-7 轮速传感器的安装形式
a)凿形;b)菱形;c)柱形

磁电感应式轮速传感器结构简单、成本低,但输出信号的幅值随转速的变化而变化,在规定的转速变化范围内,其输出信号的幅值一般为 1～15V,若车速过慢,其输出信号低于 1V,ECU 无法检测到;频率响应不高,当转速过高时,传感器的频率响应跟不上,容易产生误信号;抗电磁波干扰能力差。目前,国内外 ABS 控制的转速一般为 15～160km/h,今后要求控制的转速将扩大到 8～260km/h,以至更大,磁电感应式轮速传感器很难适应。霍尔效应式轮速传感器能克服磁电感应式轮速传感器的不足,因而在 ABS 系统中的应用越来越广泛。

2)霍尔效应式轮速传感器

霍尔效应式轮速传感器具有输出信号不受转速影响、频率响应高、抗电磁波干扰能力强等优点,被广泛应用于 ABS 轮速检测及其他控制系统的转速检测中。

霍尔效应式轮速传感器由传感器和信号转子组成,传感器由永磁体、霍尔元件和电子电路等组成,信号转子有多齿的轮盘组成,如图 20-8 所示,永磁体的磁力线穿过霍尔元件通向信号转子,在图 20-8a)所示位置时,穿过霍尔元件的磁力线分散,磁场相对较弱;在图 20-8b)所示位置时,穿过霍尔元件的磁力线集中,磁场相对较强。信号转子转动过程中,使得通过霍尔元件的磁力线密度发生变化,因而引起霍尔电压的变化,霍尔元件将输出正弦波电压。此信号由电子电路(图 20-9)转换成标准的脉冲电压(图 20-10)。

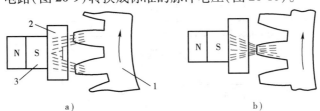

图 20-8 霍尔效应式轮速传感器工作原理
a)霍尔元件感受磁场较弱时;b)霍尔元件感受磁场较强时

图 20-9 霍尔效应式轮速传感器电路框图

2. 电子控制单元

ECU 主要用于接收轮速传感器及其他传感器输入的信号,进行放大、计算、比较,按照特

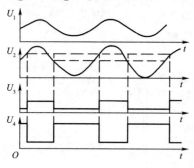

图 20-10 电子线路的各级输出波形

定的控制逻辑,分析判断后输出控制指令,控制制动压力调节器进行压力调节,此外 ECU 还具有故障监控报警和故障自诊等功能。ABS ECU 组成框图,见图 20-11。

ABS ECU 的硬件由安装在印刷电路板上的一系列电子元器件构成,目前大多数是由集成度高、运算速度快的数字电路构成,它们封装在金属壳体内,形成一个独立的整体;软件则是固存在只读存储器(ROM)中的一系列控制程序和参数。目前,ABS ECU 的内部电路和控制程序并不相同,但基本组成如图 20-12 所示。

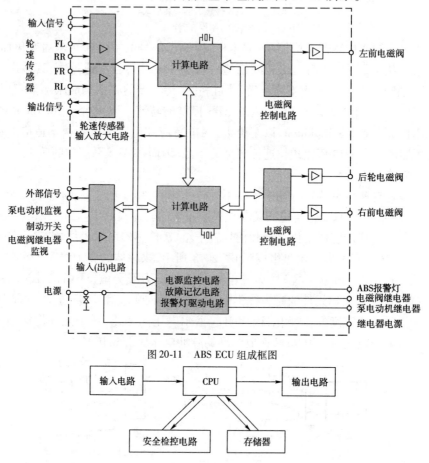

图 20-11 ABS ECU 组成框图

图 20-12 ECU 基本组成

1)输入级电路

输入级电路是由低通滤波、整形、放大等组成的输入放大电路,用于对轮速传感器输入的交变信号进行预处理,并将模拟信号变成微机使用的数字信号。

不同的 ABS 中,轮速传感器的数目不同,其输入信号电路数目也不同。为了对轮速传感器进行监测,依照轮速传感器数目的不同,计算电路还经输入电路输出相应的监测信号至各轮速传感器,然后再经输入电路将反馈信号送入计算电路。

输入电路还接收点火开关、制动开关、液位开关等外部信号。输入电路除传送轮速传感器监测信号外,还接收电磁阀继电器、电动泵继电器等工作电路的监测信号,并将这些信号经处理后送入计算电路。

2)计算电路

计算电路进行车轮线速度、初始速度、滑移率、加速度和减速度的运算、分析、处理,压力调节器电磁阀控制参数的运算和监控。

计算电路一般由两个微处理器组成,以保证系统工作安全可靠。两个微处理器接收同样的输入信号,在进行运算和处理的过程中,通过交互式通信,对两个微处理器的结果进行比较。如果处理结果不一致,微处理器立即使 ABS 退出工作,防止系统发生故障后导致错误控制。

计算电路不仅能检测 ECU 内部的工作过程,还能监测系统中有关部件的工作状况,如轮速传感器、电动泵工作电路、电磁阀继电器工作电路等。当监测到这些电路工作不正常时,也立即向安全保护电路输出停止 ABS 工作的指令。

3)输出级电路

输出级电路将计算电路输出的控制信号(如压力增加、保持、减小),转换成模拟控制信号,通过控制功率放大器向执行器(电磁阀)提供控制电流,驱动执行器工作。

4)安全保护电路

安全保护电路由电源控制、故障记忆、继电器驱动和 ABS 报警灯驱动等电路组成。

安全保护电路接收汽车电源的电压信号,对电源电压是否稳定在规定的范围内进行监控,同时将 12V 或 14V 电源电压变成 ECU 内部需要的 5V 标准电压。同时,还对继电器电路、ABS 报警灯电路进行控制。当 ABS 出现故障时,如电源电压过低、轮速传感器信号不正常及计算电路、电磁阀控制电路等有故障时,能根据微处理器的指令,切断有关继电器的电源电路,使 ABS 停止工作,恢复常规制动功能,起到失效保护作用。同时,将仪表板上的 ABS 报警灯点亮,提醒驾驶员 ABS 出现故障,应进行检修。并将故障信息存储在存储器内,以便自诊断时将存储的故障信息调出,供维修使用。

3. 电磁阀

电磁阀的作用是控制油路。ABS 上使用的电磁阀有二位二通电磁阀、三位三通电磁阀和四位四通电磁阀等,下面分别介绍二位二通电磁阀和三位三通电磁阀。

1)二位二通电磁阀

二位二通电磁阀是指电磁阀有两个位置(开启、关闭),两个通道(进油通道、出油通道)。如图 20-13 所示,二位二通电磁阀有常开电磁阀和常闭电磁阀两种,它们主要由电磁线圈、铁芯、球阀和弹簧等组成,常开电磁阀中设有一顶杆,顶杆和限位杆与活动铁芯固定在一起,在不通电时,活动铁芯在弹簧弹力的作用下下移,限位杆触到壳体上,进液口常开;常闭电磁阀上没有限位杆,在不通电时,活动铁芯在弹簧弹力的作用下上移,关闭进液口,进液口常闭。

常开电磁阀和常闭电磁阀工作原理基本相同,下面以常开电磁阀为例介绍其工作原理。

当电磁选圈未通电时,活动铁芯在弹簧弹力的作用下下移,直到限位杆与缓冲垫圈相抵为止。顶杆下移时,球阀随之下移,使电磁阀处于开启状态,制动液可以从进液口经过球阀从出液口流出。

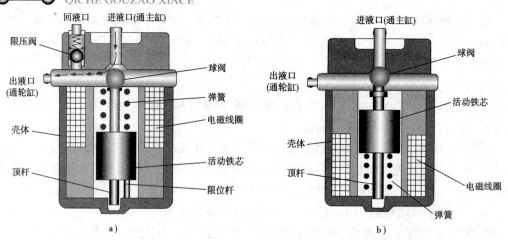

图 20-13　二位二通电磁阀

当电磁线圈通电时,活动铁芯在电磁力的作用下克服弹簧弹力的作用上移,顶杆随活动铁芯一起上移,在推杆的作用下球阀上移,球阀与阀座接触,关闭进液口与出液口通道。

限压阀的作用是限制电磁阀的最高压力,当制动液压力过高时,限压阀打开泄压,以免压力过高损坏电磁阀。

2）三位三通电磁阀

三位三通电磁阀如图 20-14 所示,它有三个接口,分别与制动主缸、制动轮缸和储液器连接,主弹簧 11 上端支承在阀体上,下端支承在上压板上,上压板上有进液阀 6。副弹簧 10 支承在上、下压板之间,下压板上有排液阀 7。电磁线圈 3 由蓄电池提供电源,由 ABS ECU 控制其通电电流的大小,当电磁线圈通电产生电磁力时,衔铁 5 可在电磁力的作用下移动,衔铁控制阀门的开关,其工作原理如下（图 20-15）：

（1）当电磁线圈不通电时（图 20-15a）。

当电磁线圈不通电时,衔铁在主、副弹簧预紧力的作用下处于下极限位置,并通过其下端的凸肩带动下压板,将排液球阀压靠在排液管端部的

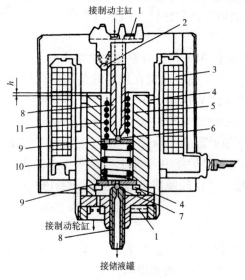

图 20-14　三位三通电磁阀

1-过滤网;2-单向阀;3-线圈;4-非磁性支承环;5-衔铁;6-进液阀;7-排液阀;8-阀座;9-压板;10-副弹簧;11-主弹簧;h-衔铁与阀体之间的间隙

阀座上,排液阀处于关闭状态,切断了电磁阀与储液器之间的通道;而上压板及进液阀则受主弹簧的作用下移,进液阀处于开启状态,制动主缸的制动液可以从进液口进入电磁阀,再从出液口流出进入制动轮缸。

（2）当电磁线圈通 2A 电流时（图 20-15b）。

当电磁线圈中通 2A 的电流时,电磁线圈产生电磁吸力,衔铁在电磁力的作用下克服主弹簧的弹力而上移,同时进液阀上移,关闭进液口,切断制动主缸与轮缸之间的通道,随着衔铁的上移,主、副弹簧的弹力同时作用到衔铁上,由于电磁线圈通的电流小,对衔铁产生的电

磁吸力小,电磁力不能克服主、副弹簧的弹力,衔铁停止移动,而排液球阀仍被下压板压靠在排液管端部的阀座上,由于电磁阀的进液口和排液口都被封闭;制动液既不能从进液口进入电磁阀,也不能从排液口流出电磁阀,保持回路中的压力不再增减。

(3)电磁线圈通5A电流时(图20-15c)。

当电磁线圈中通5A电流时,电磁线圈对衔铁产生较大的电磁吸力,衔铁将克服主、副弹簧的弹力而上移至极限位置,在衔铁的带动下,下压板上移,使排液阀不再压靠在排液管端部的阀座上,排液阀将处于开启状态,而进液阀仍被上压板压靠在进液管端部的阀座上,进液阀处于关闭状态。轮缸的制动液从出液口流回电磁阀,然后从排液管流出电磁阀,进入储液器,从而降低制动压力。

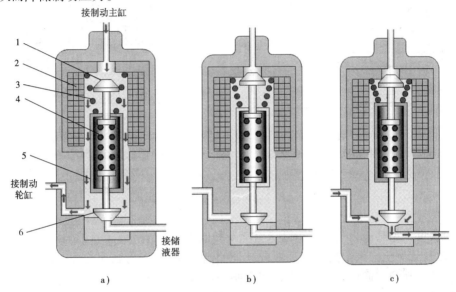

图20-15　三位三通电磁阀工作原理示意图
a)电流为0;b)电流为2A;c)电流为5A
1-进液阀;2-线圈;3-主弹簧;4-副弹簧;5-衔铁;6-排液阀

4. 液压泵

不同的ABS,其液压泵的功用不同,一种是将制动轮缸的制动液泵回制动主缸,实现制动"减压",另一种是液压泵的作用是向蓄能器提供制动液,将制动液加压,为ABS工作提供能量。按结构形式不同,液压泵可分为柱塞泵、活塞泵等数种。

图20-16是柱塞泵,它是否工作由ECU控制。柱塞泵主要由直流电机、柱塞泵(偏心轮、柱塞、进液阀、出油阀)等组成。当柱塞6在偏心轮5的带动下向下移动时,柱塞上腔室的容积增大,真空吸力逐渐增大,出油阀关闭,进液阀打开,从储液器2来的制动液被吸入柱塞上方的工作腔室内;当柱塞在偏心轮的带动下向上移动时,柱塞上方工作腔室的容积减小,其内部压力逐渐增大,进液阀关闭,出油阀打开,工作腔室内的制动液在提高压力后被挤出腔室,从出油口排出,进入高压油路8。

图20-17是一种回转球阀式活塞泵,电动机由设置在活塞泵出液口的压力控制开关控制,当蓄能器内制动液压力低于设定的控制压力时,压力控制开关闭合,向电动机供电,使液压泵工作,将制动液泵入蓄能器中;当液压泵出液口的压力超过设定的控制压力时,压力控

制开关断开,停止向电动机供电,液压泵停止工作,这样使蓄能器的压力保持在一定的控制范围内。如果液压泵出液口处的压力过低,说明液压泵或蓄能器存在故障,压力警示开关就会闭合,发出警示信号。

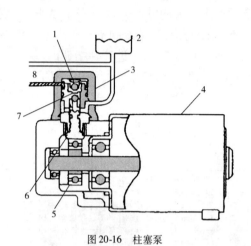 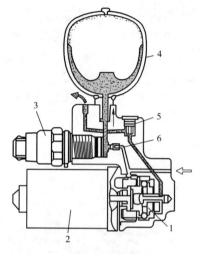

图 20-16 柱塞泵
1-出油阀;2-储液器;3-液压泵;4-泵电动机;5-偏心轮;6-柱塞;7-柱塞室;8-高压油路

图 20-17 活塞泵
1-回转球阀式活塞泵;2-直流电动机;3-压力控制/警示开关;4-蓄能器;5-单向阀;6-限压阀

5. 蓄能器

蓄能器可根据其压力范围分为高压蓄能器和低压蓄能器。高压蓄能器用于向制动助力器、制动轮缸或调压缸供给高压制动液或其他的调压介质,作为制动能源;低压蓄能器用于接纳回流的制动液或调压介质,并衰减回流制动液或调压介质的压力波动。为了区分这两种蓄能器,一般将高压蓄能器称为蓄能器,而将低压蓄能器称为储液器。

蓄能器的结构见图 20-18。它呈囊状,其内部被一膜片分隔成两个腔室。上腔为气室,其内充有氮气;下腔为储液室,用于储存液压泵输送来的制动液。储液室的压力与其内的储存的制动液成正比,输入的制动液越多,挤压气室内的氮气就越严重,储液室内的压力就越大。蓄压器中没有制动液时,其氮气的压力为 6895kPa,当充入制动液后,压力可达到 11030～11790kPa。

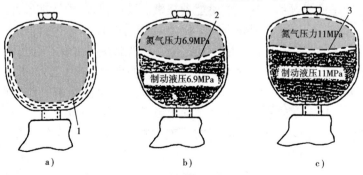

图 20-18 蓄能器
a)无制动液时;b)制动液为 6.9MPa 时;c)制动液为 11MPa 时

五、典型液压制动防抱死系统

1. 三位三通电磁阀式 ABS

三位三通电磁阀式采用了博世 ABS 系统。ABS 在车上的布置,见图 20-19。

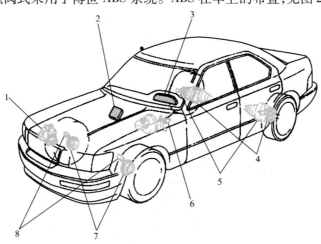

图 20-19　ABS 在车上的布置

1-ABS 执行器;2-ABS ECU;3-ABS 指示灯;4-后车轮制动器;5-后轮速传感器;6-制动灯开关;7-前车轮制动器;8-前轮速传感器

其控制油路,见图 20-20,从图可以看出,该 ABS 采用三通道四传感器控制方式,左前轮和右前轮各自独立控制一条油路,两后轮共用一条控制油路,三条控制油路各用一个三位三通电磁阀,两前轮控制油路用一个电动泵,后轮用一个电动泵,电动泵由 ABS ECU 控制工作。

ABS 的工作原理如下(图 20-21):

1) 常规制动过程(图 20-21a)

在汽车行驶过程中,ABS ECU 会不断地检测各个传感器传来的信号,如 ABS ECU 检测到驾驶员踩下了制动踏板,但是车轮没有抱死,ABS ECU 控制三位三通电磁阀不通电,衔铁在弹簧的作用下下移,从制动主缸来的制动液通过三位三通电磁阀的进液阀、出液口进入制动轮缸,车轮制动器产生制动,如此时驾驶员仅仅是为了制动减速,轻踩制动踏板,制动管路中的制动压力较小,制动压力未达到使车轮抱死的制动压力,当汽车减速后,驾驶员又松开制动踏板,则制动轮缸中的制动液可经三位三通电磁阀返回制动主缸。此种工况和没有 ABS 的制动系统的制动过程完全一样。

2) 减压制动过程(图 20-21b)

如紧急制动时,当 ABS ECU 检测到某个车轮抱死时,控制相应的三位三通电磁阀线圈通 5A 的电流,电磁阀线圈产生电磁力,衔铁上移,带动进液阀、排液阀上移,进液阀上移切断制动主缸与制动轮缸之间的油路,使制动主缸的液压不能加到制动轮缸上;排液阀上移,打开了制动轮缸与储液器之间的油路,制动液将通过三位三通电磁阀进入储液器,同时,ABS ECU 控制液压泵工作,将制动液从储液器中吸出,然后将制动液泵入制动主缸,由于制动轮缸的制动液压下降,车轮制动器的摩擦力矩小于制动力矩,车轮开始转动,ABS 系统处于减压状态。

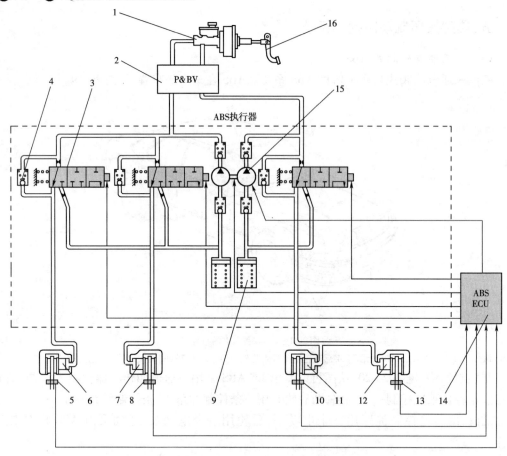

图 20-20 ABS 控制油路

1-制动主缸;2-P&BV 阀;3-三位三通电磁阀;4-单向阀;5-左前轮轮速传感器;6-左前轮制动轮缸;7-右前轮制动轮缸;8-右前轮轮速传感器;9-储液器;10-左后轮轮速传感器;11-左后轮制动轮缸;12-右后轮制动轮缸;13-右后轮轮速传感器;14-ABS ECU;15-液压泵;16-制动踏板

3) 保压制动过程(图 20-21c)

当需要保持某一工况(如保持增压或保持减压)时,ABS ECU 控制相应的三位三通电磁阀线圈通 2A 的电流,电磁阀线圈产生的电磁力小,衔铁上移距离小,使进液阀和排液阀均关闭,既切断了制动主缸与制动轮缸之间的油路,也切断了制动轮缸与储液器之间的油路,使制动轮缸的制动液压既不增大也不变小,保持不变,车轮维持转动或抱死工况,ABS 系统处于保压状态。

4) 增压制动过程(图 20-21a)

当需要增压抱死时,ABS ECU 控制相应的三位三通电磁阀线圈通断电,电磁阀线圈电磁力消失,衔铁在弹簧的作用下下移,关闭制动轮缸与储液器之间的油路,打开制动主缸与制动轮缸之间的油路,从制动主缸来的制动液通过三位三通电磁阀进入制动轮缸,轮缸制动液压上升,车轮制动器再次抱死,ABS 系统处于增压状态。

ABS 在实际工作过程中不断地以 3~12 次/s 的频率进行"增压""保压""减压"循环,从而使车轮的滑移率保持在 10%~30% 的最佳制动状态。

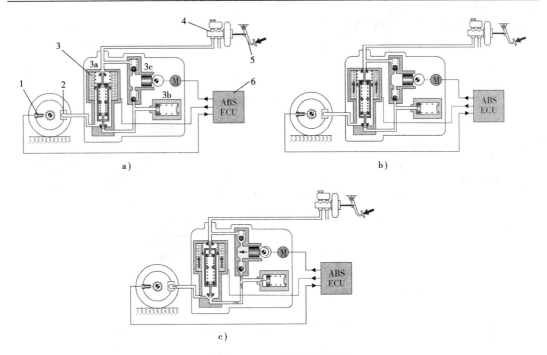

图20-21 ABS工作原理示意图
a)常规制动;b)减压;c)保压

1-轮速传感器;2-制动轮缸;3-ABS执行器;3a-三位三通电磁阀;3b-储液器;3c-液压泵;4-制动主缸;5-制动踏板;6-ABS ECU

2．二位二通电磁阀式ABS

二位二通电磁阀式ABS油路见图20-22,其工作原理如下:

1)常规制动

汽车正常行驶或常规制动(ABS未投入工作)时,制动压力调节器的工作状态如图20-23所示。在ABS ECU控制下,进液阀、回液阀和回液泵电动机均不通电,两位两通电磁阀在复位弹簧弹力作用下,进液阀打开、出液阀关闭。进液阀打开,将制动主缸与制动轮缸之间的油液管路构成通路;出液阀关闭,将制动轮缸与储液器之间的油液管路关闭。

当踩下制动踏板时,制动主缸中制动液压力升高,制动液从制动主缸经过两位两通进液电磁阀进入制动轮缸,制动轮缸制动液的压力随制动主缸制动液的压力升高而升高。

当放松制动踏板时,制动轮缸中具有一定压力的制动液通过两条通道流回制动主缸。一条通道是制动轮缸、两位两通进液电磁阀、制动主缸;另一条通道是制动轮缸、1号单向阀、制动主缸。

在常规制动时,虽然ABS没有投入工作,其执行元件处于初始状态,但是ABS随时都在监测轮速传感器信号,判定是否进入防抱死制动状态。

2)制动"保压"

如图20-24所示,当驾驶员迅速踩下制动踏板,制动力大于车轮与地面之间的附着力时,车轮抱死在路面上滑移,此时车轮减速度很大,轮速传感器将车轮将要抱死的信号输入到电控单元ABS ECU,ABS ECU根据轮速传感器输入的信号,计算得到车轮减速度达到设定门限值时,ECU向进液阀发出控制指令,使进液阀关闭,从而使制动主缸与制动轮缸之间的液压液路切断。控制回液阀保持常闭状态。由于进液阀和回液阀均处于关闭状态,制动轮缸中的制动液压力既不增大,也不减小,制动压力处于"保压"。

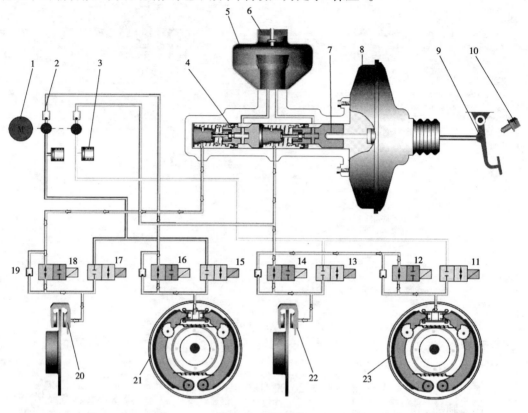

图 20-22 ABS 油路

1-双联电动液压泵;2-单向阀;3-储液罐;4-前制动主缸活塞;5-储液罐;6-液位传感器;7-后制动主缸活塞;8-真空助力器;9-制动踏板;10-制动开关;11-左后出液电磁阀;12-左后进液电磁阀;13-右前出液电磁阀;14-右前进液电磁阀;15-右后出液电磁阀;16-右后进液电磁阀;17-左前出液电磁阀;18-左前进液电磁阀;19-单向阀;20-左前车轮制动器;21-右后车轮制动器;22-右前车轮制动器;23-左后车轮制动器

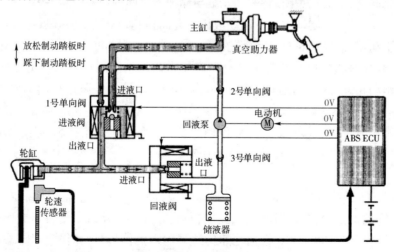

图 20-23 常规制动

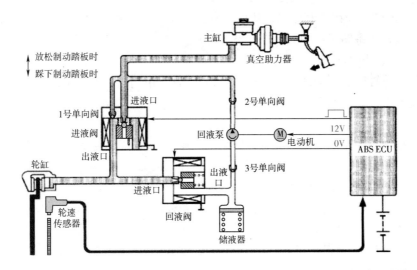

图 20-24 制动"保压"

3) 制动"减压"

在制动主缸与制动轮缸之间的液压油路切断后,车轮滑移率将逐渐增大,当超过设定的门限值时,需要降低制动轮缸内制动液的压力(即需要减压),使滑移率减小。如图 20-25 所示,"减压"是通过将制动轮缸内部分制动液泄回到低压储液器并利用电动回液泵将制动液泵回到制动主缸来实现。

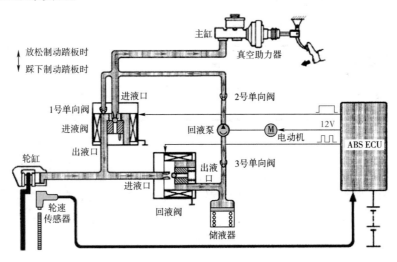

图 20-25 制动"减压"

控制"减压"时,ABS ECU 向进液阀(常开电磁阀)的驱动模块电路发出高电平控制指令,使进液阀阀门保持关闭;向回液阀(常闭电磁阀)驱动模块电路发出一系列脉冲控制信号。驱动模块电路使回液阀阀门打开,使制动轮缸内制动液压力降低,从而车轮抱死滑移成分减少,滚动成分增加。

当回液阀阀门打开时,制动轮缸内的制动液便经回液阀泄放到储液器,推动活塞并压缩弹簧向下移动,使储液器储液容积增大,暂时储存制动液,可以减小回流制动液的压力波动。

与此同时,ABS ECU向回液泵驱动模块电路发出高电平控制指令,使电动机接通12V电源,电动回液泵运转便将储液器中的制动液泵回制动主缸,回液通道为:制动轮缸、回液阀、储液器、电动回液泵、2号单向阀、制动主缸。

随着制动轮缸中的制动液流回制动主缸,制动管路中制动液的压力随之降低,从而达到防止车轮抱死滑移的目的。

4) 制动"增压"

制动减压使制动轮缸内制动液压力降低后,制动力减小,车轮加速度越来越大,为了得到最佳制动效果,需要制动系统进入增压状态,增加制动力。

在"减压"控制后,如图20-26所示,当ABS ECU根据轮速传感器信号计算得到的车轮加速度达到设定门限值时,将发出控制指令使回液阀保持常闭状态,切断制动轮缸与储液器之间的液压通道,与此同时,ABS ECU向进液阀驱动模块电路发出高电平信号,驱动模块电路使进液阀阀门打开,将制动主缸与制动轮缸之间的管路构成通路,使制动轮缸的压力随制动主缸制动液压力升高而升高,从而进入"升压"状态。

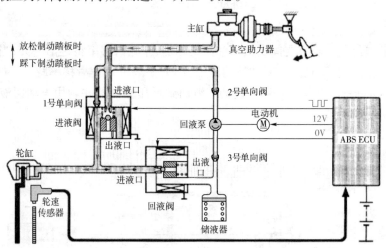

图20-26 制动"增压"

ABS"保压""减压"和"增压"循环过程每秒钟进行2~7次。当制动液从制动主缸流入制动轮缸时,制动踏板下沉,当制动液从制动轮缸泵回制动主缸时,制动踏板上升,因此制动踏板在ABS工作时有振动感。

六、气压ABS简介

气压制动防抱死系统工作原理与液压制动防抱死系统工作原理基本相同,不同之处是工作介质是否循环使用,液压制动控制系统为了防止制动油液消耗,用专设的油泵循环使用制动液;而气压制动控制系统,因气源充足,直接将工作后的压缩空气放掉。可见,气压制动控制系统的结构较简单,且故障率少。

图20-27所示为气压制动ABS工作原理示意图,气压ABS执行器由五孔阀体、进气膜片、进气阀、排气膜片、排气阀、进气电磁阀(常闭)、排气电磁阀(常开)等组成,其工作原理如下:

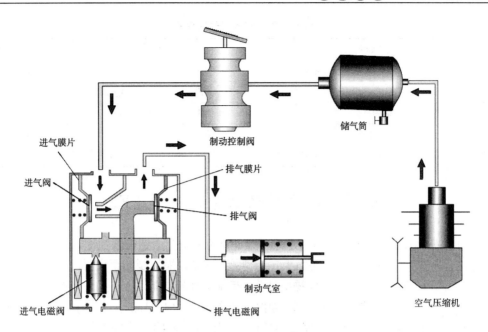

图 20-27　气压 ABS 工作原理示意图

1. 制动"减压"

在制动过程中,当某一车轮将要抱死时,通过轮速传感器将信号传给电脑(ECU),ECU 即以占空比的方式使进、排气电磁阀都通电,进气电磁阀打开,关闭了进气阀左侧控制气室与大气之间的通道,同时打开了进气阀左侧控制气室与压缩空气之间的通道,压缩空气即进入进气阀左腔控制气室,在弹簧弹力的作用下,进气阀右移关闭制动气室进气通道。而排气电磁阀通电,切断了排气阀右腔控制气室与压缩空气之间的通道,并打开了与大气之间的通道,排气阀在气压差的作用下右移,打开排气道,使制动气室与大气相通,制动气室制动气压随之下降,防止了该车轮抱死。

2. 制动"保压"

当需要保持制动压力时,ECU 控制进气电磁阀通电,排气阀不通电,进气电磁阀通电,切断进气阀左侧控制气室与大气的通道,压缩空气进入进气阀左侧控制气室,在弹簧弹力的作用下进气阀关闭,切断了制动阀与制动气室的通道。排气阀不通电,打开了排气阀右侧控制气室与压缩空气之间的通道,在弹簧弹力及压缩空气的共同作用下,排气阀关闭,此时,制动气室中的气压保持不变(双阀关闭)。

3. 制动"升压"

两个电磁阀均不通电,来自制动控制阀的压缩空气进入进气阀的右侧,因进气电磁阀处于关闭状态,切断了压缩空气与进气阀左侧控制气室的通道,在压力差的作用下,进气阀左移,打开了压缩空气与制动气室之间的通道,压缩空气进入制动气室,产生制动。又因排气电磁阀也未导通,处于开启状态,压缩空气进入排气阀右侧控制气室,在其弹簧弹力和气压的共同作用下,排气阀保持可靠的关闭。可见,气压 ABS 的调压过程是:降压—保压—升压,三个连续的工作过程,防止车轮制动抱死,使车轮在制动时处于最佳工作状态,提高了制动效能。气压 ABS 各阀工作情况见表 20-1。

ABS 装置各阀的工作情况表　　　　　　　　　　　　表 20-1

工况	进气电磁阀	排气电磁阀	进气阀	排气阀	制动气室压力
不制动	不通电、关闭	不通电、开启	关闭	关闭	无压力
制动	不通电、关闭	不通电、开启	开启	关闭	随动气压
降压	通电、开启	通电、关闭	关闭	开启	压力降低
保压	导通、开启	不通电、开启	关闭	关闭	压力保持
升压	不通电、关闭	不通电、开启	开启	关闭	压力升高

第三节　电控制动力分配系统（EBD）

制动防抱死系统最初只是在制动过程中，当制动力将要达到极限值时，即开始调节制动压力，防止车轮抱死，避免车轮在路面上进行滑拖（滑移），缩短制动距离、提高汽车在制动过程中的方向稳定性（不侧滑）和转向操纵能力（有制动加转向能力）。但是，它不能在制动的全过程中，对所有车轮的制动力的大小，随路面附着情况的不同，随机进行有效分配和调节。如在高速行驶中有转向工况时，因离心力的作用，内、外车轮附着力的差异，制动力不能随机调节，影响了行车的方向稳定性。又如在紧急制动时，当制动力达到将要抱死的极限值时，ABS 电磁阀开始高频率的调节制动压力（降压、保压、升压，频率达 10~12 次/s），必然引起制动摩擦片高频振动和产生噪声，制动踏板也产生强烈的弹脚反应，此即是：制动器和制动踏板的振噪感觉。为此，电控制动力分配系统（Electronic Brake-force Distribution, EBD）就应运而生。它能在制动的全过程中，根据四个车轮的附着情况，用高速计算机处理车轮的感应信号，瞬间计算出不同的滑移率和摩擦力数值，在运动中不断地高速调节制动压力，以获得最佳的制动效果，提高了制动的平稳性和安全性。故又称：ABS + EBD = 舒服、安全、有效的制动防抱死调节系统。EBD 与传统的 ABS 系统主要有以下不同。

(1) 传统的 ABS 电脑软件系统的逻辑程序控制能力简单——它只是在制动时，根据车轮减速度的变化，判断车轮是否将要抱死，对制动力进行末期防抱死调节。而不能在制动的全过程中，通过对轮速信号和车速信号的测量和计算，根据滑移率的大小，对车轮的制动力进行有效的跟踪计算和调节。其工作过程是：降压—保压—升压，程序不变。

(2) ABS&EBD 的硬件系统（信号和执行元件）无变化。但其电脑的逻辑程序控制系统与传统的 ABS 系统有较大的功能改进——可根据车轮对地面附着情况的好坏，及时计算出滑移率的量值，跟踪调节各车轮制动力的大小，获得最佳的减速度值，进一步提高了制动效果和制动时的舒服性、安全性。

(3) ABS&EBD 系统投入工作的"门槛值"范围较宽——汽车的纵向最佳附着系数，对应的滑移率为 15%~30%，此值叫作投入工作的"门槛值"。ABS&EBD 系统，是利用滑移率来进行控制，它的"门槛值"低于传统的 ABS 系统的"门槛值"，也就是它的滑移率起作用的范围较宽，以便提前跟踪随机调节制动力的大小。

(4) 制动力调节过程是：升压、降压、保压——制动时，制动压力急剧上升，车轮速度急剧下降，滑移率 S% 值急剧上升，从稳定区进入非稳定区，车轮加大滑移。ABS&EBD 系统迅速降压，使车轮的滑移率恢复到稳定区，并保持一定制动压力。为了加大制动效果，随即又将制动压力升高,稍微超过稳定界限,又再次降压,使 $S\%$ 值又回到稳定区,如此反复。其升降频率可达 $10\sim20$ 次/s,将车轮 $S\%$ 值保持在最佳范围内,以获得最好制动效果。可见,在制动过程中,只要附着力和滑移率有所变化,制动力即跟踪调节,滑移率加大即降压,滑移率减小即升压,反复进行,使制动力保持在最佳滑移区内。当制动力达到将要抱死的极限值时,即以降压、保压、升压的控制方式来实现 ABS 防抱死控制。

(5) ABS&EBD 系统仍然是四个控制通道和四个电磁式轮速传感器,产生交变电压脉冲信号,检测轮速的高低,并计算实际车速的高低和滑移率 $S(\%)$ 值的大小,并设有检测车轮转角大小的传感器。

(6) 其制动压力调节器,都是循环调压方式,调压电磁阀可用电流控制的 4 个三位三通式(3/3 式)或用电压控制的 8 个两位两通式(2/2 式)。

第四节　驱动防滑转控制系统(ARS)

现代汽车为了追求高速性能,发动机的比功率都较高,而且还有继续增加的趋势,若汽车在附着系数较小的路面上起步或急加速时,后桥驱动的汽车后轮可能产生滑转,汽车将会产生不规则的旋转运动;前桥驱动的汽车前轮可能产生滑转,汽车将会失去转向的能力。因此,为了保证大功率汽车在低附着系数道路上的行驶安全性能,通常采用驱动防滑技术(Acceleration Slip Regulation,ASR)。ASR 可以独立设立,但是大多数与 ABS 组合在一起使用,常用 ABS/ASR 表示,统称为防滑控制系统。

一、概述

汽车行驶依靠发动机输出转矩,通过传动系传到驱动轮上,驱动轮旋转作用到地面上产生一个向后的作用力,按照作用力与反作用力原理,路面将给驱动轮一个与汽车行驶方向相反的作用力,此力称为驱动力 F_t,驱动力与驱动轮上的转矩 M_n 成正比,与驱动轮滚动半径 r 成反比,驱动轮上的转矩越大,驱动力就越大,同制动力一样,驱动力不能无限增大,它受的面所能给出的附着力限制,地面所能给出的最大附着力等与驱动轮上的载荷 Z 与地面附着系数 φ 之积,上述关系式为:

$$F_t = \frac{M_n}{r} \leq Z\varphi$$

式中:F_t——汽车驱动力,N;
　　M_n——作用在驱动轮上的转矩,N·m;
　　r——驱动轮滚动半径,m;
　　Z——驱动轮上的载荷,N;
　　φ——车轮与地面间的附着系数。

随着驱动轮输出转矩不断增大,当驱动轮上的驱动力大于地面所能给出的附着力时,驱动轮就会开始滑转,附着系数与驱动滑移率 S_d 之间的关系见图 20-28,驱动滑移率 S_d 表达式如下:

$$S_d = \frac{v_\omega - v}{v_\omega} \times 100\% = \frac{r\omega - v}{r\omega} \times 100\%$$

式中：S_d——滑移率；
v——车速，m/s；
v_ω——车轮速度，m/s；
r——车轮滚动半径，m；
ω——车轮转动角速度，rad/s。

当车轮在地面上纯滚动时，$v = r\omega$，驱动滑移率$S_d = 0$；当车轮在地面上完全滑转时，$v = 0$，驱动滑移率$S_d = 100\%$；当车轮在地面上边滚边滑时，$r\omega > v, 0 < S_d < 100\%$，在车轮转动过程中，滑转所占的比例越大，驱动滑移率S_d就越大。

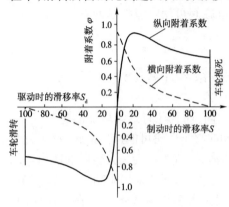

图20-28 附着系数与驱动滑移率S

从图20-28可以看出，与制动时相似，当滑移率在10%~20%时，纵向附着系数达到峰值，此时的横向附着系数也比较大，而当滑移率在100%时，即车轮完全滑转时，纵向附着系数变小，且横向附着系数几乎为零，为了最大限度地利用附着系数、获得较大的驱动力、得到较好的方向稳定性和转向控制能力、防止驱动时车轮滑转，必须将滑移率控制在10%~20%。ASR就是一个让汽车在驱动轮打滑时，控制驱动轮滑移率在10%~20%的系统，装有ASR的汽车有以下优点。

（1）在汽车行驶打滑时，驱动轮可提供最大的驱动力，提高了汽车的动力性。

（2）提高了汽车的操纵稳定性，特别是在附着力较小的路面上起步、加速等工况时尤为突出。

（3）减少轮胎的磨损和发动机的油耗。

二、防滑控制方式

ASR控制驱动轮最佳滑移率的方式主要有以下两种。

1. 对发动机输出转矩进行控制

当驱动轮打滑时，降低发动机转矩输出，阻止车轮打滑，通常通过下几种方法降低发动机转矩输出。

（1）减小节气门开度，减少进气量，以降低发动机输出转矩。

（2）减少或中断燃油，以降低发动机输出转矩。

（3）减小点火提前角或中断点火，以降低发动机输出转矩。

在上述的几种方法中，从加速平顺、燃烧完全和减少污染角度看，减小节气门开度为最好，但减小节气门开度反应速度较慢；调整点火和燃油喷射量反应速度快，能补偿调整节气门的不足，但推迟点火时间易造成失火，燃烧不完全，增加排气净化装置中的三元催化器的负担，如果只减少燃油喷射量，因受燃烧室内废气的影响，又会使燃烧过程延迟。

2. 对驱动轮进行制动控制

通过对产生滑转的驱动轮直接实施制动，使其停止滑转。

对驱动轮进行制动控制还能起到差速锁的作用，当左、右驱动轮行驶在不同附着系数路面上时,若汽车加速,尽管高附着系数侧车轮能够产生较大的驱动力,但是由于差速器的作用,高附着系数侧车轮只能产生与低附着系数侧车轮一样较小的驱动力,汽车无法行驶,如果这时对低附着系数的车轮施加制动,根据差速器的转矩特性,可在高附着系数侧车轮上等值地增加一个驱动力,这样可提高汽车的动力性。

三、液压驱动防滑系统(ASR)

1. 组成

制动防抱死系统(ABS)与防滑驱动系统(ASR)组合使用,主要由轮速传感器、ABS/ASR ECU、ASR 执行器、ABS 执行器、节气门开度传感器、节气门电动机等组成,各部件在车上的安装位置如图 20-29 所示。

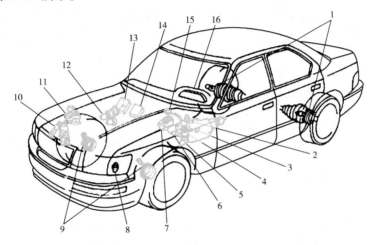

图 20-29　轿车 ABS/ASR 各部件在车上的安装位置

1-后轮速传感器;2-制动灯开关;3-空挡起动开关;4-ASR 供液泵;5-ASR 供液泵电动机继电器;6-ASR 蓄能器;7-制动液位开关;8-ASR 制动主继电器;9-前轮速传感器;10-ABS 执行器;11-ASR 执行器;12-节气门位置传感器;13-ABS/ASR ECU;14-发动机和变速器 ECU;15-ASR 关断开关;16-ASR 警告灯、关断指示灯

1) 轮速传感器

在四个车轮上各安装一个磁电感应式轮速传感器,向 ABS/ASR ECU 提供各车轮的转速信号。

2) ABS/ASR ECU

ABS/ASR ECU 集制动防抱死与驱动防滑转控制于一体,有三个八位微处理器,通过一个串行缓冲寄存器进行通信,各微处理器之间可进行相互监测,ABS/ASR ECU 接收处理各车轮轮速传感输入的车轮转速信号,形成相应的控制指令,驱动制动压力调节器及节气门控制电动机,进行制动防抱死和驱动防滑转控制。ABS/ASR ECU 还接收设置在制动主缸储液室中的液位开关、设置在 ASR 制动供能总成中的压力开关等输入的检测信号,由发动机和变速器 ECU 输入的主、副节气门开度信号等。

ABS/ASR ECU 定期对系统中的主要电气部件进行检测,对系统状态进行监控,若系统出现故障,会自动停止 ABS 或 ASR 工作,避免对系统进行错误控制,同时点亮警告灯,以提醒驾驶员注意,并将故障信息存入存储器,在进行自诊断时通过代码显示各种故障。

ABS/ASR ECU 主要对制动压力调节器装置中的 4 个三位三通电磁阀和电动回液泵、ASR 隔离电磁阀总成中的 3 个二位二通隔离电磁阀、ASR 制动供能总成中的电动供液泵以及副节气门控制步进电动机等进行控制。

3) ABS 执行器

ABS 执行器主要由 4 个三位三通调压电磁阀、两个储液器、一个电动双联回液泵组成,如图 20-30 所示。4 个三位三通调压电磁阀分别对 4 个制动轮缸的制动压力进行增压、保压和减压调节。两个储液器分别用于接纳在制动压力调节过程中从制动轮缸流出的制动液,电动双联回液泵在制动压力调节过程中将流入储液器中的制动液泵回制动主缸。制动压力调节器装置上安装了调压电磁阀继电器和电动回液泵继电器。

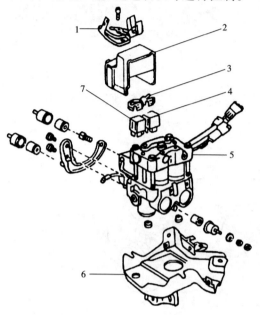

图 20-30　ABS 执行器

1-线束夹;2-继电器保护罩;3-继电器罩盖;4-调压电磁阀继电器;5-储液器;6-支架;7-电动回液泵继电器

4) ASR 执行器

ASR 执行器由 ASR 隔离电磁阀总成和 ASR 制动供能总成组成。如图 20-31 所示,ASR 隔离电磁阀总成通过管路与制动主缸、ABS 执行器和 ASR 制动供能总成相连,主要由制动主缸隔离电磁阀、蓄能器隔离电磁阀和储液室隔离电磁阀组成。在未进行驱动防滑转制动时,三个隔离电磁阀不通电,制动主缸电磁阀处于接通状态,将制动主缸至 ABS 执行器中制动液回路接通,蓄能隔离电磁阀处于截止状态,将 ASR 制动供能总成至 ABS 执行器中的制动液通道关闭,储液室隔离电磁阀处于截止状态,将制动主缸中储液室与 ABS 执行器中的储液器通道关闭。

在 ASR 工作过程中,三个隔离电磁阀在 ABS/ASR ECU 的控制下全部通电,此时制动主缸隔离电磁阀处于关闭状态,以防止制动液流回制动主缸,蓄能器隔离电磁阀处于接通状态,将蓄能器升压后的制动液通过电磁阀送到后轮制动轮缸,储液室隔离电磁阀也处于接通状态,以便将储液器及制动轮缸的制动液送回制动主缸。

ASR 制动供能总成主要由电动供液泵和蓄能器组成,如图 20-32 所示。通过管路与制动主缸储液室和 ASR 隔离电磁阀总成相连,电动供液泵将制动液自储液室以一定的压力泵入蓄能器,作为驱动防滑转工作时的制动能源。

压力开关(或称为压力传感器)安装在 ASR 隔离电磁阀总成旁边,其信号送入 ABS/ASR ECU,用来控制 ASR 电动供液泵是否运转。压力开关为接触型,当压力高于 13.24MPa 时开关断开,当压力低于 9.32MPa 时开关闭合,接通供液泵电动机电路,电动泵工作,使蓄能泵压力升高。

5) 节气门控制装置

采用智能型电子节气门机构,因此 ABS/ASR ECU 可通过 EFI ECU 直接控制节气门的开度,省去了副节气门装置,使控制系统硬件大大简化。发动机与底盘系统的控制将被动力系统所取代,是一综合性网络系统。

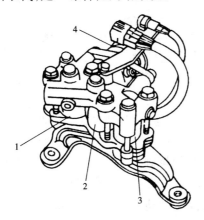

图 20-31 ASR 隔离电磁阀总成
1-储液室隔离电磁阀;2-蓄能器隔离电磁阀;3-制动主缸隔离电磁阀;4-压力开关

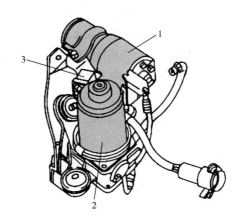

图 20-32 ASR 制动供能总成
1-蓄能器;2-泵电动机;3-继电器

2. 工作原理

1) 当驱动轮正常驱动不打滑时

当驱动轮正常驱动不打滑时,ASR 不工作,各电磁阀如图 20-33 所示,汽车正常行驶,如此时制动,ABS 正常工作。

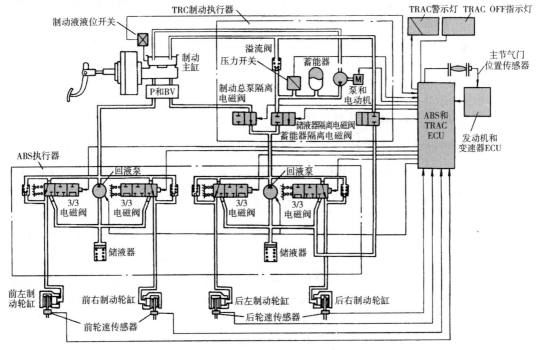

图 20-33 ABS/ASR 控制系统原理图

2) 当驱动轮驱动打滑时

ASR 通过对发动机输出转矩和对后轮实施制动控制,控制汽车的驱动滑移率。

控制发动机的输出转矩:

(1) ABS/ASR ECU 向电动机提供脉冲电流,电动机带动节气门转动关闭到一定的程度,减少进气量,即减小了发动机的输出转矩,从而控制驱动轮打滑。

(2) ASR 对后轮(驱动轮)实施制动控制可分为"增压"模式、"保压"模式、"减压"模式三个过程。

① "增压"模式:ABS/ASR ECU 使 ASR 执行器电磁阀通电,制动主缸隔离电磁阀切断制动主缸与后桥制动轮缸之间的油路,储液室隔离电磁阀接通了三位三通电磁阀与制动主缸储液室间的油路,蓄压器关断电磁阀接通了蓄压器与后桥制动轮缸间的油路。与此同时,ABS/ASR ECU 也使后轮的三位三通电磁阀处于增压位置(右后轮三位三通电磁阀位于图示的右位,左后轮三位三通电磁阀位于图示的左位),高压制动液从蓄压器、蓄压器隔离电磁阀、后轮三位三通电磁阀进入后轮制动轮缸,后轮产生制动,从而减少驱动打滑。

② "保压"模式:当后轮制动轮缸内的油压增加或减少时,ABS/ASR ECU 根据车速传感器传来的信号,检测当前车速是否在控制目标内,如在控制目标内,ABS/ASR ECU 三位三通电磁阀处于中位,使后制动轮缸的油压不再增大也不再减少,维持一定的制动,控制后轮在目标转速内。

③ "减压"模式:ABS/ASR ECU 根据车速信号,判断出当需要减压时,ABS/ASR ECU 使后轮的三位三通电磁阀处于减压位置(右后轮三位三通电磁阀位于图示的左位,左后轮三位三通电磁阀位于图示的右位),切断了后轮制动轮缸与蓄压器之间的油路,接通了后轮制动轮缸与制动储液室之间的油路,后轮制动轮缸的制动液通过三位三通电磁阀、储液室隔离电磁阀进入制动储液室,制动轮缸油压减少,车轮又可以加速旋转。

通过上述的增压、保压和减压三个模式,ASR 控制后轮的驱动滑移率在 10% ~ 20%。

当 ABS/ASR ECU 检测到后轮不打滑时,ASR 停止工作,各电磁阀又恢复到图 20-33 所示的位置。

四、气压制动驱动防滑控制系统(ASR)

气压制动驱动防滑控制系统(ASR)防滑转装置由 ABS/ASR 共用电脑 ECU、ASR 压力调节器、直流步进式伺服电机、控制按钮开关等组成,见图 20-34。ASR 压力调节器串接在驱动轮的制动管路中,用来对驱动轮单独进行压力调节;而伺服电机则连接在高压喷油泵的供油拉杆上,用来对发动机输出转矩进行调节。

ASR 装置只在湿滑路面上行驶时,在一定的车速范围内对两驱动轮进行防滑转调节,多在 30km/h 以内车速区工作。当车速较高时,因行驶惯性较大,就没有必要调节。为此,增设了车速设定开关和中断开关,以便驾驶员根据路面情况和滑转时的车速值,选定 ASR 装置的使用时机。当打开车速设定开关后,汽车即处于防滑转状态;又当汽车在良好的道路上行驶时,可打开中断开关,汽车就停止防滑转控制。

ASR 压力调节器由五孔阀体、两个两位三通电磁阀(2/3)、两个控制柱塞及复位弹簧等组成(图 20-35),装于汽车后部的车架上,串接在制动阀与两后驱动轮的压力调节器之间。

每组电磁阀各控制一个驱动轮的制动气室（中间经过ABS压力调节器），气源直接由储气筒供给，它实际上是一个压缩空气的继动截止阀。由于防滑转控制不是全制动气压，故采用控制通道较小的继动控制柱塞阀。其工作原理如下：

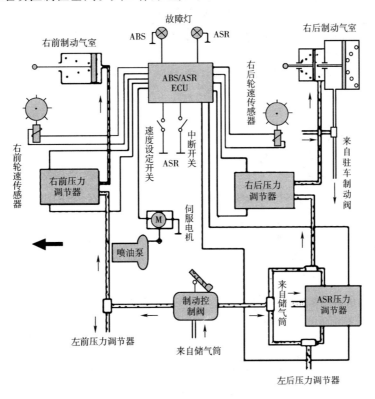

图20-34　气压ABS ASR工作原理示意图

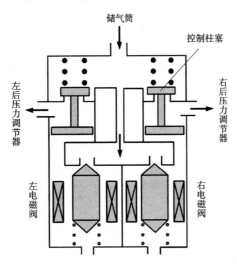

图20-35　气压ASR压力调节器原理示意图

1. 当驱动轮不滑转时

两个电磁阀都不通电，为关闭状态，控制柱塞在其弹簧和压缩空气的作用下下移关闭，切断压缩空气道进气通道,ASR 调节器投入工作。

2. 当某一驱动轮滑转时

当某一驱动轮滑转时,该轮轮速传感器将信号送给 ABS/ASR ECU,ECU 将该信号与另一驱动轮和非驱动轮的轮速信号相比较,判定该轮的滑转状态,即对该轮的电磁阀进行导通控制,根据滑转程度的大小,以占空比的方式通断,改变压缩空气量的多少,对该轮施加定量的制动力矩。如左前轮驱动轮滑转,则左前电磁阀通电,打开左前控制柱塞下腔与压缩空气之间的通道,左前控制柱塞上移,由于左前控制柱塞上移,打开了压缩空气与 ABS 压力调节器之间的通道,所以左前车轮开始产生制动,防止了左前车轮驱动打滑。由于左前轮驱动打滑得到了控制,通过差速器行星齿轮的自转,使附着良好的右前驱动轮的牵引力加大,其加大值与制动转矩成正比。从而加大了汽车牵引力和爬坡能力,减小了轮胎的消耗,提高了在湿滑路面上的起步加速能力,使行驶平稳性大幅度提高。

3. 当两个驱动轮都滑转时

当两个驱动轮都产生滑转时,轮速传感器将信号送给 ABS/ASR ECU,ECU 通过和非驱动轮角速度信号的对比,发出指令,一方面使两驱动轮产生制动,另一方面,控制直流步进式伺服电动机运转,将高压喷油泵的供油拉杆向减油方向移动,降低发动机的转速和转矩,减小驱动轮的转矩,将牵引力控制在最佳的行驶状态下($F_t \leq F_\varphi$ 附着力),防止了两个驱动轮的滑转,提高了汽车的加速能力和行驶的平稳性。因直流步进式伺服电机与供油拉杆的连接是单向传动关系,连接点产生了空行程,再踩加速踏板就失去了加油的能力,只能依靠直流步进式伺服电机来随动操纵供油量的多少。

第五节 电控汽车稳定行驶系统

一、电控汽车稳定行驶系统(ESP)的作用

ESP 是电控汽车稳定行驶系统英文 Electronic Stability Program 的缩写,在奔驰、宝马、奥迪 A8 等高级轿车上均安装 ESP。

德国博世公司在 1978 年研发了 ABS,由于 ABS 不能解决在湿滑的路面上起步和加速出现的打滑问题,更不能避免汽车在行进中出现的侧滑问题。为此,在 ABS 的基础上,又研发了制动力分配 EBD 和驱动防滑转 ASR,进而在 1995 年又推出了电控汽车稳定行驶系统(ESP)。ESP 是属于汽车主动安全控制系统,它是 ABS + EBD + ASR 的发展与延伸,其主要作用如下:

(1)适时监控功能。监控驾驶员的操控动作、路面反应、汽车运动状态、制动状态等。

(2)主动干预功能。主动调控发动机转矩、车轮驱动力、制动力,抑制汽车的前轮或后轮侧滑,抑制汽车转向不足或转向过度。

(3)事先提醒功能。当驾驶员操控不当或路面异常时,汽车出现失控现象,ESP 系统警告灯点亮和蜂鸣器鸣叫提醒。

二、电控汽车稳定行驶系统(ESP)电控元件的组成特点

电控汽车稳定行驶系统(ESP)由传感器、电控 ECU 及执行器等组成,见图 20-36,其组成

有以下特点。

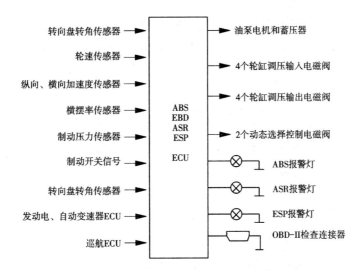

图 20-36　ESP 系统电控元件的组成

（1）监控传感器多。转向盘转角传感器、轮速传感器、纵向和横向加减速度传感器、横摆率传感器、制动压力传感器、制动开关信号、ESP 开关信号等，并和动力系统联网控制。

（2）ABS、EBD、ASR、ESP 的电脑为一体，组成了一个综合信息处理系统，根据汽车失稳程度，计算出恢复汽车稳态所需的各项调节参数（转矩、驱动力、制动力等）。

（3）利用了 ABS 和 ASR 所有的电控液压部件，如 ABS 的八个调压电磁阀（2/2 阀）、ASR 的两个控制电磁阀（3/3 阀）、供能电机、油泵及蓄压器等。

（4）ESP 和 ASR 系统的制动油压的建立，有两种方式：一是用单级油泵和蓄压器方式，油泵间歇工作（丰田车系）；二是不用蓄压器，用泵油量大的双级回流油泵，油泵需频繁工作（大众车系）。

（5）液压系统中增加了两个动态选择控制电磁阀。行驶中当 ABS、ASR、ESP 各系统工作时，进行"转换控制"，关断或导通制动主缸油路，使供能装置（蓄压器）的油液进入需用的轮缸调压电磁阀中。

（6）ASR 系统只对两个驱动轮进行调压控制，以防止滑转为主体；而 ESP 和 ABS 一样，对驱动轮和非驱动轮都能进行调压控制，以防侧滑为主体。

三、电控汽车稳定行驶系统（ESP）各传感器作用

（1）轮速传感器。多为磁电式，安装于四个车轮的轮毂上，检测车轮的角速度值，提供车轮抱死或滑转的电压信号。如无此信号，则 ABS、ASR、ESP 即不工作而报警。

（2）转向盘角度传感器。多为光电管式，安装于转向盘的轴上，提供有转向动作和转向角大小的信号，转角总值约 3 圈，左右各 1.5 圈。如果无此信号，电脑无法认定汽车的行驶方向，EPS 即不工作而报警。

（3）纵向和横向加减速度传感器。多为压电陶瓷片式，利用其挠曲变形而产生电信号。安装于汽车质心 c 附近地板下方的中间位置，用来测量汽车纵向横向的加减速度值，判定汽车的运动状态。如无此信号，电脑无法得知汽车实际行驶状态，ESP 即不工作而

报警。

(4)横摆率传感器。安装于汽车行李舱的前部,与汽车的垂直轴线一致,用来检测汽车绕垂直轴线摆动的角度值(侧滑量)。多为 HL 式,灵敏度极高,没有横摆时(侧滑),HL 电压为常数,横摆时永久磁铁左右运动,引起 HL 电压的变化,电压值与横摆率的大小成比例。如无此信号,电脑无法了解汽车是否发生横向摆动(侧滑),ESP 即不工作而报警。

(5)制动压力传感器。多为压电元件,安装于制动管路上,用来检测操控时制动油压的高低。电脑据此计算出减速度制动力的大小,以便推算出克服侧向力的操控值,对汽车不正常行驶进行调节。如无此信号,ESP 即不工作而报警。

(6)制动开关信号。安装于制动踏板上,电脑据此信号得知驾驶员有无制动动作。如无此信号,制动灯失控,ABS 灯和 ESP 灯报警。

(7)ESP 开关信号。安装于仪表板上,按下此开关显示 ESP/ON,ESP 投入工作;再按下 ESP/OFF,ESP 即不工作。

四、电控汽车稳定行驶系统(ESP)的工作原理

(1)抑制后轮侧滑。当汽车在弯道上或湿滑的路面上高速行驶时,因地面的原因,附着力变化无常时,后轮会产生侧滑,使汽车"横向甩尾"。ESP 系统立即把制动力施加到转弯的外前轮上,使汽车产生相反的"回正力矩",恢复直线行驶,见图 20-37。

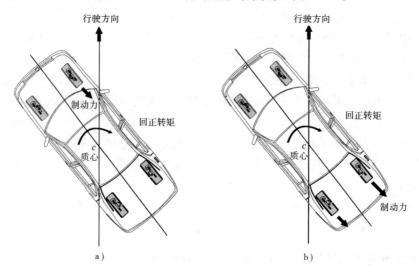

图 20-37 抑制后轮和前轮侧滑

(2)抑制前轮侧滑。同理,前轮也会产生侧滑,使汽车"横向漂出"。ESP 立即把制动力施加到两个非驱动的后轮上,使汽车产生相反的"回正力矩",恢复直线行驶,见图 20-37。

因前轮为驱动轮,应使后轮采用"先拉后摆"的办法恢复直行,对两后轮还可以用"占空比方式"调节制动力的大小。

(3)抑制转向不足。汽车高速行驶出现障碍物时,驾驶员向左急转向,但惯性力是向前的,与转向轮方向不一致,会出现"转向不足"状态,ESP 立即制动左后轮(内弧线后轮),产生向左的转矩,迅速向左转向,消除转向不足状态,见图 20-38。

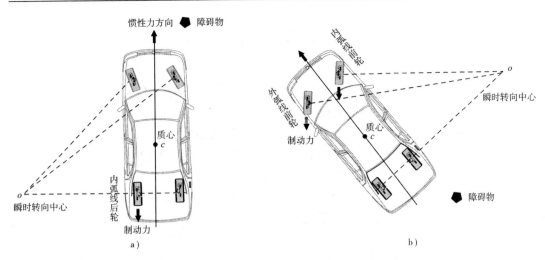

图 20-38　抑制转向不足和转向过度

（4）抑制转向过度。当汽车向左急转向绕过障碍物后,需急速向右转向恢复直线行驶,ESP 立即制动右前轮(内弧线前轮),恢复直行状态。当惯性分力较大时,会使汽车产生"转向过度"状态,严重时会造成"向左甩尾"现象。ESP 又立即制动左前轮(外弧线前轮),产生向左的转矩,消除转向过度,使汽车平稳地回到直线行驶状态,抑制了转向过度。

参 考 文 献

[1] 汽车工程手册编委会. 汽车工程手册[M]. 北京:人民交通出版社,2001.
[2] 冯晋祥. 汽车构造[M]. 北京:人民交通出版社,2007.
[3] 冯晋祥. 专用汽车设计[M]. 北京:人民交通出版社,2007.
[4] 史文库,姚为民. 汽车构造[M]. 6版. 北京:人民交通出版社,2013.
[5] 陈礼璠,杜爱民,陈明. 汽车节能技术[M]. 北京:人民交通出版社,2005.
[6] 王林超. 汽车发动机构造图册[M]. 北京:人民交通出版社,2010.
[7] 吴际璋,王林超. 当代汽车电控系统结构原理与检修[M]. 2版. 北京:人民交通出版社,2009.
[8] 陈德阳,衣丰艳. 大众系列轿车发动机结构与检修图册[M]. 北京:人民交通出版社,2010.
[9] 陈德阳. 汽车底盘结构图册[M]. 北京:人民交通出版社,2010.
[10] 陈德阳. 汽车防滑控制/安全气囊图册[M]. 北京:人民交通出版社,2006.
[11] 陈德阳,王林超. 自动变速器图册[M]. 北京:人民交通出版社,2007.
[12] 潘伟荣,刘越琪. 汽车结构与拆装[M]. 2版. 北京:人民交通出版社,2014.
[13] 邢艳云. 汽车车身电控技术[M]. 北京:清华大学出版社,2014.
[14] 陈帮陆,龚文资. 汽车发动机电控系统检修[M]. 北京:国防工业出版社,2012.
[15] 王耀斌. 汽车维修工程[M]. 北京:北京理工大学出版社,2012.
[16] 王望予. 汽车设计[M]. 北京:机械工业出版社,2011.
[17] 新版重型汽车维修手册. 2013.
[18] 丰田凯美瑞维修手册. 2007.
[19] 李朝晖. 汽车新技术[M]. 重庆:重庆大学出版社,2012.
[20] 刘玉梅. 汽车节能技术与原理[M]. 2版. 北京:机械工业出版社,2011.